ISBN 978-0-332-43166-6
PIBN 10373107

REVÉLATIONS COMPLÈTES
SUR LA FRANC-MAÇONNERIE

LÉO TAXIL

LES FRÈRES TROIS-POINTS

NOUVELLE ÉDITION

PREMIER VOLUME

PARIS
LETOUZEY ET ANÉ, ÉDITEURS
51, RUE BONAPARTE, 51

AU LECTEUR

Sous le titre général de Révélations Complètes sur la Franc-Maçonnerie, *l'auteur entreprend, à partir de ce jour, une série d'ouvrages dont le but est d'arracher tous ses masques à une secte, trop fameuse par ses crimes politiques et autres, fondée pour combattre l'Église catholique romaine.*

Ces révélations, dont l'importance n'échappera à personne, sont, avant tout, une œuvre de défense religieuse et sociale. Aux milices infernales, se ruant avec fureur à l'assaut de la religion et de la société, il importe d'opposer une résistance des plus énergiques. Or, pour vaincre les mystérieux soldats de l'ombre, il n'est pas de meilleure tactique que celle-ci : faire la lumière.

Démasquer la Franc-Maçonnerie, c'est lui ôter une grande partie de sa force, c'est soustraire le peuple à son pouvoir occulte.

Oui, quand le jour sera fait sur les sombres trames de cette secte impie, le peuple, dont le cœur ne bat, dans sa noblesse chrétienne, que pour les sentiments honnêtes et généreux, le peuple, qui, ami de la franchise, a horreur et mépris des gens qui se cachent, saura bien, une fois éclairé, réduire pour jamais la Franc-Maçonnerie à l'impuissance.

Ces ouvrages s'adressent donc aux personnes qui sont en contact avec le peuple. Ils permettront, à quiconque a souci du triomphe du bien, de démontrer, victorieusement, sans réplique possible : que les Francs-Maçons, lorsqu'ils s'affichent comme discrets philanthropes, sont de misérables hypocrites ; qu'ils mentent avec la plus audacieuse impudence, lorsqu'ils présentent leur secte ténébreuse comme une association anodine, ne s'occupant ni de politique ni de religion ; que, lorsqu'ils osent dire que chez eux règnent la liberté, l'égalité et la fraternité, ils sont les derniers des imposteurs.

En outre, l'homme d'étude, qui examinera avec soin les nombreux documents reproduits au cours de ces ouvrages, qui prendra la peine de fouiller les textes pour découvrir le vrai sens des mots, acquerra promptement la conviction que le créateur de cette organisation maudite, véritablement extraordinaire, est l'Esprit du Mal. Aux yeux de tout homme qui voudra bien aller au fond des choses et scruter les ténèbres des Arrière-Loges, la Franc-Maçonnerie apparaîtra telle qu'elle est, telle qu'elle a été dénoncée par le Pape et par les Évêques, c'est-à-dire une institution d'essence réellement diabolique. L'auteur lui-même, après avoir douté au début de ses investigations, en a bientôt acquis la certitude absolue ; et cette certitude sera partagée par tous les gens de bonne foi.

La Franc-Maçonnerie, avec sa liturgie panthéiste des Chapitres et ses exécrables évocations des Aréopages, n'est pas autre chose que le culte de Satan.

Le premier de ces ouvrages de révélations, intitulé **Les Frères Trois-Points**, *est en deux volumes. Il dévoile l'organisation et les secrets des Francs-Maçons, contient une étude très détaillée des rites et des grades de la secte, reproduit* in extenso *ses Constitutions, Statuts et Règlements généraux, et révèle d'une façon complète, d'après les rituels mêmes (dits Rituels Sacrés) de la Maçonnerie, les principales cérémonies mystérieuses des Loges et des Arrière-Loges.*

Le second ouvrage, en un seul volume, intitulé **Le Culte du Grand-Architecte**, *sera, en quelque sorte, le complément du premier. Il comportera l'exposé intégral des solennités maçonniques, telles que Banquets et Agapes, Baptême Maçonnique, Mariage Maçonnique, Pompe Funèbre Maçonnique, etc.; il donnera la nomenclature complète des Loges et Arrière-Loges de France, ainsi que les noms, professions et adresses des principaux sectaires; il fera connaître le rôle secret des Francs-Maçons les plus militants, depuis ceux qui, dans l'ombre, ont préparé la Révolution jusqu'aux flibustiers de la troisième République; il contiendra enfin un vocabulaire alphabétique et explicatif de tous les mots et expressions qui composent l'argot de la secte, ainsi que la reproduction des principaux documents de sa paperasse secrète.*

Le troisième ouvrage, en un seul volume, intitulé **Les Sœurs Maçonnes**, *fera la lumière sur le point* *qui, jusqu'à présent, est resté le plus obscur, parmi les nombreux mystères de la Franc-Maçonnerie.*

En dévoilant les impiétés, les bassesses, les machinations, les lâchetés, les scélératesses et les turpitudes d'une secte infâme, l'auteur aura accompli son devoir ; il aura, c'est du moins son espérance, contribué à désorganiser une association maudite et préparé sa ruine définitive, pour le salut des âmes et la plus grande gloire de Dieu.

Paris, le 1er novembre 1885.

I

PRÉLIMINAIRES

§ I.

But de cet ouvrage.

« En premier lieu, arrachez à la Franc-Maçonnerie le masque dont elle se couvre, et montrez-la telle qu'elle est. Secondement, instruisez le peuple, faites-lui connaître les artifices employés par cette secte pour séduire les hommes et les attirer dans ses rangs, la perversité de ses doctrines, l'infamie de ses actes. » (Extrait de l'Encyclique *Humanum Genus*, de Notre Très Saint Père le Pape Léon XIII, sur la Franc-Maçonnerie.)

De nombreux ouvrages ont été écrits contre les sociétés secrètes en général et contre l'association maçonnique en particulier. Tous, sans exception, sont animés d'un esprit excellent, et beaucoup prouvent de patientes et sagaces recherches de la part de leurs auteurs. Mais, en effectuant leurs recherches, ces divers auteurs, souvent, n'ont pas aperçu toute la vérité que leurs efforts tendaient à découvrir ; deux choses leur manquaient, à leur louange, je me hâte de le dire : l'initiation maçonnique, et la fréquentation des membres de la secte.

L'œuvre de révélations, que je livre aujourd'hui à la publicité, est donc appelée à combler bien des lacunes. Je le confesse à ma honte, j'ai appartenu à la Franc-Maçonnerie, et, par l'étude spéciale à laquelle je me suis livré au sein de ce monde ténébreusement voué au triomphe du mal, j'ai pu pénétrer tous ses secrets.

Certes, en tant qu'auteur, mon mérite est mince, puisque mon œuvre se compose surtout de documents. Ma seule peine a été de les recueillir, de les conserver et de les classer. Tout au plus, devra-t-on reconnaître que j'en ai tiré le meilleur parti possible, en les disposant de façon à bien faire saisir tout le mécanisme mystérieux de la plus perverse des associations, en expliquant ce qui pourrait ne pas être compris, en y adjoignant enfin mes souvenirs personnels et des renseignements complémentaires puisés à des sources sûres.

Mais, du moins, comme je dois, pécheur repentant, une réparation, chaque jour plus solennelle, à l'Église, pour ma lourde part de responsabilité dans le dommage qui lui a été occasionné en ces temps impies, comme j'ai à cœur d'effacer mon triste passé, comme je ne mourrai heureux que si je puis donner aujourd'hui ma vie pour la sainte et bien-aimée religion de mon enfance, c'est avec joie que j'affronte les colères que mes divulgations ne vont pas manquer de susciter, les rages qui éclateront furieuses, les menaces sataniques et peut-être leur mise à exécution.

Qu'importe, après tout ?...

Puisse cet ouvrage, en projetant une complète lumière, aider à la disparition d'une société d'égoïsme, d'intrigue, d'immoralité et d'imposture, qui ne peut vivre que dans l'ombre et le crime.

Il s'agit de démontrer, pièces en main, que la Franc-Maçonnerie est une association de tripoteurs politiques, exploitant le peuple, à la faveur du mystère qui cache à celui-ci les artifices d'une organisation trompeuse ; que le joug maçonnique est, pour les affiliés, la plus insupportable des tyrannies, et qu'une fois qu'on se l'est laissé imposer par inconscience, il est presque impossible d'en secouer l'oppression ; que le prétendu exercice de la bienfaisance, dont la secte se targue pour attirer à elle les naïfs et pour se concilier l'estime du vulgaire ignorant, n'existe que dans la théorie, n'est en aucune circonstance mis en pratique, est, en un mot, le trompe-l'œil le plus effronté qu'ait jamais imaginé l'esprit du mensonge ; que, sous une monarchie, la société fonctionne à l'état de conspiration permanente, pour peu que le chef de l'État ne lui laisse pas prendre place au pouvoir, et que, sous une république, elle monopolise l'autorité, confisque le gouvernement, accapare les emplois et les fonctions, triche le suffrage universel, berne la démocratie, frustre la masse des producteurs, bourgeois, artisans et ouvriers, en se substituant dans la direction des affaires politiques à tous ceux qui y ont des droits, et cela avec une habileté telle que les victimes de ces tricheries et de ces frustrations ne peuvent seulement pas s'apercevoir de leur rôle de dupes ; que la Franc-Maçonnerie s'est donné la tâche de détruire tous les principes de morale, tous les instincts de justice, toutes les notions du bien, et que peu nombreux sont ceux de ses membres que l'influence délétère d'une pareil milieu n'a point encore corrompus ; que sa vraie philosophie n'est autre qu'un grossier panthéisme, auquel les adeptes sont graduellement amenés par une série de mômeries ridicules, commençant par la glorification de la matière pour finir par l'adoration de Satan ; que ces cérémonies, loin d'avoir la grandeur imposante du culte catholique, sont grotesques, souvent répugnantes, et, par leur caractère de parodie à la fois haineuse et triviale, trahissent la malice infernale qui les inspire; que, tout en proclamant la liberté des croyances, la secte poursuit, avant n'importe quel autre but, la destruction du catholicisme, et que, pour atteindre à ce résultat, elle ne recule devant aucune violence, ni devant aucune hypocrisie ; enfin, que la multitude vicieuse ou égarée des francs-maçons est elle-même, sans qu'elle s'en doute, dans les mains de quelques centaines (à peine !) d'individus cachés, disposant à discrétion des sectaires aveugles, s'en servant comme de jouets qu'ils peuvent briser à un moment voulu si cela leur paraît utile, combinant avec lâcheté et faisant exécuter avec perfidie les attentats les plus criminels, les plus odieux, les plus exécrables.

Telle est la démonstration qui va être faite, non par des dissertations sur des indices plus ou moins vagues, mais par la reproduction de documents indiscutables et complets.

Les documents parleront d'eux-mêmes, le commentaire ne sera qu'accessoire.

§ II.

Mes démêlés avec le Grand-Orient.

« Je demande la parole pour un fait personnel. »

Avant d'aller plus loin, il importe que je réponde d'avance à une objection qu'on ne manquera pas de m'adresser. On me dira que, le jour de mon initiation, j'ai prêté le serment de ne rien révéler sur la Franc-Maçonnerie, et qu'en publiant cet ouvrage, je viole aujourd'hui ce serment.

Je pourrais répondre que Notre Très Saint Père le Pape, en daignant lever les censures ecclésiastiques prononcées contre moi à l'époque de mes scandales, m'a en même temps et par le même fait, délié de tout serment impie prêté à l'esprit du mal. Les catholiques qui me liront savent tous qu'une promesse faite dans un but mauvais, dans un dessein coupable est nulle et sans valeur par elle-même.

Mais je n'écris pas uniquement pour les catholiques. Mon ouvrage, j'en suis bien sûr, sera lu aussi par des francs-maçons, et dans le nombre il s'en trouvera qui ignorent à quel point les chefs secrets de la société usent et abusent d'eux. Il sera lu encore par bon nombre de libres-penseurs qui, pour n'être pas inféodés à la secte, n'en sont pas moins, dans leur centre particulier d'action, hostiles à la Papauté et à l'Église. Mon but, en dévoilant les mystères maçonniques jusqu'aux plus hauts grades, est d'arrêter ceux qui seraient tentés de s'affilier à la ténébreuse association et de décider à en sortir, par un suprême effort, les quelques malheureux encore honnêtes qui s'y sont égarés. Or, pour ceux-ci comme pour ceux-là, il m'est indispensable d'établir que, bien avant d'être délié de mon serment maçonnique par Sa Sainteté le Pape Léon XIII, je l'étais par la Franc-Maçonnerie elle-même.

Le serment de l'initiation maçonnique est double d'une part, le récipiendaire s'engage à ne jamais divulguer les secrets de la société ; d'autre part, la société s'oblige à aider et protéger en toute occasion le récipiendaire. « Tous les maçons, dit au néophyte le Vénérable, parlant au nom de l'association, voleront à votre secours dans les circonstances difficiles où vous pourrez vous trouver. » Il s'agit en réalité d'un pacte contracté entre deux parties : si donc l'une des parties contractantes viole ses engagements, il est évident que l'autre partie, victime de la non-exécution du traité commun, n'est plus tenue, en conscience, à ses obligations personnelles.

Tel est mon cas. C'est la Franc-Maçonnerie qui la première a déchiré le traité souscrit entre elle et l'auteur de cet ouvrage. Rien n'est plus facile à prouver.

Un mot encore.

Bien que la Franc-Maçonnerie se soit conduite à mon égard avec une injustice passionnée, ce n'est point un désir de vengeance qui me guide. Les faits, que je vais d'abord raconter, datent de l'année 1881. Si j'étais animé par un sentiment de colère, il y a longtemps que j'aurais attaqué cette association dont, comme tant d'autres, j'ai à me plaindre. Je ne l'ai pas fait. J'ai plaisanté quelquefois, à l'occasion, ses côtés ridicules ; mais cela a été tout. A l'époque où j'avais le malheur de combattre la religion, je souffrais de l'iniquité dont j'étais victime ; mais je souffrais en silence, parce que ces frères iniques combattaient pour la même mauvaise cause que moi.

Depuis, par une grâce inespérée, j'ai ouvert les yeux ; j'ai vu dans quel abîme je m'enfonçais chaque jour davantage : je me suis repenti, j'ai invoqué le Ciel, j'ai supplié Dieu, et Dieu m'a tiré de l'abime.

Seule ma reconnaissance envers Dieu m'inspire. Je n'ai pas la haine des méchants, j'ai la haine du Mal qui les pousse. Mon œuvre n'est point contre les francs-maçons en tant qu'hommes, mais en tant que sectaires ; elle est absolument contre la Franc-Maçonnerie. Aimer Dieu, c'est haïr l'Enfer.

Je démasquerai donc le vice, non pour me venger

des iniquités du vice, mais pour rendre honneur à la vertu.

Voici maintenant comment la Franc-Maçonnerie m'a délié, il y a cinq ans, de mes obligations envers elle :

J'avais, certes, tout ce qu'il faut pour faire, sinon un parfait, du moins un bon maçon. Mon impiété pouvait rivaliser avec celle de nos blasphémateurs les plus endurcis.

Bien avant mon initiation, les grandes lumières de la secte, me prenant à qui mieux mieux pour leur collègue, m'écrivaient en me qualifiant de *frère* avec les trois points réglementaires (F.·.).

En 1878, invité à une fête maçonnique par la Loge *la Réunion des Amis Choisis*, de Béziers, je causai un étonnement profond à mes aimables hôtes en leur apprenant que le Grand Architecte de l'Univers[1] ne me comptait pas au nombre de ses disciples.

Les frères bitterrois m'excitèrent vivement à me faire enrôler.

Je ne me rappelle plus pourquoi je ne suivis pas alors leurs conseils. Je voyais dans la Franc-Maçonnerie une ennemie déclarée du catholicisme, et j'étais moi-même perdu dans les sentiers du mal.

Lorsque, vers la fin de 1879, un de mes vilains romans, *le Fils du Jésuite*, produisit dans le monde catholique un légitime mouvement d'indignation, je reçus de diverses Loges des lettres me flattant et m'excitant à persévérer dans mon impiété.

Je n'en citerai que deux.

---

1. On sait que dans leurs cérémonies, les Frères Trois-Points invoquent, sous le nom de Grand Architecte de l'Univers, un Être Suprême indéfini qui, pour ceux d'entre eux qui croient encore, est censément Dieu, et qui, pour ceux qui ne croient plus, représente, à leur dire, une force inintelligente et éternelle, motrice de la matière et des mondes.

A.·. N.·. E.·. S.·. L.·. A.·. D.·. G.·. O.·. D.·. F.·.

R.·. L.·. L'ÉTOILE DU NORD

OR.·. DE LILLE [1].

LIBERTÉ ! ÉGALITÉ ! FRATERNITÉ !

Or.·. de Lille, le 3 janvier 1880.

Au Tr.·. C.·. et Ill.·. F.·. Léo Taxil,
homme de lettres à Paris.

Tr.·. C.·. et Ill.·. F.·.,

La Tr.·. Resp.·. L.·. l'*Etoile du Nord* est heureuse de vous féliciter bien sincèrement de ce que la Cour de Rome a cru devoir lancer l'excommunication contre le vaillant champion de la Liberté de Conscience.

Cette Récompense sera chère au lutteur audacieux qui n'a pas craint de se mesurer contre un adversaire si redoutable et si puissant encore.

Vous avez frappé juste, T.·. C.·. et I.·. F.·. L'anathème de ce parti abhorré le prouve surabondamment; il vous donnera une force nouvelle pour continuer la lutte à laquelle tous les esprits libéraux et éclairés concourent avec vous au cri du Grand Tribun Français : « Le cléricalisme, voilà l'ennemi ! »

Courage !!!
Au nom de tous les Maç.·., Merci !!!

Par Mandement de la L.·.

Le Secrétaire :
(*Signé*) JULIEN,
R.·. ✠.·.

---

1. Ces abréviations signifient : « Au nom et sous les auspices du Grand-Orient de France, la Respectable Loge l'*Etoile du Nord*, orient de Lille. » En maçonnerie, tout se date de l'Orient, où se lève le soleil. On dit : « Orient de Paris », pour dire tout simplement : « Paris. » Je consacrerai, du reste, tout un chapitre à cet argot. — L'abréviation qui accompagne la signature de cette lettre signifie : « Rose-Croix », 18e grade maçonnique.

A.·. L.·. G.·. D.·. G.·. A.·. D.·. L'U.·. [1]

S.·. L.·. A.·. D.·. G.·. O.·. F.·.

R.·. L.·. LES ENFANTS D'HIRAM

Fond.·. le 4e jour du 10e mois 5840. — Const.·. le 24e jour du 2e mois 5841. — Rep.·. des Trav.·. le 15e jour du 11e mois 5865. — Const.·. le 18e jour du 4e mois 5866.

Cabinet du Vénérable : Usine de la Fontaine-Ronde, par Cesson, Seine-et-Marne.

Or.·. de Melun, le 14 janvier 1880. (E.·. V.·.)

T.·. C.·. F.·.

Au moment où nos ennemis, les noirs crocodiles [2], agitent sur votre tête leurs foudres vaines, la Loge de Melun a décidé, en sa Tenue Solennelle du 7 janvier courant, de vous adresser l'expression de sa gratitude pour l'énergie avec laquelle vous combattez le cléricalisme.

---

1. La première ligne d'abréviations signifie : « A la Gloire du Grand Architecte de l'Univers. » Les autres abréviations veulent dire : « Fondée, constituée, reprise des Travaux. » On remarquera que les maçons augmentent de 4000 ans le nombre usité pour désigner les années; c'est, disent-ils, pour prendre date à la création du monde, et non à la naissance de Jésus-Christ. « Reprise des Travaux » signifie que cette loge a été fermée pendant un certain temps et qu'elle a été ensuite réouverte « E.·. V.·. » veut dire « Ere Vulgaire. » — Vénérable est le titre d'un Président de loge.

2. Cette expression bizarre, *les noirs crocodiles,* a une origine curieuse. Garibaldi dans ses lettres, parlait quelquefois des « noirs cocodrilles », par allusion aux proyers vulgairement appelés cocodrilles, qui existent à profusion aux environs de Rome; ces oiseaux, qui sont noirs, appartiennent au genre des passereaux. Les maçons de Melun, à qui le Grand Architecte de l'Univers a négligé de donner des connaissances ornithologiques très approfondies, se sont servis dans leur lettre, de l'expression de Garibaldi en transformant les cocodrilles en crocodiles. Quoi, qu'il en soit, ces crocodiles, noirs ou non, agitant des foudres sur ma tête, constituent une figure de rhétorique qui ne manque pas de gaieté.

La rage des vaincus prouve que vous leur avez porté des coups mortels.

Nous aimons à croire que vous venez encore de puiser une force nouvelle en entendant leurs anathèmes.

Recevez donc, avec l'assurance de notre reconnaissance, nos frat.·. et cordiales salutations.

Par mandement de la L.·
Le Vénérable :

(*Signé*) G. LAGACHE.·.

Au F.·. Léo Taxil, publiciste,
à Paris.

Toutes ces lettres de félicitations maçonniques étaient conçues dans le même style; et, si j'en suis confus aujourd'hui, j'en étais alors très fier.

Ces louanges, ces encouragements à persévérer dans la mauvaise voie où je m'étais engagé, m'arrivèrent, je dois le dire, exclusivement de province. A Paris, tous ou presque tous les membres de la presse républicaine font partie des Loges; or, dans cette partie de la presse parisienne, la jalousie et l'envie règnent à l'état latent. Aussi, de ce que les Loges de la capitale ne me félicitèrent point, il ne faudrait pas conclure qu'elles sont moins irréligieuses que leurs Tr.·. Resp.·. Sœurs des départements; la vérité est que mon indépendance me valait de nombreux ennemis parmi mes confrères, répandus en grand nombre dans la Maçonnerie parisienne.

Mes premières difficultés avec le Grand-Orient de France datent du mois d'avril 1881. A cette époque, une Loge maçonnique, intitulée *La Libre-Pensée*, venait d'être fondée à Narbonne; elle devait être solennellement installée et inaugurée, le dimanche 24 avril par une délégation spéciale du pouvoir central du rite français. La Loge, à la suite d'une délibération et par un vote presque unanime, m'écrivit pour m'inviter à assister à la cérémonie et à faire, à cette occasion, une conférence.

Le Grand-Orient de France, apprenant cela, manda aussitôt à la Loge de n'avoir pas à prendre, pour son inauguration, d'autres conférenciers que ceux qu'il enverrait.

La Loge insista, disant que je jouissais d'une certaine popularité dans le Languedoc et qu'à Narbonne notamment je comptais beaucoup d'amis.

Réplique du Grand-Orient, et ordre formel donné à la Loge de renoncer à la conférence du F.·. Léo Taxil [1].

Trouvant le procédé passablement tyrannique de la part des directeurs d'une société que j'avais cru libérale, je pris le train de Narbonne, sans me soucier de ce qu'en penserait le Grand-Orient, et, au lieu de faire à la Loge la conférence qu'elle m'avait demandée, je la fis au théâtre et au bénéfice des pauvres de la ville.

J'appartenais, — j'ai oublié de le dire, — à la Loge parisienne *le Temple des Amis de l'Honneur Français*, qui a sa réunion ordinaire le troisième lundi de chaque mois.

Ma petite révolte contre le despotisme du Grand-Orient avait eu lieu dans les derniers jours d'avril. A la première réunion de ma Loge (troisième lundi de mai), une accusation, dont le Vénérable refusa de me faire connaître l'auteur, fut déposée contre moi.

---

1. J'ai conservé la lettre par laquelle la Loge *la Libre-Pensée* m'invitait à venir donner une conférence à l'occasion de son inauguration, la copie de la correspondance échangée entre le Grand-Orient et la Loge, et une lettre à moi adressée par le Secrétaire Général du Grand-Orient (le F.·. Thévenot), reconnaissant qu'en effet l'ordre d'interdiction de ma conférence émanait du pouvoir central de la Maçonnerie (rite français).

Je fis observer qu'un accusé doit toujours être mis en face de qui l'accuse. Le Vénérable me répondit en me montrant les Règlements ; en effet, c'est ainsi que les choses se passent dans la Maçonnerie. Ne m'étant jamais attendu à ce qui m'arrivait, j'avais négligé de lire les Dispositions Judiciaires de l'Ordre.

Un Comité Secret fut donc constitué, toujours en vertu de ces fameux Règlements, pour procéder, sans confronter l'accusé et l'accusateur, à l'instruction de mon affaire.

Ce Comité se composait des frères que voici :

Rothé, comptable à l'Ecole Polytechnique ;
Lemonon, marchand de bronzes, 2 *bis*, rue Vivienne ;
Le Leurch, capitaine au 74e de ligne ;
Castaneda, docteur en médecine, 14, avenue de la République ;
Et un F.·., dont j'ai oublié le nom, et qui remplissait à la Loge les fonctions de Grand-Expert.

L'un de ces frères, le F.·. Lemonon, avait le grade de Chevalier-Kadosch et était l'Orateur de la Loge, c'est-à-dire le représentant attitré du Grand-Orient ; c'est lui qui communiquait directement avec le pouvoir central ; quant à son grade, un des plus élevés et des plus inaccessibles de la Maçonnerie, nous verrons, au cours de cet ouvrage, quelles sont ses attributions.

Je comparus devant le Comité Secret et répondis à toutes les questions ; et je vous prie de croire qu'on ne me les ménagea pas. Le Comité avait en mains une véritable liasse de papiers, dont chaque feuille portait une interrogation sur un fait quelconque me concernant ; toute ma vie, non seulement publique, mais privée, fut épluchée. Mes réponses étaient immédiatement inscrites au bas de la question rédigée d'avance. Tout ce travail avait, à coup sûr, été préparé en dehors de la Loge ; car les membres du Comité, sauf le

F.·. Lemonon, n'étaient pas familiers avec l'écriture du mystérieux accusateur; quand le président et le secrétaire ne comprenaient pas bien, c'était le F.·. Lemonon qui prenait le papier et qui déchiffrait.

Toute l'enquête portait sur des actes, et non sur des paroles, qui étaient allégués à ma charge. « La vérification d'une accusation, quand elle porte sur des faits, est toujours facile, me dit le F.·. Orateur; et il s'agit ici d'une affaire que nous avons mission de régler le plus promptement possible. » Aussi je dus, pour me disculper sur chaque point, indiquer des personnes pouvant démontrer la fausseté de chaque inculpation. Le Comité Secret prit note, afin de contrôler ma défense, des noms et adresses de mes témoins à décharge, et, bien entendu, refusa, comme le Vénérable, de me mettre en face des prétendus témoins qui me chargeaient [1].

---

1. Parmi les faits que le Comité Spécial d'Enquête jugea bon d'éclaircir, se trouve celui de mon procès au sujet de la brochure *Les Sermons de mon Curé.*

En 1880, un abonné de mon journal, M. Hennino, négociant, 46, rue d'Aboukir, m'apporta un vieux recueil de poésies, publié sous la seconde république, et portant cette signature: « Auguste Roussel. » Ce recueil lui avait été prêté, me dit-il, par M. Edmond About. On le considérait comme une curiosité et une rareté; car, d'après l'opinion générale, l'auteur n'était autre que M. Auguste Roussel, rédacteur de l'*Univers;* c'était, affirmait-on, un péché de jeunesse de l'éminent écrivain catholique, que le *Figaro* accusait de n'avoir pas, à ses débuts, professé les mêmes idées qu'aujourd'hui.

Charmé de l'occasion qui se présentait à moi d'être désagréable à un homme alors mon adversaire, je m'empressai de faire copier le recueil, avec le consentement de M. Hennino, et je pris sur moi de le publier. Afin que M. Auguste Roussel (de l'*Univers*), contre qui le coup était dirigé, se trouvât dans l'obligation, pour empêcher la diffusion de ce que tout le monde pensait être son œuvre, d'établir par voie de justice qu'il en était auteur et propriétaire, on intitula cette brochure de réimpression : LES SERMONS DE MON CURÉ, *par un Chantre Sceptique.* C'était, pensait-on, réduire M. Roussel à cette alternative: ou laisser se propager

Cette instruction secrète nécessita de nombreuses séances.

Finalement, le Comité Spécial d'Enquête, à l'unanimité, moins une voix, — la voix du représentant du Grand-Orient, — déclara que la plainte portée contre

---

d'anciennes poésies qu'il reniait aujourd'hui ; ou avouer publiquement qu'il avait été anti-clérical à un moment donné, pour avoir le droit d'arrêter cette propagande.

Or, tout le monde était dans l'erreur. L'œuvre était bien d'un Auguste Roussel, mais pas du rédacteur de l'*Univers*. L'auteur, poète qui ne manquait certes pas de talent, mais qui était demeuré inconnu du public comme la plupart des poètes, signait en 1848 « Auguste Roussel » tout court, ce qui devait le faire confondre plus tard avec l'écrivain catholique; et dans ces dernières années il avait adopté la signature « A. Roussel, de Méry ». — Tout cela n'a été mis au jour que par le procès qui allait s'engager.

Ce procès me fut intenté par M. Émile de Beauvais, ami intime de feu Roussel, de Méry, et cessionnaire des droits légués par le poète défunt. J'étais dans une situation très fausse. Au point de vue catholique, j'avais évidemment tous les torts : c'était surtout parce que j'étais convaincu que l'auteur était M. Auguste Roussel (de l'*Univers*) et que je pensais que cette réimpression lui serait désagréable et lui lierait les mains, c'était principalement pour cela que j'étais en faute. Au contraire, au point de vue anti-catholique, je n'avais qu'un tort, celui d'avoir partagé une erreur générale : si l'auteur avait été réellement M. Roussel (de l'*Univers*), toute la presse républicaine m'eût félicité d'avoir osé réimprimer malgré lui ses anciennes œuvres.

Comme à cette époque je ne me préoccupais que de l'opinion des républicains et des libres-penseurs, je cherchai uniquement dans ma défense, à établir ma bonne foi, à prouver que j'avais été victime d'une similitude de nom, à démontrer que j'avais eu en vue, non l'appât du gain (on sait qué jamais éditeur ne s'est enrichi, certes, en publiant des volumes de poésies), mais un acte hostile, et de bonne guerre, contre un adversaire réputé.

Le Tribunal, qui n'avait pas à se placer au point de vue anti-catholique pour apprécier les faits, qui dans la cause n'examinait que le côté matériel, puisqu'il s'agissait d'une action civile, me condamna à des dommages-intérêts, et ses considérants déclarèrent que le fait d'avoir cru M. Roussel (de l'*Univers*) auteur de l'ouvrage en litige, et d'avoir réimprimé cet ouvrage dans le but exprès de lui nuire, ne me rendait que plus coupable.

Je fis appel. La Cour partagea l'avis du Tribunal Civil et

moi n'était point fondée. En conséquence, la plainte était annulée, l'accusation tombait d'elle-même, et, par le fait, on n'en entendit plus parler.

A la réunion du 20 juin 1881, qui suivit cette ordon-

---

même doubla les dommages-intérêts auxquels j'avais été condamné en première instance.

Tels sont les faits que le Comité Spécial d'Enquête (maçonnique) examina. Il étudia l'affaire au point de vue de ma bonne foi et prit ses renseignements de tous côtés ; deux délégués se rendirent, notamment, chez M. Hennino, le 14 juin, pour savoir comment j'avais été induit en erreur sur la véritable personnalité de l'auteur des *Sermons de mon Curé;* M. Hennino eut la loyauté de reconnaître que c'était lui en effet qui avait été, dans mon affaire, la première cause du quiproquo. Bref, le Comité d'Enquête de la Maçonnerie, contrairement aux juges civils, me déclara complètement innocent.

Au surplus, ma bonne foi devait éclater plus tard d'une façon publique.

Après ma condamnation en appel, je me pourvus en cassation, et là le procès se termina à mon honneur par le désistement de la partie adverse. M. Émile de Beauvais avait surtout à cœur de faire cesser, devant l'opinion publique, la confusion de personnes qui se produisait entre son défunt ami et M. Auguste Roussel (de l'*Univers*); son but principal était d'établir, d'une manière indiscutable, que la paternité des *Sermons de mon Curé* appartenait à « Roussel, de Méry ».

C'est pourquoi, étant donné que de mon côté je reconnaissais avoir partagé l'erreur générale, M. de Beauvais m'écrivit la lettre suivante qui mit fin au différend :

Levallois-Perret, 1er décembre 1881.

Monsieur Léo Taxil,

Le procès des *Sermons de mon Curé* m'ayant mis en relation avec plusieurs personnes qui vous connaissent de près et depuis longtemps, il m'a été facile de faire une enquête sur les conditions dans lesquelles vous avez publié l'œuvre de mon vieil ami Auguste Roussel, de Méry.

Pour mener sérieusement cette enquête, je me suis entouré de tous les renseignements possibles, les puisant à toutes les sources, et, comme il est de la loyauté la plus élémentaire de reconnaitre une erreur, c'est donc de bien bon cœur que je déclare m'être trompé à votre égard. Votre bonne foi dans toute cette affaire ne fait plus pour moi aucun doute, et je vous tiens pour un parfait honnête homme.

Ma conviction est à ce point certaine, que je renonce, par la présente, à l'exécution du jugement et arrêt rendus contre vous à mon profit. Vous pouvez donc, de votre côté, retirer votre pourvoi en cassation.

En outre, pour bien vous prouver combien je désire que toute trace de

nance de non-lieu, la Loge devait procéder à diverses initiations, parmi lesquelles celle d'un jeune avocat, M. Paul Féau, très chaudement recommandé par divers gros bonnets opportunistes du Conseil de l'Ordre. Cette initiation devait être, pour le récipiendiaire, l'occasion d'un petit triomphe maçonnique. Comme j'avais sur le cœur les mauvais procédés du Grand-Orient à mon égard, je pris plaisir à embarrasser son protégé en lui posant des questions ennuyeuses pour un récipiendaire.

Le profane Féau, très ému sous le bandeau qui lui couvrait les yeux, venait de déclarer qu'il était avant tout anti-clérical (nombreux applaudissements sur les colonnes) et que sa patrie, c'était l'Humanité ! (nouveaux applaudissements enthousiastes de l'assistance et tressaillements d'allégresse sur l'estrade où se trémous-

---

notre différend soit effacée, je vous confierai, si vous le désirez, le soin d'éditer à nouveau les *Sermons de mon Curé* et toutes les autres œuvres de feu Roussel, de Méry.

Veuillez m'accuser réception de la présente, et recevez l'assurance de ma sincère estime.

ÉMILE DE BEAUVAIS.

Cette lettre a été enregistrée à Paris, au 2e Bureau de l'Enregistrement (rue de la Banque), le 20 février 1882, folio 101,602.

J'ai tenu à consacrer une note importante à ces explications, parce que le procès relatif à ce recueil de poésies a toujours été le grand cheval de bataille de mes détracteurs. Les ennemis personnels que j'avais dans la presse républicaine, au temps même de mon impiété, ont souvent parlé, en la dénaturant, de cette affaire en première instance et en appel, mais jamais ils n'ont dit un mot de son issue en cassation, jamais ils n'ont reproduit la lettre de M. de Beauvais, que cependant je ne leur avais pas laissé ignorer.

Cette note me procure aussi l'occasion de rendre hommage à la vérité et de présenter publiquement mes excuses à M. Auguste Roussel, rédacteur de l'*Univers*. Pendant longtemps, je l'ai cru l'auteur de l'ouvrage dont il s'agit, et, en m'entêtant, lors du procès, à soutenir mon erreur, je lui ai peut-être nui dans l'esprit de plusieurs personnes. J'espère donc que cette déclaration dissipera une bonne fois tous les doutes.

L. T.

saient les vieilles barbes des Vénérables titulaire, honoraires, *in partibus* et *ad vitam*).

Lors, ayant obtenu la parole, je dis au profane Féau :

« — Monsieur, vous êtes anti-clérical avant tout, c'est très bien ; et vous n'avez d'autre patrie que l'Humanité, c'est parfait ; je vous en félicite. Or donc, je suppose ceci : au lieu d'être sous la République républicaine de M. Grévy, nous sommes retombés sous un Mac-Mahonat que notre illustre Frère Gambetta qualifie de nouveau de « gouvernement des curés » ; d'autre part, l'Italie libérale se met en République et expulse le Pape et les cardinaux de Rome ; une guerre éclate entre la France et l'Italie à ce propos, c'est-à-dire entre la République favorable aux prêtres et la République anti-cléricale. Il vous faut prendre les armes. Avec qui combattrez-vous ? avec l'Italie ou avec la France ? »

Jamais le lecteur ne pourra concevoir dans son imagination l'effet produit par cette question inattendue [1].

D'abord, la stupéfaction fut générale.

Quelle audace ! Venir ainsi refroidir les enthousiasmes et troubler l'aimable petite fête !

Puis, les partisans du récipiendaire protestèrent avec éclat. « La question était déplacée, le profane ne devait pas répondre. » Le F.·. Hubert, Vénérable d'honneur *ad vitam*, agitait en l'air ses mains tremblantes et prenait le Grand Architecte de l'Univers à témoin de ce que, depuis quarante-trois ans qu'il était dans la Maçonnerie, il n'avait jamais entendu poser question pareille !

1. Il est bon de dire ici que ma Loge contenait dans son sein un assez grand nombre d'officiers et sous-officiers de l'armée. Ces braves gens, que l'on avait enrôlés sous les ordres du Grand-Orient par des manœuvres dont le détail sera donné plus loin, étaient profondément patriotes, tout en étant anti-cléricaux ; ce fut eux surtout que ma question troubla ; les autres ne furent qu'irrités.

Le Vénérable titulaire, le F∴ Lemaire, frappa un grand coup de maillet sur l'autel, et le silence se rétablit. Au nom de la toute-puissance qui lui avait été conférée, il dispensa le récipiendaire de répondre.

Je protestai, au nom des règlements, puisque toute question, de n'importe quelle nature et sur n'importe quel sujet, peut être posée en Loge à un profane admis aux épreuves.

Alors, le Vénérable, pour me donner une leçon et afin d'indiquer aux jeunes Apprentis, Compagnons et Maîtres, ses infimes subalternes, sur quel terrain il convenait de porter les interrogations aux candidats, prit son air le plus malin, sourit paternellement au profane, — sourire esquissé en pure perte, puisque le profane avait les yeux sous un bandeau, — ouvrit la bouche et laissa tomber ces paroles bien scandées :

« — Monsieur, il est temps de terminer votre interrogatoire. Une dernière question, et celle-ci basée, non sur de chimériques suppositions, mais sur la réalité scientifique ».

Le F∴ Lemaire s'arrêta un instant, satisfait de son exorde. Le profane Féau commençait à se tranquilliser. Tous les assistants tendaient l'oreille ; on allait ouïr l'oracle.

Le Vénérable, après un long regard circulaire sur les colonnes muettes et attentives, prononça doctoralement ces mots :

« — Veuillez nous dire, Monsieur, quelle est votre opinion sur la couleur d'un triangle ? »

Cette fois, l'assemblée fut encore surprise ; mais son sentiment d'étonnement n'avait aucun rapport avec la stupéfaction irritée de tout à l'heure. On était surpris, mais c'était parce qu'on ne s'attendait pas à quelque chose d'aussi profond.

La couleur d'un triangle ! cela faisait rêver les vieilles

cervelles qui s'étaient à demi pétrifiées dans le culte du panthéisme maçonnique, et à qui l'explication de la pierre cubique [1] avait déjà paru une merveille.

La couleur d'un triangle! qu'y avait-il donc au fond de cette énigme? quelle vérité allait donc sortir du vénérable puits Lemaire?... Les anciens concierges retirés, qui s'étaient fait initier aux mystères du Grand Architecte par suite d'une inclination irrésistible pour tout ce qui porte le nom de loge, passaient sur leurs lèvres une langue gourmande, savourant d'avance la réponse que le sublime interrogateur allait s'adresser à lui-même.

Car on sentait bien qu'à une question de cette force, un Rose-Croix même ne pouvait pas répondre. Dire n'importe quoi, sans avoir reçu les lumières des plus hauts grades, eût été à la fois présomptueux et téméraire.

Le profane Féau le comprit. Il avoua humblement qu'il n'avait pas encore d'opinion bien déterminée sur la couleur d'un triangle; mais il eut soin d'ajouter que, docile aux enseignements des personnes douées d'une sage expérience, il avait le plus ardent désir de s'éclairer. — Ce jeune homme ira loin en Maçonnerie [2].

---

1. La *pierre cubique* est le plus idiot casse-tête hiéroglyphique que l'on puisse imaginer. Nous verrons plus amplement ce que c'est, quand nous en serons à l'étude du 5e grade du rite français. Pour le moment, je dirai ceci : les Vénérables ont l'habitude de déclarer en Loge que la pierre cubique est le chef-d'œuvre de la Franc-Maçonnerie. — Chef-d'œuvre d'insanité et de bêtise, sans doute.

2. Deux mois après, les Maçons de Seine-et-Oise le faisaient entrer à la Chambre. Il s'y est distingué par une nullité des plus remarquables.

L'*Ami du Peuple*, n° du 23 avril 1882, a raconté, sur le jeune député Féau, mon ex-collègue de Loge, une anecdote des plus délicieuses. La voici :

« Rendant compte de la réunion de la Ligue de l'enseignement, nous avons parlé de M. Féau, député, comme étant membre du conseil de cette association. Puisque M. Féau s'occupe

Le F.·. Lemaire triomphait.

« — Eh bien, Monsieur, s'écria-t-il, voici mon opinion, à moi, sur la couleur d'un triangle : c'est la plus belle des couleurs, puisque c'est la couleur de l'égalité ! »

Il y eut, dans la Loge, comme un frisson de ravissement; on se regardait les uns les autres avec fierté, la fierté de posséder un tel Vénérable. — Je dois reconnaître pourtant que l'admiration ne fut pas absolument unanime, et que quelques-uns, à la sortie, s'amusèrent beaucoup de la couleur du triangle au F.·. Lemaire.

Aux réunions qui suivirent, je constatai que je n'étais plus vu de très bon œil par un certain nombre

---

d'enseignement, nous croyons devoir faire connaître à nos lecteurs quelles sont ses idées en matière d'histoire littéraire. M. Feau est un jeune avocat qui ne s'est pas encore révélé à la tribune parlementaire et qui est fort connu au Palais... dans le monde des stagiaires. Quelques-uns de ses traits d'éloquence ont le don d'exciter une douce gaieté. C'était dans une conférence de stagiaires, on discutait une question sur le droit du mari relativement aux œuvres littéraires de sa femme. L'un des orateurs venait de soutenir les droits du mari, M. Féau se lève et, prenant la défense du sexe faible, s'écrie : « Voyez, messieurs, « combien la tyrannie des maris a comprimé le génie des femmes « auteurs. Et, par exemple, voyez... (ici, un long effort de mé- « moire), voyez Jeanne d'Arc et Mme de Sévigné. »

« Un confrère malicieux lui fit remarquer qu'il ne connaissait pas les œuvres complètes de Jeanne d'Arc, et qu'il n'avait jamais entendu parler des démêlés de M. de Sévigné avec l'éditeur des œuvres de la célèbre marquise. M. Féau prit le bon parti de ne pas répliquer, et l'on en rit encore. »

L'*Ami du Peuple* terminait ainsi :

« Le député Féau ferait bien de publier une édition soignée des écrits de Jeanne d'Arc. Il en pourra faire l'hommage à l'Académie française, si jamais la docte compagnie compte parmi ses membres l'aigle de Cahors. S'il veut faire plaisir à l'Académie des sciences, dont le grand savant Paul Bert est aujourd'hui l'ornement, il peut également piocher une étude approfondie sur l'éperon des centaures. Nous nous bornons à lui indiquer le sujet. »

de membres de ma Loge. Ma question au profane Féau avait été une note discordante dans le concert de sa réception; le récipiendaire avait été admis avec félicitations vives et empressées.

Le troisième lundi de juillet, on causa surtout des élections législatives qui étaient prochaines; la Maçonnerie préparait déjà ses candidatures.

On se rappelle comment les choses se passèrent en cette belle année 1881. Ce fut le 30 juillet que le gouvernement prononça la clôture de la session des Chambres et convoqua les électeurs pour procéder, le 21 août, au choix de leurs députés à la nouvelle législature.

Le gouvernement, sans crier gare, donnait au corps électoral, pour choisir ses nouveaux législateurs, juste les vingt jours fixés par la loi. Le suffrage universel, c'est-à-dire le bon peuple qui n'était pas dans le secret des dieux, avait compté sur les élections pour le mois d'octobre; il se trouvait pris à l'improviste.

Dans le département de l'Aude, — pour citer ce département, où les circonstances m'amenèrent à poser ma candidature, — la Maçonnerie était prête. Son candidat, pour l'arrondissement de Narbonne, candidat agréé par le Grand-Orient et le comité de la rue de Suresnes, était M. Malric, membre de la loge *l'École de la Vertu* de Lézignan; il ne s'agissait plus que de le faire agréer par le Congrès des électeurs délégués de l'arrondissement.

Sur ces entrefaites et dès le jour où la convocation des électeurs parut à l'*Officiel*, un groupe d'indépendants m'offrit la candidature. Je n'avais pas beaucoup de chances de succès, n'ayant pas eu le temps de préparer le terrain, comme les autres compétiteurs, n'ayant visité aucune commune; et l'on avait peu de jours devant soi. N'importe, j'acceptai le 1er août, enchanté d'avoir l'occasion d'être désagréable au Grand-Orient, à qui je gardais rancune de ses mauvais procédés.

La réponse de nos tyranneaux en chambre ne se fit pas longtemps attendre. Au moment où j'allais partir pour Narbonne, je reçus le billet doux que voici :

Sous les Auspices du Grand-Orient de France.

TEMPLE DES AMIS DE L'HONNEUR FRANÇAIS

LIBERTÉ ! ÉGALITÉ ! FRATERNITÉ !

Le véritable honneur est d'être utile aux hommes !

Or.·. de Paris, 5 août 1881 (E.·. V.·.)

ADRESSE DE LA L.·. :
Chez le F.·. LEMAIRE, Vén.·.,
60, avenue de Breteuil, Paris.

T.·. C.·. F.·.

Je vous informe que le Comité Spécial, chargé d'examiner une deuxième plainte formulée contre vous, a, dans sa séance du 4 août courant, déclaré à l'unanimité que cette plainte était fondée.

Le fait qui vous est reproché est relatif à une lettre publiée contre vous dans différents journaux par nos illustres FF.·. Victor Hugo, Louis Blanc, etc. Cette lettre proteste contre l'usage que vous avez fait de leurs noms dans un journal de Montpellier.

Le 17 août courant, à 8 heures et demie du soir, l'Atelier s'assemblera au lieu ordinaire de ses séances, pour entendre votre défense et prononcer son jugement sur le fait dont je viens de vous donner connaissance.

Dans le cas d'absence de votre part ou de celle de votre mandataire, il vous sera donné un défenseur d'office.

Conformément à l'article 15 des Dispositions Judiciaires, je vous rappelle qu'à partir d'aujourd'hui l'exercice de vos droits maçonniques est provisoirement suspendu.

Le Vén.·. du *Temple des Amis de l'Honneur Français :*

LEMAIRE, 30e .·.

Voici ce qui s'était passé; d'abord, relativement à Victor Hugo et Louis Blanc; ensuite, relativement à la Loge:

1° *Question Victor Hugo et Louis Blanc.* — Le journal *le Midi Républicain*, organe radical de Montpellier, dont j'avais été passagèrement le rédacteur en chef, s'était mis, il y avait environ trois mois de cela, sous le patronage de diverses notabilités politiques, et avait publié différentes lettres d'hommes célèbres dans le parti républicain, notamment de Victor Hugo, de Garibaldi, de Louis Blanc, etc. Ces lettres souhaitaient la bienvenue au journal.

Tout à coup, un beau matin des premiers jours de juillet, une vingtaine de journaux maçonniques de Paris, tant opportunistes que radicaux, reproduisirent, avec un ensemble remarquable, une lettre dans laquelle MM. Victor Hugo et Louis Blanc, entre autres, protestaient contre la publication faite par le *Midi Républicain;* ils en avaient l'air tout étonnés, comme s'ils n'avaient jamais envoyé une ligne à ce journal.

Cette lettre de protestation, qui m'était adressée, bien que je ne fisse plus partie du *Midi Républicain*, portait la date du 5 juillet et me disait :

« Nous ne vous avons, monsieur, en aucune façon autorisé à agir comme vous l'avez fait.

« Il est impossible que nous sachions l'usage que l'on fait de nos noms, mais quand un fait comme celui-ci est porté à notre connaissance, nous devons rompre le silence.

« Nous protestons donc énergiquement contre une telle manière d'agir que nous laissons le soin de caractériser à vos lecteurs eux-mêmes ; car nous sommes en droit de vous inviter, et nous vous invitons, à insérer la présente lettre dans votre plus prochain numéro.

« Agréez nos salutations.

« VICTOR HUGO, LOUIS BLANC, etc. »

C'était tout simplement m'accuser d'être un faussaire ; et les bons confrères de la presse républicaine de Paris ne se privèrent pas de le dire.

Cette jolie intrigue avait pour auteur l'aimable F.·. Paul Bert, que le radical *Midi Républicain* venait d'attaquer à l'occasion de récents votes opportunistes. Le grand vivisecteur avait écrit la lettre ci-dessus [1], et il avait réussi, je ne sais comment, à la faire signer par Victor Hugo et Louis Blanc, qui prouvèrent ainsi qu'ils avaient la mémoire bien courte.

Naturellement, je protestai contre la protestation ; mais les bons confrères, avec la loyauté ordinaire qui les caractérise, jetèrent ma réclamation au panier. Néanmoins, ils comprirent que leurs grands hommes avaient commis une bévue, le silence se fit aussitôt, et personne ne revint plus sur cet incident.

2° *Ce qui s'était passé à ma Loge.* — D'après la lettre, reproduite plus haut, du vénérable F.·. Lemaire, il peut sembler que de minutieuses recherches et de sérieux débats avaient eu lieu, au *Temple des Amis de l'Honneur Français,* pour découvrir la vérité dans cette accusation de faux dont j'avais été l'objet un mois auparavant.

Ah ! bien oui ! on n'avait rien discuté du tout.

Ce 4 août-là, la Loge tenait une réunion, dans laquelle, disait la « planche » de convocation, les F.·. n'auraient à délibérer que sur des questions administratives. En effet, on s'occupa surtout des comptes de l'année courante et de la vérification des registres de l'ancien trésorier.

Avant de fermer la séance, le Vénérable, selon l'usage, fit circuler la tire-lire pour recueillir les offrandes de chacun (le « tronc de la Veuve »). En

---

1. J'ai conservé l'original; il est en entier de sa main.

vidant la tire-lire, le F.·. Hospitalier aperçut, parmi la monnaie, un morceau de papier blanc plié. Le passer au Vénérable fut l'affaire d'une seconde.

Le Vénérable déplie le papier, rajuste ses lunettes, fronce le sourcil, et, d'une voix solennelle :

« — MesFrères, dit-il, un de nos Frères, membre de cette Respectable Loge, est l'objet d'une accusation très grave. Plusieurs journaux ont publié, il y a un mois, une lettre, où se trouvent les signatures si honorées de Victor Hugo et de Louis Blanc, et dans laquelle il est en quelque sorte, accusé de faux...

Plusieurs voix. — « Oui, oui, c'est le Frère Taxil !

Le Vénérable. — « Pardon, mes Frères, la Constitution nous interdit de nommer le Frère qui est l'objet d'une accusation aussi bien que ses accusateurs... Je dis donc qu'une plainte, à raison de ces faits, est déposée contre le Frère dont il s'agit et que je ne nomme pas. »

A l'instant, le Vénérable met le Comité en demeure de se prononcer.

Un membre fait timidement observer que le Frère incriminé est absent et qu'il serait juste que le Comité Spécial d'Enquête l'entendît avant de rien préjuger.

Le Vénérable réplique qu'il n'y a pas d'enquête à faire, du moment que la lettre accusatrice qu'ont publiée les journaux de Paris est signée par Victor Hugo et Louis Blanc. Devant l'affirmation de personnages aussi illustres, ajoute-t-il, le Comité n'a qu'à s'incliner. Qu'il se prononce donc tout de suite, et l'on entendra, en loge, l'accusé, à la réunion du 17 du mois, afin de savoir quelles circonstances atténuantes il peut invoquer.

Le Comité, chargé des enquêtes de cette nature, n'était pas au complet ; l'Orateur de la Loge était absent, lui aussi. On le remplace, séance tenante, par l'Orateur-adjoint, le F.·. Rath. Et le Comité, sans se retirer dans une salle à part, sans même émettre un vote, déclare qu'il y a lieu de procéder, non à l'instruction de l'affaire, mais à mon jugement.

« — J'interroge les membres du Comité, dit le Vénérable. Leur avis est-il que la plainte dont il s'agit est fondée ?

« — Oui, oui, » répondirent en chœur les membres du Comité Spécial.

Et voilà ce que le F.·. Lemaire, l'inventeur de la couleur des triangles, appelle un examen dans sa lettre du 5 août, voilà ce qu'il présente comme une délibération.

Quand je vis, deux ou trois jours après, l'un des membres de ce Comité enquêteur qui prenait des décisions sans enquête préalable, je ne pus m'empêcher de lui adresser des reproches. Je lui observai combien la conduite de la Loge et du Comité avait été incorrecte.

« — Que voulez-vous ? me répondit-il. Nous avons subi malgré nous une sorte d'entrainement. Et puis, la lettre publiée par les journaux de Paris était signée : Victor Hugo ! Louis Blanc ! Quelle discussion pouvions-nous entamer, quand on nous mettait de tels noms en avant ? »

Quoique presque tout le monde fût contre moi, je ne me tins pas pour battu. La Constitution maçonnique avait été violée d'une façon manifeste à mon égard ; l'article 9 des dispositions judiciaires exige une instruction, pour n'importe quelle affaire, avant que le Comité Spécial puisse se prononcer.

Au surplus, afin que le lecteur puisse se rendre exactement compte de ce qu'il me reste à raconter, je vais mettre sous ses yeux les extraits des Règlements maçonniques qui s'appliquent à mon cas :

ARTICLE 9 des *Dispositions Judiciaires*. — Les délits exigent une instruction et un jugement.

ART. 10. — Tout Membre d'un Atelier peut se porter plaignant contre tout autre Membre d'un même Atelier. Cette plainte doit être déposée dans le sac des propositions. Les noms du plaignant et du F.·. inculpé ne sont point prononcés par le Président. — Tout Maçon actif peut également porter plainte contre un Maçon devant l'Atelier dont celui-ci fait partie.

ART. 11. — (Cet article est relatif aux plaintes déposées contre le Président d'un Atelier.)

ART. 12. — Si la plainte est régulière, le Président ou l'un des Officiers de l'Atelier, par ordre hiérarchique, convoque extraordinairement, pour former un Comité secret et spécial d'instruction, les cinq premiers Officiers, et, à leur défaut, les Officiers qui suivent dans l'ordre hiérarchique. — Le Président de l'Atelier ne peut jamais faire partie du Comité. — La plainte est remise au Comité dans la personne de l'Officier qui le préside et qui en donne récépissé.

ART. 13. — Le Comité Spécial, ainsi présidé par le Frère à qui les pièces ont été remises, doit instruire secrètement l'affaire, appeler le plaignant, requérir les preuves du fait articulé, entendre séparément le prévenu dans ses moyens de défense, et se former une conviction morale sur l'existence, la nature et la gravité du délit.

ART. 14. — Si la plainte est retirée avant que le Comité Spécial l'ait déclarée fondée, les pièces de l'instruction sont immédiatement anéanties. — Si le Comité Spécial, à la majorité des voix, reconnaît que la plainte n'est point fondée, elle est annulée. — Si elle est reconnue calomnieuse, l'Atelier, après avoir pris connaissance des pièces, pourra mettre le Frère plaignant en jugement.

ART. 15. — Si le Comité Spécial déclare la plainte fondee, il nomme son Rapporteur, dresse l'acte d'accusation que son Président adresse à celui de l'Atelier, avec toutes les pièces de l'affaire. — A partir du moment où la plainte a été déclarée fondée, l'exercice des droits et fonctions maçonniques du Frère inculpé est provisoirement suspendu, sans cependant que cette suspension provisoire puisse durer plus de deux mois à partir du jour où la plainte a été déclarée fondée. — Tout Frère contre qui une plainte aura été reconnue fondée par le Comité Secret d'instruction, devra déposer aux Archives de la Loge, et dans un délai de huit jours à partir de l'invitation qui lui en sera faite, tous ses titres maçonniques. Faute par lui de ce faire, il sera rayé de plein droit de la Maçonnerie. — Ces titres lui seront rendus aussitôt après le prononcé de l'acquittement s'il y a lieu, ou à l'expiration de la suspension prononcée. Ces titres, en cas d'exclusion définitive, seront renvoyés au Grand-Orient.

Telle est la trame d'araignée, dans laquelle les T.·. C.·. F.·. du Grand-Orient se proposaient d'envelopper le moucheron. Mais le moucheron était bien résolu à se défendre.

J'écrivis d'abord au Secrétaire Général de l'Ordre, le F.·. Thévenot, pour lui dénoncer les faits, au cas où il les ignorerait. « Je ne me présenterai pas à la Loge le 17 août, lui disais-je, parce que, ce jour-là, je ne serai pas à Paris, et aussi parce que l'art. 9 a été audacieusement violé contre moi et que je ne reconnais pas une procédure faite en dehors des règlements... Vos règlements, ajoutai-je, sont passablement draconiens et n'offrent aucune garantie à un Frère inculpé; on s'est bien gardé de les mettre sous mes yeux, quand on m'a poussé à me faire affilier à la Franc-Maçonnerie. Mais enfin, si draconiens qu'ils soient, j'exige, comme c'est mon droit, que l'extraordinaire Vénérable dont notre Loge est gratifiée les respecte, et ne supprime pas les semblants de garantie que la Constitution feint de me donner. »

Le F.·. Lemaire reçut aussi de moi une lettre dans le même sens. Après quoi, je partis pour ma campagne électorale que cet incident avait forcément retardée et entravée [1].

Le F.·. Thévenot ne me répondit pas ; mais il adressa sans doute des remontrances amicales à l'inventeur de la couleur des triangles et lui fit comprendre que son zèle excessif à obéir au Grand-Orient avait été d'une maladresse déplorable.

En effet, on essaya d'arranger l'affaire. Le F.·. Lemaire m'envoya, le 19 août, à Narbonne, une lettre, se terminant cette fois par une formule polie, et dans laquelle, avec un embarras très grand, il m'assurait que le Comité n'avait jamais eu l'intention de ne pas m'entendre, qu'il m'entendrait avec plaisir quand je serais de retour à Paris, que je pouvais moi-même « fixer mon jour » et que cette fois « toutes les dispositions constitutionnelles seraient observées. »

Bref, la déclaration illégale, par laquelle, le 4 août, le Comité avait préjugé sans enquête, fut abandonnée, et l'instruction régulière de l'affaire se prépara.

Le 23 août, j'étais rentré à Paris, le Vénérable ayant été au préalable avisé de mon retour. Le 27 je recevais la convocation suivante :

Paris, 27 août 1881.

Mon Frère,

J'ai l'honneur de vous informer que, d'après les instructions de notre Vén.·., le Comité Secret chargé d'instruire l'affaire qui vous concerne, se réunira le lundi 5 septembre, à huit heures et demie du soir, dans une des salles du Grand-Orient de France, à l'effet de vous entendre et, après quoi, de déclarer s'il y a lieu de donner suite à la plainte formulée contre vous.

---

1 Je ne pus arriver que quelques jours avant le scrutin et n'eus le temps que de visiter quatorze communes sur quatre-vingt-une que comptait l'arrondissement. Néanmoins, j'obtins environ 2,500 voix ; ce qui soumit à un ballottage le F.·. Malric, le candidat du Grand-Orient, qui avait compté passer au premier tour.

C'est avec un sentiment de profonde tristesse que je vous adresse cette convocation, et je vous prie de croire toujours à mes sentiments fraternels et dévoués.

Par empêchement du 1er Surveillant,
Le 2e Surveillant :
Le Leurch, 18e.·.
capitaine au 74e de ligne.

Au jour dit, à l'heure dite, je comparaissais devant le Comité. Il se composait des Frères Rothé, Le Leurch, docteur Castenada, Rath, et du Frère Grand-Expert dont j'ai oublié le nom.

Ma défense fut très simple.

J'affirmai, de la façon la plus énergique, avoir reçu, pour le *Midi Républicain*, à la fin d'avril, deux lettres de Victor Hugo et de Louis Blanc, et je remis le numéro qui les contenait.

La lettre de Victor Hugo, adressée aux rédacteurs du journal, était ainsi conçue :

20 avril 1881.

Je suis avec vous, chers confrères.

Je suis avec tous ceux qui tournent la jeunesse vers la lumière, et la France vers la liberté.

Victor Hugo.

Quant à Louis Blanc, c'était à moi personnellement qu'il avait écrit, en ces termes :

Paris, 18 avril 1881.

Mon cher confrère,

J'apprends avec grand plaisir que vous allez fonder à Montpellier, sous le titre de *Midi Républicain*, un journal ayant pour but « l'union des républicains contre le cléricalisme et l'étude des problèmes sociaux. »

A une œuvre ainsi définie, toutes mes sympathies sont acquises.

Courage !

Recevez l'assurance de mon dévouement fraternel.

Louis Blanc.

Il était évident que des lettres ainsi conçues avaient été écrites pour être publiées en tête du journal à qui elles souhaitaient la bienvenue ; cela ne faisait pas l'ombre d'un doute aux yeux des membres du Comité. « Mais, me disaient-ils, prouvez que vous les avez réellement reçues. »

J'étais alors bien embarrassé pour faire cette preuve. Je ne savais pas où avaient passé les originaux de ces lettres. Étaient-ils restés à l'imprimerie du journal? Là, on avait fait des recherches et l'on n'avait rien retrouvé. Les avais-je donnés à quelque solliciteur d'autographes ? Je n'en avais aucune souvenance. Enfin étaient-ils mêlés et perdus parmi mes papiers ? C'est ce qui me semblait le plus probable ; mais je risquais fort de ne remettre la main sur eux qu'à une époque où ils ne me seraient plus d'aucune utilité.

On comprend combien j'étais ennuyé. Je ne pouvais qu'opposer ma parole à celle des deux illustres grands hommes. Je le fis ; ce qui provoqua l'indignation du F.·. Rath, le représentant du Grand-Orient. Je dis que l'énormité même de l'acte dont j'étais accusé prouvait mon innocence ; car, somme toute, des lettres comme celles qui avaient paru dans le *Midi Républicain* ne sont pas des choses qu'un journal invente. Il était plus logique d'admettre que Victor Hugo et Louis Blanc avaient la mémoire courte, et qu'on avait abusé de leur grand âge pour leur faire signer la protestation ; il était plus logique d'admettre cela que de croire à la possibilité d'un faux aussi téméraire.

Mon accent de sincérité frappa les Frères qu'on m'avait donnés pour juges-instructeurs ; — je fais toutefois exception pour le F.·. Rath qui me fut, jusqu'au bout, systématiquement hostile ; — la déloyauté de la machination organisée contre moi allait achever de me les rendre favorables : au fond, les deux Surveillants, le Secrétaire et le Grand-Expert de la Loge n'étaient pas de mauvaises gens.

Voici ce qui les détermina :

On a vu que la lettre du capitaine Le Leurch, *datée du 27 août,* me fixait *le soir du 5 septembre* pour le premier interrogatoire de l'instruction de l'affaire. Ce n'est qu'à la suite de cette séance secrète que le Comité, s'il se jugeait suffisamment éclairé, devait décider s'il y avait lieu de donner suite à la plainte, c'est-à-dire rédiger un acte d'accusation contre moi.

Or, dans l'intervalle de ma convocation à ma comparution devant le Comité, le Vénérable [1], obéissant sans aucun doute aux ordres secrets du Grand-Orient, avait, *à la date du 1er septembre,* convoqué la Loge à une réunion *extraordinaire,* qui devait se tenir le surlendemain de la première séance d'instruction, c'est-à-dire *le 7 septembre,* et dont le principal objet était *la lecture de l'acte d'accusation contre moi et mon jugement.* Il était impossible de violer avec plus d'audace les lois de l'équité. Il était impossible de dicter avec plus d'impudeur des ordres au Comité, de lui forcer la main plus cyniquement.

Voici ce document qui permettra d'apprécier à sa valeur la justice maçonnique :

---

1. Le F.·. Lemaire est un « vieux de la vieille » dans la Maçonnerie; sans avoir les états de service du F.·. Hubert, Vénérable d'Honneur, le Vénérable titulaire de ma Loge possède de nombreux chevrons. Il est propriétaire à Paris et demeure actuellement au boulevard de Grenelle, nº 30. Au point de vue maçonnique, c'est un homme de paille; le véritable Vénérable est le F.·. Hubert, ancien conseiller de préfecture, ancien secrétaire général du Grand-Orient.

A.·. L.·. G.·. D.·. G.·. A.·. D.·. L'UN.·.

Au Nom et sous les Auspices du Grand-Orient de France.

TEMPLE DES AMIS DE L'HONNEUR FRANÇAIS

LIBERTÉ ! ÉGALITÉ ! FRATERNITÉ !

Le véritable honneur est d'être utile aux hommes !

Or.·. de Paris, 1er septembre 1881

Adresse de la L.·.

Chez le F.·. LEMAIRE, Vén.·.,

60, avenue de Breteuil, Paris.

TENUE EXTRAORDINAIRE
DU MERCREDI 7 SEPTEMBRE 1881

Cher Frère,

Une **Tenue Extraordinaire** aura lieu le *Mercredi 7 septembre*, à huit heures précises du soir, au *Temple n° 2*, rue Cadet, 16, Hôtel Maçonnique du Grand-Orient de France.

Nous vous prions, T.·. C.·. F.·., de venir prendre part à nos Travaux et nous éclairer de vos lumières; votre présence parmi nous cimentera d'une manière plus étroite encore les liens de fraternité qui nous unissent.

ORDRE DU JOUR :

1. Ouverture des Trav.·. à huit heures précises du soir.
2. Lecture du procès-verbal de la dernière Tenue.
3. Lecture de la correspondance.
4. Dépôt de rapports sur divers Prof.·. proposés à l'initiation.
5. **Lecture d'un Acte d'Accusation contre un F.·. de l'Atelier; jugement, s'il y a lieu.**
6. Distribution des jetons de présence et paiement des cotisations.
7. Distribution des billets de la Loterie de l'Orphelinat-Général Maçonnique.

8. Circulation du Sac aux Propositions et du Tronc de la Veuve.
9. Clôture.

Agréez, cher Frère, nos salutations fraternelles.

Le Vénérable Titulaire :
Lemaire, 30e.·.,
60, avenue de Breteuil.

Le Vén.·. d'Honneur :
Portalier, 33e.·.,

Le Vén.·. d'Honneur, ad vitam :
Hubert, 33e.·.,
rédacteur de la *Chaîne d'Union*, de Paris,
9, rue de la Vieille Estrapade.

Le 1er Surveillant :
Rothé, 30e.·.,
5, rue Descartes.

Le 2e Surveillant :
Le Leurch, 18e.·.,
capitaine au 74e de ligne,
31, avenue de la Mothe-Piquet

L'Orateur :
Lemonon, 30e.·.,
2 bis, rue Vivienne.

Le Trésorier :
Dillon, 18e.·.,
59, rue du Rocher.

Le Trésorier-Adjoint :
Talon.·.,
13, rue Monsigny.

Le Secrétaire :
Dr Castaneda, 18e.·.,
14, avenue de la République.

Quand je sortis de ma poche cette circulaire, les membres du Comité Secret se regardèrent, interdits ; on l'avait envoyée à tous les Frères de la Loge, excepté à moi.

« — Comment ! dis-je aux Membres du Comité, vous me convoquez le 27 août pour aujourd'hui, et, dans votre convocation, vous me déclarez que c'est après m'avoir entendu que vous déciderez s'il y a lieu de donner suite à la plainte formulée contre moi !... Et, à cette heure, en ce moment où vous n'avez pas fini de m'entendre, l'acte d'accusation existe ! il est déjà rédigé ! le Vénérable a, depuis cinq jours, convoqué la Loge, pour que l'un de vous donne lecture de ce réquisitoire et pour qu'il soit procédé à mon jugement !... Ah ça ! quel rôle vous fait-on jouer, mes pauvres amis ! »

Le F.·. Rath donna un coup de poing furieux sur la table, en criant qu'il y avait dans la Loge des traîtres qui me communiquaient leurs convocations personnelles, et que le Grand-Orient saurait bien les découvrir.

Je lui répondis qu'il n'y avait pas d'autre trahison que celle dont j'étais victime, et que ce qui se machinait contre moi, dans l'ombre du Grand-Orient, était absolument abominable.

Le capitaine Le Leurch et le Frère Rothé, officier en retraite, me donnèrent leur parole d'honneur qu'ils étaient absolument étrangers à la convocation du Vénérable; que leurs signatures n'y figuraient qu'en vertu de l'usage établi, mais que le manuscrit des « planches » était toujours envoyé à l'imprimerie sans leur être soumis au préalable : en un mot, ils me parurent très indignés de ce qui se passait.

Quant au docteur Castaneda et au Frère Grand-Expert, ils ne dirent pas grand'chose; ils avaient l'air d'être ennuyés de ce qu'à raison de leurs fonctions ils étaient mêlés à cette affaire, et ils regardaient tour à tour leurs montres, avec une envie bien évidente de s'en aller. Ils n'osaient pas prendre ouvertement mon parti, parce que c'eût été faire opposition au F.·. Rath, représentant du Grand-Orient; mais, en définitive, ils étaient loin de l'approuver.

Cette séance secrète se termina, sans que les membres du Comité prissent une décision.

Le lendemain, je rencontrai l'un d'entre eux.

« — Eh bien, lui demandai-je, que pensez-vous, en conscience, de ce qui se passe ?

« — Mon cher ami, me répondit-il, je vous plains; vous n'en avez pas encore fini avec ceux qui vous en veulent... La majorité du Comité est pour vous, nous ferons notre devoir; mais ce sera toujours à recommencer... Je vous plains...

« — Mais enfin, de quoi m'en veut-on?

« — Est-ce que je le sais?... Vous êtes indépendant, vous avez constamment protesté contre les cérémonies de notre rituel, vous avez ri en pleine loge des convocations qui se font toujours au nom du Grand Architecte de l'Univers, vous avez dit que les réunions maçonniques devraient être publiques comme celles des sociétés de libre-pensée, vous n'avez jamais manqué de ridiculiser les épreuves de l'initiation.....

« — Évidemment, je trouve cela stupide; mais c'est un sentiment personnel que j'ai exprimé au sein de nos réunions. Je n'ai pas discrédité la Maçonnerie en exposant mon idée dans mon journal.....

« — Que voulez-vous? *ils* sont persuadés que vous êtes contre l'institution elle-même.....

« — Je crois seulement qu'elle a besoin de sérieuses réformes.

« — *Ils* pensent que vous vous repentez de vous être fait affilier.

« — Pour cela, oui!

« — Vous n'êtes pas le seul..... Mais, alors, vous auriez dû ne jamais rien dire en loge ni ailleur dès que vous vous êtes aperçu que la Maçonnerie n'était pas ce que vous aviez cru; vous auriez dû garder votre sentiment secret, passer inaperçu, ne pas vous retirer brusquement, ce qui eût attiré des soupçons et vous eût valu les mêmes haines que celles qui vous poursuivent, mais venir seulement de temps en temps aux réunions, paraître négligent, jouer l'indifférence, puis, un beau jour, au bout de deux ou trois ans, vous laisser rayer pour défaut de cotisation..... Voilà, mon cher ami, le seul moyen de sortir de la Maçonnerie, sans qu'il en résulte des persécutions..... Au contraire, avec l'attitude d'indépendance que vous avez prise, vous n'aurez qu'ennuis, tracasseries et injustices; vous passerez votre vie à être mis en accusation, et finalement vous aurez le dessous, et le Grand-Orient, en ratifiant votre exclusion, se donnera l'air de se débarrasser d'un personnage compromettant.....

« — Advienne que pourra! répliquai-je à cette prédiction. En l'état actuel, je ne vous demande que de ne pas céder aux influences et de faire votre devoir.

« — Je vous l'ai dit, la majorité du Comité le fera. Seulement, je vous plains tout de même. Quand *ils* auront réussi à se débarrasser de vous, *ils* ne seront pas satisfaits, vous ne rencontrerez que des pièges sur vos pas, *ils* vous feront une guerre à mort.

« — Qui, *ils*?

« — Parbleu! ceux qui mènent en ce moment l'intrigue contre vous.

« — Mais, enfin, leurs noms?

« — Ah! vous m'en demandez trop! »

Là-dessus nous nous séparâmes, en nous donnant rendez-vous à la Tenue Extraordinaire qui allait être sans objet. Le coup devait forcément rater, puisque la mèche avait été éventée.

Mon opinion est que l'acte d'accusation était rédigé dès le début de l'affaire, qu'il avait été fabriqué en dehors de la Loge, et que, le 5 septembre, le F.·. Rath l'avait dans sa poche. Si j'avais manqué d'énergie à la réunion secrète de ce jour-là, si je n'avais pas montré hardiment que je savais ce qui se tramait, si je n'avais pas démasqué les batteries du Vénérable et du Grand-Orient et mis les membres du Comité carrément en face du rôle de complices qu'on leur faisait jouer, le F.·. Rath, après mon départ, aurait tourné ses collègues contre moi, en mettant toujours en avant les noms de Victor Hugo et de Louis Blanc, et, spéculant sur la faiblesse du Secrétaire et du Grand-Expert, aurait obtenu, à la majorité des voix, sinon à l'unanimité, un vote déclarant la plainte fondée et juste: il se serait fait nommer facilement Rapporteur de l'affaire, d'abord en invoquant ses fonctions spéciales auprès de la Loge, ensuite parce qu'aucun de ses collègues n'aurait tenu à se charger d'une si vilaine besogne. Et alors le programme du Vénérable se serait réalisé : la Tenue Extraordinaire du surlendemain mercredi 7 septembre aurait vu mon accusation et mon jugement.

La réunion eut lieu, néanmoins ; il était trop tard pour la décommander. L'affluence des membres de la Loge, ce soir du 7 septembre, fut considérable. L'article 5 de l'ordre du jour, qui avait motivé la qualification d'*extraordinaire* donnée à la séance, fut sauté, sans explication du Vénérable, à la grande surprise des assistants qui n'étaient venus que pour cet article de « great-attraction. »

A la sortie, quelques-uns demandèrent au F.·. Lemaire pourquoi l'on n'avait pas exécuté le programme dans son entier, et le mirifique inventeur de la couleur des triangles répondit aux questionneurs que tout n'était pas prêt, comme on l'avait pensé, mais « qu'ils ne perdraient rien pour attendre. »

Je fus convoqué quelques fois encore devant le Comité d'Enquête.

On m'interrogea sur des points qui n'avaient plus aucun rapport avec les lettres de Victor Hugo et de Louis Blanc, objets de la poursuite ; on me demanda jusqu'à des renseignements sur ma famille ; on m'apprit que j'étais soupçonné de ne pas avoir pris la Maçonnerie au sérieux, dès le jour même de mon initiation. Il paraît que cela surtout était un crime.

Examinons un peu ce crime dans toute son horreur.

Lors de l'initiation maçonnique, le récipiendaire est, pendant un temps qui varie d'une demi-heure à une heure, enfermé dans un réduit, appelé cabinet « des réflexions. »

Ce cabinet n'est pas d'une gaieté folle. Çà et là sont des squelettes ; sur les murs sont peintes, en grandes lettres, des inscriptions lugubres. Je donnerai de plus amples détails sur toutes ces ridicules bêtises dans le chapitre qui sera consacré aux initiations. Pour le moment, je me contenterai de dire que le réduit où l'on me claquemura était situé sous un escalier : le mobilier se composait d'un escabeau et d'une table sur laquelle étaient déposés des tibias, une tête de mort, un papier avec des questions imprimées et des blancs pour y répondre, une plume et de l'encre. En m'introduisant dans ce local sans fenêtre, on m'avait dit : « Répondez aux questions et faites votre testament ; puis, vous attendrez que l'on vienne vous chercher. »

J'écrivis mes réponses, je rédigeai deux ou trois lignes quelconques en style testamentaire, et, pour passer le temps, je fumai quelques cigarettes. On ne se pressait pas de venir me délivrer. La tête de mort, avec son nez camard, avait l'air de me narguer. J'avais lu et relu les inscriptions des murs ; l'une d'elles était assez amusante, la voici : *Si ton âme a senti l'effroi, ne vas* (sic) *pas plus loin.* » Cet impératif *va,* que le peintre avait agrémenté d'un *s,* m'inspira une plaisanterie, certes bien innocente. J'inscrivis à l'encre, sur le crâne poli de la tête de mort, ces simples mots :

LE GRAND ARCHITECTE DE L'UNIVERS
EST PRIÉ DE
CORRIGER LA FAUTE D'ORTHOGRAPHE
QUI SE TROUVE DANS
L'INSCRIPTION DU 3me PANNEAU A GAUCHE.

Quand on vint me chercher pour me faire subir les épreuves ordinaires du rituel, les Frères qui me délivrèrent du cabinet des réflexions ne songèrent point à examiner en détail les objets funèbres qu'on m'avait gracieusement laissés en tête-à-tête; ils se contentèrent de prendre mon testament, que l'on piqua à la pointe d'une longue épée en fer battu. Tout le reste était parfaitement en place: la tête de mort, au bout de la table, continuait à avoir son air narquois, et un simple coup d'œil suffisait pour constater que, récipiendaire probe et délicat, je n'avais commis aucun détournement de squelette et n'emportais pas le moindre tibia dans mes poches.

Ce fut seulement quelques jours après, qu'un autre profane, admis aux épreuves et enfermé dans le même petit local, signala aux Frères Servants le méfait, découvert par lui à la suite d'un examen prolongé et méditatif de la tête de mort. Les Frères Servants, consternés, firent part, à leur tour, à l'autorité compétente, de ce flagrant manque de respect à la majesté du Grand Architecte : la difficulté était de trouver le coupable. Sans doute, on fit une enquête; mais il n'y a pas qu'un cabinet des réflexions à l'Hôtel du Grand-Orient ; on reçoit, des fois, jusqu'à cinq profanes ensemble à une même Loge. Et puis de quelle époque datait l'inscription ironique? combien de récipiendaires avaient pu passer dans le petit local sans remarquer cet appel irrespectueux à la correction de la faute d'orthographe du troisième panneau? pouvait-on même se rappeler exactement quels avaient été les profanes claquemurés dans ce réduit?

Bref, les Frères Servants rassemblèrent tant bien que mal leurs souvenirs; d'autre part, on observa avec soin en loges les Frères dont la tenue indiquait le moins de convictions maçonniques ; et je fus au nombre de ceux sur qui pesèrent les soupçons. Néanmoins, je bénéficiai pendant longtemps de l'incertitude qui régnait dans les esprits des Frères Servants, et mon crime originel ne me valut jamais une inculpation directe, mais seulement des allusions à mots couverts, allusions que je faisais semblant de ne pas comprendre.

Aujourd'hui, n'étant plus tenu à la même prudente réserve, j'avoue ma profanation de la tête de mort du petit local ; que les simples soupçons, dont j'étais alors l'objet, se changent donc, aux yeux des membres du Grand-Orient, en certitude absolue !

Les travaux secrets du Comité Spécial, chargé de l'instruction de l'affaire des lettres Victor Hugo et Louis Blanc, furent terminés vers la fin de septembre.

Voici la dernière lettre que je reçus de ce Comité :

Sous les Auspices du Grand-Orient de France.

TEMPLE DES AMIS DE L'HONNEUR FRANÇAIS

LIBERTÉ ! ÉGALITÉ ! FRATERNITÉ !

Le véritable honneur est d'être utile aux hommes !

Or.·. de Paris, 20 septembre 1881 (E.·.V.·.)

Adresse de la L.·. :
Chez le F.·. LEMAIRE, Vén.·.,
60, av.·. de Breteuil, Paris.

J'ai la faveur d'informer le F.·. Léo Taxil que le Comité Secret se réunira demain soir, mercredi, à 8 heures et demie, au Grand-Orient.

Bien que sa présence ne paraisse plus nécessaire, puisque le F.·. Léo Taxil a déjà été entendu plusieurs fois, le Comité Secret l'entendra néanmoins encore, s'il le désire.

Salutations fraternelles.

Par mandement du Comité :

C. Rothé.

Je me rendis à la réunion secrète.

Depuis la dernière séance, j'avais fouillé de fond en comble tous mes tiroirs, chez moi, et j'avais retrouvé les autographes de nos deux oublieux grands hommes.

Quand je les exhibai au Comité Spécial d'instruction, le F.·. Rath esquissa une grimace de désappointement très caractérisé ; au Grand-Orient, parait-il, on avait espéré que je ne remettrais jamais la main sur ces papiers, que moi-même j'avais considérés, un moment, comme perdus.

Les quatre autres membres du Comité se montrèrent, par contre, satisfaits de ce que je pouvais enfin prouver matériellement que je n'étais pas un faussaire, ainsi qu'on l'avait dit dans la presse hugolâtre et maçonnique. Les Frères Secrétaire et Grand-Expert eux-mêmes étaient enchantés d'avoir une raison sans réplique pour signer une ordonnance de non-lieu en ma faveur ; du moment que je produisais les autographes, on ne pouvait pas, comme ils l'avaient craint, les taxer d'indulgence à mon égard.

En quittant le Comité, je dis en riant aux membres qui le composaient :

« — Eh bien, maintenant, est-ce que, pour être logiques jusqu'au bout, vous allez demander, contre les illustres Frères Victor Hugo et Louis Blanc, l'application du troisième paragraphe de l'article 14, qui a trait à la calomnie ? »

Le F.·. Rath cria au scandale.

« — Victor Hugo et Louis Blanc, fit-il, ne peuvent aucunement être rendus responsables de ce qui s'est passé à votre propos en Maçonnerie.

« — En effet, répliquai-je, vous avez raison ; ces deux pauvres grands hommes ne sont pas responsables. »

Et je partis là-dessus.

FAC-SIMILE DES LETTRES-AUTOGRAPHES

DE VICTOR HUGO ET LOUIS BLANC

La lettre de Victor Hugo s'adressait aux rédacteurs du *Midi Républicain* collectivement ; Louis Blanc avait envoyé lui-même la sienne à M. Léo Taxil en personne.

I. — LETTRE DE VICTOR HUGO.

Je suis avec vous, chers confrères.

Je suis avant tout heureux que vous

entraîniez la jeunesse dans la

lumière de la France vers la

liberté.

Victor Hugo

26 avril 1881

II. — LETTRE DE LOUIS BLANC.

Paris 18 avril 1881

Mon cher confrère,

J'apprends avec grand plaisir que vous allez fonder à Montpellier, sous le titre de *Midi républicain*, un journal ayant pour but l'union des républicains contre le cléricalisme et l'étude des problèmes sociaux. A une œuvre ainsi définie toutes mes sympathies sont acquises. Courage !

Recevez l'assurance de mon dévouement fraternel.

Louis Blanc

Par délibération immédiate, le Comité Spécial prononça, à l'unanimité moins une voix (la voix du F.·. Rath), qu'il n'y avait pas lieu de donner suite à la plainte déposée contre moi, mon innocence étant complète et absolue; procès-verbal fut dressé de cette délibération, avec des conclusions à mon éloge.

Vous croyez peut-être que, mon innocence étant proclamée par le Comité qui avait fait une enquête approfondie sur mille points me concernant et même ne me concernant pas, vous croyez peut-être que, devant la preuve authentique, palpable, de l'existence réelle des lettres en litige, cette affaire était bel et bien terminée. Vous pensez cela, n'est-ce pas ?

Ah ! que vous connaissez peu la Franc-Maçonnerie!

Mon exclusion était décrétée par le Grand-Orient; il fallait qu'elle se fît. Les Frères Trois-Points allaient, malgré moi-même, me rendre le seul vrai service que j'aie jamais reçu d'eux.

Le mercredi 5 octobre, la Loge *le Temple des Amis de l'Honneur Français* tenait une réunion administrative sans intérêt ; une quinzaine de membres à peine étaient présents. Le Vénérable n'avait pas envoyé de convocations imprimées ; quelques Frères seulement avaient été avisés, par cartes postales, qu'on traiterait ce soir-là « diverses questions financières. »

Le Comité Secret, chargé de l'enquête sur mon affaire, apporta son procès-verbal, dont les conclusions déclaraient que la plainte déposée contre moi n'était point fondée.

Aux termes de la Constitution maçonnique (art. 14 des Dispositions Judiciaires), le Vénérable n'avait qu'à donner au Comité acte de son procès-verbal et de ses conclusions; après quoi, il avait l'obligation formelle de prononcer l'annulation de la plainte. En effet, le

2° paragraphe de l'art. 14 dit expressément : « *Si le Comité Spécial d'instruction, à la majorité des voix, reconnaît que la plainte n'est point fondée,* ELLE EST ANNULÉE. » Elle est annulée, ni plus ni moins, c'est clair et net.

Mais comme la Constitution maçonnique a été créée et mise au monde pour être violée par les Vénérables chaque fois que le Grand-Orient l'ordonne, l'extraordinaire F.·. Lemaire prit la parole et dit :

« — A mon sens, le Comité a mal conclu dans cette affaire. En admettant même que le F.·. Léo Taxil ait produit devant le Comité les lettres autographes de Victor Hugo et Louis Blanc, sa culpabilité n'est point diminuée, au contraire; car, au lieu de déposer ces pièces à nos archives[1], comme il aurait dû le faire, il s'est contenté de les montrer, témoignant ainsi à la Maçonnerie une injuste défiance. Bien plus, sitôt qu'il a eu retrouvé ces lettres, il en a publié dans son journal la reproduction autographiée, en l'accompagnant d'outrages à l'adresse des illustres Victor Hugo et Louis Blanc, qui sont, sachez-le bien, mes Frères, les deux plus grands saints de la démocratie du dix-neuvième siècle ! »

Et, à l'appui de son dire, le F.·. Lemaire montra à l'assistance un numéro de journal reproduisant les *facsimile* des deux fameuses lettres. Quant à mes prétendus outrages, ils consistaient dans la constatation de l'absence de mémoire dont avaient fait preuve Victor Hugo et Louis Blanc en oubliant au bout de trois mois la lettre que chacun d'eux avait écrite au *Midi Républicain ;* l'expression la plus irrespectueuse adressée, dans l'article, à ces éminents personnages, était la qualification de « vénérables débris d'un glorieux passé » ; on

1. On avouera qu'il aurait fallu être d'une rare bêtise pour consigner ces documents entre les mains du Frère Lemaire et de ses pareils.

avouera que l'auteur de l'article aurait eu le droit d'être plus méchant [1]. N'ayant que cette alternative, ou passer pour un faussaire aux yeux du public, ou démontrer que « les deux plus grands saints de la démocratie du dix-neuvième siècle » avaient, comme la plupart des personnes de leur âge, ce qu'on appelle poliment des absences, je n'avais pas hésité ; j'avais tenu à me laver complètement d'une imputation déshonorante. Dame, je crois qu'à ma place chacun de mes lecteurs en eût fait autant ! Seulement, dans la Franc-Maçonnerie, on appelle indiscipline et révolte les justifications produites de cette façon-là.

Lors donc, le Vénérable Lemaire, après avoir bien chauffé les esprits des quatorze pelés et un tondu qui composaient ce soir-là l'assistance, eut le superbe aplomb de mettre aux voix la déclaration régulière qui m'innocentait. De la Constitution maçonnique qu'il avait jurée, il se souciait alors, l'excellent homme, comme le Grand-Orient se soucie du serment d'aide et protection qu'il jure à ses naïfs initiés.

La majorité des quatorze pelés et un tondu n'approuva pas les conclusions du Comité, se rendant ainsi complice du viol de Constitution commis par le Vénérable.

Trois jours après, je recevais ma citation à comparaître, conçue en ces termes :

---

1. Les expressions les plus vives de cet article étaient à l'adresse des intrigants qui avaient abusé du grand âge de Victor Hugo et de Louis Blanc pour leur faire renier leur signature. Ceux-là, par exemple, n'étaient pas ménagés. « Le peuple, était-il dit, est mené à cette heure par quelques ambitieux qui se soucient peu de son bonheur et beaucoup de leur fortune. Ces gens-là, passés maîtres en fait de pasquinades et de coquineries, ne reculent devant aucun procédé pour arriver à leurs fins. Quiconque aime le peuple est pour eux un ennemi qu'il faut faire disparaître. »

A.·. L.·. G.·. D.·. G.·. A.·. D.·. L'UN.·.

Au Nom et sous les Auspices du Grand-Orient de France.

TEMPLE DES AMIS DE L'HONNEUR FRANÇAIS

LIBERTÉ ! ÉGALITÉ ! FRATERNITÉ !

CABINET DU VÉNÉRABLE

Le véritable honneur est d'être utile aux hommes !

Or.·. de Paris, le 7 octobre 1881 (E.·. V.·.)

T.·. C.·. F.·.,

J'ai l'honneur de vous informer que, dans sa séance du 5 octobre courant, la majorité de la Loge n'a pas approuvé les conclusions du procès-verbal du Comité Secret, chargé d'examiner la plainte formulée contre vous et a voté en conséquence qu'il y avait lieu de vous mettre en accusation.

Je vous informe également que la Loge se réunira le lundi 17 octobre courant, dans le local ordinaire de ses séances, pour entendre votre défense et prononcer le jugement sur les faits qui vous sont reprochés et qui ont été portés à votre connaissance, dans les différentes réunions où vous avez été entendu.

Je vous invite à vous trouver à cette séance pour exposer vos moyens de justification ou à vous y faire représenter par un maçon régulier muni d'un pouvoir spécial.

Dans le cas d'absence de votre part ou de celle de votre mandataire, il vous sera nommé un défenseur d'office.

Je vous prie de vouloir bien m'accuser réception de cette communication.

Recevez, T.·. C.·. F.·., l'assurance de mes sentiments frat.·.

Le Vénérable :
LEMAIRE, 30°.·.

Comme on pense bien, je m'empressai d'être exact au rendez-vous. Les convocations, par circulaire imprimée, avaient été faites de telle façon que, sur cent douze membres dont se composait la Loge, trente seulement vinrent à cette réunion, pourtant assez attrayante. Dût le F.·. Lemaire crier encore à l'injuste défiance, j'ai toujours pensé qu'il avait eu soin de choisir son monde ; car la poste n'avait eu, la veille de ce jour-là, aucune raison de mal faire son service.

Bref, — et pour en finir, — je déclarai à la réunion que tout ce qui se passait était absolument inique au point de vue de la plus élémentaire justice et illégal même au point de vue maçonnique ; que j'étais venu, afin d'empêcher certains Frères de dire que j'avais fui le débat, mais qu'il ne fallait pas en conclure que je reconnaissais cette procédure comme régulière ; que je consentais à donner des explications sur tout ce qu'on voudrait, mais non à présenter une défense, puisque, le Comité d'Enquête ayant déclaré qu'il n'y avait pas lieu de donner suite à la plainte, je ne pouvais sous aucun prétexte, être mis en accusation ; qu'en l'état je prévoyais bien qu'une iniquité nouvelle serait consommée le soir même, mais que je ne signerais aucun appel, étant lassé de toutes ces gredineries ténébreuses, ayant intérêt à garder le bénéfice des conclusions du Comité d'Enquête, seul acte régulier de cette procédure, et ne tenant plus à une société dont les chefs eux-mêmes se faisaient un jeu de violer la Constitution.

Un vieux monsieur, que je n'avais jamais vu et qui avait le grade de 33e (le plus haut grade du rite français), prit la parole au nom du Grand-Orient et prononça contre moi un violent réquisitoire. Je lui répondis. Trois autres maçons, *étrangers à la Loge,* tous les trois reporters de journaux opportunistes parisiens, m'attaquèrent vivement à leur tour. Je leur rendis la monnaie de leur pièce.

Après cet échange fraternel d'invectives, je me retirai, ainsi que les Frères étrangers à la Loge, et les trente assistants réguliers entrèrent en délibération. Mon exclusion était demandée ; dix voix la refusèrent, et vingt l'accordèrent. C'était peu, la Loge comptant cent douze membres ; mais le Grand-Orient n'en demandait pas davantage [1].

---

1. Autres irrégularités commises en violation formelle de la Constitution maçonnique :

Le Vénérable, lors de la délibération, ne fit pas sortir les F∴ qui avaient signé la plainte contre moi. L'art. 18 des Dispositions Judiciaires est cependant très précis : « Les membres qui ont signé la plainte, dit-il, sont prévenus qu'ils ne peuvent prendre part au jugement qui va être rendu et couvrent le Temple ». Cette expression *couvrir le Temple* veut dire : sortir de la salle où se tient la séance. Tous mes ennemis déclarés ont participé à la délibération et ont voté.

En outre, le vieux monsieur, qui prononça le réquisitoire, et que le Vénérable, en lui donnant la parole, appela le « Rapporteur de l'affaire », ne faisait pas partie du Comité Secret d'Enquête ; et ce n'était pas ce Comité Spécial qui l'avait nommé, puisque ledit Comité avait conclu qu'il n'y avait pas lieu de donner suite à la plainte. Or, les termes de l'art. 15 (voir plus haut) sont encore formels : c'est le Comité d'Enquête qui seul a pouvoir de nommer son Rapporteur et de dresser l'Acte d'accusation. Mais voilà : ayant violé l'art. 14 en ne prononçant pas l'annulation de la plainte conformément aux conclusions du Comité, le Vénérable était forcément entraîné à violer l'art. 15.

Mon exclusion n'a donc jamais été valable ; car l'art. 8 dit expressément : « Les peines maçonniques ne peuvent être appliquées que par un jugement *rendu suivant les formes prescrites par les présents statuts.* »

Toutes mes observations n'ont pas pour but de réclamer contre les irrégularités maçonniques que je signale ; on pense bien qu'à cette heure surtout je m'en soucie très peu. Mais de nombreux maçons, tant de ma Loge que des autres Loges, connaissaient ces irrégularités dans tous leurs détails, *et jamais aucun d'entre eux n'a eu le courage de demander la mise en jugement du Vénérable qui avait à ce point violé les statuts ;* beaucoup me plaignaient, mais la peur d'avoir mon sort à leur tour les a toujours retenus.

Je n'avais pas à faire appel ; c'eût été reconnaître la procédure. Au surplus, en Maçonnerie, les appels sont, à Paris principalement, une duperie pour les Frères ayant maille à partir avec le Grand-Orient : c'est le Grand-Orient qui convoque les délégués, au nombre de onze, chargés de juger sur l'appel ; c'est le Grand-Orient qui « tire au sort » les onze délégués à qui il confie le soin d'examiner le cas de l'appelant; et vous voyez d'ici comme un appelant aurait raison de croire au pur hasard de ce tirage au sort, effectué en secret par son ennemi !

A la lettre qui me notifia mon exclusion, je me contentai de répondre ainsi :

Paris, le 27 octobre 1881.

Messieurs Lemaire, vénérable, Rothé, premier surveillant, Le Leurch, deuxième surveillant, Lemonon, orateur, et Castaneda, secrétaire, de la Loge « le Temple des Amis de l'Honneur Français », à l'Hôtel du Grand-Orient, rue Cadet, 16, Paris.

Messieurs,

J'ai reçu seulement hier votre lettre (datée intérieurement du 19 courant), qui me notifie la regrettable décision prise à mon égard par la Loge *le Temple des Amis de l'Honneur Français*, à une majorité de vingt voix contre moi, dix voix seulement s'étant prononcées en ma faveur ; en tout, trente votants.

Habitué à l'injustice, je n'ai pas lieu de m'étonner de cette erreur nouvelle. Je la déplore, et j'attends tout de l'avenir.

Je vous prie de verser au tronc de bienfaisance de votre Loge la somme ci-incluse de cent francs. La pensée que j'aurai pu encore être utile à quelques malheureux me fera oublier, je l'espère, les amertumes dont j'ai été abreuvé.

Veuillez agréer, Messieurs, mes salutations empressées.

Léo Taxil.

Réplique de la Loge :

Or∴ de Paris, 5 novembre 1881.

Monsieur Léo Taxil, publiciste, à Paris.

Monsieur,

Nous avons reçu, avec une surprise que nous ne devons

pas déguiser, la lettre chargée que vous avez adressée, le 27 octobre écoulé, aux cinq premiers Officiers de notre Respectable Atelier.

Il a paru étrange à l'Atelier qu'après la mesure grave prise par lui contre vous, vous vinssiez le charger d'être le distributeur de vos aumônes. Cette mission ne peut, dans les circonstances actuelles, être acceptée par lui : il y a là une question de dignité dont il regrette que vous n'ayez pas saisi la portée[1]. Toutefois, il aime à penser que, si vous avez voulu réellement venir en aide à quelques-unes des infortunes auxquelles s'intéresse la Maçonnerie, vous saurez trouver en dehors de la Loge *le Temple des Amis de l'Honneur Français* mille et un moyens de satisfaire cette louable pensée.

L'Atelier charge donc les soussignés de vous retourner la somme de cent francs que vous lui avez adressée à titre de don pour les malheureux et que vous trouverez sous ce pli chargé.

Nous vous présentons, Monsieur, nos salutations.

Le Vénérable : LEMAIRE. — *Le 1er Surveillant :* ROTHÉ. — *Le 2e Surveillant :* LE LEURCH. — *L'Orateur :* LEMONON. — *Le Secrétaire :* Dr CASTANEDA.

La somme ainsi rebutée fut aussitôt envoyée moitié au bureau de bienfaisance de Vincennes, moitié au bureau de bienfaisance de Montreuil-sous-Bois (Seine).

Et voilà.

Quelque temps après, je reçus la grotesque visite de deux messieurs qui, se disant envoyés par un Aréopage de Chevaliers Kadosch, m'annoncèrent que je n'avais

---

1. La vérité est que le F∴ Hospitalier de la Loge se serait trouvé embarrassé vis-à-vis de moi pour me rendre compte de l'emploi de ce don, attendu qu'il existe bien un tronc de bienfaisance, mais qu'il ne sert pas à secourir des misères. Un chapitre sera en entier consacré aux prétendues œuvres de bienfaisance maçonnique. En outre, les cinq Officiers signataires de cette lettre n'avaient pas à craindre à mon propos les réprimandes de la Loge, puisque les versements au tronc dit de bienfaisance sont toujours *anonymes*. La raison du refus est donc celle que je viens de dire.

plus que peu de temps à vivre; il se passerait, affirmaient-ils, moins d'une année avant que je fusse mort. Ces deux Frères Trois-Points étaient on ne peut plus embarrassés de la commission qu'on leur avait donnée à faire; ils étaient dans leurs petits souliers, tortillaient leur chapeau, s'excusaient en balbutiant. En un mot, c'étaient des délégués manquant tout à fait de majesté.

Confus au possible, ils ne perdaient pas des yeux la porte, et j'avais toutes les peines du monde à leur arracher des lambeaux de phrases.

« — Au moins, leur demandai-je, dites-moi de quel genre de mort je dois périr.

« — Vous êtes condamné à mourir de faim, me répondirent-ils. »

Je ne pus retenir un éclat de rire. Je me voyais enlevé, bâillonné, ficelé et jeté dans le petit local de la rue Cadet, sous l'escalier, n'ayant pour me nourrir que la lecture des fautes d'orthographe du Grand Architecte de l'Univers, et, horreur suprême! agonisant sous le regard narquois de la tête de mort qu'on m'avait servie au jour de mon initiation.

« — Mes pauvres amis, répliquai-je, en congédian mes bizarres visiteurs, je ne sais pas de quoi vous ête appelés à mourir, vous; mais, quant à votre Franc-Maçonnerie, c'est sous l'odieux et le ridicule qu'elle succombera, bien sûr. »

J'ai toujours pensé que ces deux émissaires d'opéra-bouffe étaient des maçons à l'esprit borné, à qui des Frères mystificateurs avaient joué un tour, dans le genre des commissions burlesques que l'on fait faire aux nigauds à l'époque du premier avril.

Je n'ai jamais entendu dire, en effet, que les Aréopages de Kadosch, conseils secrets chargés de la direction des vengeances maçonniques, aient l'habitude d'informer, par des intermédiaires quelconques, ceux que la secte se propose de frapper. Quand la Franc-Maçonnerie a un assassinat à commettre, elle se garde bien de prévenir sa victime. Morgan et tant d'autres ne fussent pas tombés dans les guet-à-pens où ils perdirent la vie, s'ils avaient été avertis au préalable.

Du reste, en 1881, la Franc-Maçonnerie n'avait pas à se plaindre de moi. Le Grand-Orient s'était débarrassé d'un indiscipliné, d'un indépendant; mais les moyens par lesquels il se proposait de me nuire dans la suite n'étaient pas des moyens violents.

Je ne dis pas pour cela qu'ils furent plus honnêtes.

Mieux eût valu pour moi périr d'inanition dans le petit local de la rue Cadet, qu'être entouré constamment, comme je le fus, d'un inextricable réseau de calomnies.

Des journaux maçonniques eurent l'ignoble audace d'imprimer que c'était le fait d'avoir subi une condamnation pour vol qui m'avait valu mon exclusion de la Loge *le Temple des Amis de l'Honneur Français*. D'autres feuilles, rédigées par les Frères Trois-Points de la dépendance du Grand-Orient, ne précisaient pas, mais insinuaient que j'avais perdu mes droits civils et politiques et que je n'étais pas électeur.

A un moment donné, — en septembre 1885, — la calomnie avait si bien fait son chemin, les mensonges avaient produit un tel écho, que je me vis dans la nécessité de me faire délivrer mon casier judiciaire et d'avoir toujours sur moi ce document et ma carte d'électeur quand je voyageais.

Oui, j'en ai été réduit à cela. Pour pouvoir serrer des mains amies qui se retiraient, j'ai eu l'humiliation d'être obligé d'exhiber ma dernière carte électorale avec laquelle j'avais voté et mon casier judiciaire sans tache [1]. Et quand les personnes à qui je montrais ces

---

1. Je n'ai jamais eu que des condamnations pour délits de presse, lesquelles ne sont pas inscrites au casier judiciaire : on

pièces, les voyaient, elles étaient stupéfaites; « ce n'était pas cela qu'on leur avait dit », m'expliquaient-elles.

Ah ! l'on comprendra à quel point j'ai eu le cœur déchiré, combien j'ai souffert, et combien il a fallu que je fusse aveugle pour ne pas m'être séparé plus tôt de ce monde sans principes, ne connaissant, en fait de sentiments, que l'envie et la haine, ne vivant que d'intrigues déloyales, distillant partout et toujours le venin de la calomnie.

Ce n'est pas tout. Je fus aussi attaqué dans mon travail, sans relâche, de la même manière lâche et perfide. On allait voir les personnes avec qui j'étais en rapport, on me discréditait dans leur esprit, on les menaçait de leur retirer telles et telles clientèles si elles continuaient à me faciliter les moyens de gagner ma vie. Il est impossible de se faire une idée complète de cette persécution souterraine à laquelle je fus en butte.

On poussa l'infâmie jusqu'à essayer de semer la discorde dans mon ménage ; on vint insinuer à ma femme des abominations sur mon compte.

Je demande au lecteur pardon de le faire entrer dans ces détails intimes ; mais il faut que le public sache bien que, pour satisfaire sa vengeance, la secte maçonnique ne recule devant aucune malhonnêteté, devant aucune vilenie, devant aucune bassesse.

Et encore, de quoi la secte avait-elle à se venger ? je me le demande ; pourquoi cet acharnement ? Mon indépendance me rendait donc bien coupable ? Mais n'avais-je pas été frappé d'une façon suffisante, puisque l'exclusion est, d'après l'art. 7 des Dispositions Judiciaires de ce monde-là, la plus forte peine maçonnique ? Et je n'avais fait alors aucune protestation publique

---

n'y consigne que les condamnations déshonorantes, c'est-à-dire celles de droit commun.

contre cette exclusion opérée en violation des Statuts; je n'avais pas imprimé dans leurs détails les irrégularités commises contre moi; je n'avais pas signalé les vexations odieuses et les injustices flagrantes du Grand-Orient au mépris des quelques hommes de bonne foi qui se trouvent égarés dans les Loges et les arrière-Loges de la Franc-Maçonnerie.

En vérité, il semble que l'esprit du mal pressentait que je reviendrais un jour au bien. Je ne puis m'expliquer d'une autre manière sa rage insensée, qui poussait contre moi les sectaires; car les maçons, qui se sont employés à me nuire, n'ont été que des instruments, et ce n'est pas à eux que j'en veux, certes, mais au principe malfaisant qui les excitait.

Je terminerai ce premier chapitre sur cette considération.

Le lecteur, en parcourant ces pages de Préliminaires, aura bien compris, j'en ai la conviction, que je ne suis animé d'aucune haine contre les individus. C'est le mal seul que je combats.

Que les francs-maçons qui liront ce livre réfléchissent. Il en est dans le nombre, je le sais et je ne me lasserai pas de le répéter, qui ne voient pas que l'on se sert d'eux, qui jouent inconsciemment un rôle que même ils croient bon et utile à l'humanité. Qu'ils ouvrent les yeux. Qu'ils suivent mon exemple, qu'ils se convertissent. Il n'est jamais trop tôt ni trop tard pour rentrer dans le droit chemin de la sainte Justice et de l'éternelle Vérité. La miséricorde divine est infinie : « Dieu ne se contente pas de pardonner, il efface. »

Un peu de courage. donc ! un bon mouvement !

Et que ceux qui. dans un temps, m'ont donné maçonniquement le nom de *Frère*, me permettent de leur dire encore ceci : c'est seulement depuis le bienheureux jour de ma conversion que j'ai vraiment retrouvé la sérénité de l'âme et la paix du cœur.

II

EFFECTIF SOMMAIRE

DE LA

MAÇONNERIE UNIVERSELLE

En réalité, la Maçonnerie étend son action dans les cinq parties du monde ; mais, néanmoins, ses Grands-Orients, Suprêmes Conseils et Grandes Loges, c'est-à-dire les autorités centrales officielles des diverses fédérations maçonniques, n'ont leurs sièges qu'en Europe, Afrique et Amérique. Ainsi, par exemple, le Grand-Orient de France (rite français) a sous sa dépendance des Loges, Chapitres et Aréopages, non seulement en France et aux colonies, mais même dans les pays étrangers, tels que la Syrie, l'Egypte, l'Ile Maurice, le Chili, la Confédération Argentine et l'Uruguay.

Cette explication donnée, le lecteur comprendra facilement la classification qui va suivre.

EUROPE

ITALIE

GRAND-ORIENT D'ITALIE

Suprême Conseil Souverain.

Souverain Grand-Maître : Adriano Lemmi, 33e, banquier, président du Comité Central Anti-Clérical d'Italie, via Nazionale, 54, palais Pascucci, au 2e étage, à Rome.

Souverain Grand-Commandeur : G. Tamajo, 33e.

Lieutenant Grand-Commandeur : Comte Luigi Pianciani, 33e, député de Rome, vice-président de la Chambre des députés.

Grand-Secrétaire : Luigi Castellazzo, 33e, publiciste.

Le *Grand-Orient d'Italie* est constitué à Rome depuis 1861. Il a sous sa dépendance 150 Loges, comprenant environ 9,000 maçons.

L'adresse à laquelle les Grands-Orients étrangers écrivent pour correspondre est celle du Secrétariat Général, via della Valle, 49, à Rome.

FRANCE

GRAND-ORIENT DE FRANCE

(Rite français.)

Président du Conseil de l'Ordre : Desmons, Maître, député du Gard, conseiller général du Gard, ex-pasteur protestant à Saint-Geniez de Malgoirès (Gard), 208, boulevard d'Enfer, Paris.

Vice-Président : Caubet, Maître, homme de lettres, chef de la police municipale, 16, rue de Seine, Paris.

Secrétaires : De Hérédia, Rose-Croix, député de la Seine, ancien Président du Conseil Municipal de Paris, 177, rue de Courcelles, Paris; et Georges Level, Rose-Croix, chef du contentieux des Chemins de fer de l'État, 45, rue de Saint-Pétersbourg, Paris.

Le *Grand-Orient de France* est constitué à Paris depuis 1772. Il a sous sa dépendance 301 Loges, comprenant environ 18,000 maçons.

L'adresse à laquelle les Grands-Orients étrangers écrivent « pour leur correspondance officielle », est celle du Siège social, hôtel du Grand-Orient de France, 16, rue Cadet, Paris (au Chef du Secrétariat).

—

SUPRÊME CONSEIL

(Rite écossais ancien accepté.)

Souverain Commandeur Grand-Maître : Louis Proal, 33e, ingénieur civil, professeur de dessin au Lycée Charlemagne, 31, rue du Petit-Musc, Paris.

Souverain Lieutenant Grand-Commandeur : Emmanuel Arago, 33e, sénateur, ambassadeur de la République française, à Berne, Suisse.

Grand-Chancelier, Garde des Sceaux : Eugène Bérard, 33e, architecte, 26, boulevard Voltaire, Paris.

Grand-Secrétaire Général : Bagary, 33e, négociant, 5, rue Laval, Paris.

Le *Suprême Conseil de France* (rite écossais) est constitué à Paris depuis 1804. Il a sous sa dépendance 76 Loges, comprenant environ 6,000 maçons.

L'adresse à laquelle les Suprêmes Conseils et Grands-Orients étrangers écrivent pour correspondre est celle du Grand Secrétariat Général Administratif, 46, rue de la Victoire, Paris. Le siège social maçonnique est à la rue J.-J. Rousseau, 35, Paris.

—

SOUVERAIN CONSEIL GÉNÉRAL

(Rite de Misraïm.)

Souverain Président Supérieur Grand-Conservateur : Osselin, père, 90e, horloger-bijoutier, 50, faubourg du Temple, Paris.

Grand-Chancelier : Couly, 90e.
Grand-Orateur : Picard, 90e.
Grand-Examinateur : Rode, 90e.
Grand-Capitaine des Gardes : Studer, 90e.
Grand-Maitre des Cérémonies : Henri Burck, 90e, négociant, 59, faubourg Saint-Antoine, Paris.
Grand-Secrétaire Général : Osselin, fils, 90e, chef de section au chemin de fer du Nord, 50, faubourg du Temple, Paris.
Très Eclairé et Puissant Prince délégué auprès des Vallées du Midi de la France : Émile Combet, 90e, sous-agent du commissariat de la marine, 6, quai supérieur de l'Esplanade, à Cette, Hérault.

Le *Souverain Conseil Général* (rite de Misraïm) est constitué à Paris depuis 1816. Il a sous sa dépendance 6 Loges, comprenant environ 500 maçons.

L'adresse à laquelle les Suprêmes Conseils et Grands-Orients étrangers écrivent est celle du Secrétariat Général (adresse personnelle de MM. Osselin père et fils). Le siège social maçonnique est à la rue J.-J. Rousseau, 35, Paris.

—

GRANDE LOGE SYMBOLIQUE

(Écossais dissidents.)

Président de l'Assemblée Confédérative : Friquet, Maître, chef de bureau au Ministère des Finances, 8, rue Chevreul, Paris.

Membres de la Commission Exécutive : Blois, Maître, chef des bureaux de la Mairie du 20e arrondissement de Paris; Mesureur, Maître, conseiller municipal de Paris, dessinateur industriel, 28, rue du Sentier, Paris; Dumonchel, Maître, directeur du *Bulletin Maçonnique;* Dubois, Maître, négociantà

Paris; Dr Georges Martin, Maître, sénateur, ancien président du Conseil Général de la Seine; Sarcia, Maître, ingénieur à Paris.

Secrétaire administratif: Goumain-Cornille, Maître, avocat, 58, boulevard Saint-Germain, Paris.

La *Grande Loge Symbolique* est constituée à Paris depuis 1881. Elle a sous sa dépendance 26 Loges, comprenant environ 2,000 maçons.

Comme les maçons de cette confédération dissidente ne possèdent pas les hauts grades, les Grands-Orients étrangers ne correspondent que pour la forme avec la Commission Exécutive : la plupart des puissances maçonniques refusent même de reconnaître ces dissi dents, notamment les Suprêmes Conseils des États-Unis d'Amérique (Nord et Sud), de l'Amérique Centrale, d'Angleterre, de Belgique, du Canada, du Chili, de Cuba, d'Écosse, des États-Unis de Colombie, de France (rite écossais ancien accepté), de Grèce, de Hongrie, d'Irlande, d'Italie, du Mexique, du Pérou, de Portugal, de la République Argentine, de Suisse (Lausanne), de l'Uruguay et de Vénézuéla.

L'adresse officielle de la Confédération maçonnique est à son siège social, 5, rue Payenne, Paris.

ANGLÈTERRE

GRANDE LOGE D'ANGLETERRE

(Rite d'York.)

Grand-Maître : Albert-Édouard, prince de Galles, 25e (au rite dit d'Hérodom).

Grand-Maître suppléant (Grand-Maitre actif) : comte de Carnavon, Royale-Arche.

Premier Grand-Surveillant : Comte de Milltown, Royale-Arche.

Second Grand-Surveillant : Colonel Stanley, Royale-Arche.

Grand-Trésorier : Sir John Derby Allcroft, Royale-Arche.

Grand-Archiviste : Sir Ænéas Mac Intyre, Royale-Arche.

Grand-Secrétaire : Colonel Shadwelle Clerke, Royale-Arche.

La *Grande Loge d'Angleterre* est constituée à Londres depuis 1717. Elle a sous sa dépendance 2019 Loges, comprenant environ 105,000 maçons.

L'adresse officielle pour la correspondance est celle-ci : « To the Grand Lodge of England, Freemasons' Hall, Great Queen street, Lincoln's-Infield, à Londres.

—

SUPRÊME CONSEIL

(Rite écossais ancien accepté.)

Grand Protecteur : Albert-Édouard, prince de Galles, 25e (au rite dit d'Hérodom).

Souverain Commandeur Grand-Maître : Comte de Lathom, 33e, conseiller privé de la Couronne.

Lieutenant Grand-Commandeur : Capitaine Nathaniel-Georges Philipps, 33e.

Grand-Chancelier : John Pulteney-Montagu, 33e.

Grand-Secrétaire Général : Hugh-David Sandeman, 33e.

Le *Suprême Conseil d'Angleterre* est constitué à Londres, depuis 1845. Il a sous sa dépendance 88 Loges Chapitrales, comprenant environ 24,000 maçons.

L'adresse officielle pour la correspondance est celle du Secrétariat Général, 33, Golden square, à Londres.

ÉCOSSE

GRANDE LOGE SAINT-JEAN D'ÉCOSSE

(Rite écossais d'Hérodom.)

Grand-Protecteur : Albert-Édouard, prince de Galles, 25e.

Grand-Maître : Comte de Mar-and-Kellie, 25e.

Député Grand-Maître : Colonel Archibald Campbell, 25e.

Substitut du Grand-Maître : Comte de Klintore, Chevalier Kadosch.

Grand-Secrétaire : Sir Murray Lyon, 25e.

La *Grande Loge Saint-Jean d'Écosse* est constituée à Édimbourg depuis 1736. Elle a sous sa dépendance 691 Loges, comprenant environ 80,000 maçons.

L'adresse officielle pour la correspondance est celle du Secrétariat Général : Freemasons' Hall, 98, George street, à Édimbourg.

SUPRÊME CONSEIL

(Rite écossais ancien accepté.)

Souverain Commandeur Grand-Maître : Sir J. Whyte Melville, 33e.

Lieutenant Grand-Commandeur : Comte de Rosslyn, 33e.

Grand-Secrétaire Général : Sir Lindsay Mackersy, 33e.

Le *Suprême Conseil d'Écosse* est constitué à Édimbourg depuis 1846. Il a sous sa dépendance 10 Loges chapitrales, comprenant environ 2,000 maçons.

L'adresse est celle du Secrétariat Général. Le Temple

est situé dans le même local maçonnique que la Grande Loge Saint-Jean, c'est-à-dire, 98, George street, à Édimbourg.

IRLANDE

GRANDE LOGE D'IRLANDE

(Rite d'York.)

Grand-Protecteur: Albert-Édouard, prince de Galles, 25e (au rite d'Hérodom.)

Grand-Maître : Duc James de Abercorn, Royale-Arche, Lord-Lieutenant d'Irlande.

Premier Grand-Surveillant : Marquis de Headfort, Royale-Arche.

Grand-Secrétaire : Comte de Bandon, Royale-Arche.

Grand-Secrétaire Adjoint : Sir Samuel Oldham, Royale-Arche.

La *Grande Loge d'Irlande* est constituée à Dublin, depuis 1729. Elle a sous sa dépendance 1,014 Loges, comprenant environ 75,000 maçons.

L'adresse officielle pour correspondre est celle-ci : Freemasons' Hall, Molesworth street, à Dublin. (On écrit de préférence au Grand-Secrétaire Adjoint, Sir Samuel Oldham.)

SUPRÊME CONSEIL

(Rite écossais ancien accepté.)

Souverain Commandeur Grand-Maître : John F. Townshend, 33e.

Lieutenant Grand-Commandeur : Révérend H.-J Westby, 33e.

Grand-Chancelier : E.-J. Armstrong.

Grand-Secrétaire Général : Robert-William Shekleton, 33e.

Le *Suprême Conseil d'Irlande* est constitué à Dublin depuis 1808. Il a sous sa dépendance 7 Loges chapitrales, comprenant environ 1,100 maçons.

La correspondance officielle des Suprêmes Conseils et Grands-Orients étrangers est adressée au Grand-Secrétaire, 30, Upper Fitzwilliam street, à Dublin. (Le Secrétaire Général du Suprême Conseil est en même temps Grand-Maitre Adjoint de la Grande Loge d'Irlande).

DANEMARK

GRANDE LOGE NATIONALE DE DANEMARK

(Rite d'York.)

Grand-Protecteur : Christian IX, roi de Danemark.

Grand-Maître : Christian-Frédéric-Guillaume-Charles, prince royal, Royale-Arche.

Grand-Maître Adjoint (Grand-Maître actif) : J.-P. Trap, Royale-Arche.

Grand-Chancelier : F.-C. Brünn, Royale-Arche.

Grand-Secrétaire : W. Schytte, Royale-Arche.

La *Grande Loge Nationale de Danemark,* fondée à Copenhague en 1780, a été reconstituée en 1858. Elle a sous sa dépendance 9 Loges provinciales, comprenant environ 3,000 maçons.

L'adresse officielle est celle-ci : au F.·. W. Schytte, secrétaire général de la Grande Loge Nationale de Danemark, à Copenhague.

SUÈDE

—

GRANDE LOGE DE SUÈDE ET NORVÈGE

(Rite suédois de Swedenborg.)

Grand-Maître Régnant : Oscar II, roi de Suède et Norvège, Grand Stathouder Protecteur.

Grand-Maître : Gustave-Adolphe, prince royal, Chevalier Kadosch.

Grand Stathouder : Lieutenant-Colonel Carl-Ludwig Henning-Thulstrup, Chevalier-Kadosch.

Deuxième Grand-Maître : C.-A. Manderstrom, Chevalier Kadosch.

La *Grande Loge de Suède et Norvège* est constituée à Stockholm depuis 1754. Elle a sous sa dépendance 21 Loges, comprenant environ 2,700 membres.

L'adresse officielle, pour correspondre, est celle-ci : Notarin, och Ombudsmanner i Koage Telegrafstyrelser, C. F. Engström, Stockholm, Telegrafkansliet.

BELGIQUE

—

GRAND-ORIENT DE BELGIQUE

(Rite écossais ancien réformé.)

Grand-Maître National : Goblet d'Aviella, 33e, ancien ministre, membre de la Chambre des Représentants, à Bruxelles.

Grand-Maître Adjoint : Victor Lynen, 33e, négociant, à Anvers.

Grand-Secrétaire : Gustave Duchaîne, 33e, avocat, à Bruxelles.

Secrétaire-Adjoint : E. Haussens, 33e, avocat, à Bruxelles.

Le *Grand-Orient de Belgique* est constitué à Bruxelles depuis 1832. Il est en pleine décroissance; car, en 1864, il avait sous sa dépendance 60 Loges, tandis qu'aujourd'hui il n'en a plus que 14, comprenant à peine 1,000 maçons environ.

Adresse officielle : Rian-Nedgrot, 4, rue du Persil, Bruxelles.

—

SUPRÊME CONSEIL

(Rite écossais ancien accepté.)

Souverain Commandeur Grand-Maître : Van Humbeck, 33e, ancien ministre, membre de la Chambre des Représentants, à Bruxelles.

Lieutenant Grand-Commandeur : Crocq, 33e, sénateur.

Secrétaire Général : Léopold Riche, 33e, propriétaire, 65, rue Terre-Neuve, Bruxelles.

Le *Suprême Conseil de Belgique* est constitué à Bru xelles depuis 1817. Il avait sous sa dépendance 13 Loges en 1864; il n'en a plus aujourd'hui que 8 comprenant à peine 600 maçons environ.

La correspondance officielle est envoyée à l'adresse personnelle de M. Léopold Riche (ci-dessus).

HOLLANDE

—

GRANDE LOGE DES PAYS-BAS

(Rite écossais ancien réformé.)

Grand-Maître National : Alexandre, prince d'Orange 30e.

Grand-Maître Député : Goandhdim, 33e.

Grand-Maître National Adjoint, délégué à l'administration des grades symboliques : V. J. G. van Diggelen, 30e.

Grand-Maître National Adjoint, délégué à l'administration des grades supérieurs : Cornélis van Doorhn, 33e.

Grand-Secrétaire : Viromhait J. Boudewijnse, 33e, chef de la sténographie à la Chambre des Représentants, 18, Bierkade, à La Haye.

Deuxième Grand-Secrétaire : Stubler, 33e, à La Haye.

La *Grande Loge des Pays-Bas* est constituée à La Haye depuis 1756. Elle a sous sa dépendance 79 Loges, comprenant environ 2,200 maçons.

La correspondance officielle est envoyée à l'adresse personnelle de M. Viromhait J. Boudewijnse (ci-dessus).

ALLEMAGNE[1]

MÈRE-LOGE AUX TROIS-GLOBES

(Rite d'Hérodom et écossisme anc. accepté.)

Grand-Maître Protecteur : Frédéric-Guillaume, prince royal, 33e.

Grand-Maître : H. Schaper, 33e, docteur en philosophie.

Grand-Maître Adjoint : Dr L. F. Henning, 33e.

Grand-Secrétaire : Oswald Bruchner, 33e.

Grand-Archiviste : Ch.-G. Linde, 33e.

La *Mère-Loge aux Trois-Globes*, Grande Loge Nationale de Prusse, est constituée à Berlin depuis

1. L'empereur Guillaume de Prusse est officiellement Souverain Grand-Protecteur des Loges Allemandes, quel que soit leur rite.

1744. Elle a sous sa dépendance 182 Loges (118 pratiquant le rite d'Hérodom, et 64 pratiquant le rite écossais ancien accepté), comprenant environ 13,800 maçons.

L'adresse officielle, à laquelle les Grands-Orients et Suprêmes Conseils étrangers envoient leur correspondance, est celle-ci : M. Ch.-G. Linde, Splittgerberstrasse, n° 3, à Berlin.

—

GRANDE LOGE NATIONALE D'ALLEMAGNE

(Rite d'Hérodom et rite de Zinnendorf.)

Grand-Maître Protecteur : Frédéric-Guillaume, prince royal, 33e (au rite écossais ancien).

Grand-Maître Général : Dr A.-B. Schmidt, 25e.

Grand-Maître Particulier : Alexandre Neuland, 25e.

Grand-Maître Adjoint : Zœllnerr, 25e.

Grand-Secrétaire Général : Ch.-J. Gartz, 25e.

La *Grande Loge Nationale d'Allemagne* est constituée à Berlin depuis 1773. Elle a sous sa dépendance 110 Loges (19 pratiquant le rite d'Hérodom, et 91 pratiquant le rite dit de Zinnendorf ou Johannite), comprenant environ 10,150 maçons.

Depuis la guerre de 1870-71, le Suprême Conseil de France (rite écossais) se borne à échanger avec la Grande Loge Nationale d'Allemagne ses Annuaires et ses Bulletins imprimés. Par contre, le Grand-Orient de France entretient avec la Grande Loge Nationale d'Allemagne des relations fraternelles très suivies ; la correspondance entre le Grand-Orient et la Grande Loge est mensuelle et écrite avec un chiffre particulier ; les lettres du Grand-Orient de France sont envoyées à cette adresse : « M. Paul Meyerhoff, négociant, 72, Oranienburgerstrasse, à Berlin. » — Les Grands-

Orients étrangers envoient leur correspondance officielle au docteur A.-B. Schmidt, 6, Königin-Augusta-Strasse, à Berlin.

—

GRANDE LOGE ROYAL-YORK A L'AMITIÉ

(Rite d'York.)

Grand-Maître Protecteur : Frédéric-Guillaume, prince royal, 33e.

Grand-Maître d'Honneur : Louis-Guillaume-Auguste, duc de Bavière, Royale-Arche.

Grand-Maître: Christian-Friedrich-Ludwig Herrig, Royale-Arche, professeur à l'École des Cadets.

Grand-Secrétaire : Carl-August Bouché, Royale-Arche, directeur royal des Postes.

La *Grande Loge Royal-York à l'Amitié* est constituée à Berlin depuis 1762. Elle a sous sa dépendance 69 Loges, comprenant environ 6,200 maçons.

L'adresse particulière, à laquelle le Grand-Orient de France envoie sa correspondance fraternelle et secrète, est celle-ci : « M. le Dr Settegast, docteur en philosophie, 27, Dorotheen-Strasse, à Berlin. » Les Grands-Orients et Suprêmes Conseils étrangers écrivent au siège du Secrétariat Général, 113, Invaliden-Strasse, à Berlin.

—

GRANDE LOGE DE HAMBOURG

(Rite écossais ancien accepté.)

Grand-Maître honoraire : Dr E.-J.-Th. Braband, 33e, jurisconsulte.

Souverain Commandeur Grand-Maître : Friedrich-Johann-Heinrich Glitza, 33e, directeur d'un pensionnat.

Grand-Maître Adjoint : Friedrich Goëtling, 33e, directeur des chemins de fer, gare de Berlin.

Grand-Secrétaire : Joseph Iklé, 33e, négociant.

La *Grande Loge de Hambourg* est constituée à Hambourg depuis 1737. Elle a sous sa dépendance 35 Loges, comprenant environ 3,400 maçons.

La correspondance officielle des Grands-Orients et Suprêmes Conseils étrangers s'envoie à cette adresse : « M. Joseph Iklé, négociant, 10, Monkedamm, à Hambourg. »

—

GRANDE LOGE DE FRANCFORT

(Rite éclectique.)

Grand-Maître Provincial (conservateur honoraire) : E. Van der Heyden, Chevalier Kadosch.

Grand-Maître : Dr H. Weismann, Chevalier Kadosch, 2, Peterstrasse, à Francfort-sur-le-Mein.

Grand-Maitre Adjoint : Jack Averbach, Chevalier Kadosch, docteur en philosophie.

Grand-Secrétaire : Ch. Paul, Chevalier Kadosch.

La *Grande Loge de Francfort*, dite Mère-Loge de l'Union Éclectique, est constituée à Francfort-sur-le-Mein depuis 1783. Elle a sous sa dépendance 14 Loges, comprenant environ 2,200 maçons.

L'adresse particulière, à laquelle le Grand-Orient de France envoie sa correspondance fraternelle et secrète, est celle-ci : « M. G. Leuchter, 47, Oberer Bücherweg, à Francfort-sur-le-Mein ». — Les Grands-Orients et Suprêmes Conseils étrangers écrivent au siège du Secrétariat Général, 72, Oëderweg, à Francfort-sur-le-Mein.

GRANDE LOGE DE BAVIÈRE AU SOLEIL

(Rite écossais ancien accepté.)

Souverain Commandeur Grand-Maître : Frédéric Feustel, 33e, banquier.

Grand-Secrétaire Général : Carl Kolb, 33e.

La *Grande Loge de Bavière au Soleil* est constituée à Bayreuth depuis 1742. Elle a sous sa dépendance 24 Loges, comprenant environ 2,000 maçons.

L'adresse particulière à laquelle le Grand-Orient de France expédie son courrier est celle-ci : « M. Wilhelm-Ludwig-Albrecht Redlich, manufacturier, à Bayreuth, Bavière ». — Les Grands-Orients et Suprêmes-Conseils étrangers écrivent au siège du Secrétariat Général, 331, Hofgarten, à Bayreuth.

—

GRANDE LOGE RÉGIONALE DE SAXE

(Rite écossais ancien accepté.)

Souverain-Commandeur Grand-Maître : Dr B.-A. Erdmann, 33e, médecin.

Grand-Secrétaire Général : H. Meizel, 33e.

La *Grande Loge Régionale de Saxe*, fondée à Dresde en 1741, a été reconstituée en 1811. Elle a sous sa dépendance 20 Loges, comprenant environ 3,650 maçons.

L'adresse secrète, à laquelle le Grand-Orient de France expédie sa correspondance particulière est celle-ci : « M. F.-G. Stübler, 2, Weintrauben-Strasse, à Dresde, Allemagne ». — Les Grands-Orients et Suprêmes Conseils étrangers écrivent au siège du Secrétariat Général pour la Saxe : 15, Ostra Allee, à Dresde.

GRANDE LOGE DE HESSE A LA CONCORDE

(Rite écossais ancien accepté.)

Grand-Protecteur: Louis IV, grand-duc de Hesse, 18e.

Souverain Commandeur Grand-Maître : Ph. Brand, 33e, Rheinstrasse, 35, à Darmstadt.

Grand-Secrétaire Général : Carl Niess, 33e.

La *Grande Loge de Hesse à la Concorde* est constituée à Darmstadt depuis 1846. Elle a sous sa dépendance 8 Loges, comprenant environ 870 maçons.

Pour correspondre secrètement avec cette Grande Loge allemande, le Grand-Orient de France écrit à cette adresse particulière : « M. Heinrich Weber, docteur en droit, à Offenbach-sur-Rhin, grand-duché de Hesse ». — Les Grands-Orients et Suprêmes Conseils étrangers envoient leur correspondance au siège du Secrétariat Général, 13, Sandstrasse, à Darmstadt, grand-duché de Hesse.

—

UNION DES LOGES INDÉPENDANTES

(Rite écossais d'Hérodom.)

Président de l'Union : Dr Victor Carus, 25e, professeur à l'Université, à Leipzig, Saxe.

Ces Loges indépendantes, au nombre de cinq, sont constituées : à Altenbourg, depuis 1743; à Leipzig, depuis 1753; à Hildbourghausen, depuis 1787; à Géra, depuis 1803, et à Ratisbonne, depuis 1808. Elles comptent ensemble 230 maçons environ.

Adresse : au Président de l'Union.

LUXEMBOURG

—

SUPRÊME CONSEIL

(Rite écossais ancien accepté.)

Grand-Protecteur : Frédéric, prince royal des Pays-Bas, 18e.

Souverain Commandeur Grand-Maître : Mathias-Lambert Schrobilgen, 33e, à Diekirch, grand-duché de Luxembourg.

Grand-Secrétaire : E. Lang, 33e.

Grand-Chancelier : Fréciori de Fonteco, 33e.

Le *Suprême Conseil de Luxembourg* est constitué à Luxembourg depuis 1844. Il a sous sa dépendance 2 Loges, comprenant environ 180 maçons.

Adresse officielle pour la correspondance des Grands-Orients et Suprêmes Conseils étrangers : M. Fréciori de Fonteco, Grand-Chancelier du Suprême Conseil, rue de la Loge, à Luxembourg (Grand-Duché). — Adresse particulière pour la correspondance secrète du Grand-Orient de France : « M. Gabriel Mayer, négociant, à Luxembourg (Grand-Duché). »

HONGRIE

—

GRAND-ORIENT DE HONGRIE

(Rite écossais ancien accepté.)

Souverain Commandeur Grand-Maître : Georges Joannovicz, 33e, député au Parlement, 52, Königsgasse, à Budapest.

Grand-Maitre Adjoint : Nicolas Nemeth, 33e, juge à la Haute Cour de Cassation.

Secrétaire Général : Dr Jules de Gyurgyok, 33e.

Le *Grand-Orient de Hongrie* est constitué à Budapest depuis 1872. Il a sous sa dépendance 12 Loges, comprenant environ 500 maçons.

La correspondance des Grands-Orients et Suprêmes Conseils étrangers est adressée au Secrétaire Général, au Grand-Orient de Hongrie, 45, Waczi-Boulevard, à Budapest.

—

GRANDE LOGE DE HONGRIE

(Rite écossais d'Hérodom.)

Grand-Maître d'Honneur : Antoine de Berecz, 25e.

Grand-Maître : François Pulszky, 25e, directeur du Musée National, à Budapest.

Grand-Maitre Adjoint : Dr Abraham Szontagh, 25e.

Grand-Secrétaire : Alexandre-Joseph Handorfer, 25e.

La *Grande Loge de Hongrie* est constituée à Budapest depuis 1870. Elle a sous sa dépendance 27 Loges, comprenant environ 1,300 maçons.

La correspondance des Grands-Orients et Suprêmes Conseils étrangers est adressée au Secrétaire Général de la Grande Loge de Saint-Jean de Hongrie : M. Victor Bezirk, Josephsplatz, n° 1, à Budapest, Hongrie.

GRÈCE

—

SUPRÊME CONSEIL

(Rite écossais ancien accepté.)

Souverain Commandeur Grand-Maître : Nicolas Damaskinos, 33e, professeur à l'Université d'Athènes,

Grand-Maitre Adjoint : Lieutenant-Colonel Spiridon Karaïskacès, 33e.

Grand-Secrétaire : Andréas Kalyvas, 33e, docteur en philosophie.

Secrétaire Général : S. Stepfanou, 33e.

Le *Suprême Conseil de Grèce* est constitué à Athènes depuis 1867. Il a sous sa dépendance 9 Loges, comprenant environ 700 maçons.

La correspondance maçonnique étrangère est envoyée au Secrétariat Général, l'adresse étant simplement formulée comme suit : « M. S. Stepfanou, à Athènes. » — Le Suprême Conseil de France (rite écossais) expédie son courrier directement au Grand-Maître Nicolas Damaskinos, qui est son Garant d'Amitié auprès du Suprême Conseil de Grèce.

ESPAGNE

GRAND-ORIENT D'ESPAGNE

(Rite écossais ancien accepté.)

Grand-Maître Grand-Commandeur : Marquis de Seoane, 33e, sénateur inamovible, vice-président du Sénat.

Grand-Maître Adjoint : Camacho, 33e, directeur des Finances, en retraite.

Grand-Chancelier : Pantoja, 33e, greffier en chef à la Cour de Cassation.

Grand-Trésorier : Victor Teijon, 33e, avocat.

Grand-Capitaine des Gardes : Vicomte de Morata, 33e.

Secrétaire Général : Caballero Puja, 33e, homme de lettres, auteur dramatique, 38, calle Barquillo, à Madrid.

Le *Grand-Orient d'Espagne* a d'abord été constitué

à Madrid comme Grande Loge Espagnole en 1728 ; ce n'est qu'en 1780 qu'il prit le titre qu'il a gardé depuis ; en 1808, il adopta le système écossais des 33 degrés. Il a sous sa dépendance 182 Loges, comprenant environ 12,000 maçons.

La correspondance des Grands-Orients et Suprêmes Conseils étrangers est envoyée indifféremment au Secrétaire Général ou au Grand-Maitre. Voici l'adresse de celui-ci : M. le Marquis de Seoane, sénateur, calle de Mesonero Romanos, 31, à Madrid.

—

SUPRÊME CONSEIL

(Rite écossais ancien accepté.)

Souverain Commandeur Grand-Maître : Manuel de Llano y Persi, 33e, ancien député aux Cortês.

Lieutenant Grand-Commandeur : Sergio Martinez del Bosch, 33e.

Grand-Secrétaire : don Juan Utor y Fernandez, 33e, député aux Cortès, membre de la Ligue des Amis de la Paix.

Le *Suprême Conseil d'Espagne* est constitué à Madrid depuis 1840 ; néanmoins, ce n'est qu'à partir de 1868 qu'il a affirmé publiquement son existence. Il a sous sa dépendance environ 216 Loges, comprenant environ 16,500 maçons.

Adresse pour la correspondance maçonnique étrangère : Don Juan Utor y Fernandez, député, 14, calle del Espejo, à Madrid.

PORTUGAL

—

GRAND-ORIENT LUSITANIEN UNI

(Rite écossais ancien accepté.)

Souverain Commandeur Grand-Maître : José-Elias Garcia, 33e, député au Parlement, journaliste.

Grand-Secrétaire : Lieutenant-Colonel Jaimo Larcher, 33e, pair du royaume.

Grand-Chancelier : Jezuino-Ezequiel Martins, 33e, premier officier au ministère des Affaires Étrangères.

Secrétaire Général : Ferreira-Gomez, 33e.

Le *Grand-Orient Lusitanien Uni*, constitué à Lisbonne depuis 1805, est la réunion du Grand-Orient de Portugal et du Suprême Conseil (rite écossais) ayant fusionné en 1869. Il a sous sa dépendance 114 Loges comprenant environ 8,000 maçons.

La correspondance maçonnique étrangère est envoyée soit au Grand-Maître, soit au siège social, que voici : Palais Maçonnique, 43, rue Neuve des Carmes, à Lisbonne. — Ou encore à l'adresse particulière du Secrétaire Général : Ferreira-Gomez, 35, traverse de Guarda-Mir, à Lisbonne.

~~~

SUISSE

—

GRANDE LOGE ALPINA

(Rite écossais philosophique.)

Grand-Maître : Ernest Yung, Chevalier Kadosch, architecte, à Winterthur.
~~~

Grand-Maitre Adjoint : Léonard-Muralt Gysi, Chevalier Kadosch, fabricant de papiers, à Zurich.

Grand-Secrétaire : Henri Langsdorf, Chevalier Kadosch, professeur, à Winterthur.

La *Grande Loge Alpina*, fondée par les Convents de Bâle et du Locle, est constituée depuis 1844. Son siège directorial change tous les deux ans ; c'est le Convent qui le choisit et le fixe en procédant à l'élection des chefs. Le siège actuel est à Winterthur. Elle a sous sa dépendance 74 Loges, comprenant environ 3,700 maçons.

La correspondance maçonnique étrangère est toujours adressée au Grand-Maitre ; la ville de sa résidence est aussi le siège directorial de la Grande Loge Alpina.

SUPRÊME CONSEIL

(Rite écossais ancien accepté.)

Souverain Commandeur Grand-Maître : Louis Ruchonnet, 33e, à Berne.

Les fonctions de Grand-Secrétaire sont actuellement vacantes.

Le *Suprême Conseil Helvétique,* autrement dit « Directoire Écossais Helvétique Roman », fondé en 1777, siège à Lausanne et est en pleine décadence. Il n'a plus sous sa dépendance que 5 Loges, comprenant à peine 200 maçons.

C'est au F.·. Ruchonnet, à Berne, que s'adresse la correspondance maçonnique étrangère.

AFRIQUE

RÉPUBLIQUE DE LIBÉRIA

GRANDE LOGE DE LIBÉRIA

(Rite écossais ancien accepté.)

Souverain Commandeur Grand-Maître : W.-M. Davis, 33e, à Monrovia.

Lieutenant Grand-Commandeur : T.-Q. Friller, 33e, à Monrovia.

Grand-Secrétaire : Dr Brown, 33e, à Monrovia.

La *Grande Loge de Libéria* est constituée à Monrovia depuis 1850. Elle a sous sa dépendance 6 Loges, comprenant ensemble 115 maçons.

Les Grands-Orients et Suprêmes Conseils étrangers envoient leur correspondance au Grand-Secrétaire : M. le docteur H. Brown, à Monrovia, République de Libéria, Afrique.

AMÉRIQUE

ÉTATS-UNIS

GRANDE LOGE DE L'ALABAMA

(Rite d'York.)

Grand-Maître : Rufus W. Cobb, Royale-Arche.

Grand-Maître Adjoint : John H. Bankhead, Royale-Arche.

Grand-Secrétaire : Daniel Sayre, Royale-Arche.

La *Grande Loge de l'Alabama* est constituée à Montgoméry depuis 1821. Elle a sous sa dépendance 432 Loges, comprenant environ 8,200 maçons.

Adresse : Daniel Sayre, Montgoméry, Alabama, United States.

—

GRANDE LOGE D'ARIZONA

(Rite d'York.)

Grand-Maître : Anselm Bragg, Royale-Arche.

Grand-Maitre Adjoint : John T. Alsapp, Royale-Arche.

Grand-Secrétaire : George J. Roskruge, Royale-Arche.

La *Grande Loge d'Arizona* est constituée à Tucson depuis 1882. Elle a sous sa dépendance 5 Loges, comprenant environ 280 maçons.

Adresse : George J. Roskruge, Tucson, Arizona, United States.

—

GRANDE LOGE DE L'ARKANSAS

(Rite d'York.)

Grand-Maître : George E. Dodge, Royale-Arche.

Grand-Maître Adjoint : John J. Sumpter, Royale-Arche.

Grand-Secrétaire : Fay Hemstead, Royale-Arche.

La Grande Loge de l'Arkansas est constituée à Little-Rock depuis 1822. Elle a sous sa dépendance 357 Loges, comprenant environ 9,800 maçons.

Adresse : Fay Hemstead, Little-Rock, Arkansas, United States.

GRANDE LOGE DE CALIFORNIE

(Rite d'York.)

Grand-Maître : Clay Webster Taylor, Royale-Arche, à Shasta.

Grand-Maître Adjoint : Jonathan Doan-Hines, Royale-Arche, à San-Buénaventura.

Grand-Secrétaire : Alexander Gurdon-Abell, Royale-Arche, à San-Francisco.

La *Grande Loge de Californie* est constituée à San-Francisco depuis 1850. Elle a sous sa dépendance 217 Loges, comprenant environ 13,550 maçons.

Adresse : Alexander Gurdon-Abell, San Francisco, Californie, United-States.

—

GRANDE LOGE DU COLORADO

(Rite d'York.)

Grand-Maître : Robert-A. Quillian, Royale-Arche.

Grand-Secrétaire : Edward-Carroll Parmalec, Royale-Arche.

La *Grande Loge du Colorado* est constituée à Denver depuis 1861. Elle a sous sa dépendance 38 Loges, comprenant environ 2,150 maçons.

Adresse : Edward-Carroll Parmalec, Georgetown, Colorado, United States.

—

GRANDE LOGE DE NORD-CAROLINE

(Rite d'York.)

Grand-Maître : Henry F. Grainger, Royale-Arche.

Grand-Maître Adjoint : James W. Reid, Royale-Arche.

Grand-Secrétaire : Donald W. Bain, Royale-Arche.

La *Grande Loge de Nord-Caroline* est constituée à Raleigh depuis 1771. Elle a sous sa dépendance 220 Loges, comprenant environ 11,400 maçons.

Adresse : Donald W. Bain, Raleigh, Nord-Caroline, United States.

—

GRANDE LOGE DE SUD-CAROLINE

(Rite d'York.)

Grand-Maître : John D. Kennedy, Royale-Arche.

Grand-Maitre Adjoint : W. W. Humphreys, Royale-Arche.

Grand-Secrétaire : Charles Inglesby, Royale-Arche.

La *Grande Loge de Sud-Caroline* est constituée à Charleston depuis 1754. Elle a sous sa dépendance 183 Loges, comprenant environ 5,850 maçons.

Adresse : Charles Inglesby, Charleston, Sud-Caroline, United States.

—

SUPRÊME CONSEIL DES ÉTATS-UNIS

JURIDICTION SUD

(Rite écossais ancien accepté.)

Souverain Commandeur Grand-Maître : Albert Pike, 33e, D.-Street, n° 602, à Washington, N. W., Columbia District.

Lieutenant Grand-Commandeur : James Cuningham Batchelor, 33e, à la Nouvelle-Orléans.

Le *Suprême Conseil des États-Unis (juridiction Sud)* est constitué à Charleston depuis 1787. Il a sous sa dépendance 150 Loges, comprenant environ 12,500 maçons.

Le Grand-Orient de France envoie sa correspondance au Grand-Maitre, à Washington. Le Suprême Conseil de France (rite écossais) expédie la sienne par l'intermédiaire de son représentant spécial pour les États-Unis du Sud : M. Achille-Régulus Morel, 33e, à la Nouvelle-Orléans. Les autres Grands-Orients et Suprêmes Conseils étrangers écrivent au Secrétariat général, à Charleston.

GRANDE LOGE DE COLUMBIA

(Rite d'York.)

Grand-Maître : Noble D. Larner, Royale-Arche.

Grand-Maître Adjoint : Edward H. Chamberlin, Royale-Arche.

Grand-Secrétaire : William R. Singleton, Royale-Arche.

La *Grande Loge de Columbia* est constituée à Washington depuis 1811. Elle a sous sa dépendance 27 Loges, comprenant environ 2,820 maçons.

Adresse : William R. Singleton, 71, LA. Avenue, Washington City, Columbia District, United States.

GRANDE LOGE DE CONNECTICUT

(Rite d'York.)

Grand-Maître : James Mac Cormick, Royale-Arche.

Grand-Maître Adjoint : Fred. H. Waldron, Royale-Arche.

Grand-Secrétaire : Joseph K. Wheeler, Royale-Arche.

La *Grande Loge de Connecticut* est constituée à Hartford depuis 1789. Elle a sous sa dépendance 111 Loges, comprenant environ 14,500 maçons.

Adresse : Joseph K. Wheeler, Hartford, Connecticut, United States.

—

GRANDE LOGE DE DAKOTA

(Rite d'York.)

Grand-Maître : Thomas H. Brown, Royale-Arche.

Grand-Maitre Adjoint : Albert O. Jugollo, Royale-Arche.

Grand-Secrétaire : Charles Mac Coy, Royale-Arche.

La *Grande Loge de Dakota* est constituée à Sioux-Falls depuis 1875. Elle a sous sa dépendance 23 Loges, comprenant environ 750 maçons.

Adresse : Charles Mac Coy, à Bon-Home, Dakota, United States.

—

GRANDE LOGE DE DELAWARE

(Rite d'York.)

Grand-Maître : Joseph W. H. Watson, Royale-Arche.

Grand-Maître Adjoint : John F. Saulsbury, Royale-Arche.

Grand-Secrétaire : William S. Hayes, Royale-Arche.

La *Grande Loge de Delaware* est constituée à Wilmington depuis 1806. Elle a sous sa dépendance 21 Loges, comprenant environ 1,350 maçons.

Adresse : William S. Hayes, Wilmington, Delaware, United States.

—

GRANDE LOGE DE FLORIDE

(Rite d'York.)

Grand-Maître : William E. Anderson, Royale-Arche.

Grand-Maitre Adjoint : Robert J. Perry, Royale-Arche.
Grand-Secrétaire : C. de Witt Dawkins, Royale-Arche.

La *Grande Loge de Floride* est constituée à Jacksonville depuis 1830. Elle a sous sa dépendance 70 Loges, comprenant environ 2,130 maçons.

Adresse : C. de Witt Dawkins, Jacksonville, Floride, United States.

—

GRANDE LOGE DE GÉORGIE

(Rite d'York.)

Grand-Maître : J. J. Wright, Royale-Arche.
Grand-Maître Adjoint : Jas. William Taylor, Royale-Arche.
Grand-Secrétaire : J. Emmett Blackshear, Royale-Arche.

La *Grande Loge de Géorgie* est constituée à Mâcon depuis 1786. Elle a sous sa dépendance 252 Loges, comprenant environ 12,200 maçons.

Adresse : J. Emmett Blackshear, Mâcon, Géorgie, United States.

—

GRANDE LOGE D'IDAHO

(Rite d'York.)

Grand-Maître : F. E. Ensign, Royale-Arche.
Grand-Maître Adjoint : L. F. Cartee, Royale-Arche.
Grand-Secrétaire : Jonas W. Brown, Royale-Arche.

La *Grande Loge d'Idaho* est constituée à Boise-City depuis 1867. Elle a sous sa dépendance 10 Loges, comprenant environ 400 maçons.

Adresse : Jonas W. Brown, Boise-City, Idaho, United States.

GRANDE LOGE DE L'ILLINOIS

(Rite d'York.)

Grand-Maître : W. H. Scott, Royale-Arche.
Grand-Maître Adjoint : Daniel M. Browning, Royale-Arche.
Grand-Secrétaire : Loyal J. Münn, Royale-Arche.

La *Grande Loge de l'Illinois* est constituée à Chicago depuis 1840. C'est une véritable puissance. Elle a la haute direction de 691 Loges, comprenant environ 38,200 maçons.

Adresse : Loyal L. Munn, Freeport, Illinois, United States.

—

GRANDE LOGE DE L'INDIANA

(Rite d'York.)

Grand-Maître : Bruce Carr, Royale-Arche.
Grand-Maitre Adjoint : A. P. Charles, Royale-Arche.
Grand-Secrétaire : William H. Smythe, Royale-Arche.

La *Grande Loge de l'Indiana* est constituée à Indianapolis depuis 1818. Elle a sous sa dépendance 557 Loges, comprenant environ 24,000 maçons ; c'est encore une des Grandes Loges américaines les plus puissantes.

Adresse : William H. Smythe, Indianapolis, Indiana, United States.

—

GRANDE LOGE INDIENNE

(Rite d'York.)

Grand-Maître : Charles E. Gooding, Royale-Arche.
Grand-Maitre Adjoint : H. Lindsay, Royale-Arche.

Grand-Secrétaire : Joseph S. Murrow, Royale-Arche.

La *Grande Loge Indienne* est constituée à Atoka depuis 1874. Elle a sous sa dépendance 15 Loges, comprenant environ 420 maçons.

Adresse : Joseph S. Murrow, à Atoka, Territoire Indien des États-Unis d'Amérique.

—

GRANDE LOGE DE L'IOWA

(Rite d'York.)

Grand-Maître : Geo B. Van Saun, Royale-Arche, à Cedar-Falls.

Grand-Maître Adjoint : Lafayette Young, Royale-Arche, à Atlantique.

Grand-Secrétaire : Théodore Sutton Parvin, Royale-Arche.

La *Grande Loge de l'Iowa* est constituée à Davenport depuis 1844. Elle a sous sa dépendance 386 Loges, comprenant environ 18,450 maçons.

Adresse : Th. Sutton Parvin, Iowa-City, Iowa, United States.

—

GRANDE LOGE DE KANSAS

(Rite d'York.)

Grand-Maître : William Cowgill, Royale-Arche.

Grand-Maître Adjoint : Samuel R. Peters, Royale-Arche.

Grand-Secrétaire : J.-H. Brown, Royale-Arche.

La *Grande Loge de Kansas* est constituée à Topeka depuis 1856. Elle a sous sa dépendance 208 Loges, comprenant environ 9,100 maçons.

Adresse : John-Henri Brown, Leavenworth, Kansas, United States.

GRANDE LOGE DE KENTUCKY

(Rite d'York.)

Grand-Maître : G.-D. Buckner, Royale-Arche.

Grand-Secrétaire : H. Basset, Royale-Arche.

La *Grande Loge de Kentucky* est constituée à Louisville depuis 1800. Elle a sous sa dépendance 513 Loges, comprenant environ 15,450 maçons.

Adresse : Hiram Bassett, Millersburg, Kentucky, United States.

—

GRANDE LOGE DE LOUISIANE

(Rite d'York.)

Grand-Maître : William R. Whittaker, Royale-Arche.

Grand-Secrétaire : J.-C. Batchelor, Royale-Arche, docteur en médecine.

La *Grande Loge de Louisiane* est constituée à la Nouvelle-Orléans depuis 1812. Elle a sous sa dépendance 132 Loges, comprenant environ 4,800 maçons.

Adresse : Dr James C. Batchelor, Masonic Hall Corner of Saint-Charles and Perdido streets, New-Orléans, United States.

—

SUPRÊME CONSEIL DE LOUISIANE

JURIDICTION RÉGIONALE

(Rite écossais ancien accepté.)

Souverain Commandeur Grand-Maître : A. Bertet, 33e.

Lieutenant Grand-Commandeur : A.-C. Prévost, 33e.

Grand-Secrétaire : M.-J. Piron, 33e.

Le *Suprême Conseil de l'État de la Louisiane* est constitué à La Nouvelle-Orléans depuis 1835. Il a sous sa dépendance 17 Loges, comprenant environ 1,350 maçons.

Adresse : M.-J. Piron, 344 1/2, Villeré street, New-Orléans, United States.

GRANDE LOGE DU MAINE

(Rite d'York.)

Grand-Maître : Marquis F. King, Royale-Arche.

Grand-Maître Adjoint : William R. G. Estes, Royale-Arche.

Grand-Secrétaire : Ira Berry, Royale-Arche.

La *Grande Loge du Maine* est constituée à Portland depuis 1820. Elle a sous sa dépendance 181 Loges, comprenant environ 19,000 maçons,

Adresse : Ira Berry, Portland, Maine, United States.

GRANDE LOGE DE MARYLAND

(Rite d'York.)

Grand-Maître : John S. Tyson, Royale-Arche.

Grand-Maître Adjoint : Woodward Abrahams, Royale-Arche.

Grand-Secrétaire : Jacob H. Medairy, Royale-Arche.

La *Grande Loge de Maryland* est constituée à Baltimore depuis 1783. Elle a sous sa dépendance 84 Loges, comprenant environ 4,480 maçons.

Adresse : Jacob H. Medairy 6, North, Howard street, Baltimore, Maryland, United States.

GRANDE LOGE DE MASSACHUSETTS

(Rite d'York.)

Grand-Maître : Samuel C. Lawrence, Royale-Arche.

Grand-Maître Adjoint : Edwin Wright, Royale-Arche.

Grand-Secrétaire : Sereno D. Nickerson.

La *Grande Loge de Massachusetts* est constituée à Boston depuis 1733. Très ancienne et très puissante, elle a la haute direction de 227 Loges, comprenant environ 25,250 maçons.

Adresse : Sereno D. Nickerson, Freemasons' Hall, 10, Summer street, Boston, Massachusetts, United States.

—

SUPRÊME CONSEIL DES ÉTATS-UNIS

JURIDICTION NORD

(Rite écossais ancien accepté.)

Souverain Commandeur Grand-Maître : Enoch Ferry Carson, 33e.

Lieutenant Grand-Commandeur : Clinton F. Paige, 33e.

Grand-Secrétaire : A. G. Goodall, 33e.

Le *Suprême Conseil des États-Unis (Juridiction Nord)*, fondé en 1798, a été reconstitué à Boston en 1845. Son influence disparaît devant celle de la Grande Loge de Massachusetts. Le Suprême Conseil du rite écossais n'a, en effet, sous sa dépendance, pour la Juridiction Nord des États-Unis, que 59 Loges, comprenant environ 4,550 maçons.

Adresse : Albert G. Goodall, 142, Broadway, New-York, United States.

GRANDE LOGE DU MICHIGAN

(Rite d'York.)

Grand-Maître : Alanson Partridge, Royale-Arche.
Grand-Maitre Adjoint : C. F. R. Bellows, Royale-Arche.
Grand-Secrétaire : W. Power Innes, Royale-Arche.
La *Grande Loge du Michigan,* constituée à Détroit depuis 1844, est très florissante. Elle a sous sa dépendance 343 Loges, comprenant environ 25,850 maçons.
Adresse : William Power Innes, Grand-Rapids, Michigan, United States.

—

GRANDE LOGE DE MINNESOTA

(Rite d'York.)

Grand-Maître : Henry R. Wells, Royale-Arche.
Grand-Maître Adjoint : Q. H. Davis, Royale-Arche, à Preston.
Grand-Secrétaire : A. T. C. Pierson, Royale-Arche.
La *Grande Loge du Minnesota* est constituée à Saint-Paul depuis 1853. Elle a sous sa dépendance 146 Loges, comprenant environ 7,150 maçons.
Adresse : A. T. C. Pierson, Saint-Paul, Minnesota, United States.

—

GRANDE LOGE DU MISSISSIPI

(Rite d'York.)

Grand-Maître : Frédéric Speed, Royale-Arche.
Grand-Maître Adjoint : G. Y. Freemann, Royale-Arche.
Grand-Secrétaire : J. L. Power, Royale-Arche.

La *Grande Loge du Mississipi* est constituée à Jackson depuis 1818. Elle a sous sa dépendance 295 Loges, comprenant environ 9,150 maçons.

Adresse : J. L. Power, Jackson, Mississipi, United States.

—

GRANDE LOGE DU MISSOURI

(Rite d'York.)

Grand-Maître : Alexander M. Dockery, Royale Arche.

Grand-Maître Adjoint : Xénophon C. C. Word, Royale-Arche.

Grand-Secrétaire : John D. Vincil, Royale-Arche.

La *Grande Loge du Missouri* est constituée à Saint-Louis depuis 1821. Elle a sous sa dépendance 504 Loges, comprenant environ 23,050 maçons. Cette Grande Loge serait encore plus puissante sans la dissidence qui s'est produite parmi ses membres en 1860 et qui a entraîné la sixième partie de ses Loges à fonder la Grande Loge Unie siégeant à Boonville (voir ci-après).

Adresse : John D. Vincil, to the new Masonic Hall, Corner of Seventh and Markett, 2 story, Saint-Louis, Missouri, United States.

—

GRANDE LOGE UNIE DU MISSOURI

(Rite d'York.)

Grand-Maître : Alexander Clark, Royale-Arche, à Muscatine.

Grand-Maitre Adjoint : James M. Sloches, Royale-Arche.

Grand-Secrétaire : Willis N. Brent, Royale-Arche.

Grand-Chancelier : Dickson, Royale-Arche.

La *Grande Loge Unie du Missouri* est constituée à Boonville depuis 1860. Elle a sous sa dépendance 101 Loges, comprenant environ 4,250 maçons.

Adresse : Willis N. Brent, 74, Box, Boonville, Missouri, United States.

—

GRANDE LOGE DE MONTANA

(Rite d'York.)

Grand-Maître : Th. M. Pomeroy, Royale-Arche.

Grand-Maître Adjoint : Samuel Word, Royale-Arche.

Grand-Secrétaire : Cornelius Hedges, Royale-Arche.

La *Grande Loge de Montana* est constituée à Helena depuis 1866. Elle a sous sa dépendance 21 Loges, comprenant environ 850 maçons.

Adresse : Cornelius Hedges, à Helena, Montana, United States.

—

GRANDE LOGE DE NEBRASKA

(Rite d'York.)

Grand-Maître : James R. Cain, Royale-Arche.

Grand-Maître Adjoint : Edwin, Royale-Arche.

Grand-Secrétaire : William R. Bowen, Royale-Arche.

La *Grande Loge de Nebraska* est constituée à Lincoln depuis 1857. Elle a sous sa dépendance 81 Loges comprenant environ 3,650 maçons.

Adresse : William R. Bowen, à Lincoln, Nebraska, United-States.

—

GRANDE LOGE DE NEVADA

(Rite d'York.)

Grand-Maître : Horatio S. Masson, Royale-Arche.

Grand-Maitre Adjoint : Michaël A. Murphy, Royale-Arche.

Grand-Secrétaire : John Hammond, Royale-Arche.

La *Grande Loge de Nevada* est constituée à Virginia-City depuis 1865. Elle a sous sa dépendance 20 Loges, comprenant environ 1,400 maçons.

Adresse : John Hammond, Carson-City, Nevada, United States.

—

GRANDE LOGE DE NEW-HAMPSHIRE

(Rite d'York.)

Grand-Maître : Alpheüs W. Baker, Royale-Arche.

Grand-Maitre Adjoint : John F. Webster, Royale-Arche.

Grand-Secrétaire : G.-P. Cleaves, Royale-Arche.

La *Grande Loge de New-Hampshire* est constituée à Manchester depuis 1789. Elle a sous sa dépendance 76 loges, comprenant environ 7,850 maçons.

Adresse : George Pecley Cleaves, Concord, New-Hampshire, United States.

—

GRANDE LOGE DE NEW-JERSEY

(Rite d'York.)

Grand-Maître : William Hardacre, Royale-Arche.

Grand-Maître Adjoint : Henry Vehslage, Royale-Arche.

Grand-Secrétaire : Joseph H. Hough, Royale-Arche.

La *Grande Loge de New-Jersey* est constituée à Trenton depuis 1786. Elle a sous sa dépendance 149 Loges, comprenant environ 11,800 maçons

Adresse : Joseph H. Hough, 609, Lock-Box, Trenton, New-Jersey, United States.

GRANDE LOGE DE NEW-YORK

(Rite d'York.)

Grand-Maître : Benjamen Flagler, Royale-Arche.
Grand Secrétaire : Colonel E. M. L. Ehlers, Royale-Arche.

La *Grande Loge de New-York*, constituée à New-York depuis 1781, est la plus importante Grande Loge des États-Unis d'Amérique. Elle a la haute direction de 713 Loges, comprenant environ 72,000 maçons.

Adresse : Colonel Ehlers, Freemasons' Hall, New-York, United States.

—

GRANDE LOGE DE NEW-MEXICO

(Rite d'York.)

Grand-Maître : Henry L. Waldo, Royale-Arche.
Grand-Maître Adjoint : S. Stacker Williams, Royale-Arche.
Grand-Secrétaire : David J. Miller, Royale-Arche.

La *Grande Loge de New-Mexico* est constituée à Las-Cruces depuis 1877. Elle a sous sa dépendance 7 Loges, comprenant environ 250 maçons.

Adresse : David J. Miller, à Santa-Fé, New-Mexico, United States.

—

GRANDE LOGE DE L'OHIO

(Rite d'York.)

Grand-Maître : Charles C. Kiefer, Royale-Arche.
Grand-Maître Adjoint : George J. Dinkel, Royale-Arche.
Grand-Secrétaire : J.-D. Caldwell, Royale-Arche.

La *Grande Loge de l'Ohio* est constituée à Cleveland depuis 1808. Très puissante, elle dirige 478 Loges, comprenant environ 30,500 maçons.

Adresse : John D. Caldwell, Masonic-Hall, Cincinnati, Ohio, United States.

(En 1878, quelques Loges, dépendant de la Grande Loge de l'Ohio, s'en sont séparées pour former une Fédération d'une nuance plus accentuée dans le sens impie. Voir ci-après.)

—

GRANDE LOGE UNIE DE L'OHIO

(Rite d'York.)

Grand-Maître : Samuel W. Clarke, Royale-Arche.

Grand-Maître Adjoint : William R. Boyd, Royale-Arche.

Grand-Secrétaire : Justin Holland, Royale-Arche

La *Grande Loge Unie de l'Ohio* est constituée à Cincinnati depuis 1878. Elle a sous sa dépendance 41 Loges, comprenant environ 950 maçons.

Adresse : M. Justin Holland, secrétaire général de la Grande Loge Unie, Freethinkers-Masons' Society, à Cincinnati, Ohio, United States.

—

GRANDE LOGE DE L'ORÉGON

(Rite d'York.)

Grand-Maître : G. M. Stroud, Royale-Arche.

Grand-Maitre Adjoint : William F. Wright, Royale-Arche.

Grand-Secrétaire : F. G. Babcock, Royale-Arche.

La *Grande Loge de l'Orégon* est constituée à Portland depuis 1851. Elle a sous sa dépendance 67 Loges, comprenant environ 2,800 maçons.

Adresse : F. G. Babcock, à Salem, Orégon, United States.

—

GRANDE LOGE DE PENSYLVANIE

(Rite d'York.)

Grand-Maître : Samuel D. Dick, Royale-Arche.

Grand-Maître Adjoint : Conrad B. Day, Royale-Arche.

Grand-Secrétaire : Michaël Nisbett, Royale-Arche.

La *Grande Loge de Pensylvanie* est constituée à Philadelphie depuis 1764. Une des plus importantes des États-Unis, elle a la haute direction de 379 Loges, comprenant environ 34,350 maçons.

Adresse : Michaël Nisbett, Masonic-Hall, Philadelphia, United States.

—

GRANDE LOGE DE RHODE-ISLAND

(Rite d'York.)

Grand-Maître : Thomas Vincent, Royale-Arche.

Grand-Maître Adjoint : Lymann Klapp, Royale Arche.

Grand-Secrétaire : Edwin Baker, Royale-Arche.

La *Grande Loge de Rhode-Island* est constituée à Providence depuis 1791. Elle a sous sa dépendance 35 Loges, comprenant environ 3,950 maçons.

Adresse : Edwin Baker, Providence, Rhode-Island, United States.

—

GRANDE LOGE DE TENNESSEE

(Rite d'York.)

Grand-Maître : John T. Irion, Royale-Arche.

Grand-Maitre Adjoint : N. S. Woodward, Royale-Arche.

Grand-Secrétaire : John Frizzell, Royale-Arche.

La *Grande Loge de Tennessee* est constituée à Nashville depuis 1813. Elle a sous sa dépendance 413 Loges, comprenant environ 16,230 maçons.

Adresse : John Frizzell, Nashville, Tennessee-District, United States.

—

GRANDE LOGE DU TEXAS

(Rite d'York.)

Grand-Maître : Thomas M. Matthews, Royale-Arche.

Grand-Maitre Adjoint : Ch. Stewart, Royale-Arche

Grand-Secrétaire : G. H. Bringhurst, Royale-Arche.

La *Grande Loge du Texas* est constituée à Houston depuis 1837. Elle a sous sa dépendance 429 Loges, comprenant environ 16,900 maçons.

Adresse : George H. Bringhurst, Houston, Texas, United States.

—

GRANDE LOGE DE L'UTAH

(Rite d'York.)

Grand-Maître : William F. James, Royale-Arche.

Grand-Maitre Adjoint : James Lowe, Royale-Arche.

Grand-Secrétaire : Ch. Dielh, Royale-Arche.

La *Grande Loge de l'Utah* est constituée à Salt-Lake-City depuis 1872. Elle a sous sa dépendance 8 Loges, comprenant environ 430 maçons.

Adresse : Christopher Dielh, P.-O.-Box, n° 275, Salt-Lake-City, Utah, United States.

GRANDE LOGE DE WASHINGTON

(Rite d'York.)

Grand-Maître : Ralph Guichard, Royale-Arche.

Grand-Maitre Adjoint : Joseph A. Kuhn, Royale-Arche.

Grand-Secrétaire : Th. Milburne-Reed, Royale-Arche.

La *Grande Loge du Territoire de Washington* est constituée à Olympia depuis 1858. Elle a sous sa dépendance 31 Loges, comprenant environ 1,200 maçons.

Adresse : Thomas Milburne-Reed, Olympia, Washington district, United States.

—

GRANDE LOGE DE VERMONT

(Rite d'York.)

Grand-Maître : Lucius C. Butler, Royale-Arche.

Grand-Maître Adjoint : Ozzo Meacham, Royale-Arche.

Grand-Secrétaire : William H. Root, Royale-Arche.

La *Grande Loge de Vermont* est constituée à Burlington depuis 1794. Elle a sous sa dépendance 102 Loges, comprenant environ 7,350 maçons.

Adresse : William H. Root, Burlington, Vermont, United States.

—

GRANDE LOGE DE WEST-VIRGINIA

(Rite d'York.)

Grand-Maître : John H. Riley, Royale-Arche.

Grand-Maître Adjoint : W.-H.-H. Flick, Royale-Arche.

Grand-Secrétaire : Oddell S. Long, Royale-Arche.

La *Grande Loge de West-Virginia* est constituée à Wheeling depuis 1865. Elle a sous sa dépendance 81 Loges, comprenant environ 3,260 maçons.

Adresse : Oddell S. Long, Wheeling, West-Virginia, United Stades.

—

GRANDE LOGE DE VIRGINIE

(Rite d'York.)

Grand-Maître : Ruben M. Page, Royale-Arche.

Grand-Maitre Adjoint : Henry W. Murray, Royale-Arche.

Grand-Secrétaire : W. B. Isaacs, Royale-Arche.

La *Grande Loge de Virginie* est constituée à Richmond depuis 1777. Elle a sous sa dépendance 243 Loges, comprenant environ 10,200 maçons.

Adresse : William Bryan Isaacs, Richmond, Virginia, United States.

—

GRANDE LOGE DE WISCONSIN

(Rite d'York.)

Grand-Maître : Edmonds E. Chapin, Royale-Arche.

Grand-Maître Adjoint : Lewis E. Reed, Royale-Arche.

Grand-Secrétaire : J. W. Laffin, Royale-Arche.

La *Grande Loge de Wisconsin* est constituée à Milwaukee depuis 1843. Elle a sous sa dépendance 191 Loges, comprenant environ 10,950 maçons.

Adresse : John William Laffin, à Milwaukee, Wisconsin, United States.

GRANDE LOGE DE WYOMING

(Rite d'York.)

Grand-Maître : Frank M. Foote, Royale-Arche.

Grand-Maître Adjoint : Robert Wilson, Royale-Arche.

Grand-Secrétaire : Symons, Royale-Arche.

La *Grande Loge de Wyoming* est constituée à Evanston depuis 1874. Elle a sous sa dépendance 5 Loges, comprenant environ 350 maçons.

Adresse : Symons, Laramie-City, Wyoming, United States.

CANADA

ET COLONIES ANGLAISES DE L'AMÉRIQUE DU NORD

—

GRANDE LOGE DU CANADA

(Rite d'York.)

Grand-Maître : Daniel Spry, Royale-Arche.

Grand-Secrétaire : John J. Mason, Royale-Arche.

La *Grande Loge du Canada* a été constituée à Hamilton, en 1869, par la fusion de la Grande Loge du Haut-Canada (fondée en 1721 à Kingston) et de la Grande Loge du Bas-Canada (fondée en 1791 avec double siège à Québec et Montréal) ; seules, les Loges dépendant du Sous-Directoire de Québec refusèrent la fusion et constituèrent une fédération distincte sous le nom de Grande Loge de Québec. La Grande Loge du Canada, très puissante aujourd'hui, a la haute direction de 346 Loges (sur lesquelles sont souchés 87 Chapîtres de Royale-Arche), comprenant environ 17,650 maçons.

Adresse : John J. Mason, à Hamilton, Dominion du Canada.

—

SUPRÊME CONSEIL DU CANADA

(Rite écossais ancien accepté.)

Souverain-Commandeur Grand-Maître : Colonel William Henry Hutton, 33e.

Lieutenant Grand-Commandeur : H.-A. Mackay, 33e.

Grand-Secrétaire : Hugh Murray, 33e.

Secrétaire Général : J.-W. Murton, 33e.

Le *Suprême Conseil du Canada* (rite écossais) est constitué à Hamilton depuis 1871. Il a sous sa dépendance 8 Loges, comprenant environ 350 maçons.

Adresse : John Walker Murton, à Hamilton, Dominion du Canada.

—

GRANDE LOGE DE QUÉBEC

(Rite d'York.)

Grand-Maître : John H. Graham, Royale-Arche.

Grand-Maitre Adjoint : Hobart Butler, Royale-Arche.

Grand-Secrétaire : John H. Isaacson, Royale-Arche.

La *Grande Loge de Québec* est constituée à Québec depuis 1869. Elle a sous sa dépendance 57 Loges, comprenant environ 2,600 maçons.

Adresse : John H. Isaacson, à Montréal, Dominion du Canada.

—

GRANDE LOGE DE VANCOUVER ET DE LA COLOMBIE BRITANNIQUE

(Rite d'York.)

Grand-Maître : Edgar Crow Baker, Royale-Arche.

Grand-Maitre Adjoint : Thomas Tronce, Royale-Arche.

Grand-Secrétaire : E.-C. Neufelder, Royale-Arche.

La *Grande Loge de la Colombie Britannique*, fondée à Victoria depuis 1859, a été reconstituée en 1871. Elle a sous sa dépendance 6 Loges, comprenant environ 300 maçons.

Adresse : Edward C. Neufelder, à Victoria, Colombie Britannique, Amérique du Nord.

—

GRANDE LOGE DE NEW-BRUNSWICK

(Rite d'York.)

Grand-Maître : Benjamin R. Stevenson, Royale-Arche.

Grand-Maître Adjoint : Henry Duffell, Royale-Arche.

Grand-Secrétaire : W. F. Bunting, Royale-Arche.

La *Grande Loge de New-Brunswick* est constituée à Saint-John depuis 1867. Elle a sous sa dépendance 33 Loges, comprenant environ 2,100 maçons.

Adresse : William F. Bunting, à Saint-John, New-Brunswick, Amérique du Nord.

—

GRANDE LOGE DE LA NOUVELLE-ÉCOSSE

(Rite d'York.)

Grand-Maître : Général Laurie, Royale-Arche.

Grand-Maître Adjoint : Thomas A. Cosmann, Royale-Arche.

Grand-Secrétaire : Benjamen Curren, Royale-Arche.

La *Grande Loge de la Nouvelle-Écosse* est constituée à Halifax depuis 1866. Elle a sous sa dépendance 68 Loges, comprenant environ 2,900 maçons.

Adresse : Benjamin Curren, à Halifax, Nouvelle-Écosse, Amérique du Nord.

—

GRANDE LOGE DE L'ILE DU PRINCE ÉDOUARD

(Rite d'York.)

Grand-Maître : John Yeo, Royale-Arche.

Grand-Maitre Adjoint : B. Wilson Higgs, Royale-Arche.

Grand-Secrétaire : G. W. Wakeford, Royale-Arche.

La *Grande Loge de l'Ile du Prince Édouard* est constituée à Charlottetown depuis 1874. Elle a sous sa dépendance 12 Loges, comprenant environ 550 maçons.

Adresse : G. W. Wakefort, à Charlottetown, Ile du Prince Édouard, Amérique du Nord.

—

GRANDE LOGE DE MANITOBA

(Rite d'York.)

Grand-Maître : John H. Bell, Royale-Arche.

Grand-Maitre Adjoint : William G. Scott, Royale-Arche.

Grand-Secrétaire : J. Henderson, Royale-Arche.

La *Grande Loge de Manitoba* est constituée à Winnepeg depuis 1875. Elle a sous sa dépendance 19 Loges, comprenant environ 670 maçons.

Adresse : James Henderson, à Winnepeg, Manitoba, Amérique du Nord.

MEXIQUE

SUPRÊME CONSEIL

(Rite écossais ancien accepté.)

Souverain-Commandeur Grand-Maître : Alfredo Chavero, 33e.

Lieutenant Grand-Commandeur : Nicolas Pizarro, 33e.

Grand-Secrétaire : Eugenio Chavero, 33e.

Le *Suprême Conseil du Mexique* est constitué à Mexico depuis 1862. Il a sous sa dépendance 10 Loges, comprenant environ 700 maçons.

Les Grands-Orients étrangers adressent leur correspondance au Grand-Secrétaire, Eugenio Chavero, 5, calle Manrique, à Mexico. Les Suprêmes Conseils, et notamment celui de France, envoient leur courrier secret à M. Mariano Escobedo (33e), négociant, à Mexico.

COLON ET CUBA

SUPRÊME CONSEIL

(Rite écossais ancien accepté.)

Souverain-Commandeur Grand-Maître : Antonio Govin, 33e.

Lieutenant Grand-Commandeur : José-Maria-Garcia Montès, 33e.

Grand-Secrétaire : Aurélio Alméïda, 33e.

Le *Suprême Conseil de Colon et Cuba* est constitué à la Havane depuis 1821. Il a sous sa dépendance 5 Loges, comprenant environ 200 maçons.

Les Grands-Orients étrangers, ainsi que la plupart des Suprêmes Conseils et Grandes Loges, adressent leur correspondance au Grand-Secrétaire, Aurelio Alméïda, 114, calle Manrique, à la Havane. Le Suprême Conseil de France envoie son courrier secret au Marquis de Alméïras (33e), à la Havane.

RÉPUBLIQUE DOMINICAINE

SUPRÊME CONSEIL

(Rite écossais ancien acccepté.)

Souverain-Commandeur Grand-Maître : Jacinto de Castro, 33e.

Lieutenant Grand-Commandeur : José-Jésus de Castro, 33e.

Grand-Secrétaire : Lucas Gibbes, 33e.

Le *Suprême Conseil de Saint-Domingue* est constitué à Saint-Domingue depuis 1861. Il a sous sa dépendance 13 Loges, comprenant environ 600 maçons

La correspondance maçonnique officielle est adressée indifféremment au Grand-Secrétaire ou à M. Apolinar de Castro, 33e, avocat, à Saint-Domingue.

HAITI

GRAND ORIENT D'HAITI

(Rite écossais ancien accepté.)

Grand-Maître : Fénélon Duplessis, 33e, président du Conseil supérieur de l'instruction, rue des Casernes, à Port-au-Prince.

Premier Grand-Maitre Adjoint : Robert Warnwright, 33e, ancien conseiller municipal, à Port-au-Prince.

Second Grand-Maitre Adjoint : Jean-Chrysostome François, 33e, général de division, commandeur de l'arrondissement de Port-au-Prince.

Grand-Secrétaire : Joseph Courtois, 33e, conseiller à la Cour de cassation de la République d'Haïti, à Port-au-Prince.

Le *Grand-Orient d'Haïti* est constitué à Port-au-Prince depuis 1823. Il a sous sa dépendance 38 Loges, comprenant environ 2,300 maçons.

L'adresse officielle pour la correspondance maçonnique est celle de M. Courtois, Grand-Secrétaire ; c'est à lui que les Grands-Orients et Suprêmes Conseils étrangers écrivent. Néanmoins, le Grand Collège des Rites du Grand-Orient de France, qui est en relations très suivies avec le Grand-Orient d'Haïti, expédie son courrier secret à une adresse spéciale : « M. Eugène Bourjolly, ancien sénateur, chef de division au Ministère de la Justice de la République d'Haïti, » lequel est lié intimement avec M. Hubert, Vénérable d'honneur *ad vitam* de la Loge parisienne *Le Temple des Amis de l'Honneur Français*, personnage très influent au Grand-Orient de France (bien qu'il ne fasse pas partie du Conseil de l'Ordre).

BRÉSIL

SUPRÊME CONSEIL

(Rite écossais ancien accepté.)

Souverain-Commandeur Grand-Maître : Gaspar-Silveira Martins, 33e, sénateur.

Grand-Secrétaire : Fortunato-José-Francisco Lopez, 33e.

Le *Suprême Conseil du Brésil*, appelé aussi Grand-Orient du Brésil, a été constitué en 1882, grâce à la fusion de l'ancien Suprême Conseil Écossais et de la Grande Loge du Brésil, lesquels dataient de 1822. Il a la haute direction de 234 Loges, comprenant environ 18,650 maçons.

L'adresse officielle pour la correspondance maçonnique est celle-ci : Ao Grande Oriente Brazileiro, 29, rua da Constituiçâo, Rio-de-Janeiro, Brazil. — Le Suprême Conseil de France (rite écossais) est en mauvais termes avec le Suprême Conseil du Brésil depuis la fusion de 1882 ; ces deux autorités maçonniques ont rompu en quelque sorte et n'échangent aucune correspondance. En revanche, le Grand-Orient de France entretient avec le Suprême Conseil du Brésil de chaudes relations, par l'intermédiaire d'un maçon haut-gradé des plus actifs, M. le baron de San-Felice, résidant à Rio-de-Janeiro.

CHILI

—

SUPRÊME CONSEIL

(Rite écossais ancien accepté.)

Souverain-Commandeur Grand-Maître : Benicio Alamos Gonzalez, 33e, avocat, à Valparaiso.

Lieutenant Grand-Commandeur : José-Miguel Faëz, 33e, rentier.

Grand-Secrétaire : Julio Villanova, 33e, avocat, à Valparaiso.

Le *Suprême Conseil du Chili*, fondé en 1863, a été

définitivement constitué en 1870 à Valparaiso. Il a, actuellement, la haute direction de 11 Loges, comprenant environ 950 maçons.

Adresse officielle : Julio Villanova, 19, calle Victoria, Valparaiso, Chili.

ÉTATS-UNIS DE COLOMBIE

SUPRÊME CONSEIL

(Rite écossais ancien accepté.)

Souverain-Commandeur Grand-Maître : Juan-Manuel Grau, 33e.

Lieutenant Grand-Commandeur : Carlos Ucross, 33e.

Grand-Secrétaire : Antonio-Maria de Zubiria-Herrera, 33e.

Le *Suprême Conseil de la Nouvelle-Grenade*, fondé en 1827, exerçait son autorité sur plus de 200 Loges, lorsqu'en 1833 un certain nombre d'entre elles se détachèrent et constituèrent le Grand-Orient Colombien avec siège à Bogota. Le Suprême Conseil Néo-Grenadin, conservant son siège à Carthagène, a maintenant sous sa dépendance 143 Loges, comprenant environ 8,400 maçons.

L'adresse officielle, pour la correspondance maçonnique, est : au Grand-Secrétaire Grand-Chancelier du Suprême Conseil et Grand-Orient de la Nouvelle-Grenade, à Carthagène, États-Unis de Colombie.

GRAND ORIENT COLOMBIEN

(Rite écossais ancien accepté.)

Souverain Grand-Maître : Léon Echeverria, 33e.

Grand-Maitre Adjoint : Francesco-Eustaquio Alvarez, 33e.

Grand-Secrétaire : Damaso Zapata.

Le *Grand-Orient Colombien* est constitué à Bogota depuis 1833. Il a sous sa dépendance 93 Loges, comprenant environ 5,700 maçons.

La correspondance des Grands-Orients étrangers est envoyée au Grand-Maître, à Bogota (voie anglaise).

PÉROU

SUPRÊME CONSEIL

(Rite écossais ancien accepté.)

Souverain Commandeur Grand-Maître : Francisco-José Mariatigué, 33e.

Lieutenant Grand-Commandeur : Juan Sanchez Silva, 33e.

Grand-Secrétaire Général : Benjamin Mariatigué, 33e.

Le *Suprême Conseil du Pérou* est constitué à Lima depuis 1830. Il a sous sa dépendance 11 Loges, comprenant environ 680 maçons.

Adresse : Benjamin Mariatigué, à Lima, Pérou.

GRANDE LOGE DU PÉROU

(Rite écossais ancien accepté.)

Grand-Maître : Bernardino Léon, 33e.

Grand-Maitre Adjoint : Carlos Elizendo, 33e.

Grand-Secrétaire : Arthur W. Wholey, 33e, rastro de San-Francisco.

La *Grande Loge du Pérou* régit 5 Loges dissidentes ayant constitué à Lima, en 1845, leur pouvoir central; en tout, 300 maçons environ.

Adresse : Bernardino Léon, président de la Grande Loge Nationale du Pérou, à Lima, Pérou.

RÉPUBLIQUE ARGENTINE

SUPRÊME CONSEIL

(Rite écossais ancien accepté.)

Souverain Commandeur Grand-Maître : Général F. Sarmiento, 33e, ancien Président de la République.

Grand-Maître Adjoint : Dr Leandro N. Alem, 33e.

Lieutenant Grand-Commandeur : Dr Juan Mariano Larsen, 33e, professeur à l'Université de Buenos-Ayres.

Grand-Vénérable de la Grande Loge Centrale : Dr Manuel Langenheim, 33e.

Grand-Secrétaire Général : Otto E. Recke, 33e.

Le *Suprême Conseil Argentin* est constitué à Buenos-Ayres depuis 1859. Il a sous sa dépendance 53 Loges, comprenant environ 2,850 maçons.

Adresse : Otto E. Recke, al Grande Oriente, 540, calle Cangallo, Buenos-Ayres.

URUGUAY

SUPRÊME CONSEIL

(Rite écossais ancien accepté.)

Souverain Commandeur Grand-Maître : Carlos de Castro, 33e, ministre du Tribunal supérieur de la Justice.

Grand-Secrétaire Général : José de la Hanty, 33e.

Grand-Secrétaire Adjoint : Belisario Conrado, 33e.

Le *Suprême Conseil de l'Uruguay* est constitué à Montévidéo depuis 1859. Il a sous sa dépendance 31 Loges, comprenant environ 1,900 maçons.

C'est le Grand-Maitre qui reçoit la correspondance officielle des Grands-Orients et Suprêmes Conseils étrangers, à cette adresse : Al Grande Oriente del Uruguay, 277, calle Queguay, Montévidéo.

VÉNÉZUÉLA

MÈRE-LOGE DU VÉNÉZUÉLA

(Rite écossais ancien accepté.)

Grand-Protecteur de la Maçonnerie Vénézuélienne : Antonio Gusman, 33e, ancien Sérénissime Grand-Maître.

Souverain Commandeur Grand-Maître : Général Joaquin Crespo, 33e, Président de la République.

Grand-Maitre Adjoint : Vincente Amengual, 33e.

Lieutenant Grand-Commandeur : Luis A. Hernandez, 33e.

Grand-Chancelier : Ramon Isadij, 33e.

Grand-Secrétaire Général : Jesus-Maria Médina, 33e.

Grand-Vénérable de la Grande Loge Centrale : F. M. Meyer, 33e.

Grand-Secrétaire de la Grande Loge Centrale : Eduardo Machado, 30e.

La *Mère-Loge du Vénézuéla* est constituée à Caracas depuis 1861. Elle a sous sa dépendance 39 Loges, comprenant environ 2,350 maçons.

La correspondance officielle maçonnique de l'étranger est envoyée au Grand-Secrétaire Général de la Mère-Loge, M. Jesus-Maria Medina, Oëste-14, n° 12, Caracas, Vénézuéla.

NOTA. — Les quantités de maçons qui sont indiquées ci-dessus pour chaque Grand-Orient, Suprême Conseil ou Grande Loge, peuvent être considerées comme *très exactes*. A 12, 20 et 30 près, suivant l'importance des pays, ce sont les nombres, contrôlés officiellement, des relevés faits dans les premiers mois de l'année 1885.

RÉCAPITULATION DES FORCES

DE LA MAÇONNERIE UNIVERSELLE

PAR GRANDS-ORIENTS, SUPRÊMES CONSEILS ET GRANDES LOGES

Europe.

Italie. — Grand-Orient d'Italie : 150 loges; 9,000 maçons.

France. — Grand-Orient de France : 301 l. ; 18,000 m. — Suprême Conseil : 76 l.; 6,000 m. — Souverain Conseil Général : 6 l.; 500 m. — Grande Loge Symbolique : 26 l.. 2,000 m. — Ensemble : 409 l. ; 26,500 m.

Angleterre. — Grande Loge d'Angleterre : 2,019 l.- 105,000 m. — Suprême Conseil : 88 l.; 24,000 m. — En; semble : 2,107 l.; 129,000 m.

Ecosse. — Grande Loge Saint-Jean d'Ecosse : 691 l.; 80,000 m. — Suprême Conseil : 10 l.; 2,000 m. — Ensemble : 701 l.; 82,000 m.

Irlande. — Grande Loge d'Irlande : 1,014 l.; 75,000 m. — Suprême Conseil : 7 l.; 1,100 m. — Ensemble : 1,021 l.; 76,100 m.

Danemark. — Grande Loge de Danemark : 9 l.; 3,000 m;

Suède. — Grande Loge de Suède et Norvège : 21 l.; 2,700 m.

Belgique. — Grand-Orient de Belgique : 14 l. ; 1,000 m. — Suprême Conseil : 8 l. ; 600 m. — Ensemble : 22 l. ; 1,600 m.

Hollande. — Grande Loge des Pays-Bas : 79 l. ; 2,200 m.

Allemagne. — Mère-Loge aux Trois-Globes : 182 l. ; 13,800 m. — Grande Loge Nationale d'Allemagne : 110 l. ; 10,150 m. — Grande Loge Royal-York à l'Amitié : 69 l. ; 6,200 m. — Grande Loge de Hambourg : 35 l. ; 3,400 m. — Grande Loge de Francfort : 14 l. ; 2,200 m. — Grand Loge de Bavière au Soleil : 24 l. ; 2,000 m. — Grande Loge Régionale de Saxe : 20 l. ; 3,650 m. — Grande Loge de Hesse à la Concorde : 8 l. ; 870 m. — Union des Loges Indépendantes : 5 l. ; 230 m. — Ensemble : 467 l. ; 42,500 m.

Luxembourg. — Suprême Conseil : 2 l. ; 180 m.

Hongrie. — Grand-Orient de Hongrie : 12 l. ; 500 m. — Grande Loge de Hongrie : 27 l. ; 1,300 m. — Ensemble 39 l. ; 1,800 m.

Grèce. — Suprême Conseil : 9 l. ; 700 m.

Espagne. — Grand-Orient d'Espagne : 182 l. ; 12,000 m. — Suprême Conseil : 216 l. ; 16,500 m. — Ensemble : 398 l. 28,500 m.

Portugal. — Grand Orient Lusitanien Uni : 114 l. ; 8,000 m.

Suisse. — Grande Loge Alpina : 74 l. ; 3,700 m. — Suprême Conseil : 5 l. ; 200 m. — Ensemble : 79 l. ; 3,900 m.

Afrique.

Libéria. — Grande Loge de Libéria : 6 l. ; 115 m.

Amérique.

États-Unis d'Amérique. — Grande Loge de l'Alabama : 432 l. ; 8,200 m. — Grande Loge d'Arizona : 5 l. ; 280 m. — Grande Loge de l'Arkansas : 357 l. ; 9,800 m. — Grande Loge de Californie : 217 l. ; 13,550 m. — Grande Loge du Colorado : 38 l. ; 2,150 m. — Grande Loge de la Caroline du Nord : 220 l. ; 11,400 m. — Grande Loge de la Caroline du Sud : 183 l. ; 5,850 m. — Suprême Conseil des États-Unis (Juridiction Sud) : 150 l. ; 12,500 m. — Grande Loge de Columbia : 27 l. ; 2,820 m. — Grande Loge de Connecticut : 111 l. ; 14,500 m. — Grande Loge de Dakota : 23 l. ; 750 m. — Grande Loge de Delaware : 21 l. ; 1,350 m. — Grande Loge de Floride : 70 l. ; 2,130 m. — Grande Loge de Géorgie : 252 l. ; 12,200 m. — Grande Loge d'Idaho : 10 l. ; 400 m.

— Grande Loge de l'Illinois : 691 l.; 38,200 m. — Grande Loge de l'Indiana : 557 l.; 24,000 m. — Grande Loge Indienne : 15 l.; 420 m. — Grande Loge de l'Iowa : 386 l.; 18,450 m. — Grande Loge de Kansas : 208 l.; 9,100 m. — Grande Loge de Kentucky : 513 l.; 15,450 m. — Grande Loge de Louisiane : 132 l.; 4,800 m. — Suprême Conseil de Louisiane (Juridiction Régionale) : 17 l.; 1,350 m. — Grande Loge du Maine : 181 l.; 19,000 m. — Grande Loge de Maryland : 84 l.; 4,480 m. — Grande Loge de Massachusetts : 227 l.; 25,250 m. — Suprême Conseil des États-Unis (Juridiction Nord) : 59 l.; 4,550 m. — Grande Loge du Michigan : 343 l.; 25,850 m. — Grande Loge de Minnesota : 146 l.; 7,150 m. — Grande Loge du Mississipi : 295 l.; 9,150 m. — Grande Loge du Missouri : 504 l.; 23,050 m. — Grande Loge Unie du Missouri : 101 l.; 4,250 m. — Grande Loge de Montana : 21 l.; 850 m. — Grande Loge de Nebraska : 81 l.; 3,650 m. — Grande Loge de Névada : 20 l.; 1,400 m. — Grande Loge de New-Hampshire : 76 l.; 7,850 m. — Grande Loge de New-Jersey : 149 l.; 11,800 m. — Grande Loge de New-York : 713 l.; 72,000 m. — Grande Loge de New-Mexico : 7 l.; 250 m. — Grande Loge de l'Ohio : 478 l.; 30,500 m. — Grande Loge Unie de l'Ohio : 41 l.; 950 m. — Grande Loge de l'Orégon : 67 l.; 2,800 m. — Grande Loge de Pensylvanie : 379 l.; 34,350 m. — Grande Loge de Rhode-Island : 35 l.; 3,950 m. — Grande Loge de Tennessee : 416 l.; 16,230 m. — Grande Loge du Texas : 429 l.; 16,900 m. — Grande Loge de l'Utah : 8 l.; 430 m. — Grande Loge de Washington : 31 l.; 1,200 m. — Grande Loge de Vermont : 102 l.; 7,350 m. — Grande Loge de West-Virginia : 81 l.; 3,260 m. — Grande Loge de Virginie : 243 l.; 10,200 m. — Grande Loge de Wisconsin : 191 l.; 10,950 m. — Grande Loge de Wyoming : 5 l.; 350 m. — Ensemble : 10,148 loges; 569,600 maçons.

Canada et Colonies anglaises de l'Amérique du Nord. — Grande Loge du Canada : 346 l.; 17,650 m. — Suprême Conseil du Canada : 8 l.; 350 m. — Grande Loge de Québec : 57 l.; 2,600 m. — Grande Loge de Vancouver et de la Colombie Britannique : 6 l.; 300 m. — Grande Loge de New-Brunswick : 33 l.; 2,100 m. — Grande Loge de la Nouvelle-Ecosse : 68 l.; 2,900 m. — Grande Loge de l'Ile du Prince Edouard : 12 l.; 550 m. — Grande Loge de Manitoba : 19 l.; 670 m. — Ensemble : 549 l.; 27,120 m.

Mexique. — Suprême Conseil : 10 l. ; 700 m.
Colon et Cuba. — Suprême Conseil : 5 l. ; 200 m.
République Dominicaine. — Suprême Conseil : 13 l. ; 600 m.
Haïti. — Grand-Orient d'Haïti : 38 l. ; 2,300 m.
Brésil. — Suprême Conseil : 234 l. ; 18,650 m.
Chili. — Suprême Conseil : 11 l. ; 950 m.
Etats-Unis de Colombie. — Suprême Conseil : 143 l. ; 8,400 m. — Grand-Orient Colombien : 93 l. ; 5,700 m. — Ensemble : 236 l. ; 14,100 m.
Pérou. — Suprême Conseil : 11 l. ; 680 m. — Grande Loge du Pérou : 5 l. ; 300 m. — Ensemble : 16 l. ; 980 m.
République Argentine. — Suprême Conseil : 53 l. ; 2,850 m.
Uruguay. — Suprême Conseil : 31 l. ; 1,900 m.
Vénézuéla. — Mère-Loge du Vénézuéla : 39 l. ; 2,350 m.

—

TOTAL GÉNÉRAL

En 1885, dernière époque des relevés maçonniques officiels (contrôlés), la Franc-Maçonnerie comptait sur le globe :

17,016 Loges.
1,060,095 Maçons.

—

Tel est l'effectif exact de la Maçonnerie Universelle.

En chiffres ronds : dix-sept mille Loges et un million de Maçons.

Les différents polémistes catholiques, qui se sont attachés à démasquer la secte en groupant dans d'excellents ouvrages les quelques aveux échappés au courant de la plume à des auteurs francs-maçons, ont généralement commis une double erreur fondamentale dans leur évaluation des forces de la Franc-Maçonnerie :

1° Dans leur compte, ils ont fait entrer les Ateliers supérieurs dont des indiscrétions irréfléchies leur découvraient l'existence, tels que Chapitres de Rose-Croix et Aréopages de Chevaliers Kadosch, et ils les ont ajoutés à leur total de Loges. En calculant ainsi, ils ont répété des chiffres sans s'en douter. En effet, tout Chapitre est souché sur une Loge, et tout Aréopage est souché sur un Chapitre; on ne peut exercer les fonctions de Rose-Croix sans être en même temps Maître actif, ni exercer les fonctions de Chevalier Kadosch sans être en même temps Rose-Croix actif. Par conséquent, si, au point de vue de l'action et de l'influence, il faut tenir compte des Ateliers supérieurs (Chapitres, Aréopages et autres Arrière-Loges), par contre, au point de vue du nombre, il ne faut aucunement les faire entrer dans un calcul.

2° D'autre part, les polémistes catholiques, dont je parle, ont toujours tenu le raisonnement que voici : « Pour 10 maçons actifs, il y en a 20 qui ont cessé de l'être, mais qui sont toujours prêts à obéir au premier mot d'ordre; d'où il résulte que le nombre réel des francs-maçons est le triple du nombre de ceux qui fréquentent les Loges. » Ce raisonnement est absolument erroné. Une personne qui a commis la faute de se faire affilier à la secte et qui reconnaît ensuite son tort, n'a, pour s'en retirer sans s'exposer à des persécutions incessantes, pas d'autre moyen que celui de se laisser rayer à titre d'indifférent ne payant plus ses cotisations; c'est le mode de sortie que choisissent les gens ennemis de tout éclat. La secte, de son côté, ne néglige rien pour retenir quiconque lui paraît pouvoir lui être utile de n'importe quelle façon : un frère, qui démissionne en laissant voir son désenchantement ou son dégoût, est l'objet de sollicitations qui souvent ressemblent singulièrement à des menaces ; il lui faut une certaine dose de courage pour persister dans sa démission, et, s'il y persiste, c'est qu'il est vraiment homme sur qui la Maçonnerie n'a plus à compter. Donc, il n'y a de réels maçons que ceux qui sont actifs.

Un million de maçons fréquentant les Loges constituent pour la société un danger déjà assez grand, sans qu'il y ait besoin de s'exagérer encore ce danger.

Envisageons le péril bien en face, voyons-le tel qu'il est; mais n'en triplons pas l'importance. Je prouverai plus loin qu'il y a même lieu de réduire, dans de notables proportions, les chiffres, quant aux maçons animés de sentiments d'une impiété agressive. Lorsque les dix-neuf vingtièmes de ces embrigadés du Mal verront à quel point ils sont volés et dupés par la minorité infime, ils abandonneront ceux qui les exploitent et les trompent, pour peu qu'ils prévoient un bon accueil de la part des honnêtes gens vers qui ils reviendront; et quand il aura été démontré au peuple que depuis un siècle il s'en est laissé imposer par une poignée d'individus dont le mystère est la principale force, le peuple lui-même abattra leur pouvoir ténébreux, ce pouvoir que son ignorance des faits a établi et que sa naïveté aveugle maintient.

Rappelons à notre esprit les chrétiens des premiers siècles de l'Église : pour détruire le paganisme, ils allaient dans les temples et jetaient par terre les statues des faux dieux; et la multitude, voyant l'impuissance de ces divinités auxquelles elle avait cru, se convertissait. Imitons ces vaillants modèles. Saisissons le marteau, brisons les idoles; que le néant de la fausse religion moderne éclate aux yeux de tous; et le peuple se convertira, et la Maçonnerie, une fois que nous lui aurons arraché son masque, que nous l'aurons dépouillée de ses oripeaux, disparaîtra dans le mépris public.

III

ORGANISATION DE LA MAÇONNERIE EN FRANCE

SES CONSTITUTIONS, STATUTS ET RÈGLEMENTS OFFICIELS

I

RITE FRANÇAIS

DIT

DU GRAND-ORIENT DE FRANCE

CONSTITUTION[1]

TITRE Ier

De la Franc-Maçonnerie et de ses principes.

Art. 1er. — La Franc-Maçonnerie, institution essentiellement philanthropique, philosophique et progressive, a pour objet la recherche de la vérité, l'étude de la morale

---

1. Cette Constitution (actuelle) du Rite Français est celle qui a été votée par le Convent de septembre 1884.

L'article 1er, qui a donné lieu souvent à d'importants débats, etait ainsi conçu jusqu'en 1877 :

« Art. 1er. — La Franc-Maçonnerie, institution essentielle-

et la pratique de la solidarité ; elle travaille à l'amélioration matérielle et morale, au perfectionnement intellectuel et social de l'humanité. — Elle a pour principe la tolérance mutuelle, le respect des autres et de soi-même, la liberté absolue de conscience. Considérant les conceptions métaphysiques comme étant du domaine exclusif de l'appréciation individuelle de ses membres, elle se refuse à toute affirmation dogmatique. — Elle a pour devise : Liberté, Egalité, Fraternité.

ART. 2. — La Franc-Maçonnerie a pour devoir d'étendre à tous les membres de l'humanité les liens fraternels qui

---

ment philanthropique, philosophique et progressive, a pour objet la recherche de la vérité, l'étude de la morale universelle, des sciences et des arts, et l'exercice de la bienfaisance. — Elle a pour principe l'existence de Dieu, l'immortalité de l'âme et la solidarité humaine. — Elle regarde la liberté de conscience comme un droit propre à chaque homme et n'exclut personne pour ses croyances. »

Quelque temps après la réapparition de la République en France, il se forma, au sein de la secte, un parti de « jeunes maçons » qui poussa à la suppression de la déclaration de principes relative à l'existence de Dieu et à l'immortalité de l'âme. Les « vieux maçons » résistèrent longtemps à ce mouvement ; ce n'était pas certes parce qu'ils croyaient en Dieu plus que les « jeunes », on serait bien embarrassé de dire quelle est la croyance de ces vétérans qui ont passé par la filière des hauts-grades (ceux d'entre eux qui croient au surnaturel ne sont plus animes que par l'espoir insense d'une revanche de Satan contre Dieu). Mais, si les « vieux maçons » voulaient maintenir en tête de la Constitution une affirmation religieuse, c'était par un infernal calcul de leur expérience de maudits : ils savaient que beaucoup de naïfs venaient à la Maçonnerie à cause de ses apparences trompeuses, et qu'en biffant de la Constitution Dieu et l'immortalité de l'âme, on perdrait de nombreux adeptes que peu à peu, par la fréquentation des Loges et le passage successif d'un degré à un autre, on eût amenés sûrement au satanique culte du panthéisme.

Les vétérans, malgré leurs instantes objurgations, furent débordés, et, en 1877, l'Assemblée Générale des délégués des Loges du Rite Français, c'est-à-dire le Convent, vota la suppression demandée par le parti nouveau. La déclaration de principes de la Constitution fut sèchement celle-ci : « La Maçonnerie a pour principe la liberté absolue de conscience et la solidarité humaine. »

Les prévisions des maçons expérimentés ne tardèrent pas à se

unissent les Francs-Maçons sur toute la surface du globe. — Elle recommande à ses adeptes la propagande par la parole, les écrits et l'exemple. — Tout Franc-Maçon a le droit de publier son opinion sur les questions maçonniques.

Art. 3. — Le Franc-Maçon a pour devoir, en toute circonstance, d'aider, d'éclairer, de protéger son Frère, même au péril de sa vie, et de le défendre contre l'injustice.

Art. 4. — La Franc-Maçonnerie considère le travail comme un des devoirs essentiels de l'homme. Elle honore également le travail manuel et le travail intellectuel.

---

réaliser. En vain, la plupart des Loges continuèrent-elles, par l'effet de l'autorité des Vénérables, à invoquer le Grand Architecte de l'Univers en tête de leurs convocations ; en vain, les hauts grades essayèrent-ils de réagir ; les adeptes qui se présentaient n'étaient plus que des personnes dont les opinions au point de vue « métaphysique » n'avaient nullement besoin d'être perverties ; les recrues devenaient de moins en moins nombreuses.

Aussi, en 1884, le parti des hauts-grades reprit le dessus, et, dans la révision constitutionnelle de cette année, il eut soin d'introduire dans l'article 1er une atténuation de l'œuvre brutale de 1877. C'est pourquoi le Grand-Orient de France, par la Constitution actuellement en vigueur, tout en n'affirmant aucun dogme, déclare expressément que chaque maçon de son Rite peut professer individuellement l'appréciation qui lui convient en fait de conceptions métaphysiques.

Le Rite Ecossais et le Rite de Misraïm, eux, se sont bien gardés de supprimer l'affirmation de Dieu et de l'immortalité de l'âme.

Je reviendrai ultérieurement sur ces questions de croyances, qui ont une importance capitale; pour le moment, je reproduis purement et simplement les textes officiels.

Par exemple, il ne faut pas que le lecteur prenne au sérieux toutes les belles phrases que l'on rencontre çà et là dans la Constitution; ce sont tout autant d'appeaux pour attirer les naïfs. Partout, mensonges et pièges. Les contradictions sont flagrantes, non seulement entre la théorie et la pratique, mais même entre la Constitution, déclaration platonique, et les Règlements, seuls statuts appliqués. Ce sont surtout les Règlements Généraux qu'il faut lire avec la plus grande attention, si l'on veut bien comprendre le mecanisme de l'institution maçonnique. Et encore on devra avoir soin de se dire — les preuves en sont constantes — que les Règlements Généraux sont violés sans vergogne par le Grand-Orient et les maçons des hauts grades

TITRE II

Des Francs-Maçons et des Ateliers maçonniques.

—

CHAPITRE PREMIER

DES FRANCS-MAÇONS

Art. 5. — La souveraineté maçonnique appartient à l'universalité des Francs-Maçons actifs régis par la présente

---

chaque fois qu'ils y ont intérêt, et que les simples maçons ne peuvent protester sans se faire mettre à l'index et par conséquent s'attirer mille tracasseries.

L'art. 2 de la Constitution dit que tout maçon a le droit de publier son opinion sur les questions maçonniques. Rappelez-vous M. Andrieux, exclu de la Maçonnerie pour avoir publié dans son journal *la Ligue*, des appréciations certes bien inoffensives.

L'art. 3 est une imposture effrontée : un maçon, dès qu'il est en butte aux injustices des membres des hauts grades, est lâchement abandonné par tous ses prétendus frères ; chacun redoute pour soi la persécution mystérieuse dont il voit les coups portés contre son voisin. *On n'a pas d'exemple, dans la Maçonnerie, que des frères se soient ligués pour faire rendre justice à l'un d'entre eux iniquement frappé par les chefs.*

L'art. 4 est absolument démenti par la pratique. On ne reçoit pas des ouvriers dans la Maçonnerie. C'est en paroles que la secte honore le travail manuel ; mais elle le tient avec soin à l'écart, sous prétexte qu'elle a des œuvres de bienfaisance à exercer (encore un mensonge !) et que les modestes travailleurs manuels ne pourraient pas supporter les charges de l'Ordre.

L'art. 5 est un leurre. Je dévoilerai, dans un chapitre spécial, quelle est la véritable puissance maçonnique au Rite Français. Cet art. 5 n'a pas même le mensonge habile : il dit que la souveraineté maçonnique s'exerce par le suffrage universel des maçons ; or, le Conseil de l'Ordre, seul pouvoir apparent, est élu par un suffrage très restreint et à deux degrés (lisez les art. 32 et suivants de la Constitution). Quant à l'Assemblée Générale ou Convent, elle ne sert en réalité qu'à voter une fois par an des articles plus ou moins constitutionnels, dont le vrai pouvoir maçonnique, le pouvoir occulte qui dirige les arrière-loges, ne tient aucun compte, s'il le juge convenable.

Et il en est ainsi pour tout le reste.

Constitution. — Cette souveraineté s'exerce par le suffrage universel.

Art. 6. — Toute admission dans la Franc-Maçonnerie est soumise à des scrutins auxquels ont droit de prendre part tous les Francs-Maçons présents, pourvu qu'ils soient réguliers. Les conditions de la régularité sont définies au Règlement général.

Art. 7. — La Franc-Maçonnerie possède des signes et des emblèmes dont la haute signification symbolique ne peut être révélée que par l'initiation. Ces signes et ces emblèmes président, sous des formes déterminées, aux travaux des Francs-Maçons et permettent à ceux-ci, sur toute la surface du globe, de se reconnaître et de s'entr'aider. — L'initiation comporte plusieurs degrés ou grades. Les trois premiers degrés sont celui d'Apprenti, celui de Compagnon et celui de Maître, qui seul donne au Franc-Maçon la plénitude des droits maçonniques. — Nul ne peut être dispensé des épreuves graduées prescrites par le rituel.

Art. 8. — Nul ne peut être admis à l'initiation et jouir des droits attachés au titre de Franc-Maçon : 1° s'il n'est majeur et âgé d'au moins vingt et un ans ; 2° s'il n'est de réputation et de mœurs irréprochables ; 3° s'il n'a des moyens d'existence honorables et suffisants ; 4° s'il ne possède au moins l'instruction indispensable pour comprendre les enseignements maçonniques ; 5° s'il n'est domicilié ou résidant, depuis six mois au moins, dans le département où est située la Loge ou dans un rayon de 100 kilomètres; toutefois des exceptions peuvent être faites pour les personnes habitant un département ou une province où il n'existerait pas de Loge. — Sont dispensés de la condition d'âge, les fils de Franc-Maçon ou les mineurs régulièrement adoptés par les Loges qui peuvent être initiés et reçus Apprentis à dix-huit ans, avec le consentement de leur père, mère ou tuteur; mais ils ne peuvent être reçus Compagnons et Maîtres avant l'âge de vingt et un ans accomplis ou de leur majorité. — Sont dispensés de la condition de domicile ou de résidence, les militaires, les marins, les fonctionnaires publics et les personnes qui, par leur profession, sont contraintes à des changements de résidence.

Art. 9. — La qualité de Franc-Maçon, ainsi que les droits et prérogatives qui y sont attachés, se perdent : 1° par une action déshonorante ; 2° par l'exercice d'un état notoi-

rement déconsidéré dans l'ordre social ; 3° par la violation des engagements maçonniques contractés dans l'initiation. — Nul ne peut être privé de sa qualité de Franc-Maçon qu'en vertu d'un jugement rendu dans les conditions et selon les formes déterminées par la Constitution et le Règlement Général.

—

CHAPITRE II

DES ATELIERS MAÇONNIQUES

Art. 10. — Les Francs-Maçons se réunissent en groupes qui prennent la dénomination générique d'Ateliers. — Les Ateliers consacrés aux trois premiers degrés, portent le nom de Loges. — Les Ateliers consacrés aux autres degrés, jusques et y compris le 30e, portent le nom de Chapitres et de Conseils. — L'Atelier supérieur, qui seul a le droit d'initier aux derniers degrés de la Franc-Maçonnerie, porte le nom de Grand Collège des Rites.

Art. 11. — Les Ateliers se gouvernent librement dans la limite des règles établies par la présente Constitution et par le Règlement général. — Ils doivent toujours être consultés sur les mesures d'intérêt général maçonnique.

Art. 12. — Au sein des réunions maçonniques, tous les Francs-Maçons sont placés sous le niveau de l'égalité la plus parfaite. Il n'existe entre eux d'autre distinction que celle de la hiérarchie des offices.

Art. 13. — Toutes les fonctions maçonniques sont électives et temporaires, et peuvent donner lieu à des indemnités dans des cas spéciaux déterminés par le Règlement général. — Les Ateliers élisent tous les ans leurs Officiers. Le titre et le nombre des offices, leurs attributions respectives, les conditions d'éligibilité, l'époque et le mode d'élection sont fixés par le Règlement général.

Art. 14. — Les Membres actifs d'un Atelier sont seuls éligibles aux offices de leur Atelier. Seuls ils ont le droit de concourir à l'élection des Officiers. — Les conditions de l'activité maçonnique sont définies au Règlement général.

Art. 15. — Les Ateliers ont droit de discipline sur leurs Membres et sur tous les Francs-Maçons assistant à leurs travaux. — Ils s'interdisent tous débats sur les actes de l'autorité civile, et toute intervention maçonnique dans les luttes des partis politiques. — L'Officier qui préside a la police de la séance.

Art. 16. — Plusieurs Ateliers d'un même Orient ou d'Orients différents peuvent, après en avoir avisé le Conseil de l'Ordre, huit jours au moins à l'avance, se réunir pour délibérer collectivement, soit en réunions plénières, soit par délégations, sur des questions d'intérêt général maçonnique. Les résolutions prises dans ces réunions ou délégations ne doivent, dans aucun cas, porter atteinte à la Constitution ou aux Lois maçonniques.

TITRE III

Des pouvoirs maçonniques.

CHAPITRE PREMIER

DU GRAND-ORIENT DE FRANCE

Art. 17. — Les Ateliers régis par la présente Constitution et par les Règlements Généraux et particuliers qui en dérivent, forment entre eux une Fédération. Cette Fédération porte le titre de Grand-Orient de France, Suprême Conseil pour la France et les possessions françaises. — Le siège du Grand-Orient est à Paris.

Art. 18. — Tout Franc-Maçon d'un Atelier du Grand-Orient de France peut faire partie d'un ou plusieurs Ateliers dépendant d'une autre Puissance maçonnique. Mais il est interdit de légiférer dans la même année dans deux Fédérations différentes.

Art. 19. — Le Grand-Orient, Suprême Conseil pour la France et pour les possessions françaises, comprend dans sa Confédération des Ateliers qui suivent dans leurs travaux l'un ou l'autre des Rites dont il est possesseur par des traités réguliers, pourvu qu'ils y aient été autorisés par le Grand-Orient.

Art. 20, 21, 22 et 23. — Réservés pour des débats ultérieurs devant un Convent, après examen dans les Loges.

Art. 24. — Les frais généraux du Grand-Orient sont supportés par les Loges et les Francs-Maçons au moyen d'un impôt de capitation et de taxes spéciales. Le taux de cet impôt et de ces taxes est fixé par l'Assemblée générale.

—

CHAPITRE DEUXIÈME

DE L'ASSEMBLÉE GÉNÉRALE

Art. 25. — L'Assemblée générale du Grand-Orient de France se compose : 1° de tous les Délégués des Loges de la Fédération nommés au scrutin secret ; 2° des membres du Conseil de l'Ordre, lesquels ne peuvent être investis simultanément du mandat de délégué. — Chaque Loge n'a qu'un représentant à l'Assemblée générale. — Le mandat du Délégué dure jusqu'à l'élection de son successeur.

Art. 26. — En cas d'empêchement de son Délégué, chaque Loge se fait représenter par un suppléant nommé en Tenue spéciale, convoquée à cet effet. — Nul Franc-Maçon ne peut représenter plus d'une Loge à l'Assemblée générale.

Art. 27. — Les Délégués devront toujours être choisis parmi les Membres actifs de la Loge, possédant depuis deux ans au moins le grade de Maître et faisant partie de la Loge depuis un an au moins. Il n'y a pas incompatibilité entre les fonctions de Vénérable et celles de Délégué de Loge. — Les Loges de l'Algérie, des Colonies Françaises et des pays étrangers, qui font partie du Grand-Orient de France, peuvent choisir leurs Délégués dans d'autres Loges de la Fédération, pourvu que le Délégué choisi possède le grade de Maître depuis deux ans au moins et soit membre actif d'une Loge régulière depuis un an au moins. Les Loges installées depuis moins de deux ans ont la même faculté lorsque aucun de leurs membres n'a deux ans de Maîtrise.

Art. 28. — L'Assemblée générale se réunit en Convent ordinaire chaque année, au jour fixé par le Règlement général.

Art. 29. — L'Assemblée générale se réunit extraordinairement quand elle est convoquée par le Conseil de l'Ordre ayant délibéré à la majorité absolue de ses Membres, et pour des motifs graves et urgents. — Le Conseil de l'Ordre doit convoquer extraordinairement l'Assemblée générale lorsqu'il en est requis par la majorité des Loges en vue d'un objet déterminé et identique.

Art. 30. — L'Assemblée élit au scrutin parmi ses membres son Président, ses deux Surveillants, son Orateur, son Secrétaire, son Grand-Expert. Les autres Officiers de l'Assemblée sont désignés par la voie du tirage au sort.

Art. 31. — L'Assemblée générale du Grand-Orient exerce le pouvoir constituant et législatif de la Franc-Maçonnerie. Elle ne statue sur les projets de Constitution ou de Lois qui lui sont soumis, qu'après avoir pris l'avis des Loges. — Elle statue sur le compte-rendu de l'administration présenté par le Conseil de l'Ordre. Elle apure les comptes de l'exercice écoulé, fixe les budgets de recettes et de dépenses de l'exercice suivant. — Le droit d'interpellation appartient à chacun de ses Membres. — L'Assemblée générale peut, sur la proposition du Conseil de l'Ordre, remettre les peines ou déchéances encourues par les Francs-Maçons ou par les Ateliers de la Fédération.

—

CHAPITRE III

DU CONSEIL DE L'ORDRE

Art. 32. — Le Conseil de l'Ordre est composé de 33 Membres élus par l'Assemblée générale du Grand-Orient de France, et pris dans son sein. — Les Membres du Conseil sont élus pour trois ans à la majorité absolue des suffrages. Ils sont renouvelables par tiers. Les Membres sortants ne sont rééligibles qu'après une année d'intervalle.

Art. 33. — Tous les ans, après le renouvellement dont il est parlé à l'art. 32, le Conseil nomme lui-même son Président, deux Vice-présidents, deux Secrétaires et le Garde des Sceaux et du Timbre du Grand-Orient de France. — Il fait son Règlement.

Art. 34. — Le Conseil de l'Ordre a la garde de la Constitution ; il pourvoit à l'exécution des Lois maçonniques, des décisions de l'Assemblée générale, et des arrêts de la justice maçonnique. — Il est chargé des relations du Grand Orient avec les Autorités civiles et avec les Puissances maçonniques françaises et étrangères. — Il nomme les Garants d'amitié du Grand-Orient près les Puissances

Art. 35. — Le Conseil administre les affaires de l'Ordre. — Il prend des arrêtés d'ordre administratif, et promulgue les décisions de l'Assemblée générale ; il notifie les arrêts et jugements rendus par les autorités compétentes. — Il rend compte annuellement de ses actes à l'Assemblée générale. — Il prépare le budget annuel et le communique aux Loges, deux mois au moins avant la réunion de l'Assemblée générale. — Il soumet aux Loges le compte-rendu de ses travaux un mois avant l'Assemblée. — Les Membres du Conseil sont individuellement responsables devant l'Assemblée à raison de l'exécution de leur mandat.

Art. 36. — Le Conseil de l'Ordre statue sur toutes les demandes en constitutions, déclarations de réveil, règlements particuliers des Ateliers, validité des élections. — Il provoque la création de Loges nouvelles ou le réveil des Loges en sommeil. — Il admet dans la Fédération du Grand-Orient les Ateliers régulièrement formés en dehors d'elle, qui auront adhéré à la présente Constitution et au Règlement général, et dont les règlements particuliers ne seront point contraires au Règlement général du Grand-Orient. — Il délivre et signe les Diplômes, Brefs, Patentes demandés par les divers Ateliers.

Art. 37. — Le Conseil de l'Ordre a pour mission de concilier les différends soit entre Loges, soit entre Francs-Maçons. — Il reçoit les plaintes dirigées soit contre les Frères, soit contre les Ateliers, et il les transmet à qui de droit. — Il reçoit les pourvois contre les jugements des jurys maçonniques, et les transmet à la Chambre de Cassation. — Il peut aussi prendre l'initiative des demandes de mise en accusation et des pourvois en Cassation.

Art. 38. — Dans des cas tout à fait exceptionnels et seulement pour des raisons d'ordre public, le Conseil de l'Ordre a le droit, sous sa responsabilité devant l'Assemblée générale, de suspendre les Ateliers et les Francs-Maçons. — Cette suspension dure jusqu'au jour du jugement par le Tribunal maçonnique compétent. — Ce Tribunal est saisi d'urgence et doit se prononcer dans le plus bref délai.

TITRE IV

Organisation judiciaire.

Jurys maçonniques. — Chambre de Cassation.

—

CHAPITRE PREMIER

Art. 39. — Le pouvoir judiciaire est exercé : I° par les Loges, chargées : 1° de juger les manquements à la discipline intérieure, et 2° de recevoir, concurremment avec le Conseil de l'Ordre, les plaintes et de faire l'instruction de toutes les demandes de mise en accusation ; II° par des Jurys composés de délégués des Loges ; III° par une Chambre de Cassation composée de juges délégués de la Fédération maçonnique.

—

CHAPITRE DEUXIÈME

JURYS MAÇONNIQUES

Art. 40. — Les Jurys maçonniques ont pour attribution de juger les Francs-Maçons ou les Ateliers mis en accusation.

Art. 41. — Ils sont composés de délégués spéciaux élus chaque année par les Loges, à raison de trois par Loge.

Art. 42. — L'organisation des jurys, le nombre des jurés et les conditions d'exercice du droit de récusation seront déterminés au Règlement général (Titre des Dispositions judiciaires). — Pour juger un Atelier, le jury comprend un nombre de jurés double de celui qui est nécessaire pour juger un Franc-Maçon.

Art. 43. — Les décisions du Jury sont souveraines, sauf pourvoi devant la Chambre de Cassation pour vice de forme ou fausse application de la Loi. — En cas de cassation, l'affaire est renvoyée devant un autre jury qui jugera dans les conditions ordinaires.

Art. 44. — Les membres des jurys ont droit à une indemnité de déplacement dont le taux est fixé par le Règlement général.

Art. 45. — Un Code spécial de la procédure à suivre dans l'instruction et le jugement des affaires et un Code des peines applicables à chaque nature de délits sont annexés au Règlement général.

CHAPITRE TROISIÈME

CHAMBRE DE CASSATION

Art. 46. — La Chambre de Cassation a pour attribution l'examen des pourvois contre les décisions des jurys maçonniques, portés devant elle, par les intéressés ; elle les casse pour vice de forme ou pour fausse application de la Loi [1].

Art. 47. — Elle se compose de quinze juges élus par l'Assemblée générale, au scrutin secret, pour trois ans, et renouvelables par tiers. — Les fonctions de membre de la Chambre de Cassation sont incompatibles avec celles de membre du Conseil de l'Ordre.

Art. 48. — La Chambre de Cassation élit chaque année son Président, son Vice-Président et son Secrétaire. — Elle siège à Paris, au Grand-Orient, en session ordinaire, le premier lundi des mois de Mars, Juillet, Octobre, Décembre; elle se réunit en session extraordinaire quand les besoins du service l'exigent.

TITRE V

Relations extérieures.

Art. 49. — Le Grand-Orient de France ne constitue pas d'Ateliers dans les pays étrangers où il existe une puissance maçonnique régulière et en relations fraternelles avec lui. — Il n'est rien changé à la situation des Loges actuellement existantes en pays étrangers. — Il ne reconnaît pas d'Atelier constitué en France et dans les possessions françaises par une autorité maçonnique étrangère.

1. Il n'existait pas, dans la Maçonnerie, de Chambre de Cassation en 1881, époque à laquelle eut lieu mon affaire avec la Loge *le Temple des Amis de l'Honneur Français*. (Voir au premier chapitre de cet ouvrage.) Les Jurys maçonniques n'existaient pas non plus, à cette même époque.

TITRE VI

Révision et Modification de la Loi maçonnique.

Art. 50. — Toute proposition tendant à une révision totale ou partielle de la Constitution, après avoir été faite à l'Assemblée et prise en considération par elle, est renvoyée à l'examen des Loges. — L'Assemblée statue à la session suivante. — Le projet voté par l'Assemblée est soumis à la ratification des Loges.

Art. 51. — Toute proposition ayant pour objet l'abrogation ou une modification d'une loi maçonnique ou du Règlement général, après avoir été communiquée à l'Assemblée générale, est renvoyée de plein droit à l'examen des Loges, dans le délai de trois mois, avec l'avis du Conseil de l'Ordre. — L'Assemblée statue à la session suivante.

RÈGLEMENTS GÉNÉRAUX

TITRE Ier

Des Sociétés maçonniques. — Des Ateliers. — De leur Organisation. — De leur Régime.

CHAPITRE PREMIER

SECTION UNIQUE

Des Sociétés maçonniques.

Art. 1er. — Le but des travaux maçonniques reste le même, quelque différents que soient les rites suivis par les Ateliers.

Art. 2. — La Maçonnerie comprend des Ateliers de degrés différents, sous les dénominations de *Loges, Chapitres, Conseils*,. — Il existe en outre, au sein du Pouvoir Central, un Atelier Supérieur, lequel, sous le nom de *Grand Collège des Rites, Suprême Conseil pour la France et les Possessions françaises*, a seul le droit d'initier aux derniers degrés de la Franc-Maçonnerie. — La composition et les attributions de cet Atelier sont déterminées par les art. 184 à 200 des présents Statuts généraux.

Art. 3. — Un rite, quel que soit le nombre de ses degrés, ne peut se considérer comme supérieur à un autre rite. Un Atelier, quels que soient le nombre et l'élévation des degrés qu'il confère, ne peut exercer de suprématie sur un autre Atelier.

Art. 4. — La Loge est l'Atelier fondamental ; c'est elle qui initie à la vie maçonnique, c'est sur elle que sont souchés les Chapitres et les Conseils. — Un Chapitre ne peut exister sans le consentement d'une Loge qui lui serve de base, et de même aucun Conseil ne peut exister sans s'appuyer sur un Chapitre. Ces Ateliers ne peuvent porter d'autres titres que celui de la Loge sur laquelle ils sont souchés. — Dans les Orients où l'unité de Chapitre sera réalisée par la fusion, le Chapitre *unique* pourra, avec l'autorisation du Grand-Orient, prendre un titre autre que celui d'une des Loges existant dans cet Orient ; mais il devra toujours être souché sur la plus ancienne Loge, ou, à défaut de celle-ci, sur celle qui vient immédiatement après par ordre d'ancienneté.

Art. 5. — L'organisation, les droits et les devoirs de chaque Atelier, et les conditions d'admission aux Ateliers supérieurs sont déterminés par les présents Statuts généraux.

Art. 6. — La cessation des Travaux de la Loge entraîne, après l'expiration du délai fixé par l'art. 142, celle des Travaux de tous les Ateliers dont elle est la base ; de même la cessation des Travaux d'un Chapitre entraîne celle des Travaux du Conseil auquel il sert de souche, mais un Chapitre et un Conseil peuvent cesser ou suspendre leurs Travaux, sans arrêter ceux de la Loge.

Art. 7. — Les Grades Supérieurs ne seront conférés qu'à des Maçons qui se sont fait remarquer par leur zèle et leur capacité, ou qui ont rendu des services à l'Ordre.

CHAPITRE DEUXIÈME

DE L'ORGANISATION DES ATELIERS

SECTION PREMIÈRE

Fixation du nombre des Ateliers dans chaque Orient.

Art. 8. — Le Grand-Orient détermine le nombre des Ateliers de tous degrés devant exister dans chaque Orient.

SECTION DEUXIÈME

De la formation des Loges

Art. 9. — Sept Maîtres réunis dans un même Orient, pourvus de Diplômes délivrés par le Grand-Orient ou de Titres maçonniques régularisés par lui, peuvent créer une Loge en se conformant aux dispositions suivantes :

Art. 10. — Les Maçons désignés en l'article précédent se constituent en Loge provisoire, sous la Présidence de l'un d'eux qui prend le titre de Vénérable ; les autres Officiers ou Dignitaires sont : un 1er et un 2e Surveillant, un Orateur, un Secrétaire, un Trésorier, un Hospitalier; et, si le nombre le permet, un Grand-Expert, un Architecte, un Frère Couvreur et un Maître des cérémonies.

Art. 11. — La Loge provisoire se choisit un titre distinctif étranger à toute idée politique. Ce titre devient définitif par la sanction du Grand-Orient.

Art. 12. — Les premiers Travaux de cette Loge provisoire ont pour objet d'adresser au Grand-Orient une demande en Constitutions signée par les cinq Grandes premières Lumières.

Art. 13. — Cet Atelier joint à sa demande, et en double expédition, un tableau de tous ses membres, contenant les noms et prénoms, lieu et date de naissance, âge, demeure, qualités civiles et maçonniques de chacun d'eux et la désignation des Loges où ils ont été reçus. Ce tableau doit être signé par tous les Frères, et certifié par les cinq Grandes premières Lumières.

Art. 14. — Tout Atelier provisoire joint à sa demande

en Constitutions les Titres Maçonniques (Diplômes, Brefs ou Patentes) de chacun de ses membres ainsi que les pièces constatant leur régularité. Ces formalités remplies, il est procédé, s'il y a lieu, à l'inspection de l'Atelier ou à une enquête.

Art. 15. — Tout atelier provisoire transmet, avec sa demande, son adresse, ainsi que l'indication du lieu de ses séances et dépose dans la Caisse du Grand-Orient le prix des Constitutions, des Cahiers des Grades, de trois exemplaires des présents Règlements; en un mot, toutes les contributions et cotisations exigibles. — Si les Constitutions ne sont pas accordées, les métaux déposés ainsi que les Diplômes qui pourraient être joints à la demande, seront rendus à qui de droit, en échange du récépissé et contre décharge. Les autres pièces seront déposées aux Archives du Grand-Orient.

SECTION TROISIÈME

De l'Installation des Loges.

Art. 16. — L'installation des Ateliers a lieu par un ou plusieurs Commissaires nommés par le Conseil de l'Ordre.

Le Grand-Orient, d'accord avec la Loge, fixe le jour de l'installation. A l'arrivée des Commissaires au local des séances, les travaux étant ouverts, la Loge députe trois de ses membres pour recevoir la communication de leurs pouvoirs. — Sur le rapport des Députés, neuf membres de l'Atelier, si le nombre des Frères le permet, sinon sept, cinq ou trois, armés de glaives et munis d'étoiles, vont recevoir hors du Temple, le Commissaire ou les Commissaires installateurs. — Le Vénérable et les Surveillants attendent à l'entrée du Temple les Commissaires installateurs, leur remettent les trois maillets et les conduisent sous la voûte d'acier jusqu'à l'Orient; alors les travaux de l'Atelier sont suspendus.

Art. 17. — Le Président à l'installation occupe le fauteuil et fait placer le Vénérable à sa droite. A défaut d'autres Commissaires nommés par le Conseil de l'Ordre, il désigne les Frères qui doivent remplir les fonctions de 1er et de 2e Surveillant. — Avant d'ouvrir les travaux, le Président fait parcourir les Colonnes par les deux Surveillants pour s'assurer de la régularité des Maçons présents. — Tout visiteur qui ne justifie pas de sa qualité de Maçon ne peut assister à la séance.

Art. 18. — Le Président ouvre les travaux du Grand-Orient au 1er Grade au rite de la Loge. Dès ce moment, nul Maçon ne peut être introduit qu'après l'installation. — Le Président fait donner lecture, par le Secrétaire, des Pouvoirs et des Constitutions, et les remet ensuite au Vénérable. Il en ordonne la transcription sur le livre d'Architecture de la Loge et le dépôt aux Archives. Il remet pareillement au Vénérable les Cahiers des Grades et trois exemplaires de la Constitution et des Statuts et Règlements généraux de l'Ordre.

Art. 19. — Le Vénérable, en son nom et celui des deux Surveillants, ensuite le Frère Orateur, entouré des Officiers et des membres de la Loge, en son nom et au leur, prêtent entre les mains du Président l'obligation suivante : « *Je jure d'obéir à la Constitution maçonnique, aux Statuts et Règlements généraux de l'Ordre.* »

Art. 20. — Le Secrétaire fait ensuite l'appel nominal des membres inscrits sur le Tableau de la Loge, et chacun d'eux signe en double expédition la formule du serment que lui présente le Commissaire présidant à l'installation. Les Commissaires installateurs certifient les signatures apposées sur les deux doubles de l'obligation, dont l'un est déposé aux archives de la Loge, et l'autre reste entre les mains du Frère présidant à l'installation.

Art. 21. — Le Président ayant fait annoncer sur les Colonnes qu'il va être procédé à l'installation de la Loge, tous les Frères se tiennent debout et à l'ordre, glaive en main, et le Président prononce l'installation en ces termes :
« *Au nom du Grand-Orient de France, en vertu des pouvoirs*
« *à nous délégués pour l'installation à l'Orient de..........*
« *d'une Loge au rite. .... sous le titre distinctif de.........*
« *nous déclarons la Loge.......... installée.* »

Art. 22. — Le Président fait former la chaîne d'Union par les seuls membres de la Loge, il leur communique les mots de semestre et ferme les travaux du Grand-Orient. — Immédiatement après la clôture de ces Travaux, les trois premières Lumières de l'Atelier reçoivent les maillets des mains des Commissaires qui, après avoir clos et signé le procès-verbal d'installation, prennent place à l'Orient, le Président à la droite du Vénérable. — La Loge remet ses

Travaux en vigueur. Les morceaux d'Architecture prononcés dans cette solennité sont remis aux Commissaires, pour être adressés par eux au Grand-Orient, avec l'un des doubles de l'obligation et du procès-verbal d'installation.

Art. 23. — Les Constitutions, les Cahiers des Grades, trois exemplaires des présents Règlements, les Pouvoirs, les instructions, les deux doubles de l'obligation, un tableau des membres du nouvel Atelier et le modèle du procès-verbal à rédiger, sont adressés par le Grand-Orient aux Commissaires installateurs, qui devront lui faire tenir toutes les pièces constatant l'accomplissement de leur mandat, dans la quinzaine qui suit l'installation.

Art. 24. — Une Loge peut obtenir l'autorisation de s'installer elle-même lorsque les circonstances l'exigent. Dans ce cas, les commissaires installateurs sont toujours le Vénérable et les deux Surveillants, remplacés d'office pour le cérémonial de l'installation. — Ces commissaires, avant de recevoir l'obligation des membres de la Loge, la prêtent eux-mêmes, en ces termes, entre les mains du Vénérable d'office, qui en donne acte avec consignation au procès-verbal : « *Nous, en notre qualité de Vénérable et de Surveil-* « *lants de cet Atelier, jurons solennellement, en présence de* « *nos Frères, d'obéir sans restriction à la Constitution maçon-* « *nique, aux Statuts et Règlements généraux de l'Ordre.* » — Le Vénérable et les Surveillants signent les doubles de l'obligation, et reprennent leurs fonctions d'installateurs.

Art. 25. — Les Loges ne sont admises, de droit, à la Correspondance du Grand-Orient qu'après le dépôt dans ses Archives de l'un des doubles de l'obligation et du procès-verbal de leur installation.

Art. 26. — Une Loge ainsi constituée a le droit de créer des Maçons aux trois premiers grades symboliques.

SECTION QUATRIÈME

De l'établissement des Chapitres.

Art. 27. — Un Chapitre ne peut être érigé que dans le sein d'une Loge constituée ou reconnue par le Grand-Orient. — Ce Chapitre doit obtenir le consentement de la Loge et professer le même rite. — Le nombre de sept Chevaliers Rose-Croix, pourvus des Brefs réguliers, est indispensable pour former un Chapitre provisoire. — L'autorisation de la Loge étant accordée, le Chapitre nomme ses Officiers et délibère sur la demande de *Lettres Capitulaires* à adresser au Grand-Orient.

Art. 28. — Le Chapitre joint à cette demande : 1° la délibération de la Loge, signée par les cinq premières Lumières, timbrée et scellée par le Garde des sceaux ; 2° un double tableau de ses membres revêtu du sceau de la Loge et les Titres maçonniques (Brefs ou Patentes) des fondateurs ; 3° l'obligation de chaque Chevalier suivant la formule indiquée (art. 19 des Statuts) ; 4° le prix des Lettres Capitulaires, des Cahiers des Grades et des exemplaires des présents Règlements généraux de l'Ordre ; 5° enfin, les diverses contributions exigibles et l'engagement de les acquitter régulièrement chaque année.

Art. 29. — Un Chapitre ne peut prendre d'autre Titre que celui de la Loge qui lui sert de base, sauf l'exception prévue aux articles 4 et 142.

Art. 30. — Tous les actes d'un Chapitre en instance sont revêtus du timbre de la Loge. Dès qu'il est installé, il doit se procurer un timbre particulier.

Art. 31. — Les Chapitres suivent, pour la demande et l'obtention de leur Titre Constitutif, les mêmes formalités que celles exigées en pareil cas pour les Loges (art. 9 et suivants). — Le Conseil de l'Ordre statue sur cette demande après avis du Grand Collège des Rites ; et le titre constitutif est signé par cinq Maçons possédant les hauts grades et délégués par le Conseil de l'Ordre.

Art. 32. — Les formalités pour l'installation d'un Chapitre sont les mêmes que celles prescrites pour les Loges (art. 16 et suivants). Toutefois, les commissaires installateurs seront pris dans le sein du Grand Collège des Rites ou parmi les Maçons possédant les Grades auxquels l'Atelier est appelé à travailler.

Art. 33. — Les Chapitres régulièrement constitués ont seuls le droit de conférer les Grades supérieurs à celui de Maître, jusqu'à celui de Chevalier Rose-Croix, inclusivement.

SECTION CINQUIÈME

De l'établissement des Conseils 1.

Art. 34. — Un Conseil ne peut être établi que de l'aveu d'une Loge et d'un Chapitre Ecossais, constitués ou reconnus par le Grand-Orient de France, et s'il n'est composé au moins de sept Chevaliers Kadosch, 30es, et pourvus de Patentes régulières. — Le Chapitre ne peut donner son consentement à la formation d'un Conseil, s'il n'y est autorisé par la Loge à laquelle il appartient. — L'autorisation de la Loge et du Chapitre étant obtenue, le Conseil provisoire nomme ses Officiers et délibère sur la demande d'une Patente constitutionnelle à adresser au Grand-Orient.

Art. 35. — Le Conseil joint à cette demande : 1° les délibérations de la Loge et du Chapitre relatives à cette demande ; 2° deux exemplaires du tableau régulier de ses membres revêtus du timbre du Chapitre ; 3° la patente régulière de chacun de ses membres ; 4° les pièces et métaux exigibles.

Art. 36. — Le Titre distinctif d'un Conseil est invariablement le même que celui du Chapitre dans le sein duquel il prend naissance.

Art. 37. — Tous les actes d'un Conseil en instance sont revêtus du timbre du Chapitre. Dès qu'il est constitué et installé, il a son timbre particulier.

Art. 38. — Le mode de l'installation des Conseils est le même que celui des Loges et des Chapitres (art. 16 et 32 des Statuts généraux).

Art. 39. — Un Conseil régulièrement constitué a pour attribution spéciale la collation des Grades supérieurs à celui de Chevalier Rose-Croix jusqu'à celui de Chevalier Kadosch, 30e degré, inclusivement. — Cette collation ne peut se faire, par un Conseil, ni hors du Temple, ni hors de la Vallée dans laquelle le Conseil est établi, ni par délégation.

---

1. Un Conseil, c'est-à-dire un Atelier de Maçons possédant les grades depuis le 19e jusqu'à celui de Chevalier Kadosch (30e) inclusivement, est appelé aussi Aréopage.

SECTION SIXIÈME

Dispositions communes aux Ateliers de Degrés différents.

ART. 40. — Les dispositions relatives au régime intérieur des Ateliers symboliques sont applicables à tous les Ateliers supérieurs. (Voir art. 101 et suivants.)

CHAPITRE TROISIÈME

DES OFFICIERS DANS LES ATELIERS ET DE LEURS FONCTIONS

SECTION PREMIÈRE

Des Officiers des Loges.

ART. 41. — Chaque Loge est dirigée par des Officiers qu'elle élit parmi ses membres et qui sont tous rééligibles. — Ces Officiers sont, au rite français : un Vénérable; un 1er et un 2e Surveillant; un Orateur; un Secrétaire; un Grand-Expert; un Trésorier; un Hospitalier; un Porte-Etendard; deux Maîtres des Cérémonies; un Archiviste, Garde des Sceau et Timbre; un Architecte; deux Experts; un Maître des Banquets; un Frère Couvreur. En tout, dix-sept Officiers, dont les cinq premiers sont désignés par la qualification spéciale de *Grandes Lumières*.

ART. 42. — Le nombre et les qualifications de ces Officiers diffèrent pour les autres Rites; mais ces variations sont déterminées dans les Cahiers d'Instructions adressées aux Loges par le Conseil de l'Ordre, lors de leur installation.

ART 43. — Une Loge a la faculté de nommer des adjoints aux Offices d'Orateur, de Secrétaire, de Maître des Cérémonies et de Maître des Banquets.

Du Vénérable.

ART. 44. — Le Vénérable seul convoque la Loge et en préside toutes les séances; il est le Président né de toutes les Commissions ou Députations. En cas de partage des votes, sa voix est prépondérante. La voie d'observation est seule permise à son égard.

ART. 45. — Au Vénérable appartient exclusivement le droit d'ouvrir la correspondance du Grand-Orient et de la transmettre à l'Orateur chargé d'en donner lecture, et spécialement : 1° d'ouvrir et de fermer les travaux ; 2° de mettre les propositions sous le maillet ; 3° d'initier les profanes aux mystères de la Franc-Maçonnerie ; 4° de conférer les Grades jusqu'à celui de Maître inclusivement ; 5° de proclamer les résultats des délibérations ; 6° de signer les tracés des Tenues, toutes les planches officielles, et de régler la Correspondance ; 7° de vérifier toutes les pièces de comptabilité et d'ordonnancer toutes les dépenses autorisées par la Loge ; 8° de provoquer des délibérations sur tous les objets qui peuvent intéresser la Loge en particulier, ou sur les vœux à émettre dans l'intérêt de l'Ordre en général. Ces vœux doivent être adressés au Grand-Orient.

ART. 46. — Le Vénérable a le droit de retirer la parole à un Frère qui s'écarte de l'ordre. Il peut même lui faire couvrir le Temple. — Il peut aussi, si l'ordre est troublé et son autorité méconnue, suspendre et même lever la séance sans aucune des formalités qui entourent ordinairement la clôture de tous Travaux maçonniques. Les Travaux ainsi fermés ne peuvent être repris dans la même tenue, sous la direction d'un autre membre de l'Atelier. — Le Vénérable résume les avis et requiert les conclusions de l'Orateur. — Enfin, il est membre né du Grand-Orient, et il représente la Loge dans toutes les cérémonies et relations extérieures.

ART. 47. — En cas d'absence, le Vénérable, à l'exception des prescriptions des art. 25, 26 et 27 de la Constitution, est remplacé dans l'ordre hiérarchique par le Surveillant et le Grand-Expert. — En l'absence de ces dignitaires, l'Atelier peut encore être présidé par l'ex-Vénérable ou, à son défaut, par l'un des plus anciens Maçons actifs de l'Atelier, possédant le grade de Maître.

Des Surveillants.

ART. 48. — Les Surveillants ont la direction de leurs Colonnes et c'est à eux que chaque Frère doit s'adresser pour obtenir la parole. — Ils demandent la parole par un coup de maillet, et ils l'obtiennent de préférence à tout autre membre. — Ils transmettent à leurs Colonnes respectives les annonces du Vénérable, y maintiennent l'ordre et le silence, et peuvent retirer la parole aux Frères qui la prendraient sans l'avoir obtenue. — Ils ne peuvent être repris en Loge que par le Vénérable. — Ils signent toutes les planches officielles.

De l'Orateur.

Art. 49. — L'Orateur, gardien de la Constitution, des Statuts et Règlements généraux de l'Ordre, doit s'opposer à toute délibération qui leur serait contraire, demander acte de son opposition, et la transmettre au Grand-Orient. — Il veille aussi à l'exécution des Règlements particuliers de la Loge, et s'oppose à leur infraction. Dans ce cas, la Loge ne peut statuer que dans la séance suivante sur le mérite de cette opposition. — L'Orateur est placé à l'Orient. La parole lui est accordée par le Vénérable sur les objets en discussion ; mais il doit l'obtenir immédiatement, lorsqu'il la demande dans l'intérêt de la loi. Lorsque la discussion est close, l'Orateur donne ses conclusions sans les motiver. Dans le cas où le scrutin secret est demandé avant que l'Orateur ait donné ses conclusions, il n'est pas appelé à en donner. — L'Orateur est spécialement chargé : 1° d'expliquer aux initiés les symboles des Grades ; 2° de présenter à chaque fête d'Ordre un compte-rendu analytique des Travaux de l'Atelier et de leur résultat pendant le semestre (copie de ce compte-rendu doit être adressée au Grand-Orient) ; 3° de célébrer les fêtes et les pompes funèbres par des morceaux d'Architecture ; 4° de communiquer à la Loge les actes du Grand-Orient et la correspondance. — Il signe également toutes les planches officielles.

Art. 50. — L'Orateur-Adjoint ou celui nommé d'office doit terminer une affaire commencée en l'absence de l'Orateur titulaire et donner ses conclusions, lors même que ce dernier arriverait pendant la délibération.

Du Secrétaire.

Art. 51. — Le Secrétaire est placé à l'Orient, en face de l'Orateur. — Il demande comme lui la parole au Vénérable. — Il rédige l'esquisse des travaux, et, sur cette esquisse, il dresse la planche d'Architecture qui doit être soumise à l'approbation de la Loge dans la séance suivante. — Il est chargé, sous la direction du Vénérable, de la correspondance et des convocations. — Il est spécialement chargé de faire les tableaux qui doivent être envoyés au Grand-Orient, et est particulièrement responsable de leur envoi en temps opportun. — Il contresigne toutes les planches qui émanent de l'Atelier, ainsi que toutes celles qui sont inscrites au livre d'Architecture. — Il assiste, comme l'Orateur, au dépouillement des votes ; il est tenu de consigner au procès-verbal de chaque séance le produit du tronc de bienfaisance, et d'y inscrire, séance par séance, la mention de la lecture des diverses pièces émanées du Grand-Orient. — Il signe aussi les planches officielles.

Des Experts.

Art. 52. — Le Grand-Expert remplace le 1er et le 2e Surveillants et même le Vénérable, en leur absence. — Il est spécialement chargé : 1° de s'assurer avec la plus grande attention des qualités maçonniques de chaque visiteur, de le tuiler et de donner avis au Vénérable du résultat de sa mission ; 2° de faire préparer et diriger les épreuves ; 3° d'introduire et d'accompagner les initiés dans leurs voyages ; 4° de recueillir les boules ou les bulletins de votes et d'assister à leur dépouillement. — Le Grand-Expert absent est remplacé par les autres Experts, excepté pour la présidence de l'Atelier. — Les Experts sont chargés spécialement de faire régner l'ordre et le silence à l'intérieur et à l'extérieur du Temple, et d'exécuter tout ce qui leur est prescrit par le Vénérable.

Des Maîtres des Cérémonies.

Art. 53. — Les Maîtres des cérémonies sont chargés de diriger le cérémonial, d'introduire les visiteurs sur l'ordre du Vénérable, de placer les Frères suivant leurs grades et dignités, de faire circuler le sac des propositions, de joindre leurs batteries à celles des Frères visiteurs, des Officiers et des nouveaux initiés. Ils distribuent et recueillent les bulletins ou les boules pour les votes : ils vérifient et rapportent au Vénérable les mots d'ordre ou de semestre, transmis sur les Colonnes, etc.

De l'Architecte.

Art. 54. — Le mobilier de la Loge est spécialement confié aux soins et à la garde de l'Architecte. — L'Architecte tient un registre contenant l'inventaire ou état descriptif de ce mobilier. — Il propose les réparations locatives, celles d'entretien du mobilier ; il présente les plans et devis estimatifs des constructions, réparations, embellissements ; en surveille l'exécution et recueille les mémoires des entrepreneurs qu'il fait vérifier et régler, s'il n'a lui-même les connaissances requises pour ces opérations. — Il est l'ordonnateur des fêtes et des banquets, dont la décoration lui est entièrement confiée.

Des Officiers comptables et responsables.

Art. 55. — Les Officiers comptables et responsables sont le Trésorier, l'Hospitalier et l'Archiviste, garde des sceau et timbre. — Les registres de ces Officiers sont numérotés, paraphés sur chaque feuillet et signés, sur le premier et le dernier, par le Vénérable et par le Secrétaire. Lorsqu'ils sont remplis, le dépôt en est fait aux archives. — Lorsque, par démission ou autrement, un Officier comptable est remplacé, dans l'intervalle d'un arrêté de compte à un autre, les registres de comptabilité sont remis au Conseil d'administration qui arrête un compte partiel pour chaque nature de recettes et de dépenses. La responsabilité de l'Officier remplaçant ne court qu'à dater de cet arrêté. — L'adoption définitive des comptes par la Loge libère le comptable, après la remise en caisse du reliquat de compte.

Art. 56. — Les Officiers adjoints remplacent les titulaires pendant leur absence et jouissent, tant que durent leurs fonctions, des mêmes droits et prérogatives. Il en est de même de tout Frère nommé d'office temporairement à une fonction quelconque.

Art. 57. — Parmi les Officiers comptables, le Trésorier et l'Hospitalier sont, chacun en ce qui le concerne, responsables de l'acquittement en temps opportun des divers droits dus au Grand-Orient par leur Atelier.

SECTION DEUXIÈME

Des Officiers des Chapitres.

Art. 58. — Les Officiers d'un Chapitre de Chevaliers Rose-Croix, 18e degré, sont, au Rite français : un Président ; un 1er et un 2e Surveillant ; un Orateur ; un Secrétaire ; un Grand-Expert ; un Trésorier ; un Hospitalier ; deux Maîtres des Cérémonies ; un Garde des sceau et timbre et des archives ; un Architecte contrôleur ; deux Experts ; un Maître des Réfections.

SECTION TROISIÈME

Des Officiers des Conseils.

Art. 59. — Les Officiers d'un Conseil de Chevaliers Kadosch, 30e degré, sont : un Président ; deux Surveillants ; un Orateur ; un Secrétaire ; un Trésorier ; un Hospitalier ; deux Experts ; un Garde des sceau et timbre et des archives ; deux Maîtres de Cérémonies ; un Ordonnateur des Agapes.

Art. 60. — Les titres des Officiers varient dans les Grades intermédiaires, mais ils sont déterminés par les Cahiers d'instruction du Grand-Orient [1].

Art. 61. — Les dispositions relatives au régime intérieur des Loges et aux attributions des Officiers sont applicables aux Chapitres et aux Conseils.

SECTION QUATRIÈME

Du Frère Servant.

Art. 62. — Le Servant est un Frère nommé par l'Atelier pour exécuter les ordres du Président et des Officiers, en ce qui concerne le service de l'Atelier. — Il ne peut assister à aucune délibération.

SECTION CINQUIÈME

De l'incompatibilité des Offices.

Art. 63. — Il y a incompatibilité : 1° entre les fonctions de Président et les autres Offices d'un même Atelier ; 2° entre

---

1. Les principaux de ces cahiers secrets d'instruction seront publiés au cours de cet ouvrage, au moins par extraits.

les fonctions de comptable et celles des Officiers chargés du visa et de l'apurement des comptes; 3° entre les cinq premiers Offices.

Art. 64. — Nul Maçon ne peut être nommé Président que d'un seul Atelier du même degré.

—

CHAPITRE QUATRIÈME

DES ÉLECTIONS AUX OFFICES ET DE L'INSTALLATION DES OFFICIERS

SECTION PREMIÈRE

De l'époque et du mode des Élections dans les Ateliers.

Art. 65. — Les Loges sont tenues de procéder chaque année aux élections générales de leurs Officiers, dans le courant de décembre, époque du solstice d'hiver. — Les Chapitres, dans le onzième mois de l'année maçonnique (janvier). — Les Conseils, dans le douzième mois de l'année maçonnique (février). — Le jour, l'heure, le lieu et l'objet précis des travaux relatifs aux élections doivent toujours être annoncés à chacun des membres d'un Atelier par des planches de convocation envoyées à domicile.

Art. 66. — Les élections doivent être faites au scrutin secret, par bulletins qui sont ouverts et lus à haute voix par le Président, en présence de l'Orateur et du Secrétaire. Le résultat en est constaté et écrit, au fur et à mesure, par deux scrutateurs, qui doivent toujours être choisis par le Président, parmi les membres actifs.

Art. 67. — Les élections aux fonctions des sept premiers Offices ne sont valables qu'autant que chaque candidat a obtenu la majorité absolue des suffrages. — Si les scrutateurs ne sont pas d'accord sur le résultat du scrutin, on procède à un nouveau tour de scrutin. — Pour les autres Offices, il suffit de la majorité relative et le scrutin secret n'est pas obligatoire.

Art. 68. — Lors des élections aux sept premiers Offices, si le premier tour ne donne pas de majorité absolue, le scrutin est recommencé. — Si le second tour ne donne pas encore cette majorité, on procède à un troisième tour, par ballottage entre les deux candidats qui ont réuni le plus de voix. — Si par le résultat de ce troisième tour, il y a égalité de suffrages, le plus ancien maçon obtient la préférence ; et s'il y a égalité d'ancienneté maçonnique, cette préférence est accordée à l'âge civil.

Art. 69. — Tout scrutin où le nombre des bulletins est supérieur à celui des votants est nul.

Art. 70. — Les travaux, pour les élections, sont toujours ouverts au moins élevé des grades que confère l'Atelier.

SECTION DEUXIÈME

Du droit d'Éligibilité et d'Élection aux Offices.

Art. 71. — Jouissent du droit d'élection tous les membres actifs de l'Atelier, cotisant depuis trois mois au moins. — Sont seuls éligibles, dans un Atelier, à une fonction quelconque, autre que celle de Président, les membres cotisant depuis six mois et possédant le grade le plus élevé que confère l'Atelier. — Les Maçons qui ne sont pas à jour avec la caisse de l'Atelier, et ceux qui sont frappés de suspension ou d'interdiction, sont privés du droit d'élection et d'éligibilité aux Offices.

Art. 74. — Les conditions pour être élu Président d'un Atelier, sont : 1° d'être revêtu, depuis deux ans au moins, du Grade le plus élevé que confère l'Atelier ; 2° d'être membre actif de l'Atelier depuis un an au moins ; 3° d'être réellement ou civilement domicilié dans un rayon de 20 kilomètres de l'Orient où siège l'Atelier.

Art. 73. — Les droits d'élection, d'éligibilité et les formalités d'élection ci-dessus établies, sont les mêmes pour les Chapitres et les Conseils.

Art. 74. — Ne peut être nommé membre du Grand-Orient, ni Président d'Atelier, tout Maçon ayant subi une peine maçonnique, à moins qu'il ne soit relevé de cette interdiction par une décision spéciale du Conseil de l'Ordre.

SECTION TROISIÈME

De l'installation des Officiers.

Art. 75. — Tout Officier, avant d'être reconnu, prête entre les mains du Président qui l'installe l'obligation d'observer fidèlement la Constitution, les Statuts et Règlements généraux de l'Ordre (art. 81).

Art. 76. — Le Président nouvellement élu est installé par son prédécesseur, et, en l'absence de celui-ci, par l'Officier le plus haut placé dans l'ordre hiérarchique.

Art. 77. — Immédiatement après son installation, le Président procède simultanément à celles des 1er et 2e Surveillants qu'il fait reconnaître en cette qualité. — L'installation des autres Officiers a lieu collectivement. — L'Orateur prête l'obligation en leur nom et au sien. — Chacune de ces installations est consacrée par les batteries et les installations d'usage. Elles doivent être faites dans la séance qui suit immédiatement celle des élections.

SECTION QUATRIÈME

De la vacance des Offices.

Art. 78. — Si un Office devient vacant, pendant les premiers six mois de l'élection, il y est pourvu dans les formes prescrites (art. 66 et suivants). — Si cette vacance n'a lieu que pendant le second semestre, et pour les fonctions autres que celles des Surveillants et du Grand-Expert, le Président nomme d'office à ces fonctions pour le reste de l'année maçonnique. — Dans les cas de vacances, pendant le second semestre, le Président, les Surveillants et l'Expert peuvent être remplacés par ordre hiérarchique. — Cependant la Loge a toujours le droit de procéder par voie d'élection au remplacement de ses Officiers.

—

CHAPITRE CINQUIÈME

SECTION UNIQUE

De la reconnaissance par le Grand-Orient des Présidents d'Ateliers.

Art. 79. — Les Ateliers sont tenus d'adresser au Grand-Orient, au plus tard dans l'intervalle d'un mois après les élections : 1° l'extrait du procès-verbal de leurs élections, en ce qui est relatif à celle du Président ; ces extraits, signés des cinq premiers officiers et revêtus des timbre et sceau, doivent être conformes au modèle règlementaire; 2° la déclaration du Président écrite, et signée par lui, conformément au modèle règlementaire.

Art. 80. — Si les pièces constatant l'élection sont régulières, et si l'Atelier lui-même est en état de régularité, le Grand-Orient ordonne la mention des noms des Présidents au livre d'or, et le dépôt des pièces aux Archives.

Art. 81. — L'obligation à prêter par les présidents d'Atelier, est ainsi conçue : « *Je jure d'obéir à la Constitution « maçonnique, aux Statuts et Règlements généraux de « l'Ordre.* »

—

CHAPITRE SIXIÈME

DES RAPPORTS DES ATELIERS AVEC LE GRAND-ORIENT ET DES ATELIERS ENTRE EUX

SECTION PREMIÈRE

Des rapports des Ateliers avec le Grand-Orient.

Art. 82. — Un Atelier en instance ne peut procéder à aucune initiation, affiliation ou régularisation avant son installation. — Il ne peut également, avant son installation, se servir des timbre et sceau, dont le projet doit être préalablement soumis au Grand-Orient.

Art. 83. — Un Atelier constitué à un rite ne peut en suivre un autre, sans en avoir obtenu l'autorisation du Grand-Orient, et sans s'être conformé à ce qui est prescrit pour la cumulation des Rites, sous peine d'être rayé de la Correspondance

Art. 84. — Les Présidents des Ateliers des départements de la Seine et de Seine-et-Oise sont tenus d'assister aux banquets du Grand-Orient, ainsi que tous les membres de l'Assemblée Législative, et les membres du Conseil de l'Ordre.

Art. 85. — Les Ateliers qui n'ont pas envoyé au Grand-Orient, dans les délais prescrits, la nomination et la déclaration de leurs Présidents, ne reçoivent pas les Mots de de Semestre ou le Mot annuel.

Art. 85 *bis*. — Les Loges ne peuvent se dispenser de répondre lorsqu'il leur est adressé une question par circulaire officielle du Grand-Orient de France. — Toute Loge qui, dans le délai indiqué par la circulaire du Grand-Orient, n'aura pas répondu, sera avertie par une lettre du Conseil de l'Ordre, insérée au Bulletin officiel. — Si, dans les deux mois qui suivront l'envoi de cette lettre d'avertissement, la Loge a gardé le même silence, elle sera passible d'une amende de 25 francs au profit de la Maison de Secours.

Art. 86. — Les pièces adressées par les Ateliers du Grand-Orient, quelles qu'elles soient, doivent, pour être régulières, être signées des cinq premières Lumières et revêtues des timbre et sceau. — Toute pièce ne réunissant pas ces conditions n'a pas le caractère officiel; elle est considérée comme non avenue.

Art. 87. — Les diverses pièces envoyées aux Loges par le Grand-Orient, notamment le *Bulletin* et les Statuts généraux, doivent être, de la part des Présidents et des Archivistes des Ateliers, l'objet des soins nécessaires à leur conservation. — Elles sont la propriété exclusive des Ateliers, et nul ne peut changer cette destination. — Les Commissaires Inspecteurs doivent toujours se les faire représenter.

Art. 88. — Toute Loge qui doit solliciter des secours en faveur de l'un de ses membres, et s'adresser directement aux Ateliers de l'Obédience, devra en obtenir l'autorisation du Grand-Conseil. — A cet effet, elle adressera une demande écrite, timbrée, scellée et signée des cinq premières Lumières de l'Atelier, contenant l'exposé des faits qui la déterminent à solliciter cette autorisation, ainsi que le modèle de la circulaire qu'elle se propose d'adresser aux Ateliers de la Correspondance. — Si l'autorisation est accordée, la mention exacte de l'autorisation et de sa date est transcrite en tête de la Planche autorisée; elle peut être alors expédiée aux Ateliers. — Cette autorisation ne donne jamais le droit de s'adresser aux Puissances maçonniques étrangères. — La Loge devra, dans le délai d'un an, faire connaître au Grand-Orient le résultat de la souscription et rendre compte de l'emploi des fonds recueillis.

SECTION DEUXIÈME

Des Tableaux annuels à fournir par les Ateliers et des Listes de radiation.

Art. 89. — Chaque Atelier est tenu d'adresser annuellement, au Grand-Orient, dans les deux premiers mois de l'année maçonnique, pour tout délai, le tableau exact de tous ses membres actifs. — Ce tableau, scellé et signé par les sept premières Lumières de l'Atelier, doit être fait sur le Cahier adressé par le Secrétariat général de l'Ordre aux Ateliers qui en font la demande, ou sur un Cahier conforme. — Les sept premières Lumières sont responsables de l'exécution de ces dispositions et pourront être poursuivies maçonniquement, s'il n'y a pas été satisfait au premier jour du troisième mois de l'année maçonnique (1er mai).

Art. 90. — Chaque Atelier devra adresser annuellement au Grand-Orient, en même temps que son tableau, la liste des Frères rayés pendant l'année écoulée, avec les motifs de la radiation et la date de la notification aux Frères rayés. — Ces listes seront adressées annuellement à tous les Ateliers de la Correspondance avec l'indication des motifs de la radiation.

SECTION TROISIÈME

De la délivrance des Diplômes, Brefs, Patentes, etc.

Art. 91. — Le Grand-Orient accorde aux Maçons réguliers, et seulement sur la demande de leurs Ateliers respectifs, des certificats de leurs Grades maçonniques, sur parchemin, revêtus des timbre et sceau du Grand-Orient et signés par le Président du Conseil de l'Ordre, l'un des Secrétaires et deux Membres au moins du Conseil de l'Ordre. — Ces certificats ne sont délivrés qu'aux Maîtres sous le titre de *Diplômes*; aux Rose-Croix, sous le titre de *Brefs*; aux Chevaliers Kadosch et aux Maçons possédant les Grades supérieurs, sous le titre de *Patentes*. Toutefois, les Brefs et les Patentes seront signés par cinq Maçons possédant les hauts grades et délégués par le Conseil de l'Ordre.

Art. 92. — Tout Atelier est tenu, dès qu'il a procédé à la collation du Grade le plus élevé qu'il confère, de faire au Grand-Orient la demande du Titre qui répond à ce Grade. — Tout Atelier qui affilie un Maçon ne possédant pas de titre maçonnique, afférent à ce Grade, est également tenu de faire la demande de ce titre au Grand-Orient. — Cette demande doit être faite dans le délai d'un mois au plus tard. — Le Président et le Secrétaire sont responsables de l'exécution de cette mesure. — Les Diplômes seront visés chaque année pour constater l'activité maçonnique.

Art. 93. — Nul Atelier, nul Président d'Atelier, nul Maçon ne peut délivrer ni certificat, ni attestation, ni enfin aucune pièce, autre qu'une quittance revêtue du timbre de l'Atelier pour constater un Grade quelconque. — Tout Atelier qui enfreindrait cette disposition pourra être suspendu et même rayé de la Correspondance. — Tout Président d'Atelier pourra être suspendu de ses fonctions et même privé de ses droits maçonniques. — Tout Maçon pourra également être privé de ses droits maçonniques. — Les Ateliers d'outre-mer sont autorisés à délivrer, dans le cas d'urgence, des certificats constatant le Grade de Maître. Ces certificats, dont la teneur est fixée par le Grand-Orient, ne seront valables que pour un an et ne pourront pas être renouvelés.

SECTION QUATRIÈME

De l'Inspection des Ateliers.

Art. 94. — Les Commissaires nommés par le Conseil de l'Ordre pour inspecter les Ateliers de l'Obédience du Grand-Orient sont tenus : 1° d'assister aux travaux des Ateliers qui leur sont désignés, et, autant que possible, à une initiation; 2° de vérifier si le Livre d'Architecture est à jour; 3° de s'assurer si la Constitution et les Règlements généraux sont observés dans toutes leurs dispositions; 4° de vérifier les registres des Comptables; 5° de recueillir les vœux des Ateliers qu'ils inspectent, pour les transmettre au Président du Conseil de l'Ordre avec leurs propres observations ou propositions. — Ces Commissaires ne peuvent inspecter les Ateliers dont ils font partie. — Les Commissaires chargés d'inspecter les Chapitres et les Conseils seront pris dans le sein du Grand Collège des Rites ou parmi les Maçons possédant les grades auxquels ces Ateliers travaillent.

SECTION CINQUIÈME

Des Rapports des Ateliers entre eux.

Art. 95. — Les Ateliers ne peuvent avoir entre eux d'autres rapports que ceux d'affiliations. Il leur est interdit de délibérer collectivement.

SECTION SIXIÈME

Des Affiliations collectives.

Art. 96. — Les Ateliers d'une même catégorie de Grades, quoique de Rites divers, peuvent s'affilier réciproquement. L'affiliation entre plusieurs Ateliers ne donne pas à ces Ateliers le droit de délibérer en commun. — Il ne doit exister qu'une correspondance fraternelle entre ceux qui sont de catégories différentes. — L'affiliation collective n'impose aucune obligation pécuniaire et ne confère point le droit de vote en matière d'administration ou de finances.

CHAPITRE SEPTIÈME

SECTION UNIQUE

Des Rapports des Ateliers avec toute autre Autorité que l'Autorité maçonnique.

Art. 97. — Nul Atelier, dans aucun cas, sous aucun prétexte, ne peut s'adresser directement à l'Autorité civile, à moins qu'il n'en ait obtenu l'autorisation du Conseil de l'Ordre.

Art. 98. — Les Ateliers ne peuvent intervenir dans les souscriptions publiques que par l'intermédiaire du Grand-Orient ou avec son autorisation. — En dehors de cette autorisation, il leur est interdit d'adresser directement à l'autorité, aux comités ou aux journaux le produit de leurs souscriptions; ils doivent toujours l'adresser au Grand-Orient qui fait le versement en leur nom. — Sont dispensées de l'autorisation du Grand-Orient, les souscriptions locales destinées à des œuvres de bienfaisance.

Art. 99. — Toute manifestation publique par voie d'adresse ou par tout autre moyen en usage dans le monde profane leur est interdite.

Art. 100. — Le Président, dans chaque Atelier, est personnellement responsable de toute infraction à ces dispositions, sans préjudice des peines que peut encourir l'Atelier.

CHAPITRE HUITIÈME

DU RÉGIME INTÉRIEUR DES ATELIERS, DE LA TENUE DANS LES TEMPLES ET DE L'ORDRE A OBSERVER DANS LES TRAVAUX

SECTION PREMIÈRE

Des Tenues d'Obligation et de l'Ordre des Travaux.

Art. 101. — Tout Atelier symbolique est tenu d'avoir, au moins, une séance d'obligation chaque mois, non compris les réunions de Comités, suivant les besoins de son administration intérieure.

Art. 102. — Néanmoins, il est permis aux Ateliers de prendre des vacances lorsqu'ils le jugent convenable, mais sans qu'ils puissent jamais être dispensés du paiement des contributions et rétributions dues au Grand-Orient ; et, à Paris, du paiement des droits de location des Temples.

Art. 103. — Tout Chapitre est tenu d'avoir, chaque année, au moins quatre séances d'obligation.

Art. 104 — Tout Conseil est tenu d'avoir, chaque année, au moins trois séances d'obligation.

Art. 105. — Le nombre des Membres présents à la tenue d'un Atelier doit être constaté par la signature individuelle de chacun d'eux sur un registre préparé à cet effet. La feuille est close par le Président, après qu'il s'est assuré que personne ne réclame pour la signature. — Les Travaux ne peuvent être ouverts ni continués sans la présence de sept Maçons, Membres actifs de l'Atelier, dont trois au moins possédant le grade de Maître. — Hors les cas où la nécessité d'un scrutin est stipulée, toute décision peut être prise par acclamation, s'il y a unanimité, ou par assis et levé, dans les cas ordinaires ; mais le scrutin, s'il est demandé par sept Membres ayant droit de voter, est obligatoire.

Art. 106. — Le Président, l'Orateur et le Rapporteur d'une affaire ont toujours de droit la parole ; nul autre Membre ne peut l'obtenir plus de trois fois dans une discussion. — Les Frères qui siègent à l'Orient obtiennent la parole directement du Président ; elle n'est accordée que par lui aux autres Frères placés sur les colonnes, que sur la demande respective des Surveillants. — Le Président a seul le droit d'interrompre celui qui a la parole, s'il s'écarte de l'ordre ou de la question. — Toute discussion est fermée après les conclusions de l'Orateur ; on ne peut ensuite que réclamer le scrutin. — Les boules blanches sont toujours en faveur des conclusions.

Art. 107. — Il ne peut être pris de décision sur une proposition nouvelle, d'intérêt général, dans la séance même où elle est faite. Cette proposition doit être renvoyée à une tenue prochaine ou à une Commission chargée de faire un rapport. Dans tous les cas, il faut qu'elle soit annoncée dans les planches de convocation. — Un arrêté peut être rapporté dans la séance où il a été pris, si aucun des Frères présents à la délibération et ayant droit d'y participer n'a couvert le Temple. — Il ne peut être rapporté dans une séance suivante à moins que la proposition n'en soit formellement indiquée dans les planches de convocation.

Art. 108. — Dans chaque séance, il est dressé une esquisse des travaux du jour. Dans l'intervalle d'une séance à une autre, le Secrétaire la transcrit sur le Livre d'Architecture avec les développements dont elle est susceptible. Cette planche des derniers travaux ne peut être adoptée qu'après les conclusions de l'Orateur. — Dès qu'un procès-verbal est adopté, on n'y peut plus faire de changement. — Le procès-verbal est toujours signé par le Président et par le Secrétaire. — Les erreurs reconnues ne peuvent être corrigées que par une décision spéciale. — Toutes les planches maçonniques, quel qu'en soit l'objet, sont toujours précédées de cette formule : « *Au Nom et sous les Auspices du Grand-Orient de France.* »

Art. 109. — Nul ne peut couvrir le Temple sans la permission du Président ou du Surveillant de sa Colonne et sans avoir acquitté le tribut de la bienfaisance. — Il est interdit à tout Frère de quitter sa place sans la permission du Surveillant de sa Colonne, à moins que son Office ne l'exige. — Il est pareillement défendu de tenir des conversations particulières ; en un mot de troubler l'ordre et la décence des Travaux, sous peine d'être rappelé à l'ordre ou d'être soumis à une peine plus grave, en cas de récidive (*Voir aux Dispositions judiciaires, art. 1 et 2.*)

Art. 110. — Les travaux ont lieu dans l'ordre suivant : 1° Ouverture de la séance ; 2° Lecture et adoption de la planche des travaux précédents ; 3° Introduction des Visiteurs, après tuilage ; 4° Travaux à l'ordre du jour ; 5° Circulation du Sac des Propositions et du Tronc de Bienfaisance, communication des propositions à l'Atelier, et annonce du produit de la collecte, qui est remis au Frère Hospitalier, après mention de la somme sur le Livre d'Architecture ; 6° Clôture.

SECTION DEUXIÈME

Des Mots de semestre et des Mots annuels.

Art. 111. — A chaque fête solsticiale de l'année maçonnique, et plus souvent s'il le juge nécessaire, le Président du Conseil de l'Ordre donne des Mots de semestre qui sont adressés à toutes les Loges. — Dans le courant d'avril, il donne un Mot annuel qui n'est adressé qu'aux Chapitres, et en novembre un autre Mot annuel pour les Conseils. — Les Loges, les Chapitres et les Conseils qui ont acquitté leurs contributions et produit leurs Tableaux, recevront seuls les Mots de semestre ou les Mots annuels.

Art. 112. — Les Mots de semestre et les Mots annuels sont envoyés dans un billet cacheté. Ce billet ne peut être ouvert, dans chaque Atelier, que pendant la tenue des travaux par le Président titulaire, ou, en son absence, par l'Officier qui préside. Il en est donné connaissance séance tenante et à voix basse aux Membres actifs et aux Membres honoraires. — Les visiteurs ne reçoivent pas les Mots de semestre ou les Mots annuels.

Art. 113. — Les Frères absents pendant la circulation des Mots de semestre ou des Mots annuels les reçoivent du Président. — Le Mot est demandé, à l'entrée du Temple, à tous les Maçons qui s'y présentent. Cette entrée est refusée à tout Visiteur, lors même qu'il présente un Diplôme, un Bref ou une Patente du Grand-Orient ou d'un Atelier régulier, si après avoir été tuilé, il ne donne pas le dernier Mot de semestre ou annuel, ou au moins le précédent. — Les Maçons qui ne relèvent pas de l'obédience du Grand-Orient de France devront seulement présenter leurs Titres.

SECTION TROISIÈME

Des Visiteurs.

Art. 114. — Tout Maçon régulier est admis comme visiteur dans un Atelier dont il n'est pas Membre, pourvu qu'il possède le Grade auquel travaille cet Atelier, et qu'après avoir été tuilé, il donne le dernier mot de semestre ou annuel, ou au moins le précédent. Il doit couvrir le Temple si les Travaux sont ensuite ouverts à un Grade supérieur au sien, ou si l'Atelier se constitue en Conseil de Famille.

Art. 115. — Tout visiteur, qui n'est pas porteur d'un Titre authentique, peut néanmoins être admis sur le témoignage de trois Membres de l'Atelier où il se présente. Les noms de ces Membres sont alors consignés dans le procès-verbal des Travaux du jour. — Un visiteur n'a que voix consultative dans les Ateliers où il est admis, à moins qu'il ne s'agisse de l'initiation d'un profane ; et même, dans ce dernier cas, il ne peut prendre part au scrutin que s'il est Maçon actif ou honoraire.

Art. 116. — Un Maçon, dont le Titre est régulier, mais qui a cessé d'être Membre d'un Atelier en activité, ne peut être admis plus de trois fois comme visiteur, sans prendre l'engagement de se faire affilier à un Atelier de la correspondance du Grand-Orient; son Titre est visé chaque fois qu'il est admis. — L'entrée du Temple est refusée aux visiteurs porteurs d'un Titre maçonnique émané d'un Atelier irrégulier, mais ce Titre ne peut être retenu. Cependant, s'il porte la fausse indication qu'il émane du Grand-Orient ou d'un Atelier régulier, ce Titre doit être retenu par l'Atelier, auquel il est présenté, et envoyé par lui au Grand-Orient, qui statue.

CHAPITRE NEUVIÈME

DE L'INITIATION. — DE LA COLLATION DES GRADES. DES AFFILIATIONS ET DES RÉGULARISATIONS.

SECTION PREMIÈRE

Des règles à suivre pour l'Initiation.

Art. 117. — Tout Profane qui réunit les conditions exigées par la Constitution et les présents Statuts généraux, doit être proposé à l'initiation par un ou plusieurs Membres de la Loge dont il désire faire partie. — Celui ou ceux qui le présentent en font la demande par un bulletin signé individuellement et déposé dans le sac des Propositions. Ce bulletin doit contenir les noms, prénoms, demeure, âge, lieu, jour, mois et année de naissance, ainsi que les qualités civiles du candidat; il doit contenir, en outre, la déclaration signée par le Profane qu'il n'a pas été refusé précédemment par une autre Loge. — Le Président donne lecture de ce bulletin, sans faire connaître les noms des présentateurs, et charge, sans le faire connaître, trois Commissaires spéciaux de prendre des renseignements sur la moralité et sur les autres qualités du candidat. Les Commissaires doivent en faire leur rapport par écrit dans la Tenue suivante.

ART. 118. — La demande en initiation et son renvoi à une Commission peuvent, en cas d'urgence, avoir lieu dans l'intervalle d'une séance à l'autre par ordre du Président; mais alors les planches de convocation doivent désigner les Profanes proposés.

ART. 119. — L'admission d'un Profane aux épreuves ne peut avoir lieu qu'au scrutin secret et d'après les conclusions du Frère Orateur. — Cette admission est prononcée si le scrutin revient à l'autel pur et sans tache, ou s'il contient un nombre de boules noires moindre que le cinquième du nombre des votants. Si, au contraire, le scrutin contient un nombre de boules noires égal ou supérieur au cinquième du nombre des votants, l'admission est ajournée et une nouvelle enquête a lieu. Dans les deux cas, toute fraction de cinq, dans le nombre des votants, compte pour cinq votants. — Si, après la nouvelle enquête, faite par trois nouveaux commissaires désignés par le Vénérable, le scrutin présente un résultat défavorable au candidat, l'admission est regardée comme refusée et le Profane est ajourné. — Les Membres de la Loge et les Frères visiteurs présents à la lecture des rapports, peuvent seuls prendre part au scrutin. — Il est interdit aux Loges d'initier plus de cinq Profanes à la fois.

ART. 120. — Après les épreuves et avant la prestation du serment pour l'admission définitive du Profane, le Vénérable consulte la Loge par assis et levé sur cette admission. — — Elle est prononcée à la majorité des voix, sur les conclusions favorables du Frère Orateur. Les Frères qui ont assisté aux épreuves sont seuls admis à prendre part à ce vote. — Si la majorité se prononce contre l'admission définitive, il en est donné connaissance au Profane, en dehors du Temple, et son admission est ajournée. — Tout Profane, refusé à l'initiation, ne pourra être présenté de nouveau à l'initiation qu'après le délai d'un an.

Art. 121. — Une Loge, en cas d'urgence, sur la demande d'une autre Loge, peut donner, au nom de celle-ci, l'initiation au Profane qu'elle présente. La demande écrite, timbrée, scellée et signée par les cinq premières Lumières de la Loge qui sollicite, est déposée dans les Archives de celle qui fait la réception. — Le Vénérable de la Loge pour le compte de laquelle se fait la réception et, à son défaut, l'une des sept premières Lumières, doit assister à la Tenue, accompagné au moins de deux Membres de l'Atelier. La présence du Vénérable et des deux autres Membres est constatée par leur signature sur la Planche des Travaux du jour.

Art. 122. — Les Loges devront faire connaître au Grand-Orient les noms, professions, etc., des Profanes refusés par elles à l'initiation et, autant que possible, les motifs qui ont déterminé le refus. — Elles devront également transmettre au Grand-Orient les noms de tous les Profanes présentés à l'initiation, avant le vote sur l'admission de ces Profanes aux épreuves. — Les noms des Profanes refusés seront inscrits sur un registre spécial tenu au Grand-Orient par le Chef du Secrétariat, lequel devra, dans le délai de cinq jours, prévenir l'Atelier qui a transmis une demande en initiation, dans le cas où le Profane proposé aurait été refusé dans une autre Loge. — Si aucune réponse n'avait été faite par le Secrétariat dans le délai fixé ci-dessus, la Loge pourrait procéder à la réception du Profane. — Les Loges d'outre-mer et de l'étranger pourront procéder à l'initiation sans attendre l'avis du Grand-Orient; mais elles restent tenues d'adresser au Grand-Orient les noms des Profanes proposés à l'initiation, ainsi que le nom des Profanes refusés. — Les Loges d'outre-mer et des pays étrangers porteront à la connaissance des autres Loges circonvoisines, relevant de l'Obédience, le nom des Profanes refusés à l'initiation, et fourniront, au besoin, à celles qui le leur demanderont les motifs du refus. — Il ne sera procédé à la réception d'aucun Profane précédemment refusé dans une autre Loge, qu'après avoir demandé au Grand-Orient de France communication des motifs qui ont déterminé le refus, et avoir obtenu réponse. — Toute initiation d'un Profane faite contrairement aux dispositions des Statuts et Règlements généraux, est nulle et de nul effet.

SECTION DEUXIÈME

De la Collation des Grades.

Art. 123. — La série des Grades composant chacun des Rites admis par le Grand-Orient est également divisée en classes, et chaque classe est déterminée par le plus important de ces grades. Ceux-ci ne doivent être conférés qu'avec la pompe et les cérémonies propres à chaque Rite. Les Grades intermédiaires, seuls, peuvent être donnés par communication.

Art. 124. — Sont considérés comme ne pouvant être conférés par communication : les trois Grades Symboliques, ceux de Chevalier Rose-Croix, de Chevalier Kadosch, et les Grades Supérieurs.

Art. 125. — L'intervalle de temps à observer pour la collation des Grades à partir de l'époque de l'initiation, doit être tel qu'on ne puisse être reçu Compagnon qu'à vingt et un ans et cinq mois ; Maître à vingt et un ans sept mois ; Rose-Croix à vingt-cinq ans ; Kadosch à vingt-sept ans ; 32e à trente ans, et 33e à trente-trois ans. — A l'égard des initiés âgés de plus de vingt et un ans, ils ne pourront être reçus Compagnons que cinq mois après leur réception au grade d'Apprenti, et Maîtres que deux mois après leur réception au grade de Compagnon. — Néanmoins, en cas d'urgence motivée et constatée par l'affirmation d'honneur de trois Frères Membres de l'Atelier et reconnue par une délibération expresse de la Loge, à la majorité des deux tiers des suffrages, les délais du Compagnonnage et de la Maîtrise pourront être abrégés, sans que ces Grades cependant soient jamais conférés le même jour que celui d'Apprenti. L'affirmation, les noms des Frères qui l'auront fournie et la délibération de l'Atelier seront consignés au Livre d'Architecture. — Le cas d'urgence ne peut jamais être invoqué que pour un départ prochain et une absence prolongée. — Pour la collation des autres Grades, on observera entre chaque série un intervalle de trois mois, en se conformant strictement, quant à l'âge, à ce qui est prescrit au premier paragraphe du présent article. — Les Loges nouvellement constituées pourront être autorisées, pendant le cours de la première année de leur existence, à abréger les délais pour les augmentations de salaire, dans le cas où le nombre des Maîtres serait insuffisant pour remplir les Offices.

Art. 126. — Les Ateliers ne peuvent refuser de donner à un de leurs membres le Grade le plus élevé qu'ils confèrent, lorsque la demande en augmentation de salaire est régulièrement faite, et si, d'ailleurs, le demandeur remplit les conditions d'âge et de temps prescrites par les présents Statuts, ainsi que celles d'instruction maçonnique constatée par un examen préalable. — Dans le cas où, par un motif quelconque, un Atelier croirait devoir refuser l'augmentation de salaire demandée, il sera tenu de faire connaître ses motifs au Grand-Orient qui juge et statue.

Art. 127. — Les Maçons initiés par une Loge ne peuvent recevoir d'augmentation de salaire que de cette Loge, conformément à l'art. 121, et ne peuvent obtenir les Grades supérieurs, jusqu'à celui de Kadosch inclusivement, que des Ateliers souchés sur ladite Loge. — Néanmoins, lorsque la Loge qui doit donner l'augmentation de salaire n'est pas située dans le même Orient que la Loge où l'initiation a eu lieu, la présence du Vénérable et de deux membres de l'Atelier exigée par le § 2 de l'art. 121, n'est pas obligatoire.

SECTION TROISIÈME

Des Affiliations et des Régularisations individuelles.

Art. 128. — Les demandes en affiliation ou en régularisation sont soumises aux mêmes formalités que celles qui sont prescrites pour les initiations. — L'admission définitive est décidée par un seul vote qui a eu lieu au scrutin secret, hors de la présence du Frère impétrant. La majorité absolue est nécessaire pour que l'admission soit prononcée. S'il n'y a pas de majorité absolue en faveur de l'admission, l'affiliation ou la régularisation est ajournée. — Les Membres de la Loge peuvent seuls prendre part au vote.

Art. 129. — Nul Maçon ne peut être affilié à aucun Atelier supérieur s'il ne justifie qu'il est Membre actif d'une Loge de la correspondance du Grand-Orient.

SECTION QUATRIÈME

Des formalités relatives aux augmentations de salaire.

Art. 130 — Tout Apprenti qui remplit les conditions

voulues par l'article 125, et qui veut obtenir une augmentation de salaire, doit en faire la demande par écrit à la Loge, laquelle statue au scrutin, à la majorité absolue des voix. — Les mêmes formalités sont exigées pour les Compagnons qui désirent une augmentation de salaire.

Art. 131. — Tout Maître qui désire obtenir les Grades Capitulaires doit adresser, au Chapitre souché sur la Loge dont il est Membre, une demande écrite et signée *manu propria*, et contenant ses noms, prénoms, âge, lieu de naissance, domicile, qualités civiles et maçonniques ; il joint à cette demande son Diplôme de Maître et la déclaration qu'il est Membre actif d'une Loge. — Dans le cas où la Loge dont le postulant fait partie ne posséderait pas de Chapitre, la demande pourra être adressée à l'un des chapitres de l'Obédience les plus rapprochés.

Art. 132. — Le Chapitre, saisi de cette demande, statue au scrutin par un vote à la majorité des voix.

Art. 133. — Les mêmes formalités doivent être remplies auprès des Conseils de Chevaliers Kadosch, par les Chevaliers Rose-Croix qui désirent obtenir une augmentation de salaire, et sous la faculté énoncée au dernier paragraphe de l'art. 131.

Art. 134. — Les Loges, les Chapitres et les Conseils peuvent toujours prendre l'initiative des demandes en augmentation de salaire pour les Frères qu'ils jugeraient dignes de cette faveur, sans que ces Frères soient astreints à en faire la demande écrite.

Art. 135. — Les prescriptions de l'art. 122 des Statuts généraux sont applicables aux Chapitres et aux Conseils philosophiques pour les demandes en augmentation de salaire qui leur sont adressées, soit par des Ateliers, soit par des Frères isolés.

CHAPITRE DIXIÈME

SECTION UNIQUE

Des Démissions et des Congés.

Art. 136. — Toute démission de Membre actif d'un Atelier doit être donnée par écrit et signée. Elle est déposée dans le sac des propositions ou adressée à l'Atelier dans la personne de son Président. — Si l'Atelier le juge convenable, une députation de trois membres est chargée de se transporter auprès du Frère qui a donné sa démission pour l'inviter à la retirer. S'il s'y refuse, cette démission est acceptée. Dans le cas contraire, elle est regardée comme non avenue. — Le délai d'un mois est accordé à un Frère pour retirer la démission qu'il a donnée ; mais il doit le faire par écrit. — On consigne le désistement et la demande sur le Livre d'Architecture. — Tout Frère démissionnaire est tenu d'acquitter ce qu'il doit à l'Atelier. S'il s'y refuse, sa démission n'est point acceptée, et il est procédé contre lui, ainsi qu'il est prescrit par l'art. 4 des Dispositions judiciaires.

Art. 137. — Une demande en congé doit être faite par écrit à l'Atelier qui en délibère. La planche des Travaux du jour en contient la mention. — Un congé ne peut être accordé pour plus d'une année, mais il peut être renouvelé après ce terme avec les mêmes formalités. — Il est refusé à tout Frère qui n'est point à jour avec l'Atelier. — Un congé ne dispense pas du payement des cotisations; néanmoins ces cotisations peuvent être remises ou modérées d'après un arrêté spécial de l'Atelier.

CHAPITRE ONZIÈME

SECTION UNIQUE

Des formalités prescrites pour la Suspension et la Reprise des Travaux.

Art. 138. — Tout Atelier qui cesse ou qui suspend ses Travaux est tenu d'en faire la déclaration au Grand-Orient, par un extrait de la délibération spéciale, mentionnant exactement les motifs de la cessation ou de la suspension des Travaux. Cet Atelier joint à cette déclaration son Titre constitutif, les timbres et sceau, les Cahiers des Grades, les Livres d'Architecture, le Tableau de ses Membres, signé par les cinq premières Lumières de l'Atelier et revêtu des timbres et sceau. Il dépose également au Grand-Orient les métaux restant en caisse.

Art. 139. — Tout Maçon, de quelque grade qu'il soit, qui garderait en sa possession, pendant plus de trois mois, soit à titre de dépôt, soit à titre de don ou de gage, avec ou sans autorisation de la Loge, de quelque manière enfin que ce puisse être, les métaux, Livres d'Architecture, Titres, timbres ou sceau, etc., d'un Atelier maçonnique, sans en prévenir le Grand-Orient et lui en offrir la remise gratuite, est, pour ce seul fait, déclaré Maçon infidèle ; il peut être mandé et jugé selon la rigueur des présents Statuts généraux.

Art. 140. — Tout Atelier qui suspend ses Travaux sans avoir rempli les obligations imposées par les articles ci-dessus, est rayé de la correspondance du Grand-Orient ; son Titre est abrogé, ses Membres sont déclarés irréguliers. — S'il remplit ces conditions, il est dispensé de la contribution annuelle pendant tout le temps de cette suspension.

Art. 141. — La reprise des Travaux n'est accordée que sur une demande signée par sept Frères au moins, possédant le grade le plus élevé que confère l'Atelier et figurant au Tableau exigé par l'art. 138. La décision qui accorde la reprise des Travaux est transcrite sur le Titre constitutif de l'Atelier qui l'a obtenue, et mentionnée sur le Livre d'Architecture. — Le titre constitutif, les timbres et sceau, etc., sont remis à l'Atelier, ainsi que les Livres d'Architecture et les métaux. (*Voir art.* 153.)

Art. 142. — La cessation ou la suspension des Travaux d'une Loge entraîne de droit celle des Ateliers Supérieurs souchés sur elle ; mais ces Ateliers Supérieurs peuvent cesser ou suspendre leurs travaux sans arrêter ceux de la Loge. — De même la mise en sommeil d'un Chapitre entraîne la mise en sommeil du Conseil. — Toutefois le Chapitre et le Conseil, après la cessation des Travaux de la Loge qui leur servait de souche, seront admis, dans le délai d'un an, à se soucher sur une autre Loge du même Orient, de laquelle ils auront obtenu le consentement.

—

CHAPITRE DOUZIÈME

DES FÊTES D'ORDRE. DES BANQUETS. — DES POMPES FUNÈBRES. — DES HONNEURS ET DES PRÉSÉANCES MAÇONNIQUES.

SECTION PREMIÈRE

Des Fêtes d'Ordre et des Banquets.

Art. 143. — Il y a pour les Loges deux Fêtes d'Ordre par année, l'une au solstice d'été, l'autre au solstice d'hiver.

L'une des deux fêtes est toujours suivie d'un banquet. Tous les Membres de la Loge sont tenus d'assister à ce banquet. — Il n'y a qu'une fête pour les Chapitres, à l'équinoxe du printemps, et pareillement une seule pour les Ateliers Supérieurs, à l'équinoxe d'automne. Les Banquets prennent le nom d'*Agapes* pour les Ateliers Supérieurs. — Les Travaux de table doivent toujours être dirigés et exécutés suivant les usages maçonniques ; ils sont tenus, par les Loges, au premier grade symbolique. Les Ateliers Supérieurs ont la faculté de déterminer à quel grade doivent avoir lieu leurs Agapes. — A quelque grade et à quelque Rite que se tiennent des Travaux de table, ils ne peuvent être ouverts et continués ailleurs que dans un local maçonnique, à l'abri de l'indiscrétion des profanes, sous peine de suspension.

Art. 144. — Il y a quatre santés d'obligation : 1° celle du Grand-Orient de France, des Ateliers de la Correspondance et des Grands-Orients étrangers ; 2° celle du Président de l'Atelier ; 3° celle des Surveillants, des Officiers, des Ateliers affiliés et des Frères visiteurs ; 4° celle de tous les Maçons existants sur l'un et l'autre hémisphère. Pour cette dernière santé, l'Atelier forme la chaîne d'union, dont le Frère Servant fait toujours partie.

Art. 145. — Toutes les santés sont portées par le Président, à l'exception de la seconde, qui est portée par les deux Frères Surveillants et le Frère Orateur. La troisième est portée par deux Membres de l'Atelier possédant au moins le Grade de Maître et non dignitaires, désignés par le Président. Ces santés sont portées debout et à l'ordre ; chacune d'elles est terminée par une triple batterie.

SECTION DEUXIÈME

Des Pompes Funèbres.

Art. 146. — Les Ateliers consacrent, au moins tous les trois ans, un jour à la mémoire des Frères décédés dans les années précédentes. L'Orateur, ou tout autre Frère désigné par le Président, prononce un discours en l'honneur des Frères décédés. — Aussitôt que le Président d'un Atelier est averti du décès de l'un des Membres, il nomme une députation pour accompagner le corps au Champ du Repos. La députation est de cinq Frères pour un Membre, de neuf pour un Officier, et de l'Atelier tout entier pour le Président. — Il est formellement interdit de porter les insignes maçonniques dans le trajet de la maison mortuaire au cimetière. Là ils peuvent être portés, mais seulement après l'entier accomplissement des cérémonies religieuses (s'il y en a). — Dans les Temples maçonniques, les pompes funèbres exigent des batteries de deuil et généralement tout ce qui accompagne l'expression de la douleur.

SECTION TROISIÈME

Des Honneurs et Préséances maçonniques.

ART. 147. — Un Maçon, quelque élevé qu'il soit en grade, ne peut prétendre à des honneurs, préséances ou prérogatives autres que ceux ci-après désignés. Il lui est interdit de porter des cordons ou des bijoux autres que ceux qui sont autorisés dans l'Ordre civil, ou bien admis comme décoration maçonnique dans les divers Rites reconnus par le Grand-Orient.

ART. 148. — Le Président du Conseil de l'Ordre est introduit par quinze Membres précédés d'un Maître des Cérémonies et conduit sous la Voûte d'Acier, maillets battants jusqu'à la place du Président qui lui remet le maillet. Les Vice-Présidents du Conseil de l'Ordre sont introduits de même par neuf membres. — Lorsque le Président du Conseil de l'Ordre ou les Vice-Présidents ne conservent pas le maillet, ils occupent toujours le fauteuil de la Présidence et le Président de l'Atelier se tient à leur droite. — Si le Président du Conseil de l'Ordre est accompagné des Vice-Présidents, ceux-ci se placent à sa droite et le Président de l'Atelier à sa gauche. — Les Membres du Conseil de l'Ordre et les Inspecteurs chargés d'une mission par le Conseil de l'Ordre sont reçus de même par sept membres. — Les députations des Ateliers et le Président de l'Atelier, même s'ils se présentent après l'ouverture des travaux, sont reçus par trois membres. — Tous les Frères dont il vient d'être fait mention sont placés à l'Orient, les plus élevés en grade auprès du Président. — Un Atelier, quel que soit son Rite; un Maçon, quel que soit son Grade, ne peut exiger d'être reçu au Rite qu'il professe dans un Atelier d'un autre Rite. — Les Ateliers ne peuvent se dispenser de rendre les honneurs maçonniques, que lorsque les Maçons qui en doivent être l'objet le demandent formellement.

ART. 149. — Le Président accueille et complimente les Commissions, les Députations ou les Visiteurs, et fait applaudir à leur entrée. Il fait rendre aux Officiers des Grands-Orients étrangers les honneurs dus à leurs dignités.

—

CHAPITRE TREIZIÈME

DES CAUSES D'IRRÉGULARITÉ ET DES MOYENS DE RÉGULARISATION EN CE QUI CONCERNE LES ATELIERS

SECTION PREMIÈRE

Des causes d'irrégularité maçonnique en ce qui concerne les Ateliers.

ART. 150. — Sont Ateliers irréguliers : 1° ceux qui, pendant une année en France et pendant deux années dans les Orients d'outre-mer, ont cessé leur correspondance et n'ont point paye leurs contributions ; 2° ceux qui, étant réguliers, s'affilient à une association maçonnique non reconnue par une Obédience régulière ; 3° ceux qui sciemment conservent dans leur sein des Maçons irréguliers ; 4° ceux qui, sans l'autorisation du Grand-Orient, se livrent à des travaux d'un Ordre supérieur à celui dans lequel ils ont été constitués, ou qui ajoutent à leurs propres Travaux ceux d'un Rite non reconnu par le Grand-Orient ; 5° ceux qui tiennent leurs séances ou qui célèbrent leurs fêtes maçonniques dans des locaux non reconnus par le Grand-Orient.

ART. 151. — Il n'y a de locaux maçonniques réguliers que ceux qui sont déclarés tels par le Grand-Orient.

SECTION DEUXIÈME

Des Moyens de Régularisation pour les Ateliers.

ART. 152. — Les Ateliers constitués par d'autres Pouvoirs maçonniques peuvent être admis à la Correspondance du Grand-Orient s'ils joignent à leur demande : 1° leurs titres constitutifs ; 2° le tableau de leurs membres signé *manu propria* par chacun d'eux, contenant la promesse de se conformer à la Constitution, ainsi qu'aux Statuts et aux Règlements généraux de l'Ordre. Ils doivent, en outre, acquitter les contributions exigibles.

Art. 153. — Les Ateliers déclarés irréguliers, pour cessation de correspondance avec le Grand-Orient, ou de payement de leurs cotisations pendant le temps fixé par l'article 150, pourront jouir de la même faveur en sollicitant la reprise de leurs Travaux, conformément à l'article 141, et en acquittant les contributions d'une année au moins.

Art. 154. — Quel que soit le cas où se trouve un Atelier qui sollicite sa réintégration, la demande doit être le résultat d'une délibération prise à la majorité des suffrages, d'après une convocation spéciale : elle doit être timbrée, scellée, et signée des cinq premières Lumières. — Si cette demande est rejetée, elle est déposée aux Archives du Grand-Orient ; mais les pièces jointes à la demande sont remises à l'Atelier, ainsi que les métaux.

TITRE II

Des Maçons individuellement.

—

CHAPITRE PREMIER

DES CONDITIONS A REMPLIR POUR ÊTRE MAÇON RÉGULIER. — DES CAUSES D'IRRÉGULARITÉ ET DES MOYENS DE RÉGULARISATION.

SECTION PREMIÈRE

Des conditions à remplir pour être Maçon régulier et actif.

Art. 155. — Tout Maçon, pour être *régulier,* doit être ou Membre actif d'une Loge régulière, à titre d'Apprenti, Compagnon ou Maître, ou membre honoraire. S'il est Maître, il doit être pourvu d'un Titre régulier de ce Grade (Diplôme).

Art. 156. — Tout Maçon, pour être *actif*, doit réunir les conditions suivantes : 1° être Membre cotisant d'une Loge régulière ; 2° être domicilié ou résidant dans l'Orient où est située la Loge, ou, au moins, dans un rayon de 100 kilomètres.

Art. 157. — Tout Membre actif d'un Atelier ne peut

devenir honoraire qu'après quinze années d'activité non interrompue. — L'honorariat ne peut être obtenu qu'après délibération et décision favorable de l'Atelier.

ART. 158. — L'activité est la base de l'aptitude à toute fonction comme à toute dignité dans l'Ordre maçonnique.

ART. 159. — Tout Maçon, quel que soit son grade, est inapte à une fonction quelconque dans une Loge, s'il n'en est pas Membre actif.

ART. 160. — Les Membres honoraires ne sont éligibles à aucune fonction dans l'Atelier.

ART. 161. — Nul Maçon, quel que soit son grade, ne peut être Officier d'un Chapitre ou d'un Conseil, s'il n'est, en même temps, Membre actif d'une Loge.

SECTION DEUXIÈME

Des Causes d'Irrégularité maçonnique en ce qui concerne les Maçons.

ART. 162. — Sont Maçons irréguliers : 1° tout Profane initié dans une Loge non reconnue par le Grand-Orient ou initié partout ailleurs que dans une Loge régulière ; 2° tout Maçon promu irrégulièrement à un Grade quelconque ; 3° ceux qui, ayant fait partie d'un Atelier en sommeil pendant plus d'un an, ou dont le Temple est démoli par le Grand-Orient, sont demeurés pendant le même temps sans affiliation à une Loge en activité ; 4° ceux qui, sans mission, ont accordé l'initiation à des Profanes, ou qui ont conféré les Grades maçonniques ; 5° ceux qui, sans motifs légitimes, n'ont pas rempli leurs obligations pécuniaires envers les Ateliers dont ils faisaient partie ; 6° ceux qui, faisant partie d'un Atelier Supérieur, ne sont pas en même temps membres actifs cotisants d'une Loge et de tous les Ateliers intermédiaires ; 7° ceux qui, par suite d'un jugement régulier, sont exclus des Ateliers de la Correspondance. — Tout Maçon irrégulier est inapte à recevoir une dignité et à remplir une fonction quelconque au sein du Grand-Orient. — L'irrégularité encourue par un Maçon pourvu d'une dignité ou exerçant une fonction quelconque, dans l'Ordre maçonnique, le frappe de déchéance. — Il est établi au Secrétariat du Grand-Orient un registre spécial contenant les noms, prénoms, âge, lieu de naissance, grades, demeures et qualités civiles de tous les Maçons signalés comme irré guliers, et qui ont été reconnus tels par une délibération du Conseil de l'Ordre. — Les motifs de l'irrégularité sont consignés en regard des noms inscrits, avec la date de la délibération.

SECTION TROISIÈME

Des moyens de Régularisation pour les Maçons.

Art. 163. — Tout Profane irrégulièrement initié aux grades maçonniques, ou tout Maçon irrégulièrement promu à des grades quelconques, peut être admis à la régularisation : 1° s'il appuie sa demande d'un certificat favorable signé par trois Membres actifs de l'Atelier auquel il s'adresse ; 2° s'il justifie, par des pièces probantes, du lieu, de l'époque et des circonstances de sa réception, et s'il satisfait au tuilage auquel il doit être soumis ; 3° s'il joint à sa demande la promesse écrite et signée par lui de se conformer à la Constitution et aux Règlements généraux de l'Ordre.

Art. 164. — Tout Maçon reçu dans un Atelier irrégulier peut se faire régulariser, en produisant à l'appui de sa demande : 1° la promesse mentionnée à l'article qui précède ; 2° son titre maçonnique, Diplôme, Bref, Patente, ou, à son défaut, la déclaration écrite et signée qu'il ne lui en a pas été délivré ; 3° le certificat favorable de trois membres d'un Atelier régulier, ainsi qu'il est prescrit par le § 1er de l'article qui précède. — S'il est porteur de l'un des Titres mentionnés ci-dessus, il est tenu d'inscrire, à la suite de son contenu, l'engagement de se conformer à la Constitution et aux Règlements généraux de l'Ordre. — Ces Titres sont échangés contre un Titre régulier que le Grand-Orient lui délivre avec mention de la date du Titre annulé.

Art. 165. — Un Maçon originairement régulier, qui a cessé de l'être, soit en restant attaché à un Atelier devenu irrégulier, soit en s'affiliant à un Atelier irrégulier, jouit de la même faveur et des mêmes conditions que celles énoncées dans l'article précédent ; mais il ne peut obtenir un nouveau Titre qu'après une année d'activité.

TITRE III

Du Grand-Orient de France.

—

CHAPITRE PREMIER

DU GRAND-ORIENT DE FRANCE. — DE SES SÉANCES EN ASSEMBLÉE GÉNÉRALE ET DE SES OFFICIERS. — DES REPRÉSENTANTS A L'ASSEMBLÉE GÉNÉRALE. — DES CÉRÉMONIES. — DES SCEAUX ET DES TIMBRES.

SECTION PREMIÈRE

Du Grand-Orient de France.

ART. 166. — L'autorité du Grand-Orient de France s'étend sur tous les Ateliers régulièrement constitués ou reconnus par lui, en France, dans les Possessions françaises et dans les Pays étrangers.

SECTION DEUXIÈME

Des Séances du Grand-Orient de France en Assemblée Générale.

ART. 167. — L'Assemblée Générale nomme, à chaque Session, outre son Président, tous les Officiers qui doivent remplir des fonctions dans les séances du Grand-Orient de France. Ces Officiers sont : 1° Un premier Surveillant; 2° un deuxième Surveillant; 3° un Orateur; 4° un Secrétaire; 5° un premier Expert; 6° un deuxième Expert; 7° un Hospitalier; 8° deux Maîtres des Cérémonies. — Les nominations de ces Officiers ont lieu conformément aux art. 66 et 67 des Statuts et règlements généraux de l'Ordre.

ART. 167 *bis*. — Les bureaux seront tirés au sort entre es Vénérables et Délégués des Loges non revêtus de la dignité de Membres du Conseil de l'Ordre. — Les Membres du Conseil seront répartis également dans chaque bureau. Représentants du Pouvoir exécutif et administratif, ils ont mission de renseigner les bureaux sur les actes du Conseil de l'Ordre, et ne peuvent être nommés aux fonctions de Présidents et Secrétaires du bureau.

Art. 168. — Le Président de l'Assemblée ou celui qui préside à sa place a seul le droit : 1° d'ouvrir ou de fermer les Travaux ; 2° de mettre les propositions sous le maillet ; 3° de résumer les discussions ; de proclamer le résultat des délibérations. — Il peut retirer la parole à tout membre de l'Assemblée qui s'écarterait de l'ordre, et même, au besoin, lui faire couvrir le Temple. Enfin, en cas de désordre, il peut suspendre ou lever la séance. — Après les conclusions du Frère Orateur, le Président pose la question à résoudre et proclame le résultat du vote. — Le Président, l'Assemblée consultée, prononce la clôture.

Art. 169. — Les votes ont lieu par assis et levé; si l'épreuve est douteuse, le vote a lieu par appel nominal, à moins que le scrutin secret ne soit réclamé par au moins vingt Membres. — L'appel nominal est de droit lorsqu'il est demandé par vingt Membres. — Les décisions sont prises à la majorité des Membres présents. — Aucune décision ne peut être prise, si l'Assemblée ne compte dans son sein au moins le tiers des Représentants des Ateliers de la Correspondance. — En cas de partage des voix, celle du Président est prépondérante.

Art. 170. — Avant l'ouverture de la session, les pouvoirs sont vérifiés par le Conseil de l'Ordre ; mais en cas de réclamation ou de litige, l'Assemblée décide souverainement, en se conformant aux articles 25, 26 et 27 de la Constitution. Après l'appel nominal et la prestation du serment, les députés se retirent pour constituer leurs bureaux, conformément aux divisions arrêtées par l'Assemblée. Les ordres du jour de la session sont proposés dès la première séance.

Art. 171. — Le procès-verbal ou l'esquisse des Travaux de chaque séance est lu au commencement de la séance suivante. Lorsque les Travaux à l'ordre du jour de la session seront épuisés, il y aura une dernière séance ou séance d'adieu qui sera consacrée à la lecture du procès-verbal de la précédente séance et à l'enregistrement, sans discussion, des vœux et propositions des représentants des Ateliers. Ces vœux et propositions sont renvoyés à l'examen du Conseil de l'Ordre ; et, s'il ne peut y être fait droit, il en sera rendu compte à la prochaine Assemblée. — Les vœux émis par des Commissions jouiront, au point de vue de la discussion, du même bénéfice que les vœux appuyés par vingt-cinq signatures. Toutefois, ceux des vœux qui ne tendront à aucune modification de la Constitution, et qui seront signés par vingt-cinq Membres au moins, seront lus immédiatement, sans discussion. — Si l'urgence est demandée, l'Assemblée sera consultée et votera sans discussion sur l'urgence. Si l'urgence est adoptée, la discussion sur la prise en considération pourra s'ouvrir pendant le cours de la session, excepté le jour même où l'urgence aura été votée. Dans le cas où la prise en considération serait prononcée, le vœu devra être envoyé, par les soins du Conseil de l'Ordre, à l'étude des Loges.

Art. 172. — Les séances de l'Assemblée Législative ont lieu en tenue régulière. Tous les Maçons actifs ont le droit d'y être admis à titre de Visiteurs. Ils occupent une place distincte et séparée de celle où siège l'Assemblée. Les marques d'approbation ou d'improbation sont formellement interdites aux Frères Visiteurs. En cas de trouble de la part des Frères Visiteurs, le Président peut leur faire couvrir le Temple. — L'Assemblée peut toujours, par un vote, se constituer en Comité Secret.

SECTION TROISIÈME

Des Représentants à l'Assemblée Générale.

Art. 173. — Toutes les Loges de la Correspondance sont tenues de se faire représenter à l'Assemblée Générale du Grand-Orient de France. Toute Loge, qui ne se serait pas fait représenter, sera passible d'une amende de 100 francs pour la première fois ; et, en cas de récidive, cet Atelier, outre l'amende encourue, pourra être suspendu ou même rayé de la Correspondance. — Les Représentants des Loges des départements ont droit à une indemnité de déplacement fixée à 1 fr. 25 par myriamètre parcouru (aller et retour). Ont également droit à l'indemnité de déplacement : les Membres du Conseil de l'Ordre habitant les départements, non élus par leurs Ateliers comme Vénérables ou délégués à l'Assemblée Générale et qui sont tenus d'assister aux séances du Convent, conformément à l'art. 25 de la Constitution. Cette indemnité est payée par le Grand-Orient. Les indemnités de déplacement dues aux délégués ou aux

Membres du Conseil et non réclamées par eux l'année suivante, seront définitivement acquises au *Compte Indemnité.* — Pour couvrir le Grand-Orient de cette dépense, toutes les Loges de l'Obédience, à l'exception de celles de l'Algérie, des Colonies françaises et de l'Etranger, versent annuellement, dans la Caisse de l'Ordre, une cotisation proportionnelle au nombre de leurs Membres. Le chiffre de cette cotisation est calculé chaque année d'après les tableaux de l'année précédente, et elle est perçue dans la même forme et de la même manière que les autres contributions dues par les Ateliers au Grand-Orient. Les amendes encourues par les Loges qui ne se seront pas fait représenter seront portées à ce compte spécial. — La présence des délégués aux séances de l'Assemblée Générale est obligatoire. Cette présence sera constatée à chaque séance par une carte divisée en deux parties portant chacune un n° d'ordre. Une partie de la carte sera remise par les délégués au contrôle, à l'entrée de la salle, au commencement de la séance; l'autre partie sera donnée à la sortie de la salle, à la fin de la séance. — Les absences non excusées et non légitimées seront seules signalées au Bulletin. Chaque absence, non autorisée ou non légitimée d'un représentant ayant droit à l'indemnité de déplacement, donnera lieu à une retenue d'un dixième de la totalité de cette indemnité.

ART. 174. — Les attributions des Officiers au sein de l'Assemblée du Grand-Orient, sont déterminées dans les articles qui suivent. Aucun d'eux ne peut prendre la parole sans l'avoir demandée et obtenue du Président.

SECTION QUATRIÈME

Des Officiers et de leurs fonctions.

Des Surveillants.

ART. 175. — Les Surveillants ont la direction de leurs colonnes et c'est à eux que chaque Frère doit s'adresser pour avoir la parole. Ils la demandent au Président par un coup de maillet. Ils transmettent à leurs colonnes respectives les annonces du Président, y maintiennent l'ordre et le silence et peuvent retirer la parole aux Frères qui l'auraient prise sans l'avoir obtenue. Ils ne peuvent être repris en séance que par le Président.

De l'Orateur.

Art. 176. — L'Orateur, gardien de la Constitution, des Statuts et des Règlements généraux de l'Ordre, est chargé d'en réclamer l'exécution. Il siège à l'Orient. La parole lui est accordée sur les objets en discussion et toutes les fois qu'il la réclame dans l'intérêt de la Loi. Il l'obtient directement du Président. — Après la clôture de la discussion, l'Orateur donne ses conclusions sans les motiver. — Dans le cas où le scrutin secret est demandé avant qu'il ait donné ses conclusions, l'Orateur n'est pas appelé à ne donner. — Il assiste au dépouillement des votes.

Du Secrétaire du Grand-Orient.

Art. 177. — Le Secrétaire est placé à l'Orient, en face de l'Orateur; il demande, comme lui, la parole au Président. Il rédige l'esquisse des travaux; et, sur cette esquisse, il dresse la planche d'Architecture qui doit être soumise à l'approbation du Grand-Orient de France, à l'ouverture de la séance suivante. Il assiste, comme l'Orateur, au dépouillement des votes. — Le Président de l'Assemblée peut appeler à assister aux travaux de l'Assemblée et à siéger à l'Orient, comme adjoint au secrétaire, le Chef du Secrétariat, ou à son défaut, tout autre employé de l'Administration du Grand-Orient, pourvu qu'il soit Maçon actif et qu'il possède au moins le grade de Maître.

Des Experts.

Art. 178. — Les Experts sont chargés de faire régner l'ordre, tant à l'intérieur qu'à l'extérieur du Temple, de s'assurer des qualités maçonniques des Membres qui peuvent être présents à la séance; de recueillir les boules et les bulletins des votes et d'assister à leur dépouillement; enfin, d'exécuter ce qui leur est prescrit par le Président.

Des Maîtres des Cérémonies.

Art. 179. — Les Maîtres des Cérémonies sont chargés de diriger le Cérémonial. Ils distribuent les boules ou bulletins pour les votes et font circuler le tronc de bienfaisance.

SECTION CINQUIÈME

Des Sceaux et Timbres et du Garde des Sceaux du Grand-Orient de France.

Art. 180. — Chaque année, le Président du Conseil de l'Ordre désigne un membre du Conseil, chargé de remplir les fonctions de Garde des sceaux et timbres. Les sceaux et timbres sont apposés sur tous les actes émanant du Grand-Orient.

SECTION SIXIÈME

Des Fêtes d'Ordre et des Pompes funèbres du Grand-Orient de France.

Art. 181. — Chaque année, le Grand-Orient a deux Fêtes d'Ordre, correspondant aux deux solstices, suivies d'un banquet. Celle du solstice d'hiver sera remplacée tous les trois ans, par une cérémonie funèbre consacrée à célébrer la mémoire des Maçons décédés. Celle du solstice d'été peut être retardée pour concorder avec la session de l'Assemblée Législative.

Art. 182. — Les fêtes sont organisées par une Commission prise dans le sein du Conseil de l'Ordre. — Aux banquets, les convives sont placés par ordre hiérarchique, quant aux fonctions, et par ordre égalitaire, quant à l'âge maçonnique. — Il y a quatre santés d'obligation qui sont portées debout et à l'ordre : 1° celle des Grands-Orients étrangers et des Ateliers de la Correspondance ; 2° celle du Président de l'Assemblée et du Président du Conseil de l'Ordre ; 3° celle des Vice-Présidents et des membres du Conseil de l'Ordre, et des Présidents d'Ateliers ; 4° celle des Frères Visiteurs et de tous les Maçons existants sur l'un et l'autre hémisphère.

(Pour cette dernière santé, tous les Maçons présents forment chaîne d'union, y compris les Frères Servants.)

Art. 183. — Dans les Fêtes d'Ordre, Cérémonies ou Banquets, aucun morceau d'architecture, aucun chant maçonnique n'est lu ou prononcé sans avoir été soumis préalablement au Président.

—

CHAPITRE DEUXIÈME

DU GRAND COLLÈGE DES RITES, SUPRÊME CONSEIL POUR LA FRANCE ET LES POSSESSIONS FRANÇAISES

SECTION PREMIÈRE

De l'Organisation du Grand Collège des Rites.

Art. 184. — Le Grand Collège des Rites, Suprême Conseil pour la France et les Possessions françaises, existe au sein du Pouvoir central du Grand-Orient de France. — Il siège à Paris. Il est composé de Maçons réguliers possédant le 33e degré. Le nombre en est limité à quinze. — Le Chef du Secrétariat général de l'Ordre remplit les fonctions de Secrétaire adjoint.

Art. 185. — Le Grand Collège ne peut s'immiscer en rien dans ce qui a rapport au gouvernement et à l'administration de l'Ordre.

Art. 186. — Le titre et la qualité de membre actif du Grand Collège des Rites s'acquièrent à l'élection, au scrutin secret, à une majorité relative des suffrages. — Nul 33e n'est de droit membre du Grand Collège des Rites.

Art. 187. — Tous les Maçons réguliers, possédant le 33e degré et ne faisant pas partie du Grand Collège des Rites, ne pourront y être admis qu'aux termes de l'article précédent.

Art. 188. — Le Grand Collège des Rites a seul le droit d'initier aux trois derniers degrés de la Franc-Maçonnerie, 31e, 32e et 33e et dernier degré du Rite Écossais ancien accepté, ainsi qu'aux grades équivalents dans tous les autres Rites reconnus par le Grand-Orient. Il a également pour mission d'examiner les demandes en agrégation de Rites non reconnus et de faire sur ces demandes un rapport au Conseil de l'Ordre, en conformité des articles 194, 195 et 196 des Statuts. Il donne son avis sur les demandes en obtention de Lettres capitulaires et de Patentes constitutionnelles conformément à l'art. 31 des Statuts.

Art. 189. — Le Grand Collège des Rites se divise en autant de sections qu'il existe de Rites différents reconnus par le Grand-Orient de France.

SECTION DEUXIÈME

Des Officiers du Grand Collège des Rites.

ART. 190. — Les Officiers du Grand Collège des Rites sont : 1° le Très Puissant Souverain Grand Commandeur ; 2° le 1er Lieutenant Commandeur; 3° le 2° Lieutenant Commandeur (*en Consistoire*) ; 4° le Ministre d'État (*en Consistoire*); 5° le Grand Chancelier Secrétaire du Saint-Empire ; 6° le Grand Hospitalier ou Éléemosinaire ; 7° le Grand Garde des Timbre et Sceau; 8° le Grand Maître des Cérémonies, Introducteur ; 9° le Grand Capitaine des Gardes ; 10° le Grand Porte-étendard.

ART. 191. — Ces Officiers sont élus pour un an, à la Saint-André (30 novembre), par le Grand Collège des Rites, à la majorité absolue des votants.

ART. 192. — Le Grand Collège des Rites a un règlement secret particulier.

ART. 193. — Les membres du Grand Collège des Rites n'ont aucune prérogative ni préséance dans les Assemblées générales du Grand-Orient de France.

SECTION TROISIÈME

Des demandes en agrégation de nouveaux Rites.

ART. 194. — Les associations maçonniques professant un Rite non adopté par le Grand-Orient et qui désirent se faire reconnaître, doivent lui adresser une délibération spéciale, ainsi que leurs Titres originaux, Statuts et Cahiers des Grades. Ces pièces sont renvoyées au Grand Collège des Rites qui nomme à la majorité absolue des votes et par bulletins secrets une Commission de cinq Membres chargée d'examiner ces Statuts et Cahiers, et de vérifier le Titre constitutif des demandeurs. Cette Commission fait son rapport par écrit, tant sur la nature du Titre que sur l'ensemble du Rite. — Si ce Rite ne contient rien de contraire à la morale ni aux principes généraux de l'Ordre, le Grand Collège des Rites prend une décision provisoire. — La décision étant favorable, il en est donné avis à l'association en instance qui adresse au Grand-Orient le Tableau de ses Membres, et contracte l'engagement de se conformer en tous points à la Constitution et aux Règlements généraux de l'Ordre.

ART. 195. — Le Ministre d'État du Grand Collège des Rites fait un rapport au Conseil de l'Ordre, qui prononce définitivement. — Aussitôt après admission du Rite, les Titres, Statuts et Cahiers sont déposés aux Archives du Grand-Orient; l'expédition de la décision où se trouve mentionné ce dépôt est envoyée à l'association impétrante. — — Tous les Ateliers constitués dans ce Rite, après l'échange de leur Titre primitif contre un nouveau Titre émané du Grand-Orient de France, font partie de la Correspondance.

ART. 196. — Dans le cas d'une demande de Constitutions au Rite nouvellement admis, l'Atelier en instance se conforme aux dispositions prescrites à la section de la formation des Ateliers (art. 9 et suivants). — Si le Grand-Orient n'admet point ce Rite, les Titres originaux, Statuts et Cahiers des Grades sont rendus à l'association en instance.

SECTION QUATRIÈME

Des demandes en cumulation de Rites.

ART. 197. — Toute Loge qui se fonde sous les auspices du Grand-Orient de France reçoit des Constitutions au Rite français ; mais elle peut, sur sa demande, obtenir une cumulation de Rites. — Aucun Atelier supérieur ne peut obtenir une cumulation de Rites qu'elle n'ait été préalablement accordée à la Loge à laquelle il appartient.

ART. 198. — Tout Atelier qui sollicite une cumulation de Rites est tenu d'adresser au Grand-Orient de France : 1° l'extrait de la délibération prise à ce sujet, à la majorité des deux tiers des votants, après convocation spéciale de tous les Membres ; 2° le Tableau des Membres signé par chacun d'eux ; 3° les Diplômes de sept Membres possédant le Rite demandé ; 4° le titre constitutif du Rite auquel il est déjà institué ; 5° enfin les contributions exigibles. — Dans le cas où l'Atelier ne pourrait produire les pièces indiquées au § 3, il les remplacera par un certificat d'un autre Atelier professant le même Rite et constatant que sept de ses Membres ont été reçus au Rite dont il s'agit.

ART. 199. — Si la cumulation des Rites est accordée à un Atelier de l'Orient de Paris, il est procédé à son inauguration dans ce Rite par trois Commissaires choisis par le Conseil de l'Ordre et parmi ses Membres. Pour les Ateliers d'un autre Orient que celui de Paris, le Conseil de l'Ordre détermine le mode d'inauguration.

ART. 200. — Un Atelier en instance de cumulation de Rites peut recevoir des visiteurs, mais il ne peut procéder à des initiations ou affiliations à ce Rite avant d'être inauguré.

TITRE IV

Des Publications Maçonniques. — Des Récompenses. — De l'Assistance et de la Maison de secours. — Du Bulletin.

CHAPITRE PREMIER

SECTION UNIQUE

Des Publications Maçonniques.

ART. 201. — Tout ouvrage maçonnique, dans les huit jours qui suivront sa publication, sera déposé au nombre de deux exemplaires, au siège du Grand-Orient de France. Ces exemplaires resteront à la Bibliothèque du Grand-Orient.

ART. 202. — Tout écrit distribué dans les Ateliers de l'Obédience devra être déposé au nombre de deux exemplaires à la Bibliothèque du Grand-Orient de France, dans les délais fixés par l'article précédent.

ART. 203. — Les délits maçonniques commis par la voie de la presse rentrent dans le droit commun et sont soumis aux prescriptions des art. 5 et suivants des Dispositions judiciaires.

CHAPITRE DEUXIÈME

DES RÉCOMPENSES MAÇONNIQUES

SECTION PREMIÈRE

De la nature des Récompenses Maçonniques.

ART. 204. — Le Grand-Orient décerne des récompenses aux Ateliers et aux Maçons qui se sont distingués par des services éminents rendus à l'Ordre, par des actes de vertu, de philanthropie ou de dévouement, par des institutions utiles ou par des travaux littéraires et scientifiques relatifs à la Maçonnerie.

ART. 205. — Ces récompenses sont : 1° une médaille d'argent; 2° un brevet sur parchemin contenant l'énoncé des motifs de la récompense ; 3° l'inscription, dans un tableau spécial, des titres distinctifs des Ateliers ou des noms des Maçons qui auront obtenu la médaille.

ART. 206. — Cette médaille, frappée au type du Grand-Orient de France et au nom de l'Atelier ou du Frère récompensé, est du module de 52 millimètres. — Elle est portée en sautoir et suspendue à un ruban moiré de 42 millimètres, aux couleurs du Grand-Orient de France. — Lorsqu'elle est décernée à un Atelier, elle est attachée par son ruban, au cordon du Président.

SECTION DEUXIÈME

Des formalités relatives aux demandes de Récompenses.

ART. 207. — Les demandes et propositions relatives aux récompenses devront être adressées au Grand-Orient de France, avant le 1er décembre de chaque année. Ces demandes seront inscrites, au fur et à mesure de leur arrivée, et par ordre numérique, sur un registre spécial et renvoyées à l'examen d'une Commission prise dans le Conseil de l'Ordre ; une mention indiquera en marge de chaque demande la décision qui aura été prise à son égard. La Commission devra présenter son travail au Conseil de l'Ordre, du 1er au 15 juillet de chaque année.

ART. 208. — Tout Atelier qui adressera au Grand-Orient une demande de récompense maçonnique, soit en son nom ou pour l'un de ses Membres, doit produire à l'appui les pièces suivantes : 1° si la demande est pour l'Atelier, un extrait du registre de ses procès-verbaux, daté, relatant les motifs et les circonstances sur lesquels la demande est fondée ; si elle est en faveur d'un Maçon, l'Atelier qui l'adressera doit, indépendamment de la demande écrite portant les noms, prénoms, lieu, jour, mois et année de naissance, qualité civile, grade maçonnique et demeure du Frère, l'appuyer des pièces probantes et authentiques des faits et actions honorables, ou discours maçonniques dont le Frère sera l'auteur, ou des services éminents qu'il aura rendus à la Franc-Maçonnerie.—Toutes les pièces émanées de l'Atelier doivent être signées par les cinq premières Lumières, timbrées, scellées et revêtues de la signature du Garde des sceau et timbre. Celles à produire pour les faits et actions, en dehors de la Maçonnerie, doivent, en outre, être certifiées et légalisées par les autorités civiles et locales.

SECTION TROISIÈME

Du mode de délivrance des Récompenses.

Art. 209. — Le Conseil de l'Ordre désigne un Rapporteur chargé de faire connaître, dans un discours au Grand-Orient de France, les titres des lauréats à cette récompense et les motifs qui ont déterminé le Grand-Orient dans son choix.

Art. 210. — La distribution des récompenses est faite par le Président de l'Assemblée, en tenue solennelle du Grand-Orient, à l'époque de sa réunion pour les travaux législatifs.

Art. 211. — Les médailles décernées par le Grand-Orient de France seront par lui remises solennellement : 1° aux Ateliers de l'Orient de Paris et de la banlieue, à une députation spéciale composée des cinq premiers Dignitaires de l'Atelier ; 2° aux Maçons du même Orient, à eux personnellement, ou, en cas d'empêchement, à un Frère délégué par eux ; 3° enfin aux Ateliers et aux Maçons des autres Orients, aux Députés de ces Ateliers ou de l'Atelier dont fera partie le Frère récompensé ; ces Députés devront être munis d'un pouvoir spécial à cet e le

Art. 211. — Le Grand-Orient de France décerne également des prix pour ces travaux intellectuels sur des questions mises par lui au concours.

CHAPITRE TROISIÈME

DE L'ASSISTANCE MAÇONNIQUE ET DE LA MAISON DE SECOURS

SECTION PREMIÈRE

De l'Assistance Maçonnique.

Art. 213. — La Commission administrative de la Maison de Secours, instituée à Paris, prend le titre de : *Commission de l'Assistance Maçonnique.*

Art. 214. — La Commission de l'Assistance maçonnique a son siège à Paris, en l'Hôtel du Grand-Orient de France. Elle administre sous la surveillance du Conseil de l'Ordre et avec le contrôle annuel de l'Assemblée Législative. Elle se compose de cinq Membres nommés annuellement par le Conseil de l'Ordre.

Art. 215. — A cette Commission seront adjoints, à tour de rôle, les Frères Hospitaliers des Loges du département de la Seine. A défaut de son Hospitalier, chaque Loge désignera pour cette fonction l'un de ses membres. Ces Frères, au nombre de six, prendront part, avec voix délibérative, aux travaux de la Commission, pendant la durée d'un semestre. Après ce temps d'exercice, ils seront remplacés par six autres Frères, en suivant l'ordre d'inscription des Loges au Calendrier maçonnique. Les six Frères sortants, à l'expiration du semestre, continueront, pendant le semestre suivant, à prendre part aux délibérations avec voix consultative.

Art. 216. — L'œuvre de l'Assistance maçonnique embrasse tout ce qui concerne la bienfaisance au triple point de vue physique, moral et intellectuel : 1° assistance aux indigents par des distributions d'aliments, de vêtements, de secours en argent; 2° souscriptions pour les infortunes notoires; 3° secours fraternels aux Maçons dans l'infortune, aide et protection à leurs veuves et à leurs enfants mineurs; 4° fondations maçonniques, telles que : maisons de secours et retraite; salles d'asile, écoles, orphelinats, patronages, enseignement gratuits, bibliothèques publiques, etc.

Art. 217. — Les ressources de la Caisse de l'Assistance maçonnique se composent : 1° des sommes figurant au crédit de la Maison de Secours et représentées, soit par des actions de la Société civile, soit par des créances diverses, soit par le débit du Grand-Orient; 2° du produit des fêtes, concerts, cérémonies et solennités de toute nature, données ou célébrées par les Loges au profit de l'Assistance maçonnique, ainsi que des souscriptions et œuvres charitables patronnées par les Maçons avec l'autorisation du Grand-Orient; 3° des dons volontaires des Ateliers et des Maçons; 4° des sources de revenu indiquées aux art. 218 et 283; 5° des dons et legs faits aux Loges de Paris et de la banlieue.

Art. 218, 219 et 220. — (Abrogés).

Art. 221. — Des services analogues à ceux de l'Assistance maçonnique de l'Orient de Paris peuvent être organisés dans les Orients où il existe plusieurs Loges.

SECTION DEUXIÈME

De la Maison de Secours.

Art. 222. — La Maison de Secours Maçonniques, fondée par le Grand-Orient de France, le 15 février 1840, et réorganisée le 24 janvier 1854, accueille pour un temps indéterminé, les Maçons sans asile et leur famille. Elle leur fournit, soit le logement seul, soit le logement et la nourriture.

Art. 223. — La Commission d'Assistance maçonnique est chargée de l'administration de cet établissement. Elle tient chaque semaine, à l'Hôtel du Grand-Orient, une séance dans laquelle elle examine les comptes de la Maison de Secours et statue sur les demandes de secours adressées au Grand-Orient.

Art. 224. — Tout Frère malheureux, de passage ou résidant à Paris, devra s'adresser directement au Grand-Orient, en joignant à sa demande les pièces propres à établir ses qualités de Maçon et son identité.

Art. 225. — Le Grand-Orient reçoit, pour la Maison de Secours de Paris, les legs, dons en argent, en literie, linges, hardes et chaussures, combustibles et autres objets destinés à son œuvre. La Commission centrale d'Assistance maçonnique est chargée de recueillir ces dons et d'en surveiller la bonne distribution.

Art. 226. — Sur le rapport de la Commission d'Assistance maçonnique, le Conseil de l'Ordre règle, par des arrêtés, tout ce qui concerne le personnel de l'administration et les finances de la Maison de Secours. Son règlement particulier est soumis au Conseil de l'Ordre et ne peut être modifié que sur son avis.

CHAPITRE QUATRIÈME

SECTION UNIQUE

Du Bulletin officiel du Grand-Orient.

Art. 227. — Le Bulletin est une publication officielle destinée à faire connaître aux Ateliers de l'Obédience tous

les actes du Grand-Orient de France. Il comprend les Lo
émanées du Grand-Orient réuni en Assemblée Législativ
les Décrets et Arrêtés du Conseil de l'Ordre; les Arrêt
Décisions et Comptes-Rendus des séances du Conseil
l'Ordre ; les Comptes-Rendus des Assemblées du Gran
Orient, de ses Fêtes d'Ordre et Banquets, ainsi que les Av
de l'Administration, et généralement tous les faits qu
peut être utile de faire connaître aux Ateliers et aux Maçon

Art. 228. — Il est envoyé gratuitement à tous les Atelie
de l'Obédience. Tous les frais relatifs à sa publication so
supportés par la Caisse de l'Ordre.

Art. 229. — Organe officiel du Gouvernement maço
nique, sa rédaction est confiée à une Commission compos
du Président et du Secrétaire du Conseil de l'Ordre et d
trois Membres nommés annuellement par le Conseil d
l'Ordre et pris parmi ses Membres. Aucun numéro ne peu
être publié sans avoir été soumis préalablement à la signa
ture du Président du Conseil de l'Ordre.

Art. 230. — La partie officielle du Bulletin doit être lu
par l'Orateur dans chaque Loge, en tenue régulière. Men
tion de cette Lecture doit être faite au procès-verbal.

Art. 231. — Le Bulletin du Grand-Orient de Franc
étant le seul organe officiel de l'Ordre, toutes publication
autres que celles faites dans la partie officielle du Bulletin
sous le sceau de l'Autorité maçonnique, ne sauraient en
gager la responsabilité de la Maçonnerie française.

Art. 232. — Le Grand-Orient envoie le Bulletin pa
livraisons mensuelles, à tous les Ateliers de la Correspon
dance et aux Maçons abonnés. Le prix de l'abonnemen
annuel, par exercice maçonnique non fractionné, est fix
par l'Assemblée générale. Les Ateliers sont tenus de con
server les recueils du Bulletin du Grand-Orient et de le
représenter aux Commissaires Inspecteurs.

TITRE V

Du Calendrier. — Des Statuts, des Cahiers des grades et de divers imprimés.

CHAPITRE UNIQUE

SECTION PREMIÈRE

Calendrier Maçonnique.

ART. 233. — Le Grand-Orient publie chaque année un Calendrier ou Annuaire Maçonnique. Il l'envoie gratuitement à tous les Ateliers de la Correspondance. — Le prix de chaque Calendrier maçonnique est fixé ainsi qu'il suit : 1 fr. 25 c. pris au Grand-Orient de France ; 1 fr. 50 c. envoyé *franco* pour les départements. — Chaque Atelier est tenu de posséder le Calendrier maçonnique et de le présenter aux Commissaires Inspecteurs.

SECTION DEUXIÈME

Des exemplaires des Statuts généraux.

ART. 234. — Les trois exemplaires des Statuts généraux envoyés à tous les Ateliers de la Correspondance seront affranchis et portés au débit du compte des Ateliers. L'un des trois exemplaires doit être dans les mains du Président ; l'autre, dans celles de l'Orateur, et le troisième, dans celles du Secrétaire. — Chaque Atelier est tenu de posséder toujours trois exemplaires des Statuts et de les présenter aux Commissaires Inspecteurs. — Les Loges sont tenues de remettre un exemplaire de la Constitution et des Statuts à tout nouvel initié.

SECTION TROISIÈME

Des Collections des Cahiers des Grades.

ART. 235. — Chaque Atelier est tenu d'avoir une collection complète des Cahiers des Grades qu'il a le droit de conférer et de la présenter aux Commissaires Inspecteurs.

ART. 236. — Le Grand-Orient délivre directement aux

Ateliers, et sur leur demande régulière, alors qu'ils justi fient n'en pas posséder, des Collections des Cahiers de Grades, dont le prix est ainsi fixé : collection des Grade Symboliques, 45 fr. ; collection des Grades Capitulaires 60 fr. ; collection des Grades Philosophiques (30e degré) 76 fr.

SECTION QUATRIÈME

De la délivrance des Titres.

ART. 237. — Toute demande de Titres maçonnique (Diplôme, Bref ou Patente), pour être suivie d'effet, doi être régulière, affranchie et accompagnée des métaux né cessaires pour l'acquit de ces Titres. A défaut de ces for malités, elle est considérée comme nulle et non avenue

ART. 238. — Le Grand-Orient de France ne délivr jamais de Titres aux Maçons individuellement ; il le adresse aux Ateliers sur leur demande régulière.

SECTION CINQUIÈME

Des Modèles de Tableaux et de Demandes de Titres.

ART. 239. — Le Grand-Orient expédie aux Ateliers de l Correspondance des modèles imprimés de Tableaux d'At liers au prix de 18 fr. le cent, et de demandes de Titre au prix de 10 fr. le cent.

TITRE VI

Des Titres et Décorations maçonniques. Du Secrétariat et des Employés.

CHAPITRE PREMIER

DES TITRES ET DÉCORATIONS MAÇONNIQUES

SECTION PREMIÈRE

Des Décorations des Membres du Grand-Orient de France.

ART. 240. — Le cordon du Président du Conseil de l'O dre est un ruban moiré, couleur orange avec liseré, orn d'une chaîne d'union et de trois branches d'acacia brodées en or. Au centre est un Triangle radieux avec le Signe mystique consacré.

Art. 241. — Celui des Vice-Présidents est semblable, mais il n'a que deux branches d'acacia ; la troisième est une branche de chêne.

Art. 242 et 243. — (Abrogés.)

Art. 244. — Celui des Membres du Conseil de l'Ordre est un ruban moiré orange, liseré vert, orné de deux branches d'acacia entrelacées en broderies d'argent, cocarde du Grand-Orient de France vert et argent. Ces diverses décorations sont portées en sautoir. Les Membres du Conseil portent, en outre, avec ou sans le cordon, une rosette à frange d'or, sur laquelle sont brodés les mots : *Conseil de l'Ordre.*

SECTION DEUXIÈME

Des Cordons dans les Ateliers.

Art. 245. — Les cordons distinctifs des différents Grades maçonniques et ceux indicatifs des divers offices sont *bleus* pour les Loges, *rouges* pour les Chapitres, et *noirs* pour les Conseils de Kadosch 30e degré. Les Officiers d'Ateliers portent les cordons de leurs offices en sautoir ; ils ne peuvent s'en décorer que dans l'exercice de leurs fonctions.

SECTION TROISIÈME

Du port des Titres, Décorations, Cordons maçonniques, etc., autres que ceux du Grand-Orient de France.

Art. 246. — Toutes les anciennes dénominations, comme Officier, Officier honoraire, etc., du Grand-Orient de France ; enfin toutes autres que celles contenues dans les présents Statuts sont abolies, et nul ne peut se les appliquer.

Art. 247. — Tout Titre, toute Décoration, tout Cordon, autres que ceux énumérés dans les présents Statuts, sont interdits.

Art. 248. — Les Maçons qui ont été ou pourront être objet d'une distinction honorifique de la part d'un Atelier ou d'un Gouvernement maçonnique étranger, ne pourront en prendre le titre ni en porter le signe sans avoir, au préalable, soumis la pièce qui leur confère cette distinction au visa du Président du Conseil de l'Ordre.

Art. 249. — Ils devront, à cet effet, remettre au Secrétariat du Grand-Orient de France, avec leur demande, la pièce pour laquelle le visa est demandé, et verser entre les mains du Trésorier, qui en délivrera récépissé provisoire, la somme de deux francs.

Art. 250. — Toute demande de visa non accompagnée du reçu constatant que ce versement a été opéré, sera considérée comme non avenue.

Art. 251. — Ce visa sera la constatation officielle : 1° de l'identité du titulaire; 2° de la régularité de l'Atelier qui a délivré le titre; 3° enfin, il impliquera la reconnaissance officielle du Rite auquel travaille le Gouvernement maçonnique ou l'Atelier de qui émane le Titre.

Art. 252. — Les sommes reçues pour droit de visa seront affectées au budget de la Maison de Secours.

Art. 253. — Tout manquement aux dispositions ci-dessus est puni de la suspension temporaire, et, en cas de récidive, la radiation pourra être prononcée.

CHAPITRE DEUXIÈME

SECTION UNIQUE

Du Secrétariat du Grand-Orient.

Art. 254. — Le Conseil de l'Ordre règle par des Arrêtés tout ce qui concerne l'organisation, les attributions du Secrétariat, de la Bibliothèque et des Archives.

Art. 255. — Tout Employé du Grand-Orient de France a droit, après vingt années de service, à une retraite dont la quotité est fixée à la moitié de la moyenne de son traitement pendant ses cinq dernières années d'activité. Cette pension de retraite, en cas de décès du titulaire, sera reversible par moitié sur la tête de sa veuve. — Le Grand-Orient se réserve le droit d'accorder une pension de retraite à tout employé qu'il aurait été dans la nécessité de mettre à la retraite pour cause de maladie ou d'infirmité. Dans ce cas, la pension de retraite est fixée ainsi qu'il suit : Après dix ans, un quart; après quinze ans, un tiers de la moyenne de son traitement pendant les cinq dernières années d'activité.

Art. 256. — L'adresse du Grand-Orient est : *Au Grand-Orient de France, en son Hôtel, rue Cadet, n° 16, à Paris.*

Les dépêches et envois de métaux à cette adresse doivent toujours être affranchis. Tout mandats sur la poste ou autres valeurs doivent être payables AU GRAND-ORIENT DE FRANCE OU A SON ORDRE. Tous envois d'argent doivent être adressés directement au *Grand-Orient de France.*

ART. 257. — Lors du décès de l'un des Membres du Grand-Orient de France, le Chef du Secrétariat, après en avoir demandé l'autorisation au Président du Conseil de l'Ordre, est spécialement chargé de convoquer les Frères qui doivent rendre au défunt les honneurs funèbres.

TITRE VII

Dispositions Financières.

—

CHAPITRE PREMIER

SECTION UNIQUE

Des diverses Contributions dans les Ateliers.

ART. 258. — La Franc-Maçonnerie imposant des charges à tous ses Membres et étant appelée à exercer des œuvres de bienfaisance, les Loges doivent rigoureusement s'abstenir d'initier les Profanes qui ne pourraient pas supporter les charges de l'Ordre. — Les Ateliers assurent les dépenses de leur administration par des rétributions qui devront toujours être payées d'avance, savoir : 1° par des Cotisations annuelles de chacun de leurs membres actifs ; 2° par le prix de l'Initiation aux grades qu'ils sont autorisés à conférer et dont le *minimum* est fixé ainsi qu'il suit : Grades Symboliques, pour celui d'Apprenti, 50 fr. ; de Compagnon, 20 fr. ; de Maître, 30 fr. ; pour les Grades Capitulaires jusqu'à celui de Rose-Croix inclusivement, 40 fr. ; pour les Grades Philosophiques jusqu'à celui de Chevalier Kadosch inclusivement, 75 fr. ; pour chacun des Grades supérieurs, 100 fr. ; 3° pour celui des régularisations, 25 fr. — Dans les chiffres fixés ci-dessus ne pourront jamais être compris les frais de Diplômes, Brefs ou Patentes, ni le prix d'un exemplaire de la

Constitution et des Statuts généraux. Les Loges pourront cependant recevoir à moitié prix du *minimum* des trois Grades Symboliques les Lowtons et les militaires de terre et de mer, et tous les membres du corps enseignant, soit en exercice soit en retraite. Les Chapitres et les Conseils sont laissés libres de supprimer, maintenir ou modifier les prix des cotisations et des Grades pour les dits Frères.

Art. 259. — Tout Atelier a le droit de régler ses finances et d'en diriger l'emploi. Néanmoins la fixation du chiffre des contributions doit être telle qu'il puisse coopérer au but de philanthropie que la Maçonnerie se propose et contribuer aux frais de l'Administration générale de l'Ordre.

Art. 260. — Les cotisations à payer annuellement dans chaque Atelier ne peuvent être moindres de 18 fr. pour les Loges, 10 fr. pour les Chapitres, 10 fr. pour les Conseils. Dans ces chiffres, ne peuvent jamais être compris les frais des Fêtes d'Ordre, ni ceux affectés aux jetons de présence. Les Ateliers ont toujours le droit d'élever les chiffres fixés ci-dessus. Les Chapitres et les Conseils ont la faculté de supprimer, maintenir ou modifier lesdites cotisations, conformément au paragraphe final de l'art. 258.

Art. 261. — Les cotisations comme toutes les autres contributions ou rétributions, doivent toujours être payées d'avance.

CHAPITRE DEUXIÈME

SECTION UNIQUE

Des contributions dues au Grand-Orient.

Art. 262. — Toutes les Loges de l'Obédience payent au Grand-Orient une contribution annuelle et unique proportionnelle au nombre de leurs membres. Le Conseil de l'Ordre présente tous les éléments d'appréciation à l'Assemblée, qui fixe, tous les ans, le chiffre de cette contribution. — Chaque Loge tiendra un registre matricule de ses Membres ; ce registre matricule sera tenu en double au Grand-Orient, et servira, au 1er mars de chaque année, de base pour la fixation des sommes à payer par chaque Loge. — Tous les six mois, chaque Loge enverra au Grand-Orient un état des mutations survenues, soit par cause de démissions, radiations, décès, affiliations ou initiations. Les Loges qui n'enverront pas régulièrement et semestriellement l'état de mutations de leurs Membres, seront frappées d'une amende de 10 francs; et celles qui feront de fausses déclarations, d'une amende de 50 francs. L'amende sera doublée en cas de récidive dans un délai de trois ans. — Les Chapitres et les Conseils ne paient annuellement au Grand-Orient qu'une somme de 10 francs pour affranchissement, et 5 francs pour abonnement au Bulletin officiel.

Art. 263. — Les Ateliers de Paris et de la banlieue sont, en outre, assujettis aux prescriptions de l'art. 218 des Statuts.

Art. 264. — Les contributions dues par les Ateliers du Grand-Orient de France se comptent par exercices ; elles ne sont jamais fractionnées. — Tout Atelier qui suspend ses Travaux, ne peut le faire régulièrement qu'en versant à la Caisse de l'Ordre le prix intégral de toutes les contributions dues pour l'exercice maçonnique courant. Tout Atelier qui veut reprendre ses Travaux est tenu, au préalable, de verser à la Caisse de l'Ordre le montant intégral de toutes les contributions dues pour l'exercice maçonnique dans lequel l'autorisation est accordée.

Art. 265. — Toutes les cotisations dues au Grand-Orient de France doivent être payées d'avance, et les Ateliers devront être complètement libérés, pour chaque exercice, au plus tard au 1er mai, sous peine d'encourir la suspension et par suite la radiation. Un Atelier qui n'a pas rempli ses obligations dans le délai ci-dessus n'est pas apte à se faire représenter à l'Assemblée.

CHAPITRE TROISIÈME

DES DIVERSES PERCEPTIONS FAITES POUR LE COMPTE DU GRAND-ORIENT DE FRANCE

SECTION PREMIÈRE

Constitutions d'Ateliers.

Art. 266. — Constitutions symboliques pour chacun des divers Rites reconnus par le Grand-Orient, 100 fr.; Lettres capitulaires de chaque Rite reconnu par le Grand-Orient de France, 81 francs.

Rite Écossais d'Hérodom (25 degrés).

ART. 267. — Patentes constitutionnelles pour un Conseil du Liban, 22e degré, 33 fr.; *Idem* pour un Conseil de Grands Chevaliers du Soleil, 23e degré, 33 fr.; ensemble, 66 fr. *Idem* pour un Conseil de Kadosch, 24e degré, 33 fr.; les trois ensemble, 99 francs.

Rite Écossais ancien et accepté (33 degrés).

ART. 268. — Patentes constitutionnelles pour un Conseil du 22e degré, 33 fr.; *Idem* pour un Conseil du 27e degré, 33 fr.; les deux ensemble, 66 fr.; *Idem* pour un Conseil de Kadosch, 30e degré, 33 fr.; les trois ensemble, 99 francs.

SECTION DEUXIÈME

Cumulations de Rites.

ART. 269. — Pour une Loge symbolique, sans parchemin, 75 fr.; pour un Chapitre, sans parchemin, 40 fr.; pour chaque parchemin, 25 francs.

SECTION TROISIÈME

Délégations.

ART. 270. — Pour chaque Délégation de Prince de Royal-Secret accordée par le Grand Collège des Rites, 40 fr., pour chaque Délégation de Chevalier Kadosch accordée par le Grand Collège des Rites, 50 fr.; pour chaque Délégation de Rose-Croix, 40 francs.

—

CHAPITRE QUATRIÈME

SECTION UNIQUE

Prix des Titres maçonniques.

ART. 271. — Le prix des Titres perçu par le Grand-Orient est ainsi fixé : Diplôme de Maître, 10 fr.; Bref de Rose-Croix, 10 fr.; Patente de Chevalier Kadosch, 15 fr.; Patente des Hauts Grades, 20 fr. — Les Ateliers perçoivent de chaque impétrant, pour le compte de leur Caisse hospitalière, une somme de 3 francs en sus du prix perçu par le Grand-Orient de France. — Le prix des Brefs ne pourra être augmenté à l'avenir que d'une somme égale à l'augmentation du prix des Diplômes, lorsque ces deux Titres auront atteint le prix de 15 francs (prix actuel des Patentes); les Patentes ne pourront être augmentées que d'une somme égale à l'augmentation des Diplômes et des Brefs.

—

CHAPITRE CINQUIÈME

DES PERCEPTIONS FAITES PAR LE GRAND-ORIENT DE FRANCE POUR LE COMPTE DE DIVERS

SECTION PREMIÈRE

Des Perceptions faites par le Grand-Orient de France pour le compte de la Société civile.

Art. 272. — Le Grand-Orient de France verse à la Caisse de la Société civile, sur les fonds perçus en conformité de l'art. 262, la somme votée chaque année à ladite Société, par l'Assemblée générale, et inscrite au Budget à cet effet.

SECTION DEUXIÈME

Des Perceptions faites par le Grand-Orient de France pour le compte de la Maison de Secours.

Art. 273. — Le Grand-Orient de France porte au crédit du compte de la Maison de Secours : 1° le tiers du prix des Titres délivrés par le Grand-Orient; 2° l'allocation votée chaque année par l'Assemblée générale et inscrite au budget; 3° le produit des Troncs de bienfaisance du Grand-Orient et du Grand Collège des Rites; 4° 2 fr. par visa de Titres honorifiques (art. 249).

DISPOSITIONS JUDICIAIRES

TITRE Ier

CHAPITRE UNIQUE

JURIDICTION DES ATELIERS

SECTION PREMIÈRE

Des Infractions à la discipline intérieure et des Peines qui leur sont applicables.

Art. 1er. — Les Ateliers ont le droit de discipline intérieure et de juridiction maçonnique.

Art. 2. — L'Atelier connaît souverainement et sans appel des simples infractions à la discipline intérieure. Sont réputées telles : les interruptions, colloques, déplacements sans autorisation, manifestations bruyantes, désobéissance aux Officiers dans l'exercice de leurs fonctions, propos inconvenants, paroles blessantes et généralement tout acte contraire aux bienséances ou à l'ordre dans l'Atelier.

Art. 3. — Les infractions à la discipline intérieure de l'Atelier sont punies : 1° du simple rappel à l'ordre sans insertion au procès-verbal ; 2° du rappel à l'ordre avec insertion au procès-verbal ; 3° de la réprimande, avec ou sans amende, mais toujours avec insertion au procès-verbal. — Les deux premières peines sont infligées par le Président, sans qu'il soit nécessaire de consulter l'Atelier. La peine de la réprimande, avec ou sans amende, ne peut être imposée par le Président qu'après avoir consulté l'Atelier, le Frère ayant couvert le Temple. — Lorsque l'Atelier consulté a décidé qu'il y a lieu d'appliquer la réprimande, le Frère doit se placer entre les deux colonnes pour recevoir les observations fraternelles du Président. — La mention des faits au procès-verbal est de rigueur. — L'amende pour une première infraction ne peut pas dépasser la valeur d'une médaille de cinq francs ; mais elle peut être augmentée progressivement pour chaque récidive, sans pouvoir jamais dépasser la valeur de quatre médailles de compagnon (20 francs). Les amendes doivent être versées dans le tronc de bienfaisance de l'Atelier. — Si un Frère se refuse à subir la peine infligée par le Président, son admission dans l'Atelier est ajournée jusqu'à ce qu'il y ait satisfait ; et ce Frère peut, en outre, être mis en jugement comme prévenu d'un délit de 1re classe.

SECTION DEUXIÈME

Du Refus de Payement.

ART. 4. — Le refus ou le défaut de payement est constaté de la manière suivante : après trois mois d'arriéré de cotisations ou autres charges, le Président de l'Atelier adresse, par l'intermédiaire du Trésorier, à un mois d'intervalle, au Frère retardataire, deux invitations à se mettre à jour envers la Caisse, en lui rappelant les conséquences de son refus ou défaut de payement ; si ce Frère, mis en demeure, garde le silence après la seconde invitation, ou s'il refuse de payer, le Frère Trésorier en fait rapport à l'Atelier dans le délai d'un mois. — Après la lecture de ce rapport, le Président demande à haute voix s'il est un Frère de l'Atelier qui veuille se porter caution pour le Frère retardataire et s'engager à payer à son lieu et place. Si cet appel reste sans réponse, le Frère Orateur requiert séance tenante la radiation du Frère retardataire du tableau des membres actifs ; et par suite, ce Frère est privé des droits attachés à l'activité maçonnique. Avis de cette radiation doit être donné au Grand-Orient de France dans le délai d'un mois. — Un Frère rayé à défaut de payement, peut toujours, avec le consentement de l'Atelier, se faire réintégrer sur le Tableau de cet Atelier, en acquittant l'intégralité de ce qu'il devait au moment de sa radiation. En pareil cas, avis de cette réintégration doit être donné au Grand-Orient de France.

SECTION TROISIÈME

Des Délits maçonniques et des Peines qui leur sont applicables.

1° DES DÉLITS

ART. 5. — Les délits sont de deux classes. La première classe comprend l'intempérance, les propos grossiers ou inconvenants tenus à haute voix, l'insubordination maçonnique accompagnée de circonstances graves, les récidives fréquentes des fautes indiquées à l'article 2, le port des insignes maçonniques sur la voie publique. La seconde classe comprend tout ce qui peut avilir le Maçon ou la Maçonnerie, comme la violation des serments maçonniques, la collation clandestine et le trafic des Grades, le préjudice volontaire porté à la réputation et à la fortune d'autrui, enfin tout ce qui, dans l'ordre social, est noté d'infamie.

2° DES PEINES

ART. 6. — Les délits de première classe sont punis de la suspension des droits et des fonctions maçonniques pour un temps qui ne pourra être moindre d'un mois, ni dépasser cinq ans.

ART. 7. — Les délits de la deuxième classe sont punis de la perte des droits maçonniques et de l'expulsion définitive de la Maçonnerie.

ART. 8. — Les peines maçonniques, applicables aux délits, ne peuvent être appliquées que par un jugement rendu suivant les formes prescrites par les présents Statuts.

DES FAILLIS

ART. 8 *bis*. — Tout failli passera en jugement devant sa Loge après la clôture des opérations de sa faillite. L'instruction et le jugement auront lieu conformément aux prescriptions des dispositions judiciaires.

SECTION QUATRIÈME

De l'Instruction des Délits maçonniques dans les Ateliers.

ART. 9. — Les délits exigent une instruction et un jugement.

ART. 10. — Tout Membre d'un Atelier peut se porter plaignant contre tout autre Membre d'un même Atelier. Cette plainte doit être déposée dans le sac des propositions. Les noms du plaignant et du Frère inculpé ne sont point prononcés par le Président. Tout Maçon actif peut également porter plainte contre un Maçon devant l'Atelier dont celui-ci fait partie. — Un Maçon dont les Titres sont réguliers, mais ayant cessé d'être actif, qui commettrait un délit maçonnique, pourra être poursuivi devant la Loge de l'Orient où le délit aura été commis, sur la plainte de trois membres réguliers de cet Atelier. S'il existe plusieurs Loges dans cet Orient, la juridiction appartiendra au premier Atelier saisi de la plainte. Dans le cas où il n'existerait pas de Loge dans l'Orient où le délit a été commis, la poursuite pourrait avoir lieu devant une des Loges voisines. L'instruction et le jugement auront lieu dans la forme ordinaire. — Toute plainte anonyme, ou souscrite d'un faux nom, sera à l'instant même brûlée entre les deux colonnes, sans qu'il en soit donné lecture.

ART. 11. — Dans le cas où le Président de l'Atelier se trouverait être lui-même l'objet de l'inculpation, la plainte n'est recevable qu'autant qu'elle est signée par cinq membres de l'Atelier. Cette plainte cachetée est remise par l'un d'eux au Frère 1er Surveillant, ou, à son défaut, au Frère 2e Surveillant, et dans le cas d'absence de l'un et de l'autre, au premier Expert, qui est tenu de la recevoir.

ART. 12. — Si la plainte est régulière, le Président ou l'un des Officiers de l'Atelier, par ordre hiérarchique, convoque extraordinairement, pour former un Comité secret et spécial d'instruction, les cinq premiers Officiers, et, à leur défaut, les Officiers qui suivent dans l'ordre hiérarchique. — Le Président de l'Atelier ne peut jamais faire partie du Comité. — S'il s'agit du Président de l'Atelier, le Frère qui a reçu la plainte doit convoquer, pour former le Comité avec les cinq premiers Officiers, deux des plus anciens membres actifs de l'Atelier. — Le Comité ne pourra délibérer qu'autant qu'il y aura au moins trois Membres présents dans le premier cas, et cinq dans le second. — La plainte est remise au Comité dans la personne de l'Officier qui le préside, et qui en donne récépissé.

ART. 13. — Le Comité spécial, ainsi présidé par le Frère à qui les pièces ont été remises, doit instruire secrètement l'affaire, appeler le plaignant, requérir les preuves du fait articulé, entendre séparément le prévenu dans ses moyens de défense, et se former une conviction morale sur l'existence, la nature et la gravité du délit.

Art. 14. — Si la plainte est retirée avant que le Comité spécial l'ait déclarée fondée, les pièces de l'instruction sont immédiatement anéanties. — Si le Comité spécial, à la majorité des voix, reconnaît que la plainte n'est point fondée, elle est annulée. — Si elle est reconnue calomnieuse, l'Atelier, après avoir pris connaissance des pièces, pourra mettre le Frère plaignant en jugement et lui appliquer, suivant les cas, l'une des peines relatives aux délits prévus par l'art. 5.

Art. 15. — Si le Comité spécial déclare la plainte fondée, il nomme son Rapporteur, dresse l'acte d'accusation que son Président adresse à celui de l'Atelier, avec toutes les pièces de l'affaire. L'acte d'accusation doit contenir la mention de la classe à laquelle appartient le délit. — A partir du moment où la plainte a été déclarée fondée, l'exercice des droits et des fonctions maçonniques du Frère inculpé est provisoirement suspendu, sans cependant que cette suspension provisoire puisse durer plus de deux mois à partir du jour où la plainte a été déclarée fondée. Une telle instruction commencée ne pourra être arrêtée par la démission du Frère incriminé. Lors même que la démission aurait été acceptée, l'affaire suivra son cours régulier, et le jugement sera rendu, soit contradictoirement, soit par défaut, absolument comme si le Frère incriminé n'était pas démissionnaire. — Tout Frère contre qui une plainte aura été reconnue fondée par le Comité d'instruction, devra déposer aux Archives de la Loge, et dans un délai de huit jours à partir de l'invitation qui lui en sera faite, tous ses titres maçonniques (*Diplôme, Bref, Patente,* etc.). Faute par lui de ce faire, il sera rayé de plein droit de la Maçonnerie. — Ces titres lui seront rendus aussitôt après le prononcé de l'acquittement s'il y a lieu, ou à l'expiration de la suspension prononcée. Ces titres, en cas d'exclusion définitive, seront renvoyés au Grand-Orient. — Tout Vénérable est, en outre, autorisé à retenir les titres de tout Maçon rayé et qui n'aurait pas opéré le dépôt de ces titres.

SECTION CINQUIÈME

Du Jugement au sein des Ateliers.

Art. 16. — Lorsque le Président de l'Atelier a reçu du Comité spécial une accusation admise contre l'un de ses membres et les pièces à l'appui, il avertit sur-le-champ le Frère accusé que, dans le délai de trente-trois jours au plus, l'Atelier doit s'assembler pour entendre sa défense et prononcer le jugement sur le fait dont il lui est donné connaissance. Il l'invite à se trouver à cette séance ou bien à s'y faire représenter par un Maçon régulier muni d'un pouvoir spécial. Il lui déclare que, dans le cas d'absence de sa part ou de celle de son mandataire, après avoir été appelé trois fois nominativement à haute voix dans les parvis du Temple, il lui sera nommé un défenseur d'office. — Dans le cas où l'accusation est portée contre le Président titulaire de l'Atelier, c'est le 1er ou le 2e Surveillant, ou bien, en cas d'absence ou d'empêchement motivé de ces deux Officiers, le Grand-Expert qui reçoit les pièces du Comité spécial et qui remplit à l'égard du Président toutes les formalités ci-dessus.

Art. 17. — Au jour fixé par la convocation régulière de l'Atelier, si le Frère accusé ou son mandataire fait défaut, et si aucun Frère ne se présente spontanément pour exposer des moyens de justification, il lui est désigné par le Président un défenseur d'office auquel on communique toutes les pièces tant à sa charge qu'à sa décharge. — Si le défenseur nommé d'office déclare n'être pas en état de présenter immédiatement la défense, il lui est accordé un délai de quinze jours. — Dans la même séance, si le Frère accusé ou son mandataire est présent, ou bien dans la séance suivante, en cas de demande de sa part, l'instruction de l'affaire commence. La défense personnelle ou d'office est

---

1. Cette 5e Section, relative aux formes dans lesquelles les jugements doivent être rendus, va être prochainement modifiée, en ce sens qu'à partir de 1886 les Ateliers et leurs Comités Secrets feront seulement l'enquête, tandis qu'un Jury spécial jugera. (Voir les art. 40 à 45 de la Constitution). Néanmoins, les art. 16 à 20 des Dispositions Judiciaires conserveront toutes les formalités actuelles qui peuvent s'appliquer aux jugements par les Jurys maçonniques.

entendue, et, lorsque l'Atelier se trouve suffisamment éclairé, le Frère accusé ou son mandataire et défenseur d'office, couvre le Temple.

Art. 18. — La délibération a lieu séance tenante au sein de l'Atelier. — Le Président doit faire couvrir le Temple par les Frères visiteurs pendant la délibération. Les membres qui ont signé la plainte sont également prévenus qu'ils ne peuvent prendre part au jugement qui va être rendu et couvrent le Temple. — Le Président met successivement aux voix les questions suivantes : 1° *Le Frère N..., accusé d'un délit maçonnique, en est-il convaincu ?* 2° *A quelle classe appartient ce délit ?* — Dans ces deux cas, l'Orateur ne donne pas de conclusions. — Le vote a lieu au scrutin secret.

Art. 19. — La première question se décide à la majorité des voix ; en cas de partage des voix, le prévenu est déclaré non coupable. Ce Frère alors est rappelé dans l'intérieur du Temple et réintégré dans l'exercice de ses droits maçonniques. — Si la culpabilité est déclarée, l'Atelier vote sur la deuxième question par bulletins écrits, portant ces mots : *Première classe* ou *Deuxième classe*. — Si la majorité des bulletins est pour la deuxième classe, le Frère Orateur lit l'article 7, et le Président applique au Frère inculpé la pénalité dudit article. Si le scrutin ne donne pas la majorité pour la deuxième classe, le délit est rangé dans la première classe, et le Frère Orateur donne lecture de l'article 6, après quoi l'Atelier fixe par un scrutin écrit, et à la majorité des voix, la durée de l'interdiction des droits et fonctions maçonniques à appliquer au Frère reconnu coupable, en se conformant aux prescriptions de l'article 6. — Si dans le premier tour de scrutin, les voix sont divisées sur la durée de la peine à appliquer, il est procédé à un second tour. Si le second tour de scrutin ne donne pas la majorité absolue pour une peine, il est procédé à un troisième tour de ballottage entre les deux peines qui auront obtenu le plus de voix.

Art. 20. — Tout jugement doit être notifié dans un délai de dix jours au Frère qui en a été l'objet. Le Frère condamné aura un délai d'un mois pour la France, de trois mois pour l'Algérie et les pays étrangers, et de six mois pour les pays d'outre-mer, à partir de la date de la signification, pour se pourvoir devant la Chambre de justice et d'appel. Tout pourvoi doit être adressé directement au Grand-Orient de France, à Paris, rue Cadet, 16. L'Atelier doit aussi, et dans tous les cas, envoyer copie de son jugement au Grand-Orient dans un délai d'un mois.

SECTION SIXIÈME

Du Droit d'Appel [1].

Art. 21. — Le Droit d'Appel existe pour tout jugement rendu par les Ateliers, excepté en ce qui concerne les simples contraventions à la discipline intérieure.

Art. 22. — La déclaration d'appel suspend de droit l'exécution de toute décision ; mais le Frère condamné demeure en état d'interdiction maçonnique jusqu'à ce qu'il ait été statué définitivement sur cet appel.

Art. 23. — L'Orateur a pareillement le droit d'appeler, mais seulement dans le cas où la décision ou l'instruction de l'affaire renferme quelque infraction aux Règlements de l'Ordre. Les délais d'appel sont les mêmes que ceux fixés au 1er paragraphe de l'article 20. Ce délai expiré, la décision devient exécutoire et définitive. Les appels sont transmis au Conseil de l'Ordre.

Art. 24. — Dans le cas d'appel, l'Atelier est tenu de transmettre au Grand-Orient, avec sa décision, toutes les pièces relatives à l'affaire, objet de cet appel.

---

1. A partir de 1886, les Appels prendront le nom de Pourvois et ne pourront plus porter que sur des questions d'irrégularité de procédure ; ils seront jugés par la Chambre de Cassation instituée par le Convent de 1884 (voir la Constitution). Les articles 21 et suivants jusqu'à 39 sont donc appelés à subir très prochainement des changements notables dans leur rédaction. Je les reproduis ici parce qu'ils n'ont pas encore été officiellement modifiés.

TITRE II

CHAPITRE UNIQUE

JUSTICE D'APPEL

SECTION PREMIÈRE

De la nomination des Délégués et de leurs Suppléants. — De la formation et du mode de convocation de la Chambre d'Appel. — De la fixation de son siège.

Art. 25. — La juridiction d'appel est exercée par tous les représentants de toutes les Loges de France. A cet effet, il sera nommé chaque année un représentant spécial par chaque Loge. Cette nomination aura lieu à l'époque et dans la forme des élections des sept premiers Officiers de l'Atelier. L'Atelier nommera en même temps un suppléant qui remplira la fonction en cas d'empèchement du représentant titulaire. Les noms des délégués ainsi élus seront transmis au Grand-Orient de France.

Art. 26. — Lorsque le Grand-Orient de France est saisi d'un appel, il convoque les onze délégués des Loges les plus rapprochées de l'Atelier dont la décision est attaquée.

Art. 27. — Il fixe l'Orient où siégera la Chambre d'Appel.

Art. 28. — Lorsque l'Orient, dans lequel la décision attaquée aura été rendue, réunira plusieurs Loges, la Chambre d'Appel devra être composée de Délégués en nombre supérieur parmi les Loges des Orients les plus voisins. Les autres Délégués, fournis par les Loges de l'Orient en question, seront désignés par la voie du tirage au sort. Quand l'Appel frappera la décision rendue par un Atelier du département de la Seine, de l'Algérie, des Colonies ou des Pays étrangers, la Chambre d'Appel se composera de onze Délégués des Loges du département de la Seine tirés au sort.

Art. 29. — Les membres de la Loge dont la décision est attaquée ne pourront pas faire partie de la Chambre d'Appel.

SECTION DEUXIÈME

Forme de procéder. — Constitution de la Chambre d'Appel. — Du Rapporteur. — De l'Instruction. — Du Jugement et de sa notification.

Art. 30. — Le Délégué de la Loge la plus ancienne sera

Président provisoire, et recevra le dossier qui lui sera transmis par le Grand-Orient de France.

Art. 31. — Les séances de la Chambre d'Appel se tiendront en la forme maçonnique et seront publiques. — A peine de nullité, le nombre des membres présents devra être *sept* au moins.

Art. 32. — Les Membres de la Chambre d'Appel nommeront leurs Officiers.

Art. 33. — Le Frère qui a été Président provisoire, est Rapporteur. Il donne lecture du renvoi du Grand-Orient, du jugement dont est appel, et expose l'affaire sommairement.

Art. 34. — L'instruction a lieu à l'audience. La Chambre entend successivement les témoins et la défense de l'accusé. L'Orateur ne donne pas de conclusions. Il est uniquement chargé de veiller à l'exécution des lois maçonniques.

Art. 35. — Après la clôture des débats, la Chambre se retire pour délibérer. Elle prononce l'arrêt publiquement, en le motivant à la majorité des voix. En cas de partage, l'acquittement est prononcé.

Art. 36. — Les Jugements de la Chambre d'Appel sont notifiés par le Conseil de l'Ordre.

SECTION TROISIÈME

Des Obligations imposées aux Loges et aux Délégués.

Art. 37. — Tout Délégué qui sera dans l'impossibilité de remplir ses fonctions, devra en prévenir le Président provisoire dans la huitaine qui suivra la réception de la lettre de convocation.

Art. 38. — Toute Loge qui ne se fera pas représenter, tout Délégué qui, sans motifs légitimes, manquera à la séance, sera passible d'une amende de 50 fr. au profit des troncs de bienfaisance des Loges qui auront été représentées, sauf le droit pour les Loges et les Délégués condamnés par défaut, de se pourvoir, dans le mois, devant le Conseil de l'Ordre qui renverra l'affaire, avec son avis, à l'Assemblée générale chargée de statuer définitivement.

Art. 39. — Chaque Loge est tenue de payer les frais de déplacement de son Délégué.

II

RITE ÉCOSSAIS

PRINCIPES [1]

§ 1er. — La Franc-Maçonnerie proclame, comme elle a proclamé dès son origine, l'existence d'un principe créateur sous le nom de GRAND ARCHITECTE DE L'UNIVERS.

§ 2. — Elle n'impose aucune limite à la libre recherche de la vérité, et c'est pour garantir à tous cette liberté qu'elle exige de tous la tolérance.

§ 3. — La Franc-Maçonnerie est donc ouverte aux hommes de toutes nationalités, de toutes races et de toutes croyances.

§ 4. — Elle interdit dans ses Ateliers toute discussion politique ou religieuse ; elle accueille tout profane, quelles que soient ses opinions en politique ou en religion, pourvu qu'il soit libre et de bonnes mœurs.

§ 5. — La Franc-Maçonnerie a pour but de lutter contre l'ignorance sous toutes ses formes ; c'est une école mutuelle dont le programme se résume ainsi : « Obéir aux lois de son pays, vivre selon l'honneur, pratiquer la justice, aimer son semblable, travailler sans relâche au bonheur de l'humanité et poursuivre son émancipation progressive et pacifique. »

1. Cette déclaration de Principes et la Constitution qui suit sont l'œuvre du Convent Universel tenu à Lausanne en 1875 par les membres de tous les Suprêmes Conseils du monde qui pratiquent le Rite Ecossais ; le tout a été adopté et proclamé sous la date du 22 septembre 1875. Ce sont les Principes et la Constitution actuellement en vigueur.

§ 6. — Tout Maçon du Rite Ecossais ancien accepté est tenu d'observer fidèlement les décisions du Suprême Conseil de son obédience.

GRANDES CONSTITUTIONS

Art. 1er. — Les Constitutions, Statuts et Règlements adoptés le 1er mai 1786 devront être strictement observés dans tous les articles qui ne seront pas contraires aux présentes déclarations.

Les articles contraires aux présentes déclarations sont et demeurent abrogés par les présentes.

Art. 2. — § 1er. Le 33e degré confère aux Maçons qui le possèdent légitimement les qualité, titre, privilège et autorité de Souverain Grand Inspecteur Général de l'Ordre.

§ 2. Les Souverains Grands-Inspecteurs Généraux ont pour mission et devoir spécial d'instruire et d'éclairer leurs Frères ; de maintenir parmi eux les principes de l'amour du prochain, de la concorde et de la fraternité ; d'observer eux-mêmes et d'assurer de la part des autres Maçons la régularité dans le travail de chaque grade ; d'apporter tous leurs soins à la rigoureuse observation des Doctrines, Principes, Constitutions, Statuts et Règlements de l'Ordre, de les appliquer et de les affirmer en toute occasion ; enfin, de se manifester partout comme des ouvriers de paix et de miséricorde.

§ 3. Il est formé une réunion de membres du même grade, sous le titre distinctif de Suprême Conseil du 3e et dernier degré ou des Souverains Grands Inspecteurs Généraux de l'Ordre, et ce Suprême Conseil est organisé ainsi qu'il suit :

1° Dans le lieu propre à posséder un Suprême Conseil du 33e et dernier degré, un délégué d'un Suprême Conseil confédéré, Souverain Grand-Inspecteur Général, 33e, aura, par les présentes déclarations et dans les conditions ci-après fixées, la faculté de conférer ce grade à un autre Frère, s'il l'en juge digne par son caractère, sa science et ses grades, et il recevra le serment du nouvel élu.

2° Tous deux ensuite, et de la même manière, pourront conférer le même grade à un autre Maçon, et ainsi de suite, pour le nombre des Souverains Grands Inspecteurs Généraux nécessaire à la constitution d'un Suprême Conseil, dont le nombre des Membres actifs doit être au moins de neuf.

Ainsi pourra se constituer un Suprême Conseil du 33e et dernier degré.

§ 4. Tout candidat, pour être admis dans un Suprême Conseil constitué, devra obtenir l'unanimité des suffrages, et ces suffrages devront être exprimés à haute voix, en commençant par le plus jeune, c'est-à-dire par le dernier admis.

Une seule voix opposante suffit pour faire refuser le candidat ; mais si les raisons alléguées ne sont pas reconnues valables par la majorité, il pourra être passé outre.

Dans le cas où il y aurait plus d'une voix opposante, le candidat serait définitivement repoussé.

Les Membres d'un Suprême Conseil sont nommés *ad vitam.*

Telle est la loi qui devra être observée en toute occasion semblable.

Art. 3. — § 1er. Partout où il est créé un Suprême Conseil, les Offices en dehors de la Grande Maîtrise, réservée de droit pour une première période de neuf ans, au maximum, au Frère le plus ancien, sont donnés à l'élection et à la majorité des suffrages exprimés, pour une période qui ne pourra excéder neuf ans à partir du jour de la formation dudit Suprême Conseil ; cette période expirée, il est procédé, pour tous les Offices, à une nouvelle élection.

§ 2. Les Suprêmes Conseils actuellement existants auront à renommer tous leurs officiers, y compris le Très Puissant Souverain Grand-Commandeur Grand-Maître et son Lieutenant, pour une durée qui ne pourra excéder neuf années; cette réélection devra avoir lieu dans un délai maximum de neuf ans à partir du jour de la promulgation des présentes et de l'Acte de confédération du 22 septembre 1875.

§ 3. Il sera pourvu par l'élection aux vacances au fur et à mesure qu'elles se produiront dans le Suprême Conseil; cette élection aura lieu aussitôt après la vacance, et le nouvel élu ne demeurera en fonction que le temps qui restait à courir à son prédécesseur.

§ 4. Les membres sortants pourront toujours être réélus dans leurs Offices.

§ 5. Un Officier du Suprême Conseil, démissionnaire de ses fonctions, conservera sa qualité de membre actif du Suprême Conseil.

Art. 4. — Chaque Suprême Conseil fixera les sommes à payer dans sa juridiction pour l'obtention des grades et décidera de l'emploi de ces sommes pour le plus grand bien de l'Ordre.

Art. 5. — § 1er. Tout Suprême Conseil devra être composé d'au moins neuf membres actifs, Souverains Grands Inspecteurs Généraux du 33e et dernier degré, et ne pourra excéder le nombre de trente-trois membres actifs.

§ 2. Toute délibération du Suprême Conseil, pour être valablement prise, devra avoir lieu en présence du tiers au moins de ses membres actifs et sous la présidence du Très Puissant Souverain Grand-Commandeur Grand-Maître, ou de son Lieutenant, à moins d'une délégation expresse et spéciale du Grand-Maître donnée à un membre actif pour présider en son absence.

§ 3. Les Suprêmes Conseils réguliers actuellement reconnus sont maintenus dans leur juridiction territoriale; mais à l'avenir il ne pourra être créé qu'un seul Suprême Conseil dans toute l'étendue de chaque Etat souverain.

RT. 6. — Le Suprême Conseil n'exerce pas toujours une autorité directe dans les grades au-dessous du 17e degré, à savoir : les Chevaliers d'Orient et d'Occident. Il peut en faire la délégation, suivant les circonstances et les localités, et cette délégation peut même être tacite, mais son droit est imprescriptible; en conséquence, les présentes décident que toute Loge et tout Conseil de Maçons réguliers de quelque grade que ce soit reconnaîtront aux membres du 33e et dernier degré les prérogatives des Souverains Grands Inspecteurs Généraux de l'Ordre, se soumettront à leur autorité, leur rendront les honneurs qui leur seront dus, leur obéiront et leur accorderont la confiance à laquelle ils ont droit pour toutes les prescriptions qu'ils pourront faire dans l'intérêt de l'Ordre, en vue de l'observation de ses lois, des présentes Constitutions, des prérogatives desdits inspecteurs généraux, soit particulières, soit temporaires, soit personnelles.

Art. 7. — Tout Atelier et tout Maçon de l'obédience a le droit d'en appeler au Suprême Conseil de toute sentence ou jugement maçonnique.

La présente disposition permet aux appelants de comparaître en personne et d'être entendus dans leurs observations.

Art. 8. — Tous les Ateliers de l'obédience, du 1er au 33e degré, élisent leur président, selon les prescriptions édictées par leur Suprême Conseil.

Art. 9. — Dans la juridiction d'un Suprême Conseil confédéré, aucun Souverain Grand Inspecteur Général du 33e et dernier degré, aucun délégué d'une autre obédience écossaise ne pourra user de ses pouvoirs maçonniques sans être reconnu par ce Suprême Conseil et avoir obtenu son approbation.

Art. 10. — A partir de l'adoption des présentes Constitutions, nul Souverain Grand Inspecteur Général du 33e et dernier degré ne pourra, de son autorité privée, conférer, à qui que ce soit, aucun grade maçonnique, ni délivrer aucun Diplôme ou Patente.

Art. 11. — Les 30e, 31e et 32e grades ne devront être conférés qu'à des Maçons qui en auront été jugés dignes et en présence de trois Souverains Grands Inspecteurs Généraux ou d'un seul Souverain Grand Inspecteur Général, pourvu de l'approbation écrite et spéciale de deux autres Souverains Grands Inspecteurs Généraux du 33e et dernier degré.

Art. 12. — Dans toutes les cérémonies maçonniques auxquelles le Suprême Conseil assistera en corps et dans tous cortèges solennels où figureront les hauts grades, le Suprême Conseil viendra en dernier et les deux premiers Officiers marcheront après tous les autres membres du Suprême Conseil ayant devant eux le Grand Porte-Étendard et le Grand Porte-Glaive.

Art. 13. — § 1er Le Suprême Conseil doit tenir régulièrement ses séances le troisième jour de la lune nouvelle de trois en trois nouvelles lunes. Il sera convoqué plus souvent en cas de nécessité urgente.

§ 2. Indépendamment des fêtes solennelles de l'Ordre, le Suprême Conseil aura trois fêtes annuelles qui lui sont particulières : aux calendes d'octobre, au 27 décembre et aux calendes de mai.

Art. 14. — Dans tous pays où il existe un Suprême Conseil du 33e et dernier degré régulièrement établi et reconnu, la majorité des suffrages est nécessaire pour donner force de loi aux actes des Souverains Grands Inspecteurs Généraux. En conséquence, dans toute l'étendue du territoire placé sous la juridiction d'un Suprême Conseil régulier, aucun Souverain Grand Inspecteur Général ne sera admis à faire acte d'autorité individuelle ou représentative, à moins d'avoir reçu, à cet effet, un mandat spécial dudit Suprême Conseil; et pour le cas où le Souverain Grand Inspecteur Général relèverait d'une autre juridiction, il devra se pourvoir, au préalable, d'une autorisation désignée sous le nom d'*exequatur* et délivrée par le Suprême Conseil de la juridiction.

Art. 15. — Toutes les sommes perçues, à quelque titre que ce soit, seront versées dans le trésor de l'obédience, par les soins des présidents et trésoriers de chaque Atelier, des Illustres Grands Inspecteurs Généraux, de l'Illustre Grand Secrétaire Chancelier et Grand Trésorier de l'Ordre.

La gestion et l'emploi de ces sommes seront placés sous la direction et la surveillance du Suprême Conseil, qui aura soin d'exiger que, chaque année, les comptes lui soient fidèlement et régulièrement rendus, et il devra en donner communication à tous les Ateliers placés sous sa juridiction.

Art. 16. — Sont et demeurent abrogés les articles XII, XIII et XIV des anciennes Constitutions.

En foi de quoi, les présentes délibérées et votées en séance solennelle du Convent régulièrement constitué à l'Orient de Lausanne, ont été revêtues de la signature des Délégués des différentes Puissances Maçonniques, pour avoir force de loi auprès de toutes les obédiences du Rite Ecossais ancien accepté, le 22e jour de la lune Eloul, 6e mois de l'an de la véritable lumière 5875, *vulgo* vingt-deux septembre mil huit cent soixante-quinze.

RÈGLEMENTS GÉNÉRAUX

CHAPITRE PREMIER

DU RITE ÉCOSSAIS ANCIEN ACCEPTÉ

ARTICLE PREMIER. — Le Rite Ecossais ancien accepté, héritier des traditions maçonniques, dont il a gardé tous les sages principes, la force morale et la discipline, a été constitué, tel qu'il est aujourd'hui, par les *Constitutions* de 1762 et de 1786 et par les *Grandes Constitutions* du Convent Universel des Suprêmes Conseils réunis à Lausanne en 1875.

ART. 2. — Les principes du Rite Ecossais ancien accepté sont renfermés dans la déclaration adoptée par le Convent de Lausanne.

ART. 3. — Par respect pour les principes de fraternité qui sont la loi de la Franc-Maçonnerie, le Rite Ecossais ancien accepté accueille fraternellement les Maçons des autres Rites légalement établis et reconnus, dans les conditions déterminées par le Convent de Lausanne, et qui travaillent, comme lui, à l'accomplissement du Grand Œuvre.

ART. 4. — Le Rite Ecossais ancien accepté respecte l'indépendance des autres Rites, et il entend qu'ils agissent à son égard de la même manière.

ART. 5. — Le Rite Ecossais ancien accepté a une hiérarchie qui lui est propre, des Chefs dont il reconnaît les décrets et auxquels il obéit, en tant qu'ils commandent en vertu de leurs droits légitimes et dans les formes prescrites.

ART. 6. — L'échelle maçonnique, dans ce Rite, a trente-trois degrés.

Tout Maçon Ecossais qui a rempli son temps et acquis les connaissances nécessaires, a droit à une augmentation de salaire.

Les Ateliers du 1er au 33e degré proposeront eux-mêmes les augmentations de salaire aux Frères qui les auront méritées par leur assiduité, leur zèle et leur travail maçonnique.

Les Loges proposeront elles-mêmes aux Chapitres les Frères qu'elles jugeront dignes d'être élevés au 18e degré et qu'elles ont le désir de voir arriver au sommet de l'échelle maçonnique.

Les Chapitres ensuite présenteront à la 3e Section à Paris, aux Aréopages dans les départements et à l'étranger, les Frères méritant, à leurs yeux, l'initiation au 30e degré.

Pour les 31e, 32e et 33e degrés, chaque année, la 3e Section à Paris, les Aréopages et les Délégués représentants du Suprême Conseil dans les départements et à l'étranger, dresseront une liste des Frères auxquels ils désirent voir conférer ces hauts degrés; ces Frères seront désignés au scrutin secret et à la majorité absolue des suffrages des membres présents.

Dans les contrées où aucun Aréopage n'est constitué, les propositions pour ces degrés seront faites par les Délégués représentants du Suprême Conseil.

Art. 7. — Les corps organisés et autorisés de ce Rite portent les noms de *Loges, Chapitres, Conseils, Aréopages, Tribunaux, Cours et Suprême Conseil.*

Le Suprême Conseil n'organise ces corps que dans les Orients et dans les cas où il le juge utile à l'Ordre.

Art. 8. — Tous ces corps constitués, indépendants les uns des autres, ont une organisation, une hiérarchie intérieure, des obligations et des droits déterminés par des lois et décrets émanant de l'autorité suprême du Rite.

Art. 9. — Le Suprême Conseil est la clef de voûte de l'édifice; à lui seul sont confiés la conservation du dogme Maçonnique, le gouvernement et l'administration du Rite.

CHAPITRE II

DU SUPRÊME CONSEIL. — DE LA COMMISSION ADMINISTRATIVE ET EXÉCUTIVE

Art. 10. — Le Suprême Conseil pour la France et ses dépendances, chef et régulateur du Rite Ecossais ancien accepté devra se compléter au nombre de 33 membres; il ne pourra jamais se composer de moins de 27.

A chaque vacance à combler dans le sein du Suprême Conseil, la Grande Loge Centrale, toutes sections réunies, désignera au scrutin et à la majorité des suffrages des membres présents, trois candidats du 33e degré. Le Suprême Conseil conserve le droit de nomination.

Tous les Maçons composant le Suprême Conseil devront être membres d'une Loge Symbolique.

Art. 11. — Le Président du Suprême Conseil a le titre de *Très-Puissant Souverain Grand-Commandeur Grand-Maître ;*

Les autres Officiers dignitaires de ce corps sont :

Le Très Illustre Lieutenant Grand-Commandeur ;

L'Illustre Grand-Secrétaire, Grand-Chancelier et Garde des Sceaux
L'Illustre Grand-Trésorier
L'Illustre Grand-Orateur
L'Illustre Grand-Maître des Cérémonies
L'Illustre Grand-Capitaine des Gardes
L'Illustre Grand-Porte-Etendard
L'Illustre Grand-Porte-Glaive [1]
} du Suprême Conseil

Pour l'élection à ces divers Offices et à l'effet de pourvoir aux vacances qui peuvent se produire, il est procédé conformément aux prescriptions revisées et adoptées par le Convent de Lausanne en 1875. (Grandes Constitutions, art. 3.)

Art. 12. — Ainsi constitué, le Suprême Conseil statue sur toutes les affaires du Rite.

Art. 13. — Dans les cas déterminés par lui-même, limitant sa propre autorité, le Suprême Conseil délègue son pouvoir souverain (art. 17 et 19), ou ne prononce qu'après avoir pris l'avis de corps maçonniques d'une hiérarchie moins élevée, constitués par lui et dans la limite des pouvoirs qu'il leur a délégués (art. 18 et 40).

Art. 14. — Pour la bonne administration et la prompte expédition des affaires, le Suprême Conseil a, créée dans son

---

1. L'exemplaire imprimé des Statuts, que l'on remet aux Frères Trois-Points du Rite Ecossais, désigne ce dignitaire sous le nom d'Illustre Grand Porte-*Epée*. Toutefois, sur le Manuscrit Sacré déposé aux archives du Suprême Conseil, il y a : Porte-*Glaive*. Cette variante, qui est du reste sans importance, est sans doute le fait d'une erreur de transcription sur la copie qui a été remise à l'imprimeur des Statuts.

sein, une Commission dite *Commission Administrative et Exécutive*.

Art. 15. — Cette Commission se compose de vingt et un membres, savoir :

Le Grand-Commandeur Grand-Maître ou son Lieutenant, *Président;* le Grand-Secrétaire Grand-Chancelier, *Vice-Président;* le Grand-Trésorier ; deux membres élus parmi les membres actifs du Suprême Conseil ; le Président élu de la Grande Loge Centrale ; les Présidents élus des trois sections de la Grande Loge Centrale ; le Grand-Hospitalier de la Grande Loge Centrale ; sept Délégués élus tous les ans par la 1re Section; deux Délégués élus tous les ans par la 2e Section ; deux Délégués élus tous les ans par la 3e Section.

La Commission Administrative et Exécutive, ainsi composée, nomme un Secrétaire chargé de rédiger les procès-verbaux de concert avec le Chef du Secrétariat Général du Rite ; ce dernier assistera à toutes les séances, avec voix consultative.

La Commission Administrative et Exécutive devra se réunir une fois par mois. En outre, elle pourra avoir des réunions supplémentaires toutes les fois que les circonstances l'exigeront.

Art. 16. — Au sein du Suprême Conseil, ainsi que dans la Commission Administrative, les votes ont toujours lieu à haute voix. Les votes des Frères les plus élevés en dignités sont recueillis les derniers.

Art. 17. — Cependant, en vertu des pouvoirs qui lui sont délégués, la Commission Administrative peut connaître de tout ce qui tient et se lie à la direction, à l'administration et à l'ordre du Rite.

Elle peut délibérer et statuer sur les doléances, demandes et réclamations des Loges et autres corps maçonniques existant dans la juridiction du Rite ; elle suit la correspondance, répond aux questions qui lui sont adressées, et peut intervenir, dans un esprit de paix et de conciliation, en toutes les discussions susceptibles d'amener quelque discorde ou quelque dissidence ; elle peut ordonner et elle surveille les recouvrements de toute nature ; elle peut vérifier, liquider et arrêter les comptes du Trésorier ; elle doit être constamment instruite de la situation de la Caisse.

Art. 18. — Sur le rapport de la Commission Administrative, le Suprême Conseil vote et statue définitivement. Il ordonne la signification à qui de droit du résultat de ses décisions, auxquelles tout Maçon, en entrant dans le Rite, a juré de se soumettre.

Art. 19. — Le Suprême Conseil, ou, par délégation, la Commission Administrative, sur le rapport des sections de la Grande Loge Centrale, admet ou rejette les demandes de formation de nouveaux Ateliers. Ces Ateliers une fois installés, le Suprême Conseil a toujours le droit de les suspendre momentanément et même de les interdire s'ils violent les engagements qu'ils ont pris ou s'ils méconnaissent les décrets de l'autorité dogmatique.

CHAPITRE III

DE LA FRANC-MAÇONNERIE ET DU MAÇON ÉCOSSAIS

Art. 20. — La Franc-Maçonnerie, connue sous l'ancienne dénomination d'*Art royal* ou d'*Art libre de tailler la pierre*, et telle que la professe le Rite Ecossais ancien accepté, est une association d'hommes libres réunis dans le but de se rendre utiles à leurs semblables. Elle exige surtout que, dans toutes les circonstances de la vie, les Maçons se prêtent un mutuel appui.

Art. 21. — Tout Maçon est nécessairement un homme fidèle à l'honneur, à sa patrie, et soumis aux lois.

Art. 22. — Nul n'est Franc-Maçon Ecossais s'il n'a été régulièrement reconnu, proclamé comme tel par un Atelier régulier du Rite et porté au registre matricule de l'Ordre, ouvert au Secrétariat Général.

Art. 23. — Nul ne peut être reçu Maçon avant l'âge de vingt et un ans révolus, à moins qu'il ne soit fils de Maçon; en ce cas, le premier degré peut lui être conféré à dix-huit ans accomplis, mais le troisième degré seulement à vingt et un ans.

Art. 24. — Pour être reçu Maçon, il faut jouir de la liberté de ses actions, posséder une instruction suffisante et avoir eu une vie irréprochable.

ART. 25. — Le caractère maçonnique est indélébile de sa nature; il est cependant enlevé : 1° à ceux qui ont encouru des peines infamantes; 2° à ceux qui ont commis des délits ou des crimes contre la morale, ou violé les serments prêtés à l'Ordre; 3° à ceux qui ont encouru la radiation des tableaux du Rite.

ART. 26. — Tout Maçon rayé du tableau d'un Atelier doit être signalé immédiatement, avec les motifs de sa radiation, au Secrétariat du Rite, qui devra faire connaître cette radiation aux Ateliers de la correspondance. En aucune circonstance, une semblable communication ne peut être faite qu'après l'expiration des délais de l'appel et la confirmation de la sentence.

ART. 27. — Les Ateliers du Rite ne devront, sous aucun prétexte, admettre dans leur sein, même à titre de visiteurs, les Frères rayés du registre matricule de l'Ordre. Le Président d'un Atelier qui manquerait à cette prescription se mettrait sous le coup d'une réprimande ou même d'une suspension momentanée.

ART. 28. — Tout Maçon est tenu de se soumettre aux décisions et arrêtés de l'Atelier dont il est membre actif, même quand ces décisions ont été prises pendant son absence, soit autorisée par congé, soit accidentelle.

ART. 29. — Tout Maçon qui, par une opposition reconnue systématique ou par un esprit de résistance habituelle, troublerait les travaux de l'Atelier, sera fraternellement invité à la modération. Après un premier avertissement demeuré inutile, un rappel à l'ordre ou la réprimande pourra être appliqué à ce Frère, et, si l'application de cette peine disciplinaire n'a pas réussi à le faire rentrer dans le calme, l'Atelier par un vote, pourra rejeter ce membre de son sein. Dans ce dernier cas, notification de la décision sera faite à l'autorité Maçonnique qui devra en informer les autres Ateliers du Rite, par la voie du Mémorandum.

ART. 30. — Nul Maçon du Rite, membre actif d'un Atelier, ne pourra, ni directement ni indirectement, appartenir à un autre Rite, sous peine de radiation.

CHAPITRE IV

DE LA GRANDE LOGE CENTRALE

—

TITRE PREMIER

ORGANISATION DE LA GRANDE LOGE CENTRALE. — SECTIONS. ATTRIBUTIONS DES SECTIONS.

§ 1. — Organisation de la Grande Loge Centrale.

Art. 31. — La Grande Loge Centrale se compose : 1° des membres actifs du Suprême Conseil; 2° de tous les Maçons actifs du Rite possédant les 33e, 32e, 31e et 30e degrés ; 3° des Députés de chaque Loge, Chapitre, Tribunal et Consistoire.

Art. 32. — Le Très Puissant Souverain Grand-Commandeur Grand-Maître est le premier dignitaire de la Grande Loge Centrale. Il en préside les séances et les travaux : 1° lors des deux grandes réunions solennelles du solstice d'hiver et du solstice d'été ; 2° lors des grandes solennités extraordinaires, des fêtes et des cérémonies funèbres. En cas d'absence, il est remplacé par l'Illustre Lieutenant Grand-Commandeur. Le Chef du Secrétariat Général du Rite est secrétaire de droit de la Grande Loge Centrale en ce qui concerne la correspondance, les convocations, etc. La Grande Loge élit un Secrétaire des Séances, comme dans chacune des Sections.

Art. 33. — La Grande Loge Centrale, toutes Sections réunies, élit tous les ans, dans la tenue de l'équinoxe du printemps, au scrutin, par bulletin secret et à la majorité absolue des suffrages des membres présents : un Président *(choisi parmi les membres du Suprême Conseil)* ; un Vice-Président ; deux Grands-Surveillants ; un Grand-Orateur ; un Grand-Secrétaire ; un Grand-Hospitalier ; un 1er Grand-Expert ; deux Grands-Maîtres des Cérémonies ; un Grand-Architecte ; un Grand-Porte-Etendard ; un 2e Grand-Expert-Couvreur *(choisi parmi les membres de droit* [1] *de la Grande Loge Centrale).*

Le Chef du Secrétariat Général du Rite remplit les fonctions d'Archiviste. Les Archives de la Grande Loge Centrale sont déposées et conservées au Secrétariat Général du Rite. Les élections auront lieu dans la séance trimestrielle de l'équinoxe du printemps, afin qu'il puisse être procédé aux installations dans la séance trimestrielle d'été (art. 61).

§ 2. — Division en Sections.

Art. 34. — Suivant la nature de leurs grades ou leur mandat, les membres de la Grande Loge Centrale se partagent en trois Sections, chargées de préparer et d'étudier les affaires qui leur sont soumises, ainsi qu'il est dit ci-après : la première Section, embrassant les travaux des trois premiers degrés, prendra le titre de *Section Symbolique ;* la deuxième Section comprendra les Travaux du 4e au 18e degré inclusivement et prendra le titre de *Section Chapitrale ;* enfin, la troisième Section, comprenant du 19e au 33e degré inclusivement, sera la Section des Hauts Grades.

Art. 35. — La première Section de la Grande Loge Centrale nomme tous les ans, au scrutin et par bulletin secret, les Officiers ci-après : un Président *(choisi dans son sein),* élu à la majorité des deux tiers des voix ; un Vice-Président ; deux Surveillants, un Orateur, un Secrétaire, un premier Expert, deux Maîtres des Cérémonies, un deuxième Expert-Couvreur, élus au scrutin et à la majorité absolue des suffrages des membres présents. L'Orateur et le Secrétaire pourront avoir des Adjoints.

Art. 36. — La deuxième Section de la Grande Loge Cen-

1. L'exemplaire imprimé des Statuts, que l'on remet aux Maçons du Rite écossais, porte simplement : « choisi parmi les membres de la Gr.·. L.·. Cent.·. ». Il y a là une erreur de transcription. Le Manuscrit Sacré, ou original des Statuts déposé aux archives du Suprême Conseil, porte : « parmi les membres *de droit* », c'est-à-dire que le 2e Grand Expert-Couvreur de la Grande Loge Centrale, est choisi parmi les hauts-gradés des 30e, 31e, 32e et 33e degrés, et jamais parmi les simples Députés des Loges ; et, en effet, les choses se passent toujours ainsi.

trale nomme tous les ans au scrutin et par bulletin secret : un Président *(choisi dans son sein)*, élu à la majorité des deux tiers des voix, un Vice-Président, deux Surveillants, un Orateur, un Secrétaire, un Expert, élus au scrutin et à la majorité absolue des suffrages des membres présents.

ART. 37. — La troisième Section de la Grande Loge Centrale nomme tous les ans, au scrutin et par bulletin secret : un Président *(choisi dans son sein)*, élu à la majorité des deux tiers des voix ; un Vice-Président, deux Surveillants, un Orateur, un Secrétaire, un Expert, élus au scrutin et à la majorité absolue des suffrages des membres présents.

ART. 38. — Ces Officiers seront élus tous les ans et pourront être réélus dans le même Office pendant trois années consécutives, si, pendant ce temps, ils conservent le mandat qu'ils auront reçu de leur Atelier et en vertu duquel ils sont membres d'une Section. Il sera pourvu, soit dans la Grande Loge Centrale, soit dans les Sections, aux vacances qui surviendront dans les Offices, mais seulement pour le temps de l'exercice restant à courir.

ART. 39. — Pour les délibérations, on suivra, dans chaque Section, le même ordre et la même règle que dans les Ateliers du Grade correspondant.

ART. 40. — L'ordre du jour de chacune des réunions de la Grande Loge Centrale, ainsi que celui des Sections, devra être visé par la Commission Administrative et Exécutive. Les délibérations de la Grande Loge Centrale et des Sections seront soumises à l'approbation et à la sanction du Suprême Conseil ; l'exécution en sera renvoyée à la Commission Administrative et Exécutive.

§ 3. — Attributions de la Grande Loge Centrale et de ses Sections.

ART. 41. — La première Section connaît des demandes en institution de Loges Symboliques, des Règlements intérieurs et de tout ce qui concerne leur administration, ainsi que des conflits qui pourraient s'élever entre Ateliers du 1er au 3e degré pour un travail en commun à l'un de ces degrés.

ART. 42. — La deuxième Section connaît des demandes en institution des Ateliers du 4e au 18e degré inclusivement, et des différends qui pourraient se produire entre Ateliers pour un travail en commun à l'un de ces degrés.

Art. 43. — La troisième Section connait des demandes en institution des Ateliers du 19e au 30e degré inclusivement. Elle connaît aussi de toutes les difficultés qui pourraient s'élever entre les Ateliers pour un travail commun à l'un de ces degrés. Les Inspecteurs Spéciaux que le Suprême Conseil jugerait utile d'accréditer près des Ateliers seront choisis parmi les membres de la troisième Section.

Art. 44. — La Grande Loge Centrale, toutes Sections réunies, sous la présidence et la direction de ses Officiers élus, connaît de toutes les difficultés qui pourraient s'élever entre le Suprême Conseil et une Section ou un Atelier du Rite, soit pour infraction aux Grandes Constitutions et aux Règlements généraux, soit pour cause de non-exécution des décrets et arrêtés du Suprême Conseil ou de la Commission Administrative.

Art. 45. — Dans une première séance, la Grande Loge Centrale prend connaissance de l'affaire et nomme une Commission chargée d'entendre les parties et de faire tous ses efforts pour arriver à une conciliation. Elle fixe ensuite la date de la tenue dans laquelle cette Commission devra lui soumettre son rapport.

Art. 46. — Dans la deuxième séance, la Grande Loge Centrale prend connaissance du rapport de sa Commission, entend les parties si la conciliation n'a pu se faire, et, hors leur présence, décide, au scrutin secret et à la majorité, s'il y a eu infraction, soit aux Règlements Généraux, soit aux décrets et arrêtés du Suprême Conseil ou de la Commission Administrative. Sa décision devra être immédiatement adressée au Secrétariat du Rite, pour être transmise au Suprême Conseil, qui en saisira le Tribunal du 31e degré, chargé d'appliquer la peine, si le délit a été reconnu. Appel du jugement du Tribunal pourra être fait devant le Suprême Conseil, conformément à l'article 7 des Grandes Constitutions.

TITRE II

ADMINISTRATION. — FINANCES.

§ 1. — Administration.

Art. 47. — L'Illustre Grand-Secrétaire du Suprême Conseil et le Chef du Secrétariat Général du Rite sont chargés de la correspondance de la Grande Loge Centrale. Toutes les lettres et paquets concernant le Rite ou la Grande Loge seront adressés au Secrétariat Général, pour y être enregistrés et répartis ensuite à chacune des Sections en ce qui la concerne. Le Secrétariat Général reste également chargé des convocations de la Grande Loge Centrale et de ses Sections.

Art. 48. — Le Secrétaire de la Grande Loge Centrale et ceux des Sections préparent la correspondance relative à la Section dont ils font partie; ils la remettent ouverte au Secrétariat Général, pour l'enregistrement et l'envoi à qui de droit. Ils rédigent les procès-verbaux de leurs Sections respectives, et font au Secrétariat Général du Rite toutes les communications nécessaires pour la suite et l'ordre des travaux.

Art. 49. — L'Ordre Ecossais n'a qu'une seule caisse. L'illustre Grand-Trésorier du Suprême Conseil est responsable de toutes les recettes et dépenses; elles s'effectuent soit par lui-même, soit par les mains d'un Trésorier-Adjoint. L'illustre Grand-Trésorier rend ses comptes tous les ans et fournit à la Commission Administrative tous les renseignements qui peuvent lui être demandés sur la situation du Trésor.

Art. 50. — Le Grand-Hospitalier est responsable de toutes les sommes qui lui sont déposées. Il tient un registre exact de ses recettes et dépenses, et rend ses comptes, à la fin de chaque année, à la Commission Administrative et Exécutive.

§ 2 — Finances.

Art. 51. — L'apurement des comptes de finances est confié à une Commission présidée par le Président élu de la Grande Loge Centrale et composée de cinq membres nommés tous les ans à l'élection en Grande Loge Centrale, toutes les Sections réunies. Cette Commission prend le titre de *Commission des Finances.*

Art. 52. — L'Illustre Grand-Secrétaire, l'Illustre Grand-Trésorier du Suprême Conseil, le Grand-Hospitalier et le Grand-Architecte assistent de droit à la Commission des Finances, mais ils n'ont que voix consultative. C'est par exception aux droits dont ils jouissent comme membres du Suprême Conseil que l'Illustre Grand-Secrétaire et l'Illustre Grand-Trésorier n'ont dans cette Commission que voix consultative. La Commission des Finances peut s'adjoindre, avec voix consultative seulement, tout membre de la Grande Loge Centrale ou des Sections dont elle désire les lumières. Elle délibère à la majorité des membres présents, et les délibérations peuvent être prises par trois membres.

Art. 53. — Toute dépense extraordinaire devra être votée par la Commission Administrative et Exécutive et présentée par elle à la sanction de la Grande Loge Centrale, convoquée à cet effet.

Art. 54. — L'année d'exercice pour les finances commence et finit le 1er octobre de chaque année. La Commission des Finances présente son rapport à la Grande Loge Centrale dans la tenue solennelle du solstice d'hiver.

Art. 55. — Une Commission de Bienfaisance est instituée dans le sein de la Grande Loge Centrale. Cette Commission se compose de cinq membres, élus tous les trois ans, lors de l'élection des Officiers de la Grande Loge. Le Grand-Hospitalier de la Grande Loge Centrale est président de cette Commission.

—

TITRE III

DES VOIES ET MOYENS

Art. 56. — Il est pourvu aux frais de l'Administration générale de l'Ordre : 1° par le prix des Constitutions accordées pour l'institution des Loges, Chapitres, Aréopoges, etc. ; 2° par le prix de l'expédition des Diplômes, Brefs et Patentes accordés aux Maçons qui y ont droit; 3° par le prix des Rituels délivrés aux Ateliers ; 4° par la cotisation annuelle des membres du Suprême Conseil et de ceux de la Grande Loge Centrale ; 5° par le produit de la redevance annuelle par laquelle les divers Ateliers du Rite contribuent aux dépenses de l'Ordre ; 6° par le produit du droit d'immatriculation ; 7° par le produit des dispenses de temps nécessaires pour le passage à un degré supérieur ; 8° enfin par les dons volontaires individuels ou collectifs.

Art. 57. — Le Suprême Conseil conserve, pour les hauts degrés du Rite, le droit de dispenser de finances, pour la collation de ces hauts degrés, les Frères qui auront rendu des services au Rite. Le 30e et le 33e degré sont seuls exceptés de cette faveur et doivent toujours être payés intégralement. Ces dispenses de finances ne concernent pas les droits de chancellerie, qui devront être acquittés dans tous les cas.

Art. 58. — Sauf le cas prévu à l'article 57, aucune Constitution, aucun Diplôme, Bref ou Patente ne sera scellé, timbré et délivré que sur la représentation de la quittance du prix déterminé par le tarif. Chacun de ces titres porte un numéro d'ordre.

Art. 59. — Les Ateliers étant responsables des cotisations des représentants qu'ils accréditent auprès de la Grande Loge, ces représentants cesseront d'y avoir entrée quand ces Ateliers n'auront point acquitté leurs redevances maçonniques. Les Ateliers ayant plusieurs Députés payeront autant de cotisations qu'ils auront de représentants.

Art. 60. — L'entrée de la Grande Loge Centrale et de ses Sections sera interdite à ceux de ses membres qui laisseront écouler six mois sans s'acquitter envers le Trésor. Ils ne pourront reprendre leur position qu'en payant, à leur rentrée, toutes les sommes qu'ils pourront devoir.

—

TITRE IV

DES RÉUNIONS

Art. 61. — La Grande Loge Centrale se réunira en Assemblée générale, sous la présidence du Très Puissant Souverain Grand-Commandeur Grand-Maître : 1° au solstice d'hiver pour célébrer la fête de l'Ordre, proclamer les Maçon nouvellement élevés aux degrés supérieurs, entendre le rapport de la Commission des Finances, et recevoir le mot de semestre; 2° au solstice d'été, pour procéder à l'installation des Officiers, pour entendre le rapport de l'Orateur de la Grande Loge Centrale sur les travaux des Ateliers du Rite et recevoir le mot de semestre. — La Grande Loge Centrale se réunira en tenue ordinaire, sous la présidence du Président élu : 3° à l'équinoxe du printemps, et 4° à l'équinoxe d'automne (art. 33). — Les travaux des deux séances des solstices d'hiver et d'été seront ouverts au 1er degré, afin de permettre aux visiteurs de tous grades d'y assister. Toutes les autres tenues de la Grande Loge Centrale, toutes Sections réunies, seront ouvertes au 3e degré. Les membres du Rite possédant le 3e degré pourront seuls y assister dans les tribunes, comme visiteurs, en se conformant au règlement d'ordre intérieur établi par la Grande Loge Centrale. — Outre les séances fixées, le Président élu pourra, s'il y a lieu, convoquer extraordinairement la Grande Loge Centrale, toutes Sections réunies, en se conformant aux prescriptions de l'article 40.

Art. 62. — Les Sections de la Grande Loge Centrale se réunissent régulièrement ainsi qu'il suit : la 1re Section, six fois par an; la 2e Section, quatre fois par an; la 3e Section, quatre fois par an. Outre ces réunions régulières, les Présidents pourront, au besoin, rassembler leur Section respective, après en avoir informé l'autorité du Rite et en se conformant aux prescriptions de l'article 40. Les séances de la 1re Section sont publiques pour les Maçons du Rite possédant au moins le 3e degré et conformément au règlement d'ordre intérieur établi par cette Section. Les séances de la 2e Section sont également publiques pour les Maçons du 18e degré, conformément au règlement d'ordre intérieur établi par cette Section.

—

TITRE V

DES HONNEURS. — PRÉROGATIVES ET DÉCORATION

§ 1. — **Honneurs et prérogatives.**

Art. 63. — Le Souverain Grand-Commandeur Grand-Maître et son Lieutenant ont le droit de présidence partout où ils sont présents

Art. 64 — Les membres du Suprême Conseil peuvent assister aux travaux des trois Sections, mais avec voix consultative seulement.

Art. 65. — Il n'est rendu des honneurs, dans la Grande Loge Centrale, qu'au Suprême Conseil, lorsqu'il se présente en corps, au Très Puissant Souverain Grand-Commandeur Grand-Maître, au Lieutenant Grand-Commandeur, au Président élu de la Grande Loge Centrale et aux Maçons des Orients étrangers. La Grande Loge se borne à accueillir par des applaudissements les Ateliers qui viennent la visiter, soit en corps, soit par députation. Les Présidents des Sections reçoivent les honneurs, soit dans leur propre Section, soit dans les autres qu'ils visitent.

§ 2. — **Décorations.**

Art. 66. — Indépendamment des décorations du degré dont ils sont pourvus, les Députés des Ateliers, membres de la Grande Loge Centrale, portent un cordon en sautoir, blanc moiré, large de 10 à 11 centimètres, orné d'un lacet d'or de 5 millimètres sur chaque côté ; sur la pointe est une rosette de couleur ponceau. A ce cordon est suspendu un bijou formé de trois triangles entrelacés, surmontés d'une couronne. Ce bijou est en or ou doré.

CHAPITRE V

DE L'ORGANISATION GÉNÉRALE DES ATELIERS

—

TITRE PREMIER

FORMATION DES ATELIERS. — INSTALLATION. — COMPOSITION

§ 1. — **Des Ateliers.**

Art. 67. — Pour obtenir l'autorisation de former un Atelier Symbolique, il faut une réunion de sept Maçons au moins, tous possédant régulièrement le grade de Maître. —

Pour former un Atelier du 4e au 18e degré, il faut une réunion de neuf Maçons au moins, possédant régulièrement le grade de Chevalier Rose-Croix. — Pour former un Atelier du 19e au 30e degré, il faut une réunion de sept Maçons au moins, possédant régulièrement le grade de Grand-Elu Chevalier Kadosch. — Le nombre de Maçons nécessaire pour former les Ateliers des 31e et 32e degrés est déterminé par une décision spéciale du Suprême Conseil.

Art. 68. — Parmi ces Maçons, le plus élevé en grade ou, à grade égal, le doyen d'âge, prend le titre de Président ; il désigne les Frères 1er et 2e Surveillants, l'Orateur, le Secrétaire, le Trésorier et le Garde des sceaux, pour constituer l'Atelier provisoire.

Art. 69. — Après cette réunion, une seconde a lieu à l'effet : 1° de vérifier les titres maçonniques de tous les Frères qui se présentent pour fonder le nouvel Atelier ; 2° d'établir un tableau conforme au modèle n° 1 [1] ; 3° de former et rédiger la demande en constitution ; 4° de rédiger les articles réglementaires pour l'administration des finances ; 5° enfin de dresser les procès-verbaux et autres pièces qui, avec les titres maçonniques (Diplômes, Brefs ou Patentes), Tableaux, etc., devront être fournis au Secrétariat Général du Rite. — A ces diverses pièces devra être jointe la déclaration formelle, par les Frères demandant à constituer un nouvel Atelier, qu'ils sont en règle avec les Ateliers et le Rite auxquels ils ont pu appartenir jusqu'à ce jour. — Le Suprême Conseil ne distingue les Ateliers entre eux que par leur numéro d'ordre ; ils devront aussi se choisir un titre distinctif qui sera soumis à l'approbation du Suprême Conseil, mais qui ne devra pas être celui d'un autre Atelier du Rite.

Art. 70. — La demande et les pièces sont soumises, par les soins du Chef du Secrétariat Général, aux Sections qui doivent en connaître ; le Suprême Conseil statue définitivement sur le rapport des Sections.

Art. 71. — Si les Constitutions sont refusées, les pièces, les titres maçonniques et les métaux déposés sont immédiatement restitués aux auteurs de la demande.

Art. 72. — Si la demande est accueillie, les Constitutions,

---

1. Ce modèle et les principaux types de Brefs, Diplômes, etc., seront reproduits dans notre chapitre ayant trait à la Paperasse sacrée des Frères Trois-Points.

dûment signées, scellées et timbrées, seront remises aux Commissaires Installateurs, chargés par le Suprême Conseil de procéder à l'installation.

Art. 73. — Aussitôt que les Constitutions auront été accordées, et sur l'avis officiel qui lui en sera donné par le Secrétariat Général, l'Atelier devra procéder aux élections provisoires de ses Officiers.

Art. 74. — Un Atelier ne peut procéder à aucune initiation, affiliation ou régularisation, sans en avoir obtenu l'autorisation expresse de la Puissance suprême.

Art. 75. — La quittance des droits, auxquels la demande donne ouverture envers le Trésor, sera jointe aux pièces à déposer au Secrétariat Général à l'appui de la demande en constitution.

Art. 76. — Le prix des Rituels des différents degrés est fixé par Décret du Suprême Conseil, et versé au Trésor du Rite en même temps que les droits dont il est question en l'article précédent.

§ 2. — Installation des Ateliers.

Art. 77. — En même temps qu'il accorde les Constitutions, le Suprême Conseil nomme une Commission de trois membres au moins de la Grande Loge Centrale, et de cinq au plus, pour procéder à l'installation du nouvel Atelier.

Art. 78. — Conformément à la décision du Suprême Conseil, en date du 1er septembre 1841, les frais de déplacement et de voyage des Commissaires Installateurs seront à la charge des Ateliers placés en dehors de l'Orient de Paris, qui en feront le versement au Trésor de l'Ordre, préalablement à l'installation.

Art. 79. — Dans les Orients éloignés de Paris, l'installation peut être, par exception, confiée à des Maçons choisis dans l'Orient de l'Atelier à installer, ou dans un Orient voisin; ou bien encore, en cas d'urgence, le Suprême Conseil, usant de son pouvoir souverain, peut en charger le Président et les Surveillants dudit Atelier, qui se font alors remplacer d'office pour la cérémonie de l'installation.

Art. 80. — Le cérémonial de la fondation, de l'inauguration et de l'installation d'un Atelier est fixé par un règlement spécial, dont un exemplaire sera remis aux Frères Installeurs par le Chef du Secrétariat Général.

Art. 81. — La correspondance régulière des Ateliers

avec l'autorité dogmatique ne s'ouvre qu'après le dépôt, au Secrétariat Général, du procès-verbal d'installation et de la double expédition de l'obligation. Elle doit, autant que possible, passer par l'intermédiaire du Député.

Art. 82. — Lorsque la correspondance est régulièrement établie, les Ateliers ont le droit de conférer les degrés des Grades auxquels ils ont été constitués, mais ils ne peuvent le faire par délégation ou hors de l'Orient dans lequel ils sont établis.

Art. 83. — Les Ateliers de France auront un délai de trois mois, à partir du jour de leur installation, pour faire connaître le Député qu'ils auront choisi, si déjà ce choix n'a été fait lors de la demande en constitution. Ce délai sera de six mois pour les Ateliers établis dans l'hémisphère occidental ; il sera de douze mois pour ceux placés dans l'Océanie et au-delà du cap de Bonne-Espérance. Un procès-verbal régulier, constatant cette nomination, devra, chaque année, être adressé au Secrétariat Général. Les Ateliers dont les membres dépassent le nombre de cinquante peuvent nommer un Député de plus par cinquante membres ou fraction de cinquante membres (art. 59).

Art. 84. — Les Ateliers ne peuvent s'affilier entre eux. Ils pourront, cependant, travailler en commun au même degré et en tenue blanche, après en avoir obtenu l'autorisation de la Commission Administrative et Exécutive du Suprême Conseil. Ces tenues auront toujours lieu sous la Présidence et la responsabilité d'un seul Atelier. Il est interdit également aux Maçons du Rite, de tous grades, de se réunir, en dehors des tenues régulières des Ateliers, pour quelque cause que ce soit, sans en avoir, au préalable, obtenu l'autorisation de l'Autorité Maçonnique.

Att. 85. — Les Ateliers, avant de distribuer aucune brochure, circulaire ou planche Maçonnique, aux autres Ateliers de l'Obédience, doivent obtenir l'autorisation préalable de la Commission Administrative et Exécutive du Suprême Conseil.

§ 3. — Des Ateliers Symboliques.

Art. 86. — Les Loges sont dirigées par des Officiers nommés au scrutin individuel et à la majorité absolue des suffrages. Exception est faite pour l'élection du Député. —

Leurs fonctions durent un an. Leur nombre est fixé à dix-huit; ils prennent rang ainsi qu'il suit : 1° un Vénérable, il se place à l'Orient; 2° un premier Surveilant, dirigeant la Colonne du Midi (J), il se place à la colonne (B); 3° un second Surveillant, dirigeant la Colonne du Nord (B), il se place à la colonne J; 4° un Orateur, il se place à l'Orient, à la gauche du Vénérable; 5° un Secrétaire, il se place à la droite du Vénérable; 6° un Député près la Grande Loge Centrale, il se place à la gauche du Vénérable; 7° un Trésorier, il se place à la gauche de l'Orateur; 8° un premier Expert, il se place sur un siège en avant de l'Hospitalier; 9° un deuxième Expert, il se place à gauche du deuxième Surveillant; 10° un premier Maître des Cérémonies, il se place vis-à-vis le premier Expert; 11° un deuxième Maître des Cérémonies; 12° un Garde des Sceaux et Timbres; 13° un Garde des Archives; 14° un Hospitalier, il se place à la droite du Secrétaire; 15° un Architecte Maître des Banquets; 16° un Frère Couvreur, il se place près et en dedans de la porte du Temple; 17° un Porte-Étendard; 18° un Porte-Épée. — Les Loges peuvent avoir un ou plusieurs Frères Servants.

Art. 87. — L'Orateur, le Secrétaire, les Maîtres des Cérémonies, l'Hospitalier, l'Architecte Maître des Banquets, pourront seuls avoir des adjoints.

Art. 88. — Les Députés des Ateliers des départements, colonies et de l'étranger, quel que soit le grade dont ils sont revêtus, ne pourront être valablement choisis que parmi les membres actifs des Ateliers du même degré que ceux qu'ils représentent.

Du Vénérable.

Art. 89. — Le Vénérable est le Chef élu de la Loge. Ses fonctions ne peuvent, à moins de réélection, durer plus d'une année. Nul ne peut être Vénérable pendant plus de trois ans consécutifs.

Art. 90. — L'élection du Vénérable se fait de la manière suivante : — La Loge se forme au troisième degré. Les Maîtres votent au scrutin secret pour établir une liste de cinq candidats sur laquelle sont portés de droit le premier et le deuxième Surveillants en exercice; les trois autres candidats, qui devront être membres actifs de la Loge, seront ceux qui auront réuni le plus de voix. Le résultat du scrutin étant proclamé, les travaux du troisième degré sont fermés, puis successivement ouverts au deuxième et au premier degré. Lorsque les Apprentis et Compagnons ont pris connaissance des noms des cinq candidats, et du nombre de voix que chacun d'eux a réuni, la Loge tout entière est appelée à voter, et la majorité absolue des suffrages désigne alors celui qui devra remplir les fonctions de Vénérable. Si le premier vote ne produit aucun résultat, on procède à un second; si celui-ci ne produit encore aucun résultat, un troisième vote a lieu, mais seulement entre les deux Frères qui ont obtenu le plus de voix. Si après ce vote de ballottage, il y avait égalité de suffrages, l'élu serait alors le plus élevé en grade, ou, à égalité de grade, le plus ancien Maçon dans le Rite.

Art. 91. — Nul ne peut être Vénérable s'il n'a été, avant, Officier de la Loge, sauf dispense du Suprême Conseil.

Art. 92. — Nul ne peut être Vénérable avant vingt-cinq ans d'âge civil, et s'il n'est Maître au moins depuis une année, s'il n'est domicilié à l'Orient de la Loge dans le même département, ou dans un rayon tel qu'il lui soit possible de remplir exactement ses fonctions.

Art. 93. -- L'installation du Vénérable doit se faire le même jour que celle des autres Officiers, le procès-verbal des élections et les pouvoirs du Député ayant été préalablement adressés au Secrétariat général du Rite. Dans cette séance d'installation, l'ex-Vénérable doit remettre à son successeur les Constitutions et le Livre d'or de la Loge. Le procès-verbal de la séance doit faire mention de cette double remise et de celle du Registre où se trouvent inscrites les obligations prêtées et signées *manu propria* par tous les Membres de la Loge.

Art. 94. — Le Vénérable élu doit prêter, entre les mains de l'ex-Vénérable, l'obligation suivante : « *Je jure, sur mon honneur et ma foi maçonnique, d'obéir, sans restriction, aux Statuts, Règlements généraux émanant ou à émaner du Suprême Conseil du Rite Ecossais ancien accepté, d'obéir à ses Décrets et de n'employer l'autorité que je reçois de mes Frères que pour le bien de l'Ordre en général et de ce respectable Atelier en particulier. Je jure de remettre à mon successeur, ou, s'il y a lieu, au Suprême Conseil ou à ses Délégués, les Constitutions et les pièces que je reçois aujourd'hui, dont je me charge comme d'un dépôt envers l'Ordre.* »

Cette obligation doit être transcrite au Livre d'Architecture et signée séance tenante.

Art. 95. — Les Constitutions de la Loge sont confiées à la garde du Vénérable. Il doit les déposer au Secrétariat Général du Rite ou au Délégué du Suprême Conseil, au premier ordre qu'il reçoit de l'autorité régulatrice. La Loge, instruite par le Vénérable de la demande qui lui est adressée, ne peut se refuser à la remise exigée. Les Constitutions devront toujours être déposées sur l'autel du Vénérable les jours de tenue.

Art. 96. — Le Vénérable préside les travaux dans toutes les Assemblées ordinaires et extraordinaires ; il répond de leur régularité ; il a seul la police de la Loge.

Art. 97. — Il a seul le droit de faire convoquer la Loge, même pour les tenues extraordinaires ; mais il ne peut se dispenser de la faire convoquer pour les tenues d'obligation (art. 141).

Art. 98. — Toutes les planches Maçonniques, quel qu'en soit l'objet, doivent toujours être précédées de la formule suivante :

A.·. L.·. G.·. D.·. G.·. A.·. D.·. L'U.·.

Au Nom et sous les Auspices du Suprême Conseil pour la France et ses dépendances.

(Le nom de l'Atelier et son N°.)

Liberté ! — Égalité ! — Fraternité !

Art. 99. — Les abréviations, suivies des points symboliques (.·.), ne devront être employées que pour les mots essentiellement Maçonniques.

Art. 100. — Conformément à une décision du Convent de Lausanne de 1875, relative à la manière de dater les actes, pièces ou correspondances, l'usage de l'ancien calendrier Maçonnique est supprimé et remplacé par le *calendrier grégorien.*

Art. 101. — Indépendamment de la stricte observation des Règlements généraux et des Décrets du Suprême Conseil, le Vénérable doit maintenir sans cesse l'exécution des articles règlementaires que la Loge s'est imposés. Il doit, en outre, veiller scrupuleusement à l'immatriculation des Frères nouvellement initiés ou affiliés, et à la délivrance immédiate des Diplômes de Maître à tout Frère de son

Atelier élevé au 3e degré. A la fin de chaque année, le Vénérable doit de plus adresser au Secrétariat Général un rapport détaillé sur la situation et les travaux de l'Atelier. L'accomplissement rigoureux de ces devoirs, en assurant ses droits, contribuera puissamment à la prospérité de la Loge. Il veille à la conservation des métaux ; il signe, avec les Frères Secrétaire et Orateur, tous les actes de comptabilité de l'Atelier et les tracés du Livre d'Architecture.

Art. 102. — Le Vénérable est président-né de toutes les Commissions instituées par l'Atelier.

Art. 103. — Le Vénérable peut accorder directement des secours à des Frères nécessiteux qui se sont fait connaître à lui, mais dans les limites de l'arrêté pris à cet effet par l'Atelier.

Art. 104. — Conférer les grades accordés par l'Atelier, initier les profanes, recevoir les affiliés, régler et signer la correspondance, établir l'ordre du jour pour les tenues, tels sont le droit et le devoir du Vénérable.

Art. 105. — Nul acte émanant de l'Atelier n'est régulier s'il n'est revêtu de la signature du Vénérable ou de celle du Frère qui, dans l'ordre hiérarchique, est appelé à remplacer le Vénérable absent.

Art. 106. — Dans toutes les délibérations, lorsque les avis ou les suffrages sont également partagés, le Vénérable résout la question par la prépondérance de sa voix.

Art. 107. — En cas de désobéissance, d'irrégularité ou de désordre, le Vénérable a le pouvoir de suspendre et, au besoin de fermer les Travaux, même au milieu d'une délibération. Il a le droit de faire couvrir le Temple à tout Maçon, membre de la Loge ou visiteur, s'il croit cette mesure nécessaire à la régularité des Travaux. Le Frère qui lui résiste se rend coupable de désobéissance majeure ; il est exclu des Travaux, et l'Atelier décide, séance tenante, la peine à lui infliger.

Art. 108. — Tout Maître a le droit de faire des propositions ; le Vénérable peut les mettre en délibération ou les réserver.

Art. 109. — Aucun Frère, sous aucun prétexte, ne peut reprendre le Vénérable, encore moins formuler à haute voix des plaintes contre lui.

Art. 110. — Si quelque Frère contrevient à l'article précédent, les Surveillants doivent le rappeler à l'ordre. En cas d'insistance, ils lui font couvrir le Temple, et le Frère Orateur requiert qu'il soit procédé contre lui aux termes de l'article 107. La Loge, en ce cas, statue sous la présidence du premier Surveillant, même en présence du Vénérable et sans qu'il se déplace.

ART. 111. — Un Vénérable ne peut faire travailler une Loge qu'avec et d'après le Rituel approuvé *in extenso* par le Suprême Conseil.

ART. 112. — En cas de décès, démission ou absence indéfinie, l'Atelier fixe la tenue dans laquelle il sera procédé à l'élection d'un nouveau Vénérable.

Des Surveillants.

ART. 113. — Les Surveillants sont élus au scrutin, et chacun séparément, à la majorité absolue des suffrages.

ART. 114. — Gardiens et conservateurs du silence et de l'ordre sur les Colonnes, les Surveillants répètent et transmettent les commandements du Vénérable.

ART. 115. — Ils sont installés dans la même tenue que les autres Officiers et prêtent, entre les mains du Vénérable, l'ohligation suivante : « *Moi, N., élu Surveillant de ce respectable Atelier, je jure, sur mon honneur et ma foi maçonnique, de remplir fidèlement les devoirs de mes fonctions; de n'avoir jamais en vue que la prospérité de l'Ordre et de ce respectable Atelier, auquel je dois l'exemple de l'obéissance aux lois de l'écossisme et du respect des droits de tous mes Frères.* »

ART. 116. — Les Surveillants demandent la parole par un coup de maillet; ils doivent se tenir debout et à l'ordre.

ART. 117. — En cas d'absence momentanée du Président d'un Atelier, le premier Surveillant le remplace; en l'absence du premier, c'est le second qui préside les Travaux.

ART. 118. — Les Surveillants aident le Vénérable dans l'administration de la Loge. Ils veillent à ce que chaque Officier s'acquitte de ses devoirs, par l'intermédiaire des Frères Experts ou des Frères Maîtres des Cérémonies; ils rappellent à l'ordre ceux qui s'en écartent, et ils doivent être obéis.

ART. 119. — Ils signent avec le Vénérable toutes les pièces officielles qui s'expédient au nom de la Loge.

ART. 120. — Ils aident ceux des Frères qui ne peuvent répondre littéralement aux demandes du Catéchisme Maçonnique de chaque grade.

Art. 121. — Si un Frère parle sans permission, le Surveillant qui dirige la Colonne sur laquelle ce Frère est placé lui impose silence en frappant un coup de maillet; il l'avertit qu'il doit demander la parole et qu'il n'y a que le Vénérable qui ait le droit de la lui accorder.

Art. 122. — Ils ne peuvent sous aucun prétexte quitter leur place sans avoir prié le Vénérable de les faire remplacer, ou sans avoir momentanément pourvu eux-mêmes à leur remplacement si le Vénérable ne peut les entendre ou si leur absence est motivée pour une cause urgente.

Art. 123 — Ils ne peuvent accorder la permission de sortir qu'aux Frères qui déclarent devoir rentrer avant la clôture; sinon, ils reçoivent directement du Vénérable la permission, qu'ils n'accordent néanmoins à ceux qui l'ont demandée qu'après qu'ils ont satisfait au Tronc de la Veuve.

Art. 124. — Ils ne laissent circuler dans la Loge que les Officiers et seulement pour l'exercice de leur fonctions.

Art. 125. — En cas de faute, ils ne peuvent être repris en Loge que par le Vénérable et sous forme d'observation.

De l'Orateur et de son Adjoint.

Art. 126. — L'Orateur est le conservateur et l'organe de la loi; comme tel, il ne peut présider la Loge; sur son bureau doivent toujours être déposés les Règlements généraux de l'Ordre et les Règlements financiers de l'Atelier. Dans toutes les circonstances, il est l'organe de l'Atelier; il est chargé de porter la parole, tant en Loge qu'en dehors de la Loge.

Art. 127. — L'Orateur demande directement la parole au Vénérable.

Art. 128. — L'Orateur est chargé de l'instruction des Initiés, des nouveaux Compagnons et des nouveaux Maîtres.

Art. 129. — L'Orateur ne doit laisser procéder à aucune initiation, sans s'être assuré que les informations prescrites ont été prises au Secrétariat Général, pour savoir si le Profane proposé n'a pas été rejeté par un autre Atelier.

Art. 130. — Il donne ses conclusions sur toutes les affaires soumises à la discussion, et, après ses conclusions, aucun Frère ne peut obtenir la parole que pour demander le scrutin.

Art 131. — Quand il requiert l'exécution d'un article des Règlements, et qu'on n'a pas égard à ses représentations, il peut demander que son réquisitoire ou ses conclusions soient insérés avec les motifs dans le tracé des Travaux du jour. Dans ce cas, il les donne par écrit au Frère Secrétaire et les signe sur le Livre d'Architecture. Cette faculté ne peut lui être déniée; il a le droit de se faire délivrer un extrait du procès-verbal.

Art. 132. — Il a le droit de prendre aux Archives de l'Atelier, et même avec déplacement, toutes les pièces nécessaires à son instruction; mais il doit en signer le reçu sur le livre à ce destiné.

Art. 133. — Il célèbre, par un discours maçonnique, les Fêtes de l'Ordre, et présente, à la Fête solsticiale d'hiver, un rapport sur la situation morale et matérielle de la Loge.

Art. 134. — Aux Fêtes funèbres célébrées en Loge, en mémoire des Frères décédés, il est chargé de rappeler leurs travaux maçonniques et les services qu'ils auront pu rendre à l'Ordre.

Art. 135. — Comme il est responsable des doctrines professées en Loge, il n'est lu aucun morceau d'architecture présenté par un membre de la Loge ou par un Frère visiteur, sans qu'il ait été communiqué à l'Orateur, tenu de s'assurer qu'il ne contient rien de contraire aux principes maçonniques.

Art. 136. — S'il s'élève des contestations sur quelques pièces dont il aurait refusé de consentir la lecture, il requiert la nomination d'une Commission, pour en faire l'examen séance tenante. La Commission décide si la pièce doit être communiquée à la Loge. Il n'y a point de recours à la Loge contre cette décision.

Art. 137. — L'Orateur a le droit de réclamer la clôture de toute discussion dans laquelle il croirait voir l'aigreur et les personnalités remplacer la modération; dans ce cas, les conclusions de l'Orateur seront mises aux voix.

Art. 138. — Il visite et parafe, à la fin de chaque tenue, l'esquisse des travaux du jour, il assiste au dépouillement des scrutins, du sac des propositions et du tronc de bienfaisance. Il ne peut en aucun cas refuser d'apposer son *visa* et sa signature aux expéditions dont la Loge aura ordonné la délivrance.

Art. 139. — Le Frère Orateur-Adjoint remplit les fonctions d'Orateur en l'absence du titulaire; alors il jouit des mêmes prérogatives.

S'il est chargé d'une affaire, il la continue et donne ses conclusions, même en présence du titulaire ; en ce cas, l'Adjoint occupe le banc de l'Orateur pendant qu'il donne ses conclusions ou lorsqu'il fait les rapports qui lui sont confiés.

Du Secrétaire et de son Adjoint.

Art. 140. — Le Secrétaire prend rang immédiatement après le Frère Orateur ; comme lui, il demande la parole directement au Vénérable.

Art. 141. — Le Secrétaire convoque les Frères aux jours déterminés par la Loge pour les tenues régulières. Il les convoque également pour les tenues extraordinaires et pour les Commissions, mais seulement sur l'indication du Vénérable. Il a soin que les planches de convocation soient remises aux Frères, auxquels elles sont adressées, au moins cinq jours à l'avance pour les tenues extraordinaires ou de banquet. Toutes ces convocations devront être immédiatement adressées au Secrétariat Général du Rite (art. 97 et 98).

Art. 142. — Il appose sa signature, PAR MANDEMENT DE LA LOGE, sur toutes les planches et esquisses qu'il trace, sur tous les extraits, certificats et expéditions qu'il délivre par ordre de la Loge. Les autres pièces contresignées par lui le sont avec cette formule : PAR MANDEMENT DU VÉNÉRABLE, ou de l'officier qui le remplace. Dans aucun cas, il ne peut se refuser de signer ou contresigner une pièce émanée de la Loge, ou du Vénérable agissant dans la limite de ses fonctions (art. 98 et 100).

Art. 143. — Il dresse et rédige toutes les esquisses, planches et autres pièces d'architecture. Il tient un registre matricule sur lequel doivent être inscrits tous les membres de la Loge, par ordre de réception, avec tous les renseignements de grade, d'âge, de lieu de naissance, domicile, etc. Il est chargé de transmettre au Secrétariat Général du Rite le résultat de l'élection des Officiers ; mois par mois, un état des mutations qui peuvent s'être opérées à chaque tenue ; et, dans la première quinzaine de janvier de chaque année, un état nominatif et numératif de tous les membres de l'Atelier. Il s'entend avec le Frère Trésorier pour l'immatriculation immédiate, sur le contrôle général du Rite, des Frères nouvellement admis dans la Loge.

Art. 144. — Il dispose, pour chaque tenue, le Livre de

Présence qui doit être signé des membres de l'Atelier tant à l'ouverture qu'à la clôture des travaux. Il a soin de le faire arrêter par le Vénérable, et il indique sur l'esquisse du jour le nombre des Frères présents. Ce livre doit toujours être à la disposition de la Commission d'Administration et du Frère Trésorier.

Art. 145. — Il relate, dans l'esquisse des travaux du jour, toutes les pièces qui ont été lues pendant la séance; il indique sur chacune d'elle la date du procès-verbal qui en fait mention et les remet ensuite au Frère Gardien des Archives. Les esquisses devront toujours être tracées, non sur des planches détachées, mais sur un registre coté et parafé par le Vénérable.

Art. 146. — Les procès-verbaux des tenues extraordinaires sont transmises sur le registre des procès-verbaux ordinaires, mais avec mention de l'ordre de convocation et du nombre des Frères présents, tant à l'ouverture qu'à la clôture, d'après le Livre de Présence.

Art. 147. — Le Livre d'Architecture devant, dans tous les cas, être un contrôle des Frères Trésorier, Hospitalier et Garde des Archives, le Secrétaire doit mentionner à chaque tenue, tant ordinaire qu'extraordinaire, les recettes ou les dépenses autorisées par l'Atelier et les pièces comptables à l'appui du payement.

Art. 148. — Lorsque l'Atelier reçoit une demande de Diplôme ou de congé, le Secrétaire donne au Trésorier le nom du Frère qui a fait cette demande. Il est de son devoir, lorsqu'un Diplôme est réclamé, de s'assurer auprès du Frère Trésorier si le Frère pour lequel il est demandé est débiteur envers l'Atelier. Il a les mêmes obligations à remplir pour les demandes en augmentation de grade.

Art. 149. — Le Secrétaire doit mentionner sur son procès-verbal si les Offices sont remplis par les titulaires ou par des suppléants.

Art. 150. — Il doit, à toutes les assemblées, avoir sur son bureau le Tableau Général des membres de la Loge.

Art. 151. — Le Secrétaire tient le burin dans toutes les réunions ordinaires ou extraordinaires; il rédige l'esquisse des Travaux du jour, qui doit en être la fidèle reproduction; lorsque les procès-verbaux, transcrits au Livre d'Architecture, ont été sanctionnés par la Loge, il les fait signer par le Vénérable et l'Orateur, et les contresigne lui-même.

ART. 152. — Le Secrétaire n'expédiera aucune pièce que sur du papier à en-tête portant le timbre distinctif de la Loge. Toutes les fois qu'il recevra des pièces concernant la Loge, il en avertira immédiatement le Vénérable et ne les décachettera jamais.

ART. 153. — La Loge peut avoir un Secrétaire-Adjoint. Ses attributions sont les mêmes que celles du titulaire, en l'absence de ce dernier. Il peut même tenir le crayon en présence de celui-ci, et, sur son invitation, à toutes les tenues. Le Secrétaire ou son Adjoint ne peut, dans aucun cas, recevoir de salaire. Si les finances de la Loge le lui permettent, elle pourra confier ses écritures à un Frère salarié, mais la signature de ce Frère ne devra jamais figurer sur aucune des pièces de la Loge.

Du Député près de la Grande Loge Centrale.

ART. 154. — Chaque Atelier a un ou plusieurs Députés chargés de le représenter auprès de la Grande Loge Centrale de France (art. 31 et 88). Le Député d'un Atelier devra : 1° être âgé de plus de vingt-cinq ans ; 2° être Maître depuis plus d'une année ; 3° avoir reçu dans le monde profane une instruction qui le mette à même de concourir utilement aux travaux de la Section ; 4° pouvoir disposer du temps nécessaire pour assister à toutes les tenues de la Grande Loge Centrale ; 5° pour que l'élection soit régulière, il faudra que l'élu ait obtenu les deux tiers des suffrages des membres présents. Le mandat de Député peut être confié au même Frère, au-delà de trois ans, par une délibération spéciale de l'Atelier. Le Député doit assister à toutes les tenues, soit de la Grande Loge, soit de la Section près de laquelle il est accrédité, et rendre compte à l'Atelier, dont il tient ses pouvoirs, de tous les travaux auxquels il aura pris part en sa qualité.

ART. 155. — Un Député qui, sans avoir fait connaître les motifs de son absence, manquera à trois réunions de la Grande Loge ou de la Section, sera considéré comme démissionnaire, et l'Atelier qui l'a nommé est, sur la proposition de l'Orateur de la Section, invité à le remplacer.

Du Trésorier.

ART. 156. — Le Trésorier est seul dépositaire et gardien des métaux de l'Atelier

Art. 157. — Suivant les prescriptions adoptées par l'Atelier, il perçoit les cotisations de tous les Frères et devient responsable de ces cotisations s'il laisse dépasser six mois sans indiquer à la Commission d'Administration les Frères débiteurs envers le Trésor.

Art. 158. — Lorsque l'Atelier procède à une initiation, le Trésorier s'informe du nom du Frère qui présente le candidat. Il l'engage à avertir le récipiendaire de la valeur des métaux qu'il doit verser à la caisse. Avant les épreuves, il perçoit du Profane le montant de l'initiation; dans le cas où cette formalité ne serait pas remplie, il ne pourrait être procédé à la réception ou à l'affiliation.

Art. 159. — Aucune augmentation de grade ou régularisation ne pourra avoir lieu que sur la présentation de la quittance du Trésorier.

Art. 160. — Les Diplômes, Brefs et Congés, signés, timbrés et scellés, ne seront délivrés par le Frère Trésorier qu'aux Frères qui seront à jour envers le Trésor de l'Atelier. En cas de non exécution de cet article, le Trésorier devient responsable envers l'Atelier de ce qui sera dû par un Frère qui, sans s'acquitter, aurait reçu un Congé, un Diplôme ou un Bref.

Art. 161. — Le Trésorier ne pourra faire aucune dépense que sur quittance régulièrement établie suivant les prescriptions du Règlement financier adopté par l'Atelier et sanctionné par le Suprême-Conseil.

Art. 162. — La comptabilité particulière de chaque Atelier sera l'objet d'un Règlement spécial dressé par les Frères dudit Atelier; ce règlement sera soumis à la sanction de l'Autorité Suprême avant d'être exécutoire. Chaque année, les comptes des recettes et dépenses seront présentés au Conseil d'Administration, et, après avoir été approuvés par l'Atelier, il en sera transmis immédiatement copie au Secrétariat Général de l'Ordre. Il ne pourra être légalement procédé à l'installation des Officiers qu'après l'accomplissement de cette formalité.

Art. 163. — Le Frère Trésorier peut être continué au-delà de trois ans par une délibération spéciale de l'Atelier.

Des Experts.

Art. 164. — Les Experts répondent personnellement de extérieur du Temple et de la sûreté des travaux.

Art. 165. — Ils tuilent les Frères Visiteurs, et leur font signer la Feuille de Présence (art. 177) ; ils examinent leurs titres maçonniques, s'assurent du *ne varietur*, et avertissent les Maîtres des Cérémonies du rang qu'ils occupent. Ils ne peuvent donner l'entrée du Temple qu'aux membres de l'Atelier et ne pourront introduire que ceux des Frères Visiteurs qui leur auront été désignés par le Vénérable.

Art. 166. — Ils sont chargés de faire mettre en place les objets nécessaires aux réceptions et aux augmentations de grades ; ils préparent et conduisent les candidats pendant les épreuves, en se conformant ponctuellement aux instructions des Rituels, et ne les quittent que lorsqu'ils vont prêter leur obligation.

Art. 167. — Ils surveillent les Frères sur les Colonnes et avertissent à voix basse ceux qui contreviennent à l'ordre.

Art. 168. — Ils distribuent les boules pour les scrutins, comptent les votants, réunissent les votes ou bulletins, assistent à la vérification et au dépouillement du scrutin ; ils font circuler le sac des propositions et le remettent au Vénérable.

Art. 169. — En l'absence du Vénérable et des Frères Surveillants, les Experts, chacun dans l'ordre du Tableau, président les travaux.

Des Maîtres des Cérémonies.

Art. 170. — Les Maîtres des Cérémonies n'ont entre eux d'autre prééminence que celle résultant de l'ordre dans lequel ils ont été élus.

Art. 171. — Ils doivent être consultés sur toutes les parties du cérémonial des Ateliers.

Art. 172. — Ils sont spécialement chargés, tant au dedans qu'au dehors, de faire les honneurs au nom de l'Atelier. Ils introduisent dans le Temple les Députations, les Visiteurs, ayant soin de présenter séparément, et les derniers, ceux auxquels il est dû le plus d'honneurs maçonniques.

Art. 173. — A l'heure indiquée pour l'ouverture des Travaux, ils invitent les Frères de l'Atelier à se décorer et à entrer en Loge ; ils en désignent deux parmi les plus jeunes pour tenir compagnie aux Visiteurs.

Art. 174. — Ils veillent à ce que chaque Frère occupe la place due à son rang et à son grade.

Art. 175. — Ils assistent les initiés à tous les grades, dès l'instant où ils leur sont confiés par les Frères Experts (art. 165 et 166).

Art. 176. — Dans les communications du mot de semestre et autres, ils se placent entre les deux Surveillants pour clore la chaîne d'union et apporter le mot au Président qui l'a donné.

Art. 177. — Ils font signer et arrêter les Livres de Présence qui leur sont remis par le Frère Secrétaire.

Art. 178. — Aux travaux des Banquets, ils veillent à ce que les Dignitaires et les Frères soient à leurs places respectives ; et, à l'égard des Frères Visiteurs, ils suivent les ordres qui leur sont donnés par le Vénérable.

Du Garde des Sceaux et Timbres.

Art. 179. — Le Garde des Sceaux et Timbres est le Dépositaire des sceaux et timbres de l'Atelier.

Art. 180. — Il signe et appose le sceau à toutes les planches émanées de l'Atelier lorsqu'elles sont déjà revêtues de la signature du Vénérable, de l'Orateur et du Secrétaire, avec cette formule : *Timbré et Scellé par nous, Garde des Sceaux et Timbres*, n°... Lorsqu'il aura signé, timbré et scellé les Diplômes, Brefs ou Congés, il ne pourra les remettre qu'au Frère Trésorier responsable envers l'Atelier (art. 160).

Art. 181. — Il tient un registre, par ordre de dates et de numéros, de toutes les pièces qu'il scelle.

Du Garde des Archives.

Art. 182. — Le Garde des Archives est le dépositaire des Statuts, Règlements, anciens Livres d'Architecture, Comptes rendus, et généralement de tous les objets ou pièces dont le dépôt a été ordonné. Tous les objets en dépôt sont inscrits, par ordre de dates et de numéros, sur un registre à ce destiné.

Art. 183. — Il ne communique, avec déplacement, aucune pièce, si ce n'est au Vénérable, à l'Orateur, au Secrétaire et au Trésorier, sur leurs récépissés inscrits avec ordre de dates sur un registre spécial. Tous les autres Frères indistinctement ont droit aux communications nécessaires à leur instruction, mais sans déplacement. et jamais au-delà des connaissances relatives aux grades dont ils sont revêtus.

ART. 184. — Quinze jours avant l'installation des nouveaux Officiers, le Garde des Archives sortant de fonction, et son successeur, en présence de l'Architecte, procèdent à un recolement général de toutes les pièces existant aux Archives. Mention de ce recolement est faite sur les registres d'ordre, et elle est signée par les trois Officiers qui y ont procédé.

De l'Hospitalier et de la Commission de Bienfaisance.

ART. 185. — La Commission de Bienfaisance est composée du Vénérable sortant, ou, à son défaut, du premier Expert, qui la préside, de l'Orateur, ou de son Adjoint, de l'Hospitalier et de deux Membres nommés au scrutin tous les ans; elle se réunit au moins une fois par mois. La présence de trois Membres est nécessaire pour valider ses délibérations.

ART. 186. — Le Frère Hospitalier est chargé de tous les actes de bienfaisance que fait la Loge, sauf le droit réservé au Vénérable par l'article 103.

ART. 187. — La Loge s'en remet entièrement aux soins et au zèle du Frère Hospitalier et de la Commission de bienfaisance, pour la distribution des secours qu'elle est en état d'accorder, soit en nature, soit en argent. En conséquence, il est interdit à tout Atelier de voter, soit par acclamation, soit en répondant à des propositions spontanées, des quêtes extraordinaires ou des délivrances de secours avant qu'il en ait été délibéré par la Commission. Jamais de semblables propositions ne pourront être mises sous le maillet.

ART. 188. — Lorsqu'un Membre de la Loge prend intérêt à un malheureux, il s'adresse à la Commission de Bienfaisance par l'intermédiaire du Frère Hospitalier; il pourra être appelé à la réunion, afin de fournir tous les renseignements à l'appui de sa recommandation.

ART. 189. — A chaque tenue de la Loge, le Frère Hospitalier reçoit les dons destinés aux secours; il veille à ce qu'aucun Frère ne se retire sans avoir déposé son offrande au tronc de bienfaisance, qu'il place, à cet effet, dès l'ouverture des travaux, sur l'autel du premier Surveillant.

ART. 190. — La Caisse de l'Hospitalier est entièrement indépendante de celle du Trésorier. Les fonds en sont exclusivement destinés au soulagement des malheureux; cette destination ne peut être changée sous aucun prétexte.

Art. 191. — L'Hospitalier tient un Registre à deux colonnes (*recette* et *dépense*), contenant par ordre de numéros et avec mention de la décision prise, le nom du Frère secouru, sa profession, sa demeure, etc. Ce Registre ne sera jamais communiqué qu'aux trois premiers dignitaires de l'Atelier, à la Commission de Bienfaisance et à la Commission désignée par l'article 194.

Art. 192. — Les secours en argent autorisés par la Commission de Bienfaisance ne seront payés par l'Hospitalier que sur la présentation du mandat délivré par cette Commission et signé, en sa présence, par la personne à laquelle il aura été remis.

Art. 193. — A la tenue de chaque mois, l'Hospitalier donne au Vénérable la situation de sa caisse.

Art. 194. — Le Frère Hospitalier prépare une balance de ses comptes pour le jour de l'installation des nouveaux Officiers. Ces comptes, ayant déjà été vérifiés par la Commission de Bienfaisance, sont renvoyés à une Commission de trois Membres nommée par le Vénérable, laquelle, après une nouvelle vérification, en fait la clôture par un arrêté signé sur le Livre de Caisse. Copie de cet arrêté est délivrée, pour sa décharge, à l'Hospitalier sortant d'exercice, à sa première réquisition.

Art. 195. — Le Frère Hospitalier peut être continué au-delà de trois ans, par une délibération spéciale de l'Atelier. Dans cette dérogation au principe général, la Loge ne doit avoir en vue que le désir d'épargner aux nécessiteux le désagrément de donner à connaître leurs besoins à de nouveaux Frères.

De l'Architecte Maître des Banquets.

Art 196. — L'Architecte contrôle les finances de l'Atelier et préside à l'organisation des Fêtes et Banquets.

Art. 197. — Il tient un Registre sur lequel est inscrit l'inventaire détaillé du matériel qui est sous sa garde. Ce Registre contient également le tableau de toutes les dépenses concernant son Office et effectuées sous sa responsabilité. Il contient encore les plans arrêtés par l'Atelier discutés et approuvés, lorsqu'il y a lieu, par la Commission d'Administration, pour les décorations nécessaires aux tenues extraordinaires et aux fêtes.

Art. 198. — Le Frère Architecte vérifie et contrôle tous mémoires, factures et toutes pièces comptables du Trésor.

ART. 199. — Si la Loge possède des ornements distinctifs pour ses Dignitaires et Officiers, il veille à ce qu'ils soient à leur disposition à l'ouverture des Travaux.

ART. 200. — Il a soin que la salle des Pas-Perdus soit constamment en état de recevoir les Frères.

ART. 201. — Il vérifie les livres et registres du Frère Trésorier lorsqu'il le croit nécessaire. S'il les trouve irréguliers, il en confère avec le Vénérable.

ART. 202. — Le Frère Architecte est spécialement chargé de veiller à ce que les prescriptions de l'Atelier pour les Banquets et les fêtes d'ordre ne soient jamais outrepassées. Il devra, à cet égard, faire l'énumération approximative des frais extraordinaires et la soumettre au Vénérable, afin que le Trésor de la Loge ne puisse avoir à supporter aucune dépense qui n'ait été votée par l'Atelier.

ART. 203. — Les feuilles de souscription doivent lui parvenir trois jours avant la date fixée pour le Banquet. Dans ces solennités, les convocations seront expédiées au moins huit jours à l'avance, afin que les Frères puissent s'inscrire.

ART. 204. — Lorsqu'il s'est assuré d'un fournisseur, qu'il a réglé avec lui la nature et la qualité des matériaux que l'Atelier désire, il en prévient le Vénérable et veille à ce que tous les engagements qu'il a fait prendre soient remplis ; il règle les comptes du fournisseur, constate les sommes qui lui sont dues et le renvoie, pour son payement, au Frère Trésorier qui a dû faire recette.

ART. 205. — Chaque année, à l'assemblée qui suit l'installation des Officiers, l'Architecte représente le livre sur lequel est porté l'inventaire des meubles, effets, bijoux, etc., appartenant à la Loge. Recolement est fait par deux Commissaires nommés par le Vénérable, en présence de l'Architecte nouveau. Une expédition de cette vérification délivrée et signée par ces trois Frères est remise, pour décharge, à celui qui sort d'exercice, sur sa première réquisition.

Du Frère Couvreur.

ART. 206. — Le Frère Couvreur assiste les Experts dans tout ce qui se rapporte à la sûreté des travaux intérieurs. Il se place près de la porte du Temple, qu'il n'ouvre que sur l'ordre du deuxième Surveillant. Il reçoit le mot de semestre des Visiteurs. Pendant la lecture des procès-verbaux, les discussions, les conclusions du Frère Orateur, il fait connaître, par un coup frappé à l'intérieur, que l'entrée du Temple ne peut être accordée en ce moment. Si la Loge ne compte pas au nombre de ses Officiers un Porte-Étendard, le Frère Couvreur peut, dans les marches maçonniques, être chargé de la bannière de l'Atelier.

Du Frère Servant.

Art. 207. — Les Ateliers peuvent avoir un ou plusieurs Servants, suivant leurs besoins, mais toujours en vertu d'un arrêté particulier spécial. Ces servants doivent appartenir au Rite Écossais ancien accepté; il est expressément interdit d'employer, pour cet office, un Maçon membre actif d'un autre Rite.

Art. 208. — Le traitement du Frère Servant est fixé par l'Atelier. En outre de ce traitement, et suivant les circonstances, il peut lui être alloué des gratifications extraordinaires.

Art. 209. — Il est spécialement aux ordres du Vénérable, du Secrétaire, du Trésorier, de l'Architecte Maître des Banquets.

Art. 210. — Sous la surveillance du plus jeune Maître de l'Atelier, il est chargé du travail manuel pour la propreté ou la décoration du Temple et de ses dépendances. Il surveille les ouvriers que l'Atelier fait travailler.

Art. 211. — Il ne peut, sans un prétexte légitime, se dispenser d'être au local les jours de tenue. Il dispose tous les préparatifs des travaux une heure au moins avant celle fixée pour l'ouverture, à laquelle il doit assister.

Art. 212. — Le Frère Servant se tient habituellement à l'extérieur et près la porte du Temple, afin d'indiquer aux Frères Visiteurs à quel degré les travaux sont ouverts, et de prévenir le Frère Couvreur. Il est dispensé de toute cotisation; il ne peut être nommé à aucun autre Office.

Art. 213. — Il ne peut se faire aider par un Servant étranger à moins d'une autorisation du Frère Architecte.

Art. 214. — Il répond personnellement de tous les objets qui lui sont confiés.

Art. 215. — En cas de faute ou d'infraction de sa part, il sera jugé par l'Atelier dont il est Servant, quoi qu'il n'en soit pas membre actif.

§ 4. — Des Ateliers du 4e au 18e degré.

ART. 216. — Un Chapitre de Chevaliers Rose-Croix est un Atelier autorisé par le Suprême Conseil (art. 67 et suiv.) à travailler du 4e au 18e degré inclusivement, et à conférer lesdits grades conformément à la hiérarchie du Rite Ecossais ancien accepté.

ART. 217. — Chaque Chapitre prend un titre distinctif qui ne pourra plus être celui de l'un des autres Ateliers de l'Obédience.

ART. 218. — Les prescriptions des Règlements Généraux sont applicables aux Chapitres comme aux Loges Symboliques.

ART. 219. — Le nombre de neuf Maçons au moins, possédant régulièrement le grade de Chevalier Rose-Croix, est indispensable pour former un Chapitre.

ART. 220. — Nul ne peut être admis dans un Chapitre s'il n'est Maître et membre actif d'un Atelier Symbolique de l'obédience ; nul ne peut être affilié s'il n'est Maçon Ecossais, possédant régulièrement le grade auquel travaille le Chapitre.

ART. 221. — Tout Chevalier Rose-Croix venant d'un autre Rite qui voudra être admis dans un Chapitre, devra d'abord se faire affilier dans une Loge Ecossaise de son Orient et produire, à l'appui de sa demande, les quittances de sa Loge et son Bref, qui sera échangé contre un nouveau Bref du Rite Ecossais ancien accepté.

ART. 222. — Les Loges Symboliques proposent elles-mêmes aux Chapitres les Maîtres qu'elles jugeront dignes d'être élevés au 18e degré Les Chapitres décideront à la majorité, par voie de scrutin secret, si cette demande peut être accueillie ou ajournée (art. 6).

ART. 223. — Si le Maître n'a pas le temps voulu pour obtenir une augmentation de salaire, des dispenses pourront être demandées au Suprême Conseil. Le Chapitre seul, après un vote régulier, devra demander ces dispenses. Il ne pourra procéder à la réception qu'après les avoir obtenues.

ART 224. — Tout Chevalier Rose-Croix, entrant dans un Chapitre, prend l'engagement d'y payer, au moins pendant trois ans, ses cotisations ou redevances annuelles. Il doit signer l'original du Règlement particulier du Chapitre.

Art. 225. — Les délais entre chacun des grades du 3e au 18e degré sont fixés ainsi qu'il suit : du 3e au 4e degré, 3 mois ; du 4e au 5e, 3 mois ; du 5e au 6e, 3 mois ; du 6e au 7e, 5 mois ; du 7e au 8e, 7 mois ; les 9e, 10e et 11e se donnent par communication ; du 11e au 12e degré, 1 mois ; du 12e au 13e, 3 mois ; du 13e au 14e, 1 mois ; du 14e au 15e, 1 mois ; du 15e au 16e, 1 mois ; du 16e au 17e, 3 mois ; du 17e au 18e, 1 mois. En tout : 32 mois.

Art. 226. — Pour la direction d'un Chapitre de Chevaliers Rose-Croix, il faut quinze Officiers, savoir : un Athirsata ou Très-Sage ; un premier Grand-Gardien ; un deuxième Grand-Gardien ; un Chevalier d'éloquence ; un Chancelier Maître des Dépêches ; un Député près la 2e section de la Grande Loge Centrale ; un Grand-Expert ; un Trésorier ; un Eléémosinaire ; un premier Maître des Cérémonies ; un deuxième Maître des Cérémonies ; un Architecte contrôleur, Maître des Agapes ; un Archiviste, Garde des Sceaux et Timbres ; un garde du Temple ou deuxième Expert ; un Porte-Etendard.

Art. 227. — L'élection des Officiers d'un Chapitre a lieu dans la tenue qui suit immédiatement l'équinoxe d'automne, et leur installation dans la tenue suivante, après que les livres et la comptabilité des Frères Trésorier et Eléémosinaire ont été vérifiés et que le procès-verbal des élections aura été envoyé au Secrétariat Général du Rite, avec les pouvoirs du Député.

Art. 228. — La durée des fonctions est annuelle. Aucun Officier, à l'exception du Député, du Trésorier et Eléémosinaire, ne peut être maintenu dans la même fonction pendant plus de trois ans (art. 163 et 195).

Art. 229. — Lorsque tous les membres du Chapitre possèdent le 18e degré, les élections générales des Officiers se font directement à la majorité des membres actifs présents à la séance convoquée *ad hoc*. Pour l'élection du Député on se conformera aux prescriptions de l'art. 154. Chaque nomination sera l'objet d'un scrutin secret.

Art. 230. — Si le Chapitre possède un ou plusieurs Frères revêtus des degrés intermédiaires du 4e au 18e degré, comme ils ne peuvent être privés du droit de concourir à l'élection des Officiers, il sera procédé comme dans les Loges Symboliques pour les Apprentis et Compagnons.

Art. 231. — Les Chapitres doivent avoir au moins six

tenues solennelles par an. Les autres réunions du Chapitre seront réglées par le Très-Sage, selon les besoins de l'Atelier.

Art. 232. — Tous les ans a lieu, sous le nom d'Agape, un banquet obligatoire pour tous les membres du Chapitre, sans exception.

Art. 233. — Les Chapitres sont tenus de rédiger un Règlement particulier et financier. Ce Règlement sera soumis à l'approbation de la deuxième section de la Grande Loge Centrale et du Suprême Conseil.

Art. 234. — Les Chapitres peuvent avoir des membres honoraires, suivant les prescriptions des Règlements généraux.

Art. 235. — Pour les démissions, décès, radiations, congés, jugements, etc., on procédera comme il est dit pour les Loges Symboliques.

§ 5. — **Ateliers du 19e au 30e degré.**

Art. 236. — Un Aréopage ou Conseil du 30e degré est un Atelier autorisé, par des Lettres Constitutives délivrées par le Suprême Conseil, à travailler du 19e au 30e degré inclusivement et à conférer lesdits grades conformément à la hiérarchie du Rite Ecossais ancien accepté.

Art. 237. — Le Conseil du 30e degré prend un titre distinctif qui ne peut être celui d'un des autres Ateliers de l'Obédience.

Art. 238. — Les prescriptions des Règlements généraux sont applicables aux Ateliers du 19e au 30e degré, comme aux Chapitres et aux Loges Symboliques.

Art. 239. — Le nombre de sept Maçons possédant régulièrement le grade de Chevalier Kadosch, est indispensable pour former un Conseil du 30e degré.

Art. 240. — Nul Frère ne pourra être présenté pour être admis dans un Conseil du 30e degré s'il ne justifie préalablement qu'il est Maçon Ecossais, qu'il a été immatriculé au registre général du Rite et qu'il est porteur d'un Bref de Chevalier Rose-Croix émané d'un Chapitre du 18e degré, placé sous l'obédience du Suprême Conseil de France.

Art. 241. — Les Chapitres de Paris présenteront au Secrétariat Général du Rite, pour être transmis à la 3e Section de la Grande Loge Centrale, les Chapitres des Départements et de l'Etranger aux Aréopages de leurs Vallées, les Chevaliers Rose-Croix méritant, à leurs yeux, l'élévation au 30e degré (art. 6). Le Suprême Conseil conserve le droit d'élever aux grades supérieurs les Frères qui habitent un Orient dans lequel aucun Chapitre ni aucun Aréopage n'est constitué.

Art. 242. — Tout candidat reconnu admissible par le Conseil ne pourra être admis à l'Aréopage qu'après qu'il aura obtenu l'assentiment des Chefs de l'Ordre; à cet effet, extrait du procès-verbal du Conseil constatant les titres du candidat et son acceptation par l'Atelier sera adressé à la Commission Administrative et Exécutive du Suprême Conseil. Il ne pourra être procédé à la réception que lorsque cette autorisation aura été obtenue. Cette obligation a surtout pour but d'accomplir les prescriptions de l'article 11 des Grandes Constitutions.

Art. 243. — Après chaque réception, extrait du procès-verbal constatant l'admission du Frère nouvellement promu, ainsi que sa prestation de serment seront adressés au Secrétariat Général du Rite, afin d'obtenir la Patente du grade conféré.

Art. 244. — Les affiliés seront soumis aux mêmes formalités. Le procès-verbal constatant la demande d'affiliation et son acceptation par le Conseil sera envoyé au Secrétariat Général du Rite, ainsi que la Patente et les pièces maçonniques fournies par lui pour constater la régularité du grade qu'il possède. — Si le Frère proposé à l'affiliation est étranger au Rite, le Conseil n'adressera les pièces que lorsque le Frère proposé se sera fait affilier, comme Chevalier Rose-Croix, dans un Chapitre du 18e degré du Rite Ecossais. Sa Patente du Rite étranger restera déposée au Secrétariat Général, et il lui en sera livré une nouvelle portant la date de son admission dans le Conseil.

Art. 245. — Les délais entre chacun des grades du 19e au 30e degré sont fixés ainsi qu'il suit : du 18e au 22e degré. 3 mois; du 22e au 27e, 1 mois; du 27e au 30e, 5 mois. En tout : 9 mois. Si le Frère n'a pas le temps voulu pour obtenir l'augmentation de salaire, des dispenses pourront être demandées au Suprême Conseil. Le Conseil seul, après un vote régulier, pourra demander ces dispenses.

Art. 246. — Pour la direction d'un Conseil du 19e au 30e degré, il faut treize Officiers, savoir : un Grand-Maître, Président; un premier Grand-Juge ou Grand-Surveillant·

un deuxième Grand-Juge ou Grand-Surveillant; un Grand-Orateur; un Grand-Secrétaire; un Député près la troisième section; un Grand-Chancelier, Garde des Sceaux et Timbres et Archiviste; un Grand-Trésorier; un Grand-Hospitalier; un Grand-Expert introducteur; un deuxième Grand-Expert; un premier Maître des Cérémonies; un deuxième Maître des Cérémonies.

Art. 247. — Le Député près la troisième section de la Grande Loge Centrale sera choisi parmi les Frères possédant au moins le 30e degré.

Art. 248. — Pour l'élection des Officiers, leur installation et la durée de leurs fonctions, les Conseils suivront les instructions des Règlements Généraux prescrites pour les Ateliers du 18e degré.

Art. 249. — Les Conseils du 30e degré auront un Règlement particulier et financier qui sera soumis à l'approbation de la troisième section de la Grande Loge Centrale et du Suprême Conseil.

Art. 250. — Lorsqu'il y aura lieu de faire des réceptions de Chevaliers Kadosch en dehors des Conseils du 30e degré régulièrement constitués, la troisième section de la Grande Loge Centrale est autorisée, par arrêté spécial du Suprême Conseil, à se former en Aréopage pour procéder à ces réceptions.

§ 6. — **Des Ateliers du 31e et du 32e degré.**

Art. 251. — Les Grades des 31e, 32e et 33e degrés se donnent par communication et sur présentation faite par la troisième section de la Grande Loge Centrale à Paris, par les Aréopages dans les départements et à l'Etranger.

Dans les contrées où aucun Aréopage n'est constitué, les propositions pour ces degrés seront faites par les Délégués représentants du Suprême Conseil.

—

TITRE II

DE L'ADMINISTRATION INTÉRIEURE DES ATELIERS

§ 1. — **Droits et Devoirs des Membres d'un Atelier.**

Art. 252. — Les Ateliers se composent de membres actifs. Ils peuvent aussi avoir des membres honoraires, mais à la condition que ces membres fassent partie de l'Atelier et appartiennent au Rite Ecossais ancien accepté. Le Rite ne reconnaît ni Officiers honoraires ni Membres d'honneur dans les Ateliers de sa correspondance.

Art. 253. — Aucun membre actif n'est dispensé de la cotisation, si ce n'est par décision spéciale, prise à la majorité des deux tiers des membres présents de l'Atelier et au moment où il est nommé membre honoraire.

Art. 254. — Les membres actifs ont voix délibérative sur toutes les questions qui intéressent l'Atelier (art. 108).

Art. 255. — Les membres honoraires seront exempts de la cotisation; ils devront être convoqués comme les autres Frères et inscrits sur le tableau; quand ils assisteront aux travaux, ils auront voix délibérative sur toutes les questions, à l'exception de celles qui touchent les finances. Ils pourront être promus aux Offices; mais, en les acceptant, ils deviennent membres actifs et obligés à la cotisation.

Art. 256. — Les membres fondateurs d'un Atelier jouissent des privilèges et prérogatives attachés à leur ancienneté. En l'absence du Vénérable, des Surveillants ou des Experts, la présidence revient de droit au plus ancien fondateur de l'Atelier.

Art. 257. — La qualité de membre honoraire ne peut être accordée que par un vote spécial de l'Atelier, émis en séance ordinaire et réunissant au moins les deux tiers des membres présents.

§ 2. — Élection et installation des Officiers d'une Loge.

Art. 258. — Les Loges situées dans l'hémisphère boréal procèdent aux élections dans la tenue mensuelle du mois de novembre de chaque année, et celles situées dans l'hémisphère austral, au mois de mai de chaque année.

Art. 259. — Les Maîtres seuls sont éligibles à tous les Offices. Nul ne peut être pourvu de deux Offices, si ce n'est en vertu d'un arrêté spécial de l'Atelier qui détermine temporairement la réunion de plusieurs dignités dans la personne du même Frère. Les huit premiers Officiers ne pourront jamais posséder une double fonction. Les membres actifs d'un Atelier sont seuls éligibles aux Offices de cet Atelier. — Nul ne peut être membre, à quelque titre que ce soit, de deux Ateliers du même degré. Le (ou les) Député eul n'est pas tenu d'être membre actif de l'Atelier qu'il eprésente, si cet Atelier est en dehors de l'Orient de Paris art. 88 et 154).

Art. 260. — Toutes les dignités de l'Atelier sont an- uelles. L'Atelier a la faculté de les continuer au même 'rère ; mais aucun Frère, si ce n'est le Député, le Trésorier t l'Hospitalier, ne peut remplir le même Office pendant plus le trois ans ; tous, cependant, en sortant de fonctions, sont ligibles à toute autre dignité. — Les fonctions remplies ne lonnent aucun droit à l'éligibilité pour l'année suivante.

Art. 261. — Avant les nominations, le Vénérable rappelle l'Atelier l'importance du choix et les qualités nécessaires our remplir chaque Office. Il invite le Frère Trésorier à aire connaître à l'Atelier les noms des Frères qui sont lébiteurs envers le Trésor. Les Frères en retard de paye- nent sont privés du droit de voter et de pouvoir être élus ; nais s'ils s'acquittent à l'instant même, ils deviennent lecteurs et éligibles.

Art. 262. — Les élections se font toutes au scrutin, par ulletin secret. On ne peut voter que pour un seul Office par haque scrutin, au moins pour les huit premières fonctions.

Art. 263. — Le Vénérable proclame chaque nomination. elle du Vénérable est suivie d'une triple acclamation. Lorsque le Vénérable est continué, s'il préside, c'est sur invitation du premier Surveillant que l'Atelier applaudit à ette réélection. Lorsque les élections sont terminées, l'Ate- er applaudit par une seule batterie à la nomination de ous les Officiers.

Art. 264. — A chaque élection, lorsque le premier tour e scrutin ne donne pas la majorité absolue des votes, on rocède à un second tour. Pour l'élection du Député on evra se conformer à l'article 154.

Art. 265. — Si ce second tour ne donne pas encore la ma- orité, on procède à un scrutin de ballottage entre les deux rères qui ont réuni le plus de suffrages. Dans le cas d'éga- té de voix, le plus ancien Maître est élu, sauf les prescrip- ons de l'article 90 pour l'élection du Vénérable.

Art. 266. — L'installation de tous les Officiers a lieu le ur de la célébration de la fête solsticiale d'hiver qui suit lection, le procès-verbal des élections et les pouvoirs du éputé ayant été préalablement adressés au Secrétariat énéral du Rite assez à temps pour qu'ils puissent être vérifiés avant qu'il soit procédé à l'installation (art. 93).

Art 267. — Les Frères nommés prêtent leur obligation. S'ils sont absents, l'Atelier leur fait écrire par le Frère Secrétaire pour les inviter à se présenter le plus tôt possible, afin de prendre possession de leur Office.

Art. 268. — Si ces Frères laissent passer trois tenues consécutives sans se présenter pour prêter leur obligation ou sans donner des excuses valables, leur Office est réputé vacant. Il est pourvu à leur remplacement à la séance suivante, spécialement convoquée à cet effet. Il en sera de même pour les Frères composant les Commissions d'Administration et de Bienfaisance.

Art. 269. — Un Frère réélu à la dignité dont il est en possession ne prête pas son obligation ; il est seulement proclamé, et l'on applaudit à sa confirmation.

Art. 270. — Le refus d'accepter un Office, quel qu'il soit, auquel un Frère aura été régulièrement élu, sans motif reconnu valable par l'Atelier, est une offense pour tous.

§ 3. — **Des Commissions en général.**

Art. 271. — Indépendamment des soins que chacun des Officiers doit apporter, dans l'exercice de ses fonctions, à la conservation des intérêts de l'Atelier, les droits et les intérêts de tous peuvent être confiés à des Commissions particulières. Les Ateliers auront une *Commission d'Administration* et une *Commission de Bienfaisance.* Ils nommeront aussi, quand ils le croiront nécessaire, des Commissions spéciales dont les missions seront temporaires.

SECTION PREMIÈRE

De la Commission d'Administration.

Art. 272. — Cette Commission se compose du Vénérable, président de droit, des Surveillants, de l'Orateur, du Secrétaire, du Trésorier et de trois Maîtres nommés au scrutin tous les ans, dans la séance qui suit immédiatement celle de l'installation : elle se réunit au moins une fois par mois. Le nombre de cinq membres présents, au moins, est nécessaire pour la validité de ses délibérations. Tous les autres Frères de l'Atelier peuvent asister aux travaux de cette Commission, mais avec voix consultative seulement.

Art. 273. — Cette Commission s'occupe de l'amélioration des finances et en surveille la rentrée. A cet effet, à la fin de chaque trimestre, le Frère Trésorier lui remet la liste des Frères en retard pour le payement de leurs cotisations.

Art. 274. — Elle propose chaque année à l'Atelier les dépenses prévues et ordinaires et les arrête lorsqu'elles ont été faites : elle est chargée de la vérification préalable de tous les comptes, sauf ceux du Frère Hospitalier (art 191), et d'après son rapport ces comptes sont arrêtés définitivement par l'Atelier en Assemblée générale. En un mot, elle gère et administre toutes les affaires de l'Atelier, et à chaque tenue, après la lecture du procès-verbal, elle fait connaitre ses décisions.

Art. 275. — Lorsque l'Atelier délibère sur les projets de travaux extraordinaires ou sur quelque fête, la Commission est tenue de présenter l'état des finances ; elle fixe, par aperçu, les sommes que le Trésor peut fournir et avise aux moyens d'exécution. Elle doit s'opposer à toute dépense extraordinaire, lorsque le Trésor est grevé de quelques dettes ou n'est pas rempli des sommes nécessaires à l'acquittement des charges prévues dans le cours d'une année.

Si, malgré son opposition, l'Atelier délibère et passe outre, la Commission, tant en son nom qu'en celui des Frères opposants et absents, proteste contre cette dépense. Sa protestation devient la garantie des Frères opposants, qui ne doivent point être passibles des dettes occasionnées par ces travaux.

Art. 276. — Toute proposition de dépense extraordinaire doit être renvoyée à l'examen de la Commission, et c'est sur son rapport que l'Atelier pourra prononcer.

SECTION DEUXIÈME

De la Commission de bienfaisance.

Art. 277. — Chaque Atelier aura une Commission de bienfaisance qui, avec le Frère Hospitalier, sera chargée de la répartition des dons et secours accordés soit aux FF.·. malheureux, soit aux indigents qui lui seront recommandés.

Art. 278. — Sa composition, ses attributions et ses devoirs sont fixés par les articles 185, 187, 188, 190, 192 et 194.

§ 4. — **Des Travaux.**

Art. 279. — Le président d'un Atelier doit offrir son maillet au Souverain Grand-Commandeur Grand-Maître et au Lieutenant Grand-Commandeur, lorsqu'ils visitent son Atelier. L'ordre du jour ne pourra être modifié.

Art. 280. — L'entrée du temple est refusée à tout visiteur, membre du Rite, qui ne peut donner le mot de semestre, sauf décision contraire du Président.

Art. 281. — Les Loges auront, chaque mois au moins, une tenue d'obligation. Les travaux ne peuvent être ouverts qu'en présence de sept Maîtres, membres actifs de l'Atelier, et à l'heure fixée par les Planches de Convocation. Nul Maçon n'est admis aux travaux s'il n'est revêtu de ses insignes maçonniques. Les Frères possédant les degrés supérieurs conservent la faculté de porter soit le cordon de leur grade, soit celui du degré de l'Atelier qu'ils visitent ou dont ils font partie.

Art. 282 — D'après une décision du Convent de Lausanne, le port du tablier de Maître est obligatoire en Loge pour tous les Maçons à partir du 3e degré; il doit être porté en plus des insignes du grade.

Art. 283. — Aussitôt après l'ouverture des travaux et avant la lecture du tracé, le Frère Secrétaire fait l'appel nominal de tous les membres actifs portés au tableau. Il est procédé à un second appel immédiatement avant la clôture des travaux. Ceux qui ne répondent point à l'un ou à l'autre de ces appels sont passibles des peines ou mesures réglementaires adoptées par l'Atelier. Les Frères qui auraient fait connaître des motifs légitimes d'absence pourront être, après délibération de l'Atelier, affranchis des peines ou mesures réglementaires.

Art. 284. — Le Vénérable peut être remplacé, pour la présidence des travaux, par les Surveillants, ou par les Experts, suivant l'ordre du tableau, ou encore par les Fondateurs (art. 169 et 256).

Art. 285. — A chaque séance, le Secrétaire trace une esquisse rapide des travaux. A la séance suivante, et avant l'entrée des Visiteurs, cette esquisse, qui a dû recevoir par la rédaction tous les développements dont elle est susceptible, est soumise à l'approbation de l'Atelier et prend alors le nom de Planche des Travaux. Elle ne peut être adoptée qu'après les conclusions de l'Orateur. Cette Planche est signée du Président et du Secrétaire.

Art. 286. — Si le Maître des Cérémonies annonce des Visiteurs, ils sont introduits, accueillis et placés selon leurs grades maçonniques.

Art. 287. — Tout Maçon non rayé du contrôle du Rite Ecossais est admis comme Visiteur dans un Atelier, pourvu qu'il possède le grade auquel travaille cet Atelier et qu'il donne le mot de semestre. Il doit se retirer si les travaux sont ensuite ouverts à un grade supérieur au sien ou si l'Atelier se réunit en Conseil de Famille. Les Maçons des autres Obédiences et des Rites reconnus sont également admis, s'ils justifient de leurs titres et de leur régularité maçonnique (art. 295).

Art. 288. — Lorsque l'ordre des travaux du jour sera épuisé, l'Atelier pourra s'occuper d'objets étrangers à ce qui est annoncé par la Planche de Convocation. Si pendant la discussion des travaux à l'ordre du jour il s'élevait quelque débat, l'Atelier pourrait joindre l'incident au fond, s'en occuper tout de suite, ou renvoyer la solution soit à la fin de la tenue, soit à la tenue suivante.

Art. 289. — Aucun Frère n'est introduit pendant que le scrutin circule, pendant que l'Orateur résume une affaire ou donne ses conclusions, ni enfin pendant que les Frères prêtent leur obligation (art. 317).

Art. 290. — Les travaux relatifs aux affiliations, initiations ou augmentations de grade ont la priorité dans l'ordre du jour.

Art. 291. — Nul ne peut quitter sa place sans la permission du Surveillant de sa Colonne, à moins que son Office ne l'exige. Celui qui, par ses discours ou ses actions, troublerait la décence des travaux, pourrait, après un premier avertissement, être rappelé à l'ordre, sans préjudice d'une peine plus grave en cas de récidive (art. 300 et 301).

Art. 292. — Aucun Frère ne peut couvrir le Temple sans l'autorisation du Président ou du Surveillant de sa Colonne et sans avoir déposé son offrande au Tronc de la Veuve.

Art. 293. — Nul Frère de l'Atelier ne peut s'abstenir de donner son avis lorsqu'il y est invité par le Président, comme il ne peut non plus, en aucun cas, s'abstenir de voter, à moins toutefois que la question ne le touche personnellement. S'il s'abstient, il doit, à haute voix, en prévenir le Président.

Art. 294. — Aucune pièce d'architecture, aucun discours, ne peuvent être communiqués pendant les travaux si, au préalable, ils ne l'ont été à l'Orateur et s'ils n'ont obtenu son approbation (art. 135).

Art. 295. — Les Frères Visiteurs n'ayant que voix consultative, tous les travaux d'administration intérieure et de finances dont les Ateliers peuvent avoir à s'occuper, devront toujours être renvoyés à des tenues de famille (art. 341).

Art. 296. — Tout Officier dignitaire qui manque à trois tenues consécutives sans justifier par écrit et d'une tenue à l'autre des causes de son absence, reconnues suffisantes par l'Atelier, est censé démissionnaire de son Office. A la tenue suivante, l'Atelier pourvoit à son remplacement définitif (art. 268). L'Atelier doit adresser au Secrétariat Général une pièce signée par le Président, l'Orateur et le Secrétaire, signifiant la triple absence non motivée du Frère ainsi privé de ses fonctions.

Art. 297. — Aucun Frère ne peut prendre la parole sans l'avoir demandée et obtenue. Le Frère qui désire obtenir la parole s'adresse au Surveillant de sa Colonne. Les Frères placés à l'Orient s'adressent directement au Président.

Art. 298. — Au seul coup de maillet du Président, tous les Frères observent le plus grand silence. L'exécution de cet article est confiée aux Surveillants.

Art. 299. — Tout Frère qui interrompt celui qui a la parole, ou qui trouble l'ordre, est rappelé à l'ordre par le Président ; s'il persiste, l'application de l'art. 29 pourra lui être faite.

Art. 300. — Si un Frère refuse de couvrir le Temple, le Président ferme tout de suite les travaux, les ouvriers se séparent, et l'instruction se prépare sur le fait d'insubordination

§ 5. — **Des Délibérations et des Scrutins.**

Art. 301. — Il est expressément interdit de provoquer ou d'entamer en Loge des discussions politiques ou religieuses.

Art. 302. — Aucune proposition n'est discutée sans que le Président l'ait placée dans l'ordre des délibérations. Les Frères qui font des observations étrangères à l'objet mis en délibération, ou conçues en termes peu maçonniques, doivent être rappelés à l'ordre par le Président.

Art. 303. — Si quelque Frère croit que la question soumise à la délibération est susceptible d'un examen préalable, il peut le proposer, et l'Atelier décide si, avant de délibérer sur la question, il y a lieu de la renvoyer à l'examen d'une Commission.

Art. 304. — Aucun Frère ne peut obtenir la parole plus de deux fois sur la même question. Tout amendement est considéré comme une proposition nouvelle; dans ce cas, le Frère dont l'opinion est discutée peut prendre la parole pour en fixer le véritable sens.

Art. 305. — Chaque Frère doit émettre son opinion avec modération et en termes maçonniques. Il doit être debout et à l'ordre.

Art. 306. — Lorsque la discussion est épuisée ou que la clôture a été demandée, le Président résume la question et demande les conclusions du Frère Orateur. A partir de ce moment, nul Frère ne peut être entendu, et l'Atelier vote le rejet ou l'admission des conclusions.

Art. 307. — Toutes les délibérations sont prises à la majorité des suffrages, qui se constatent de deux manières : 1° par le scrutin secret; 2° par les signes d'approbation ou d'improbation demandés par le Président.

Art. 308. — Les propositions en initiation et affiliation, les dépenses, les approbations ou rejets des rapports des Commissions d'Administration ou de Bienfaisance, les peines et blâmes à infliger, sont fixés et décidés par le scrutin secret. Toutes les autres questions peuvent être décidées par les signes d'approbation ou d'improbation.

Art. 309. — Cependant si trois Frères, dont les noms devront être consignés au procès-verbal, demandent le scrutin secret, les questions en délibération ne peuvent plus être décidées autrement avant que l'Atelier ait été consulté. A cet effet, et dès que les conclusions du Frère Orateur ont été entendues, le Président prévient qu'il consulte l'Atelier sur leur démission ou leur rejet; il prévient en même temps qu'il sera délibéré par signes d'approbation ou d'improbation, si le scrutin n'est pas réclamé par l'Atelier. Le Secrétaire fait mention sur son procès-verbal du mode de vote de l'Atelier.

Art. 310. — Le procès-verbal doit mentionner, sous peine de nullité de la décision prise par l'Atelier, que le Frère Orateur a été entendu en ses conclusions.

Art. 311. — Tous les arrêtés pris par l'Atelier et proclamés par le Président deviennent obligatoires pour tous.

Art. 312. — Les Frères Experts doivent toujours s'assurer du nombre des votants, afin de fixer avant le vote à quel nombre la majorité sera acquise.

Art. 313. — Tout Frère peut par la voie du sac des propositions, demander la révision d'un arrêté pris par l'Atelier. Toute proposition rejetée par l'Atelier ne peut être représentée que dans un délai de trois mois.

Art. 314. — Tous les Frères ont le droit de s'opposer à ce que l'Atelier délibère sur une dépense, lorsque la Planche de Convocation n'en a pas fait mention ou qu'elle n'a pas été préalablement soumise au Conseil d'administration.

Art. 315. — Le scrutin a deux formes invariables : 1° le scrutin par bulletin écrit ; 2° le scrutin par boules blanches et noires. Tout scrutin par boules doit être accompagné d'une contre-épreuve.

Art. 316. — La majorité suffit dans les délibérations ordinaires, les trois quarts sont nécessaires quand il s'agit d'une dépense extraordinaire.

Art. 317. — Aucun Frère ne peut entrer ni sortir pendant que le scrutin circule, ni avant la proclamation du résultat de ce scrutin (art. 289). Dans le cas d'un deuxième ou troisième tour, l'entrée et la sortie du Temple peuvent être accordées avant la distribution des boules ; mais nul ne peut voter s'il n'était présent lorsque le Frère Orateur a pris ses conclusions.

Art. 318. — Les Apprentis et Compagnons ne peuvent prendre la parole dans les discussions, à moins que le Vénérable ne les y autorise.

§ 6. — **Des Finances.**

Art. 319. — Les finances d'un Atelier se composent des sommes reçues pour initiations, affiliations, Diplômes, Brefs, Patentes, cotisations mensuelles et dons volontaires.

Art. 320. — Chaque membre actif d'un Atelier est imposé d'une cotisation mensuelle fixée et payée conformément au Règlement particulier de l'Atelier. Ce Règlement devra avoir été approuvé par le Suprême Conseil.

Art. 321. — Tout Frère admis dans un Atelier, soit par initiation, soit par affiliation, prendra l'engagement formel et par écrit de payer sa cotisation mensuelle, comme membre actif, pendant trois ans au moins.

Art. 322. — Si quelque Frère est débiteur, envers le Trésor, de six mois de cotisation, le Frère Trésorier (art. 157) lui adresse par écrit, déposé à sa demeure par le Frère Servants, trois avertissements successifs, à huit jours d'intervalle. Après un délai nouveau de trois mois et à défaut par les Frères en retard de se libérer, le Frère Trésorier fait son rapport à la Commission d'Administration (art. 272), qui propose à l'Atelier la radiation. Il est laissé à l'Atelier les pouvoirs les plus étendus pour statuer sur cette proposition. Après la déclaration du Frère Servant, attestant que les trois avertissements ont été remis, si la radiation est prononcée, elle sera consignée au tracé des travaux du jour.

Art. 323. — La cotisation est due par les initiés ou affiliés, à partir du jour de leur admission dans l'Atelier.

Art. 324. — Nul ne peut être initié ou affilié qu'après avoir déposé entre les mains du Frère Trésorier et contre sa quittance, le montant des droits fixés par le Règlement de l'Atelier. — Les Lowtons et les fils de Maçons réguliers ne seront assujettis qu'au payement de la moitié des droits fixés pour les initiations.

§ 7. — Des Initiations, Affiliations, Régularisations, Augmentations de Grades et Dispenses.

Art. 325. — Aucune Loge ne pourra procéder à une initiation avant de s'être assurée, au Secrétariat Général du Rite, si le Profane n'a pas été repoussé déjà par un autre Atelier, sous peine de suspension pour un temps plus ou moins long. Il en sera de même pour les affiliations. L'Orateur de la Loge devra veiller à l'exécution de cette formalité, la faire constater au procès-verbal et, au besoin, s'opposer à ce qu'il soit passé outre à la réception, si ladite formalité n'a pas été remplie.

Art. 326. — Les Loges ne doivent procéder à l'initiation d'aucun Profane dont la position sociale serait un obstacle à ce qu'il pût supporter les charges imposées par les Règlements particuliers ou généraux. Un extrait du casier judiciaire pourra être exigé des Profanes présentés à l'initiation. Les Loges seront maîtresses de l'inscrire à leurs règlements particuliers, si elles le jugent utile.

Art. 327. — Toute initiation ou augmentation de grade devra se faire conformément aux Rituels approuvés par le Suprême Conseil, aux Arrêtés financiers de l'Atelier et aux Décrets de la Puissance dogmatique, dont il est expressément défendu de s'écarter sous aucun prétexte

Art. 328. — Toute initiation ou affiliation est précédée d'une demande qui ne peut être faite que par un Maître de l'Atelier. Si un Apprenti ou Compagnon a une proposition d'initiation ou d'affiliation à faire, elle devra être contresignée par un Maître de l'Atelier et déposée dans le sac des propositions.

Art. 329. — Pour qu'une demande en initiation soit valable, le Frère qui la fait doit déposer dans le sac des propositions un bulletin signé de lui, contenant les nom, prénoms, âge, lieu de naissance, qualités civiles et demeure du proposé.

Art. 330. — Une demande d'affiliation doit être soumise aux mêmes formalités que celles prescrites pour l'initiation; et, de plus, le candidat doit justifier, par un titre authentique et régulier, qu'il est quitte envers le trésor de l'Atelier d'où il sort, indiquer les motifs qui l'en ont fait sortir et justifier du grade qu'il possède.

Art. 331. — Le Président donne à l'Atelier connaissance de la proposition et demande si elle est prise en considération. S'il n'y a pas d'opposition, cette prise en considération est assimilée à un premier tour de scrutin favorable, et le Président annonce qu'il nommera les trois Commissaires chargés de prendre les renseignements d'usage sur le compte du proposé ; mais si le scrutin est demandé et s'il contient trois boules noires, on procède à un second tour; si le second tour donne le même résultat, la proposition est renvoyée à la tenue suivante. S'il y avait quatre boules noires au scrutin, le proposé serait définitivement rejeté.

Art. 332. — Dans le cas où, la proposition étant renouvelée à la tenue suivante, l'épreuve du scrutin produirait encore trois boules noires, le proposé serait rejeté.

Art. 333. — Lorsque le premier tour de scrutin a été déclaré favorable, les Commissaires désignés font chacun un rapport écrit et le Président en donne lecture à l'Atelier. Si les rapports sont favorables, un second tour de scrutin circule. S'il contient quatre boules noires, le proposé est exclu; s'il en contient moins, le Président renvoie à la tenue suivante la délibération sur l'admission, en annonçant a haute voix que les Frères qui s'opposent devront lui faire connaître, hors de la Loge et sous le secret maçonnique, les motifs qui les y ont déterminés.

Art. 334. — Le Président, dans cette conférence secrète, juge l'importance des motifs d'opposition ; s'il les trouve insuffisants, il tâche d'obtenir le désistement des Frères opposants ; si ceux-ci persistent, le Président fait connaitre avec prudence à l'Atelier les motifs d'opposition ; l'Atelier les examine, puis un nouveau tour de scrutin circule ; s'il contient trois boules noires, le Profane est rejeté.

Art. 335. — Si les Frères opposants se désistent, si aucun Frère ne se rend à l'invitation du Président de venir conférer avec lui, le Président donne ordre que la réception ou l'affiliation soit portée à l'ordre des Travaux sur la Planche de Convocation ; dans ce cas, le Frère présentateur est invité à conduire le candidat.

Art. 336. — Dans la séance indiquée pour la réception ou l'affiliation, ou dans une séance précédente avant l'entrée du candidat, un troisième et dernier tour de scrutin circule. S'il contient trois boules noires, le Président met l'Atelier en récréation, et pendant qu'il s'entretient avec tous les Frères, ceux qui ont mis ces boules noires doivent venir lui rendre compte de leurs motifs pour persévérer ainsi dans leur opposition ; puis on procède ainsi qu'il est dit à l'article 334.

Art. 337. — Bien que, par suite d'un vote favorable, un Profane ou un Lowton ait été admis à l'initiation, avant de compter parmi les Membres de l'Atelier, et, s'il s'agit d'un Profane, après que celui-ci a subi les épreuves, le récipiendaire couvre le Temple, le Vénérable consulte l'Atelier, et si le récipiendaire ne réunit pas en sa faveur les deux tiers des suffrages, il est refusé.

Art. 338. — Dans le cas de non-admission, le Frère Expert prévient le récipiendaire qu'il lui sera donné communication, le lendemain, du résultat du vote. Le récipiendaire se retire, et la forme de la planche à lui adresser est arrêtée, séance tenante. Néanmoins, le candidat ainsi rejeté pourra être représenté à nouveau dans un délai de douze mois, mais seulement dans le même Atelier et non dans un autre.

Art. 339. — Les noms des présentateurs ne sont connus

de l'Atelier que lorsque les proposés sont admis. Les présentateurs sont responsables du versement que les proposés doivent faire à la caisse de l'Atelier, conformément à l'article 158.

ART. 340. — Toutes les formalités relatives aux initiés ou affiliés sont applicables au Maçon pour lequel il sera fait une demande de régularisation. Cette demande devra toujours être accompagnée d'un certificat maçonnique d'une authenticité reconnue, attestant la validité des droits du proposé. Dans le cas où il ne serait pas porteur d'un titre de cette nature, il ne pourra se présenter qu'avec trois Maitres de l'Atelier qui déclareront sur l'honneur tenir ce Frère pour véridique dans tout ce qu'il avance. Il sera toujours forcé d'acquitter envers le Trésor tous les droits de réception votés par l'Atelier pour le grade dont il se dit pourvu.

ART. 341. — Les membres de l'Atelier sont seuls aptes à voter sur les questions d'initiation ou d'affiliation. S'il arrive que, ces travaux ayant lieu devant des Frères Visiteurs, quelques-uns d'entre eux demandent la parole pour communiquer ce qui serait à leur connaissance sur le proposé, le Président pourra la leur accorder s'il le juge utile.

ART. 342. — Nul ne peut être admis à l'initiation s'il n'a un domicile de trois mois, au moins, à l'Orient de l'Atelier et s'il n'a atteint vingt et un ans. Le domicile n'est pas obligatoire pour les Profanes qui habitent un Orient où il n'existe pas de Loge du Rite Ecossais ancien accepté. Les Lowtons, s'ils sont fils de membres actifs de l'Atelier, peuvent être reçus à l'âge de dix-huit ans accomplis ; à seize ans, mais au premier grade seulement, après délibération spéciale de l'Atelier, soumise à la sanction des Chefs de l'Ordre. Le grade de Maitre ne pourra, dans tous les cas, leur être conféré avant l'âge de vingt et un ans.

ART. 343. — Les délais entre chacun des trois premiers degrés sont fixés ainsi qu'il suit :

De la proposition à la réception.	3 mois,	ou 3 tenues.
De la réception au 2e grade. . . .	5 »	ou 5 »
Du 2e grade au 3e	7 »	ou 7 »
	15 mois,	ou 15 tenues.

Néanmoins, en cas d'urgence constatée par une délibération expresse de l'Atelier, signée des cinq premiers Dignitaires et revêtue des sceaux et timbres, les délais ci-dessus fixés pourront être abrégés. Cette délibération devra être soumise au Secrétariat Général du Rite chargé de la transmettre au Grand-Commandeur Grand-Maître ou au membre du Suprême Conseil délégué par lui à cet effet, qui seul a le pouvoir nécessaire pour accorder les dispenses, dont le bénéfice ne peut être appliqué qu'après justification de l'acquit de la taxe de ces dispenses entre les mains du Trésorier du Rite.

ART. 344. — Les initiés sont soumis à des épreuves physiques et morales. Avant l'initiation et l'entrée du Profane dans le Temple, il devra avoir rédigé son testament et signé la déclaration de principes qui s'y trouve annexée. Cette déclaration signée, détachée du testament, sera renvoyée au Secrétariat Général du Rite, en même temps que la demande d'immatriculation.

ART. 345. — Les initiés, affiliés ou régularisés devront signer l'original des Règlements particuliers de l'Atelier et l'obligation de se conformer aux Règlements généraux ainsi qu'aux Décrets du Suprême Conseil.

ART. 346. — Les Ateliers sont tenus de remettre à chaque nouvel initié un exemplaire des Règlements généraux du Rite et un exemplaire des Règlements particuliers de l'Atelier.

ART. 347. — Les propositions d'augmentations de grades ne pourront être sanctionnées que dans l'Atelier du grade qu'elles concerneront. L'Atelier délibère sur ces propositions, soit par le scrutin s'il est réclamé, soit par le signe d'approbation.

ART. 348. — En cas d'urgence et après avoir acquis la preuve que toutes les formalités ont été remplies, une Loge, sur la demande d'une autre Loge de l'Obédience, en présence du Président et de quatre membres de cet Atelier, peut initier un Profane au nom de ce même Atelier. La demande, revêtue des signatures des cinq premiers Dignitaires de la Loge au nom de laquelle est reçu le Profane, doit être transcrite au tracé des travaux du jour et déposée dans les Archives de l'Atelier qui fait la réception. L'initié ne peut être proclamé que par le Président de l'Atelier au nom duquel il sera reçu. Il en sera de même pour les augmentations de salaire.

§ 8. — Des Banquets.

Art. 349. — Les Loges sont tenues d'avoir un Banquet à la fête de l'Ordre du solstice d'hiver, après l'installation des nouveaux Officiers ; ce Banquet ne peut être converti en Fête d'Adoption. Les Chapitres ont une Fête et un Banquet à l'équinoxe du printemps. Les Loges pourront encore avoir un autre Banquet correspondant à la fête solsticiale d'été.

Art. 350. — Les travaux des Banquets exigent le même ordre que les Travaux ordinaires ; les Frères y conservent leurs rangs, leurs fonctions et leurs décorations.

Art. 351. — Les Santés d'obligation sont ainsi fixées : 1° celle de la France ; 2° celle du Grand-Commandeur Grand-Maître et du Suprême Conseil ; 3° celle du Président et de tous les Officiers de l'Atelier ; 4° celle des Suprêmes Conseils confédérés, des Grands-Orients étrangers et des Frères visiteurs ; 5° celle de tous les Maçons heureux ou malheureux existant sur le globe. Pour cette dernière santé, l'Atelier forme la chaîne d'union.

Art. 352. -- Les Banquets d'obligation pour les Loges ont lieu rigoureusement aux jours de tenue les plus proches du 24 juin et du 27 décembre de chaque année.

Art. 353. — Les travaux de Banquet peuvent être mis en récréation ; mais au premier coup de maillet, les Frères cessent les travaux de la mastication et se mettent à l'ordre, en observant le plus grand silence.

Art. 354. — Les Frères qui désirent faire entendre des chants maçonniques ou profanes doivent préalablement les communiquer au Frère Orateur (art. 135 et 294) et obtenir l'autorisation du Président.

Art. 355. — Les banquets ne peuvent avoir lieu que dans un local maçonnique, sauf autorisation de la Commission Administrative et Exécutive du Suprême conseil.

§ 9. — Des Congés et des Démissions.

Art. 356. — Les congés sont temporaires ou illimités. Il n'est accordé de congé illimité qu'aux Frères qui quittent l'Orient pour un laps de temps prolongé.

Art. 357. — Toute demande de congé doit être faite par écrit. Elle sera portée à l'ordre du jour d'une des tenues suivantes.

Art. 358. — Les Maçons en congé temporaire ne sont pas dispensés de la cotisation mensuelle, à moins d'une délibération spéciale de l'Atelier, qui, par dérogation à l'article 253, pourra en remettre entièrement le montant ou en modérer le chiffre total. Les Maçons en congé illimité sont de droit dispensés de la cotisation.

Art. 359. — Le Frère qui laissera écouler un semestre, après l'expiration de son congé, sans en demander la prolongation, sera considéré comme démissionnaire ; il ne pourra rentrer à l'Atelier qu'en se soumettant à tout ce qui aura été fait pendant son absence et en payant les sommes que les autres membres auront payées depuis le 1er janvier de l'année courante.

Art. 360. — Lorsqu'un Apprenti ou Compagnon obligé de s'absenter de l'Orient, aura obtenu un congé, il lui sera délivré un Passe-Port Maçonnique attestant son initiation, portant qu'il est à jour envers le Trésor et lui faisant défense expresse de s'affilier, de solliciter ou de recevoir aucune augmentation de grade, sans que la Loge à laquelle il appartient ait été préalablement consultée et ait donné son consentement. A son retour, il rendra compte de son voyage maçonnique et déposera aux archives de l'Atelier le passeport dont il était porteur.

Art. 361. — Toute démission doit être déposée dans le sac des propositions ou adressée au Président de l'Atelier.

Art. 362. — Une députation de trois membres pourra être nommée pour voir le Frère démissionnaire et l'engager à rester au milieu de ses Frères. S'il persiste, la démission est acceptée, après le laps de temps réglé par l'article 363.

Art. 363. — Après qu'un Frère a donné sa démission, il lui est laissé, pour la retirer, un délai d'un mois franc, à partir du jour où communication de cette démission a été faite à l'Atelier; la lettre par laquelle il annoncerait ce retrait sera transcrite au Livre d'Architecture.

Art. 364. — Il ne peut être statué sur la démission donnée ou le congé demandé par un Frère que lorsqu'il est au courant avec le Trésor, et si, après avoir été invité à régulariser sa situation, il s'y refuse, l'article 332 lui est appliqué.

Art. 365. — Le Frère dont la démission aura été acceptée ne pourra redevenir membre actif qu'en se conformant à ce qui est dit plus haut, article 359. Dans tous les cas, la réintégration d'un Frère ne pourra être notée par l'Atelier que sur une demande écrite par le Frère démissionnaire et après avoir été portée à l'ordre du jour. Des commissaires enquêteurs seront nommés, si le Frère est démissionnaire depuis plus d'une année.

§ 10. — Des Décès et des Obsèques.

Art. 366. — Dès qu'un Président d'Atelier est averti du décès d'un des Frères de cet Atelier, il doit immédiatement convoquer tous les membres aux obsèques. Sauf motif grave, c'est pour tous un devoir formel d'y assister.

Art. 367. — Les Frères occuperont, dans le cortège et au cimetière, la place qui leur sera assignée. Ils devront se placer en corps, à la suite du Président entouré des autres Officiers de l'Atelier, et il leur est interdit de s'isoler au milieu des autres assistants.

Art. 368. — Quand le Frère décédé sera membre de plusieurs Ateliers, ces Ateliers, qui devront tous assister aux obsèques, ne formeront point un seul groupe, mais se placeront, distincts les uns des autres, dans l'ordre suivant : 1° Loge Symbolique; 2° Chapitre; 3° Grande Loge Centrale de France, à Paris Aréopage en province.

Art. 369. — Deux Commissaires seront désignés, dans chaque Atelier, pour veiller à la stricte exécution des deux articles précédents, au bon ordre et à la régularité de la marche.

Art. 370. — Les membres des Loges et des autres Ateliers seront porteurs de leurs insignes maçonniques qu'ils revêtiront seulement au cimetière, après l'accomplissement de toutes les cérémonies du culte, si elles ont lieu.

Art. 371. — Avec l'assentiment de la famille, le Président de chaque Atelier auquel appartenait le défunt devra lui adresser, ou lui faire adresser par le Frère Orateur, un suprême adieu.

Art. 372. — Aux funérailles du Grand-Commandeur Grand-Maître de l'Ordre et à celles du Lieutenant Grand-Commandeur, tous les Ateliers du Rite et les membres des trois Sections de la Grande Loge Centrale seront convoqués. Ils se conformeront soigneusement aux articles 367, 368 et 369. A ces funérailles et à celles de tous les membres du Suprême Conseil, le Suprême Conseil marchera le premier. Le reste du cortège maçonnique sera réglé conformément à l'article 368.

Art. 373. — Les Ateliers subviendront aux frais des funérailles de leurs membres, quand ils le jugeront nécessaire, dans la mesure qui leur paraîtra convenable.

Art. 374. — Les Loges et autres Ateliers porteront le deuil de leurs membres décédés de la façon suivante : pour un membre de l'Atelier n'occupant aucune fonction, la bannière sera voilée d'un crêpe pendant la première tenue solennelle qui suivra le décès ; elle sera voilée pendant deux tenues pour le décès d'un officier titulaire de l'Atelier, ainsi que pour celui du Lieutenant Grand-Commandeur de l'Ordre ; elle sera voilée pendant trois tenues pour le décès du Président, ainsi que pour celui du Grand-Commandeur Grand-Maître. A chacune de ces tenues, une batterie de deuil sera tirée immédiatement après l'ouverture des Travaux.

Art. 375. — Les Ateliers auront tous les trois ans une tenue funèbre, destinée à honorer la mémoire des Frères décédés pendant ces trois années. — La Grande Loge Centrale de France et le Suprême Conseil célèbreront en commun cette tenue triannuelle, qui se tiendra au grade d'apprenti et à laquelle pourront assister tous les Maçons réguliers.

Art. 376. — Quand un Atelier aura connaissance de la mort d'un proche parent de l'un de ses membres, il se fera représenter aux obsèques par une députation, si la distance le permet.

§ II. — De la Discipline Maçonnique et de son application [1]

Art. 377. — Les Ateliers ont le droit de Discipline intérieure et de Juridiction Maçonnique sur leurs membres.

Art. 378. — L'Atelier connaît souverainement et sans appel des simples infractions à sa discipline intérieure. Sont réputées telles : les interruptions, colloques, déplacements sans autorisation, manifestations bruyantes, désobéissance aux Officiers dans l'exercice de leurs fonctions, propos inconvenants, paroles blessantes et généralement tout acte contraire aux bienséances ou à l'ordre dans l'Atelier.

Art. 379. — Les infractions à la discipline intérieure de

---

1 Ces articles seront prochainement révisés ; ils sont à l'étude de la 1re Section.

l'Atelier sont punies : 1° du simple rappel à l'ordre, sans insertion au procès-verbal; 2° du rappel à l'ordre, avec insertion au procès-verbal; 3° de la réprimande, avec insertion au procès-verbal. — Les deux premières peines sont infligées par le Président, sans qu'il soit nécessaire de consulter l'Atelier. — La peine de la réprimande ne peut être imposée par le Président qu'après avoir consulté l'Atelier, le Frère ayant couvert le Temple et l'Orateur ayant été entendu en ses conclusions. — Lorsque l'Atelier, consulté, a déclaré qu'il y avait lieu d'appliquer la réprimande, le Frère doit se placer entre les deux colonnes, pour recevoir les observations fraternelles du Président. — La mention des faits au procès-verbal est de rigueur. — Si un Frère proteste contre la peine infligée par le Président, l'entrée de l'Atelier lui est interdite, jusqu'à ce qu'il se soit soumis, et il peut, en outre, être mis en jugement, comme prévenu d'un délit de première classe.

Art. 380. — Les délits sont de deux classes. La première classe comprend : l'intempérance, les propos grossiers ou inconvenants tenus à haute voix, l'insubordination maçonnique accompagnée de circonstances graves, les récidives fréquentes de fautes indiquées à l'article 378, le port des insignes maçonniques sur la voie publique. La seconde classe comprend tout ce qui peut avilir les maçons ou la maçonnerie, comme la violation des serments maçonniques, la collation clandestine et le trafic des grades, la détention illégale des métaux, livres, registres, documents, cordons ou autres objets appartenant à un Atelier, le duel entre Maçons, et le fait d'être témoin d'un duel entre Maçons, la tentative de scission tendant à désorganiser un Atelier, le préjudice volontaire porté à la réputation ou à la fortune d'autrui, notamment la calomnie dirigée contre un Frère, et enfin tout ce qui, dans l'ordre social, est noté d'infamie.

Art. 381. — Quand un Frère a été privé de ses droits civils, l'Atelier auquel il appartient décide par un vote, en son absence, au scrutin secret et sans discussion, s'il y a lieu de lui maintenir l'exercice de ses droits Maçonniques. — Dans le cas où un Frère, privé par ce motif de ses droits maçonniques, obtiendrait sa réhabilitation, il peut demander sa réintégration, que l'Atelier accorde ou refuse après enquête.

Art 382. — Les délits de la première classe sont punis

de la suspension des droits et des fonctions maçonniques, pour un temps qui ne peut être moindre d'un mois ni dépasser une année.

Art. 383. — Les délits de seconde classe sont punis de la perte des droits maçonniques; cette décision sera portée à la connaissance de tous les Ateliers du Rite. Des circonstances atténuantes pourront être admises, et, dans ce cas, la peine sera la suspension des droits maçonniques pour un temps qui ne pourra être moindre d'une année.

Art. 384. — Les peines maçonniques applicables aux délits ne peuvent être prononcées que par un jugement rendu suivant les formes prescrites par les présents règlements.

§ 12. — **De l'Instruction disciplinaire dans les Ateliers.**

Art. 385. — Les délits exigent une instruction et un jugement.

Art. 386. — Tout Maçon actif peut porter plainte contre un Maçon devant l'Atelier dont celui-ci fait partie. Cette plainte doit être déposée dans le sac des propositions. Les noms du plaignant et du Frère inculpé ne sont point prononcés par le Président. Toute plainte reconnue par le Président de l'Atelier comme anonyme ou signée d'un faux nom sera, à l'instant même, brûlée, sans qu'il en soit donné lecture à l'Atelier.

Art. 387. — Dans le cas où le Président de l'Atelier se trouverait être lui-même l'objet de l'inculpation, la plainte n'est recevable qu'autant qu'elle est revêtue de la signature d'au moins cinq membres de l'Atelier. Cette plainte, cachetée, est remise par l'un d'eux au Frère premier Surveillant, ou, à son défaut, au Frère deuxième Surveillant, et, dans le cas d'absence de l'un et de l'autre, au premier Expert, qui sont tenus de la recevoir.

Art. 388. — Si la plainte est régulière, le Président ou l'un des Officiers de l'Atelier par ordre hiérarchique convoque extraordinairement, pour former un Comité d'instruction, les cinq premiers Officiers et, à leur défaut, les Officiers qui suivent dans l'ordre hiérarchique. Leurs délibérations devront être tenues secrètement. — Le Président de l'Atelier et l'Orateur ne peuvent jamais faire partie du Comité d'instruction. — S'il s'agit du Président de l'Atelier, le Frère qui a reçu la plainte doit convoquer, pour former le Comité d'instruction, avec les cinq premiers Officiers, les deux plus anciens membres actifs de l'Atelier ou les deux qui viennent à leur suite dans l'ordre du tableau. — Le Comité d'instruction ne pourra délibérer qu'autant qu'il y aura au moins trois membres présents dans le premier cas et cinq dans le second. — La plainte est remise au Comité d'instruction, dans la personne de l'Officier qui le préside et qui en donne récépissé.

ART. 389. — Le Comité d'instruction, ainsi présidé par le Frère à qui les pièces ont été remises, doit instruire secrètement l'affaire, appeler le plaignant, requérir les preuves du fait articulé, entendre séparément le prévenu dans ses moyens de défense et se former une conviction morale sur l'existence, la nature et la gravité du délit, et cela dans le délai d'un mois.

Art. 390. — Si le Comité d'instruction, à la majorité des voix, reconnaît que la plainte n'est point fondée, elle est annulée, et les pièces de l'instruction sont immédiatement détruites. Si elle est reconnue calomnieuse, l'Atelier, après avoir pris connaissance des pièces, pourra mettre le Frère plaignant en jugement et lui appliquer, suivant le cas, l'une des peines relatives aux délits prévus par l'article 380.

ART. 391. — Si le Comité d'instruction déclare la plainte fondée, il nomme son rapporteur, dresse l'acte d'accusation, que son Président adresse au Président de l'Atelier, avec toutes les pièces de l'affaire. L'acte d'accusation doit contenir la mention de la classe à laquelle appartient le délit.

ART. 392. — A partir du moment où la plainte a été déclarée fondée, l'exercice des droits et des fonctions maçonniques du Frère inculpé est provisoirement suspendu dans l'Atelier où la plainte a été portée, sans cependant que cette suspension provisoire puisse durer plus de deux mois à partir du jour où la plainte a été déclarée fondée. — La démission de ce Frère ne peut plus être acceptée, et le jugement doit être rendu soit contradictoirement, soit par défaut.

Du Jugement au sein des Ateliers.

ART 393. — Lorsque le Président de l'Atelier a reçu du Comité d'instruction une accusation déclarée fondée contre l'un de ses membres et les pièces à l'appui, il avertit sur-le-champ le Frère accusé que, dans le délai de trente-trois jours au plus, l'Atelier doit s'assembler pour entendre sa défense et prononcer le jugement sur le fait dont il lui est donné connaissance. Il l'invite à se trouver à cette séance et le prévient que, en cas d'absence, il sera jugé par défaut. — Dans le cas où l'accusation est portée contre le Président Titulaire de l'Atelier, c'est le premier Surveillant ou à défaut le deuxième Surveillant ou le premier Expert qui reçoit les pièces du Comité spécial et qui remplit à l'égard du Président toutes les formalités ci-dessus.

Art. 394. — La séance de jugement à laquelle le Frère accusé aura dû être convoqué huit jours au moins d'avance par lettre recommandée dont le Président conservera le récépissé, et sans que le nom ait été porté sur la Planche de Convocation, ne pourra comporter à son ordre du jour aucun autre objet. — Elle aura lieu de la façon suivante : après l'ouverture des travaux et l'introduction des Visiteurs, le Président donne la parole au rapporteur du Comité d'instruction pour la lecture de l'acte d'accusation ; il procède ensuite à l'interrogatoire du Frère incriminé, puis à l'audition, s'il y a lieu, des témoins cités par l'accusé et par le Comité d'instruction ; la parole est ensuite donnée au Frère accusé, qui peut à son gré présenter lui-même sa défense ou se faire assister par un Maçon, membre actif du Rite ; sa défense terminée, un membre du Comité d'instruction, désigné à cet effet par le Comité, peut réclamer la parole pour soutenir l'accusation ; l'accusé et son avocat ont le droit de lui répliquer ; après cette réplique, le Président prononce la clôture des débats et fait couvrir le Temple au Frère accusé, aux membres qui ont signé la plainte portée contre lui, et aux Frères Visiteurs. — Le Frère Orateur requiert alors le vote au scrutin secret sur les deux questions suivantes : 1° Le Frère N..., accusé du délit de (1re ou 2e) classe, est-il coupable ? 2° Y a-t-il en sa faveur des circonstances atténuantes ?

Art. 395. — Pendant tout le cours des débats, aucun Frère autre que ceux désignés dans l'article précédent ne peut prendre la parole. Toutefois, pendant l'interrogatoire de l'accusé et des témoins, les membres actifs de l'Atelier ont le droit de prier le Président de leur poser les questions qu'ils croiront de nature à éclairer le débat. La même faculté est laissée à l'accusé et à son avocat pendant l'audition des témoins.

Art. 396. — La culpabilité de l'accusé est prononcée à la majorité des voix. En cas de partage égal des voix, le prévenu est déclaré non coupable.

Art. 397. — Dans le cas où la non-culpabilité est prononcée, le Frère est rappelé dans l'intérieur du Temple ; le Président lui annonce le vote de l'Atelier et le déclare réintégré dans l'exercice de ses droits maçonniques ; puis les travaux sont immédiatement clôturés.

Art. 398. — Si la culpabilité est déclarée, on procède à un second vote sur la question des circonstances atténuantes. Quand ces dernières sont repoussées et qu'il s'agit d'un délit de 2e classe, le Frère Orateur donne lecture du 1er paragraphe de l'article 383 et requiert l'application de la peine indiquée par cet article.

Art. 399. — Si le délit appartient à la première classe, ou si, appartenant à la seconde classe, des circonstances atténuantes lui ont été reconnues, le Frère Orateur donne lecture, suivant le cas, des articles 382 ou 383, propose un temps pour la durée de la peine, et l'Atelier fixe, à la majorité des voix, la durée de l'interdiction des droits maçonniques à appliquer au Frère reconnu coupable.

Art. 400. — Si le Frère inculpé ne se présente pas, il est jugé par défaut. Dans ce cas, immédiatement après la lecture de l'acte d'accusation, le Frère Orateur requiert le vote, qui a lieu sans aucun débat.

Art. 401. — La question des circonstances atténuantes ne peut jamais être posée dans un jugement par défaut.

Art. 402. — Tout jugement doit être notifié dans un délai de dix jours au Frère condamné soit contradictoirement, soit par défaut ; il est en même temps prévenu de la durée des délais d'appel.

Art. 403. — Les délais d'appel sont ainsi fixés : un mois pour la France, trois mois pour l'Algérie, six mois pour les pays d'outre-mer, à dater du jour de la notification. Tout pourvoi d'appel doit être adressé directement au Secrétariat du Suprême Conseil.

Art. 404. — L'Atelier qui a procédé à un jugement est tenu d'envoyer, dans un délai d'un mois, au Secrétariat Général du Suprême Conseil, copie de son jugement, de la notification qui en a été faite au Frère condamné et du procès-verbal de la séance de jugement après son adoption par la Loge.

Art. 405. — Tout Frère convaincu de faux témoignage sera d'abord exclu de l'Atelier, puis mis en jugement dans l'Atelier auquel il appartient, comme coupable d'un délit de 2e classe.

Du Droit d'Appel.

Art. 406. — La juridiction d'appel est exercée par les Sections de la Grande Loge Centrale de France, la 1re section connaissant de l'appel des jugements rendus par les Ateliers symboliques, la 2e section des jugements rendus par les Ateliers du 4e au 18e degré, la 3e section des jugements rendus par les Ateliers du 19e au 30e degré.

Art. 407. — Les séances de la Chambre d'Appel se tiendront en tenue maçonnique, au grade le moins élevé de ceux auxquels travaille l'Atelier qui a rendu le jugement. Elles seront publiques pour les Maçons revêtus de ce grade.

Art. 408. — La section compétente de la Grande Loge Centrale constituée en Chambre d'Appel désigne un de ses membres pour faire le rapport de l'affaire. Ce rapport ne doit contenir que le résumé des faits sans aucune appréciation.

Art. 409. — Dans la tenue de la Chambre d'Appel, après l'ouverture des travaux, lecture est d'abord donnée du rapport; puis le Président procède à l'interrogatoire de l'accusé et à l'audition des témoins cités par l'accusé et par l'Atelier qui a rendu le jugement. Le Frère accusé est ensuite admis, soit personnellement, soit par un Maçon membre actif du Rite et revêtu du grade auquel travaille l'Atelier qui a rendu le jugement, à faire valoir ses moyens de défense. Un délégué de l'Atelier, qui devra être membre actif du Rite, peut ensuite prendre la parole pour défendre le jugement rendu en première instance. L'accusé et son défenseur sont admis à lui répliquer. Après les répliques, le Président prononce la clôture des débats.

Art. 410. — Notification du nom du Frère chargé de soutenir l'accusation et de la liste des témoins cités tant par l'Atelier que par le Frère accusé, devra être faite d'avance au Secrétariat Général du Rite pour être transmise au Président de la Section compétente de la Grande Loge Centrale.

Art. 411. — Après la clôture des débats, le Frère Orateur requiert le vote sur la culpabilité de l'accusé, sur les circonstances atténuantes et sur l'application de la peine, et le reste de la tenue se passe conformément aux articles de première instance.

Art. 412. — Dans le cas où l'accusé est déclaré non coupable, le Président prononce immédiatement sa réintégration dans ses droits maçonniques.

Art. 413. — Si l'accusé est déclaré coupable, le Président confirme le jugement, mais la Chambre d'Appel conserve le droit de modifier la durée de la peine. Le vote sur la durée de la peine a lieu alors conformément à l'art. 383.

Art. 414. — Aussitôt après le prononcé du jugement d'appel, la Chambre d'Appel devra, par les soins de son Président et dans les quarante-huit heures, en faire la signification au membre objet des poursuites, puis, dans la huitaine, transmettre cet acte de notification et toutes les pièces à l'appui au Suprême Conseil.

Art. 415. — Le Suprême Conseil aura le droit de vérifier la procédure et de casser le jugement, dans le cas où les Règlements Généraux n'auraient pas été observés. Il soumettra de nouveau l'affaire à la Grande Loge Centrale, toutes Sections réunies, dont la décision, rendue en la forme précédente, est définitive.

Art. 416. — Toute sentence maçonnique est secrète ; il est, sous peine d'exclusion du Rite, défendu d'en parler hors des Temples Maçonniques [1].

§ 13. — **Des Honneurs.**

Art. 417. — Lorsqu'un Atelier est averti que le Très Puissant Souverain Grand-Commandeur, le Lieutenant Grand-Commandeur ou le Suprême Conseil en corps se présente pour le visiter, neuf Frères portant des Étoiles, précédés de deux Maîtres des Cérémonies, dont l'un porte sur un coussin le maillet du Président et le glaive, vont le recevoir à la porte du Temple ; le Président prononce une allocution, puis le Très Illustre Visiteur est conduit à l'Orient. Tous les Frères debout, à l'Ordre, glaive en main, forment la voûte d'acier, et les Surveillants, restés à leur place, font

1. Encore un joli mensonge que cet article-là, soit dit en passant ! Les sentences maçonniques sont publiées dans les journaux spéciaux de la secte d'abord, et ensuite les maçons qui écrivent dans les journaux républicains vendus au public profane les reproduisent et les commentent. Cela est d'un usage constant.

entendre la batterie de leurs maillets. Après les travaux, il est reconduit avec les mêmes honneurs.

Art. 418. — Les honneurs ne seront plus rendus aux Frères des 30°, 31°, 32° et 33° degrés dans les Ateliers dont ils ont été ou dont ils sont encore membres actifs, ainsi qu'aux Présidents et Surveillants des Ateliers.

Art. 419. — Les événements heureux arrivant à un Frère seront célébrés par des batteries maçonniques.

§ 14. — Des cas de Suspension, Scission ou Dissolution.

Art. 420. — Le Suprême Conseil a seul le droit de prononcer la mise en sommeil des Ateliers, soit après suspension, scission ou dissolution, soit par mesure disciplinaire. Tout Atelier qui suspend ses travaux ne peut le faire que pour un temps déterminé, et en en faisant immédiatement la déclaration au Suprême Conseil ; cette déclaration contiendra les motifs de la suspension. L'Atelier devra alors déposer au Secrétariat Général du Rite, sur récépissé, les Constitutions, les Sceaux et Timbres, l. Rituels des grades, le Livre d'or et d'Architecture, le Tableau général de ses membres et tout le matériel de l'Atelier, après avoir préalablement acquitté les redevances dues au Trésor de l'Ordre. Les Officiers de l'Atelier sont spécialement chargés de l'exécution de cet article, chacun en ce qui le concerne.

Art. 421. — Nul Maçon ne peut garder en sa possession, à quelque titre que ce soit, les Constitutions, Sceaux, Timbres, Livres, Métaux et autres objets faisant partie du matériel d'un Atelier dont les travaux sont suspendus, sans commettre un délit qui le rend passible de la radiation des tableaux du Rite.

Art. 422. — Lorsqu'un groupe de Maçons sorti du même Atelier quitte le Rite sans avoir rempli les prescriptions des Règlements Généraux, ces Maçons sont, par ce fait seul, considérés comme ayant renoncé à leurs droits maçonniques et sont rayés de droit (art. 380).

Art. 423. — Lorsque les travaux d'un Atelier auront été suspendus de fait pendant plus de trois ans, sans remplir les prescriptions imposées par l'article 420, il sera déclaré en sommeil.

Art. 424. — Toute demande en reprise des travaux doit être faite et signée autant que possible par sept Maîtres ayant appartenu à l'Atelier avant sa suspension.

Art. 425. — Cette demande sera adressée au Suprême Conseil et soumise à l'examen de celle des Sections de la Grande Loge Centrale dont l'Atelier ressortit.

Art. 426. — Si la demande est accueillie, l'arrêté du Suprême Conseil qui autorise la reprise des travaux est consigné sur le Titre constitutif et sur le Livre d'or ; toutes les pièces déposées au Secrétariat Général sont remises à l'Atelier.

Art. 427. — Si la demande est repoussée, l'arrêté de refus est notifié aux Frères signataires de cette demande.

Art. 428. — La demande de dissolution d'un Atelier devra être faite par écrit, signée par au moins sept Maîtres et déposée au sac des propositions.

Art. 429. — Après la présentation de la demande, tous les Membres de l'Atelier sont convoqués extraordinairement *un mois* d'avance, le motif de la réunion étant indiqué sur les Planches de Convocation. Si, dans cette séance, sept Membres actifs, revêtus du degré le plus élevé auquel travaille l'Atelier, déclarent vouloir continuer les travaux, la dissolution ne pourra pas être prononcée, et les Frères qui persisteront à vouloir se retirer devront donner leur démission par écrit et individuellement.

Art. 430. — Les Frères qui persistent à maintenir l'Atelier restent propriétaires de tous les Titres constitutifs, Registres, Archives, et généralement de tous autres objets, Mobiliers et Métaux, sans que les Frères qui jugeront à propos de se retirer puissent avoir droit à aucune indemnité.

Art. 431. — Si, parmi les Frères qui veulent se retirer, quelques-uns, en vertu de leurs fonctions, se trouvent dépositaires d'objets ou Métaux appartenant à l'Atelier, ils sont tenus d'en faire la remise à ceux qui continueront les travaux, sous peine de l'application de l'article 421.

Art. 432. — Les Frères restant en activité, s'ils se composent de moins de la moitié de l'Atelier tel qu'il était avant la scission et s'ils se trouvent dans les conditions voulues par l'article 429, deuxième alinéa, devront faire parvenir au Secrétariat Général : 1° leur état nominatif; 2° la situation financière de l'Atelier ; 3° un rapport détaillé sur les faits qui ont amené la scission. Ces pièces seront soumises à la Commission Administrative, qui statuera et autorisera la continuation des travaux, ou ordonnera la dissolution définitive ou la suspension.

ART. 433. — Si la dissolution est prononcée, les Constitutions, Sceaux, Timbres, Livres d'or et d'Architecture, Cahiers des Grades, Archives, Matériel et Métaux, devront être immédiatement déposés au Secrétariat Général du Rite.

ART 434. — Dans ce cas, toutes les pièces énumérées en l'article 433 doivent être remises au Président, et le Conseil d'administration de l'Atelier reste chargé de la liquidation (art. 468).

ART. 435. — La tentative d'une scission ayant pour but de désorganiser l'Atelier est un délit Maçonnique de 2ᵉ classe.

CHAPITRE VI

CONTRIBUTIONS QUE LES ATELIERS DOIVENT VERSER ANNUELLEMENT AU SUPRÊME CONSEIL

ART. 436. — Chaque Atelier, quel que soit le nombre de ses membres actifs, verse annuellement et par avance, à la Caisse de l'Ordre, une redevance fixée par le décret du 9 décembre 1880. (Voir au Tarif Général des Droits.)

ART. 437. — Sur le rapport du Grand-Trésorier du Rite ou du Trésorier-Adjoint, la Commission Administrative du Suprême Conseil remplit envers les Ateliers qui sont en retard du payement des droits fixés par le décret dont il est parlé ci-dessus, toutes les formalités prescrites par les articles 458 et 459 contre ceux qui négligent l'envoi des tableaux annuels.

ART. 438. — La Commission Administrative prononcera, sauf appel au Suprême Conseil, la radiation d'un Atelier qui, pendant six mois en France, pendant une année pour les pays d'outre-mer, dans l'hémisphère boréal, et pendant deux ans pour ceux établis dans l'hémisphère austral, au-delà du cap de Bonne-Espérance ou du cap Horn, sans répondre aux avis qui lui auraient été adressés dans les délais prescrits par l'article 459, n'aura point acquitté le payement de ses redevances.

ART. 439. — Le Secrétariat Général du Rite ne peut délivrer de Diplômes, Brefs ou Patentes aux membres des Ateliers qui sont en retard de plus de quinze mois pour le payement de leurs redevances.

ART. 440. — Le payement se fait entre les mains et sur quittance de Grand Trésorier du Rite.

CHAPITRE VII

DE L'INSPECTION SPÉCIALE DES ATELIERS

ART. 441. — L'inspection spéciale des Ateliers du Rite sera confiée, par le Suprême Conseil ou la Commission Administrative et Exécutive, à des Maçons pourvus des 18e, 30e, 31e, 32e ou 33e degrés. Leurs fonctions seront momentanées ou annuelles. Ils devront faire un rapport tous les trois mois sur les Ateliers de leur inspection.

ART. 442. — Les attributions des Inspecteurs spéciaux sont principalement de veiller à la stricte observation des grandes Constitutions, Règlements Généraux et Rituels.

ART. 443. — A la réception de l'arrêté portant sa nomination, l'Inspecteur spécial se présentera à la plus prochaine tenue de l'Atelier près duquel il sera accrédité ; il fera enregistrer ses pouvoirs au tracé des travaux du jour, et demandera qu'il soit donné avis officiel de cet enregistrement au Secrétariat Général du Rite. — Les Ateliers ne pourront, sous aucun prétexte, se dispenser de convoquer leur Inspecteur spécial à toutes les tenues ordinaires ou extraordinaires, et même au Comité d'Administration. — Lorqu'il assistera aux travaux, il se placera à l'Orient ; il aura le droit de réclamer la présidence dans le cas où il constaterait quelque irrégularité dans la direction des travaux, mais il devra plutôt les surveiller que les diriger.

ART. 444. — L'Inspecteur spécial aura toujours le droit de prendre communication de tous les livres et comptes, et, à sa première réquisition, de faire consigner ses observations sur tous Registres, Livres d'or ou Procès-Verbaux, et d'en exiger un récépissé.

CHAPITRE VIII

DU PROTECTORAT[1]

Art. 445. — Le Protectorat maçonnique est la présentation en Loge du fils d'un des membres actifs ou honoraires de l'Atelier. C'est aussi l'engagement formel pris par la Loge de surveiller cet enfant, de le protéger, de le guider dans la bonne fortune ou de lui venir en aide dans les jours malheureux.

Art. 446. — Le Frère qui désire obtenir cette faveur en dépose la demande dans le sac des propositions; elle est enregistrée au procès-verbal du jour et renvoyée à l'examen de la Commission d'Administration qui l'apprécie, et, si elle l'adopte, la soumet, avec son rapport, à l'assentiment de la Loge. Cette adoption est une récompense pour le Frère qui l'obtient pour son enfant. Si la Commission d'Administration juge que la demande doit être ajournée, elle n'en entretient pas l'Atelier.

Art. 447. — Lorsque la proposition est agréée, la Loge nomme trois Commissaires chargés de se rendre près de la mère du jeune Lowton, de lui apprendre la demande faite pour son fils, de s'assurer de son consentement et de lui faire alors connaître le jour fixé et l'heure à laquelle l'enfant devra être conduit au local maçonnique, accompagné de son présentateur.

Art. 448. — A l'âge de seize ans, le Lowton qui a été l'objet du Protectorat de la Loge, qui n'a pas dû le perdre de vue depuis sa présentation régulière dans le Temple, peut recevoir le grade d'Apprenti, mais par suite d'une délibération toute spéciale de l'Atelier, préalablement soumise à la sanction de la Commission Administrative et Exécutive du Suprême Conseil.

Art. 449. — Si l'enfant placé sous la protection de la Loge venait à mourir avant son initiation au premier degré, le Frère premier Surveillant en exercice, accompagné de deux Maîtres, assisterait à ses funérailles.

---

1. Autrement dit *Baptême Maçonnique*

CHAPITRE IX

DISPOSITIONS GÉNÉRALES

Art. 450. — La série des grades compris dans l'ordre hiérarchique du Rite Ecossais ancien accepté, leur classement et le temps qui doit s'écouler pour passer d'un de ces grades au grade supérieur, ont été indiqués par le décret du Suprême Conseil en date du 15 décembre 1808. — Tous les Frères pourvus du 18e au 33e degré inclusivement devront être membres d'un Atelier Symbolique.

Art. 451. — Chaque Atelier doit, au moment de sa demande en Constitution, justifier qu'il a adopté un Règlement qui fixe l'administration de ses finances (art. 162) et sa police intérieure. Ce Règlement doit être basé sur les Règlements Généraux; il est provisoirement exécuté, et ne devient obligatoire qu'après avoir reçu la sanction du Suprême Conseil.

Art. 452. — Deux exemplaires manuscrits de ce Règlement provisoire sont déposés au Secrétariat, cotés, parafés et certifiés par les premiers dignitaires. Ces exemplaires sont renvoyés à la Section de la Grande Loge Centrale qui doit en connaître; la Section nomme une Commission de trois membres pour faire un rapport.

Art. 453. — Lorsque la Commission sera prête à faire son rapport, le Député de l'Atelier sera invité expressément à se trouver à la réunion de la Section, afin qu'il puisse combattre ou adopter les observations de la Commission.

Art. 454. — Toutes ces dispositions accomplies, le travail sera soumis à l'examen et à la sanction du Suprême Conseil, qui renvoie à l'Atelier le Règlement tel qu'il doit être définitivement appliqué.

Art. 455. — Lorsqu'un Atelier jugera utile de faire quelques changements aux dispositions de son Règlement, ces changements seront soumis aux mêmes formalités que le Règlement lui-même.

Art. 456. — Le dossier de l'Atelier, conservé aux Archives générales du Rite, devra toujours contenir au moins un exemplaire de ce Règlement rendu définitif par la sanction de l'Autorité Dogmatique.

Art. 457. — Dès que les Constitutions sont remises à un Atelier, elles sont inscrites sur un livre dûment coté et parafé par les Commissaires installateurs. Ce livre se nomme le *Livre d'or*. A la suite de cette première transcription et avec une régularité parfaite, doivent être successivement copiés les Décrets, Lois, Ordres, Observations qui seront notifiés par le Suprême Conseil.

Art. 458. — Chaque Atelier doit avoir, en outre, un Livre d'Architecture, coté et parafé par la Commission d'installation et plus tard, lorsque ce premier est rempli, par les dignitaires en exercice. Sur ce livre doivent être transcrits exactement tous les procès-verbaux et toutes les délibérations de l'Atelier.

Art. 459. — Les Ateliers doivent adresser chaque mois (art. 143) au Secrétariat Général du Rite un état certifié des initiations, affiliations et augmentations de grade qu'ils ont accordées, de toutes les mutations qui auront pu avoir lieu, avec l'énonciation des causes de ces mutations. Tous les ans, dans la première quinzaine de janvier, ils doivent aussi adresser leur situation générale. L'exécution de cet article est indispensable pour l'obtention des Diplômes et la régularité du contrôle général de l'Ordre.

Art. 460. — Les Ateliers de Paris et des départements qui ne se conforment point à la stricte exécution de l'article qui précède sont mis en demeure de le faire par une première lettre du Chef du Secrétariat Général. S'ils ne répondent pas dans le délai d'un mois, deux autres avertissements leur seront encore adressés à trente jours d'intervalle l'un de l'autre; s'ils continuent à garder le silence, ils encourent la suspension de leurs travaux. Les délais ci-dessus indiqués seront d'une année pour les Ateliers d'outre-mer dans l'hémisphère boréal et de deux années pour ceux établis dans l'hémisphère austral, au-delà du cap de Bonne-Espérance et du cap Horn.

Art. 461. — Tout Maître doit avoir son Diplôme. Une Loge ne peut, pour lui tenir lieu de ce Diplôme, délivrer à un Maître un certificat constatant son degré et son âge maçonniques. Tout certificat de cette nature doit être retenu dans les Ateliers auxquels il serait présenté, et adressé au Secrétariat Général.

Art. 462. — Les Diplômes sont délivrés aux Maîtres réguliers du Rite par le Secrétariat Général, sur la demande des Ateliers. Ces Diplômes sont numérotés et extraits d'un registre à souche.

Art. 463. — Le Secrétariat est aussi chargé de la délivrance des Brefs de Rose-Croix, toujours sur la demande du Chapitre; mais les Patentes des grades supérieurs ne sont et ne doivent être délivrées que sur l'ordre et avec l'attache du Suprême Conseil.

Art. 464. — Dans les pays où il n'existe pas d'association maçonnique, pendant une campagne sur terre et sur mer, pendant un voyage de long cours, trois Maçons possédant au moins le grade de Maître peuvent communiquer, *sans rétribution*, le premier degré à un Profane, mais en lui faisant prendre et signer l'obligation de demander sa régularisation à un Atelier de la correspondance du Suprême Conseil. Son initiation devra être considérée comme nulle, s'il ne remplit pas cet engagement dans le délai de trois mois après son arrivée dans une ville où siégera une Loge de l'obédience du Suprême Conseil. Il devra se conformer, en outre, à toutes les prescriptions du règlement financier de cette Loge.

Art. 465. — Une planche, rédigée et signée par les Frères qui ont procédé à cette communication et qui devra contenir l'engagement précité contracté par le Profane, lui sera remise à l'effet de lui servir de titre.

Art. 466. — Les Ateliers jugent les délits commis dans leur sein, conformément aux articles 377 à 416.

Art. 467. — Tout décret du Suprême Conseil, ainsi que l'observation rigoureuse des Règlements Généraux, sont obligatoires et exécutoires pour les Ateliers. Si pourtant un Atelier pense devoir solliciter quelques réformes aux Règlements Généraux, le vœu demandant cette réforme devra être déposé en tenue régulière de l'Atelier, dans le sac aux propositions, par le ou les Frères désireux de les obtenir. — Discutés et votés en tenue de famille, les vœux de cette catégorie devront être adressés au Secrétariat Général du Rite, qui en saisira la Commission Administrative. Si elle estime que les vœux reçus ont une importance réelle, elle en vote l'impression et l'envoi à tous les Ateliers du Rite pour connaître par leur réponse le sentiment exact de la Maçonnerie Ecossaise, de manière à en saisir au plus-tôt la Grande Loge Centrale (toutes sections réunies) et à provoquer d'elle un vote d'acceptation ou de rejet. — Aucune réforme, sous peine de mise en sommeil, ne peut recevoir d'application sans avoir au préalable reçu la sanction de l'Autorité Dogmatique (art. 84 et 85).

Art. 468. — Les Ateliers se trouvant dans un des cas prévus par l'article 434 et qui, au moment de la cessation des travaux, auront déposé leurs Métaux à la Caisse du Rite, seront autorisés à les en retirer par l'arrêté du Suprême Conseil, qui ordonnera leur rétablissement dans la correspondance du Rite.

Art. 469. — A chacune des deux fêtes solsticiales de l'année maçonnique, le mot de semestre, donné par le Suprême Conseil, est communiqué en tenue régulière aux membres de l'Atelier par le Président de cet Atelier.

Art. 470. — Le mot de semestre est envoyé cacheté aux Délégués représentants du Suprême Conseil, aux Présidents des Sections et aux Présidents des Ateliers. Le billet qui le renferme, adressé aux Présidents des Sections et aux Chefs d'Atelier, ne peut être ouvert que pendant la tenue des travaux où il doit être communiqué.

Art. 471. — Les membres actifs de l'Atelier le reçoivent dans la chaîne d'union qui doit être formée, à cet effet, au milieu du Temple. Les Frères absents lors de la communication du mot de semestre le reçoivent ensuite du Président de l'Atelier.

Art. 472. — Le Suprême Conseil proclame les présents Règlements Généraux loi fondamentale de l'Ordre Maçonnique du Rite Ecossais ancien accepté.

Art. 473. — La date de la promulgation, fixée au 15 novembre 1881, sera celle de l'envoi aux Ateliers de la correspondance.

Art. 474. — A dater du jour de leur promulgation, les présents Règlements Généraux seront exécutoires, savoir : pour les Ateliers de Paris, dans un délai de trois fois sept jours ; pour ceux des départements, dans un délai de trois fois neuf jours ; pour ceux d'outre-mer, dans l'hémisphère boréal, dans un délai de six mois, et pour ceux établis dans l'hémisphère austral, au-delà du cap Horn ou du cap de Bonne-Espérance, dans le délai d'une année.

Art. 475. — Les Ateliers feront immédiatement parvenir au Secrétariat Général un accusé de réception daté et signé par les cinq premiers Dignitaires.

Art. 476. — Il sera ouvert au Secrétariat Général un

registre destiné à recevoir toutes les observations des Frères du Rite sur les présents Règlements Généraux, l'expérience pouvant faire connaître la nécessité de quelques changements ou modifications.

Art. 477. — La stricte exécution des présents Règlements est confiée aux 33e, 32e, 31e, 30e degrés du Rite, aux Délégués représentants du Suprême Conseil, aux Inspecteurs spéciaux qui seront nommés par le Suprême Conseil et aux Présidents des Ateliers du Rite

TARIF GÉNÉRAL DES DROITS

DÉCRET DU SUPRÊME CONSEIL

Séance du 9 décembre 1880

Le Suprême Conseil,

Vu le rapport de la Commission des finances en date du 8 décembre 1880;

Le Grand Trésorier du Rite entendu,

Arrête :

Il sera pourvu aux frais de l'administration générale de l'Ordre :

1° Par les recettes pour cotisations;
2° Par les taxes pour Constitutions;
3° *Id.* pour collations de grades;
4° *Id.* pour dispenses;
5° *Id.* pour les visa;
6° Par les droits d'immatriculation;
7° *Id.* de dispenses;
8° *Id.* de Diplômes de Maître ou de Brefs de 18e;
9° Par le droit d'expédition de titres par duplicata.

Le tout fixé comme suit :

Cotisation annuelle des membres du Suprême Conseil.. 20 fr.

Cotisation annuelle des membres de la Grande Loge, 30es, 31es, 32es, 33es		0 fr.
Constitution d'une Loge Symbolique (y compris l'immatriculation des fondateurs)....	60 fr.	167 fr.
3 Rituels	52 fr.	
1re année de redevance	46 fr.	
3 abonnements au *Mémorandum*..	9 fr.	
Constitution d'un Chapitre du 4e au 18e.	80 fr.	189 fr.
3 Rituels	52 fr.	
1re année de redevance	48 fr.	
3 abonnements au *Mémorandum*..	9 fr.	
Constitution d'un Aréopage du 30e....	110 fr.	216 fr.
3 Rituels	50 fr.	
1re année de redevance	47 fr.	
3 abonnements au *Mémorandum*..	9 fr.	
Constitution d'un Tribunal du 31e (non compris le Rituel, la redevance et le *Mémorandum*)....		120 fr.
Constitution d'un Conseil du 32e (non compris le Rituel, la redevance et le *Mémorandum*)......		140 fr.

Redevances annuelles de			
	Loges	46 fr.	55 fr.
	3 abonn. au *Mémorandum*.	9 fr.	
	Chapitres	48 fr.	57 fr.
	3 abonn. au *Mémorandum*.	9 fr.	
	Aréopage du 30e	47 fr.	56 fr.
	3 abonn. au *Mémorandum*.	9 fr.	
	Tribunaux du 31e	45 fr.	54 fr
	3 abonn. au *Mémorandum*.	9 fr.	
	Conseils du 32e	41 fr.	50 fr.
	3 abonn. au *Mémorandum*.	9 fr.	

33e degré 65 fr.	Droit de chanc. et Patente.	25 fr.	Ensemble	90 fr.
32e — 40 fr.	—	20 fr.	—	60 fr
31e — 25 fr.	—	15 fr.	—	40 fr.
30e — 20 fr.	—	10 fr.	—	30 fr.

Changement de titre d'un Atelier, Patente et droit de chancellerie	20 fr.
Droit d'immatriculation au contrôle général du Rite : Profanes	15 fr.
Droit d'immatriculation : Lowtons, Militaires et Affiliés	5 fr.

Dispenses pour passer	du 1er degré au 2e	3 fr.
	du 2e — au 3e	3 fr.
	du 3e — au 18e	5 fr.
	du 18e — au 30e	7 fr.
Diplôme du 3e degré, détaché d'un registre à souches.		5 fr.
Bref du 18e degré, —		5 fr.

III

RITE DE MISRAÏM

ET

GRANDE LOGE SYMBOLIQUE

Il serait fastidieux de reproduire encore ici les Statuts du Rite de Misraïm et ceux de la Grande Loge Symbolique[1]; le lecteur est suffisamment édifié par la lecture des Constitutions et Règlements du Rite Français et du Rite Écossais Ancien Accepté, les deux plus importantes autorités maçonniques de France.

Dans cette œuvre de révélations, je négligerai beaucoup la branche misraïmite de la Franc-Maçonnerie, non pas que je possède sur elle moins de renseignements que sur les autres, mais parce que le Rite de Misraïm, délaissé par les Frères Trois-Points, est appelé à disparaître dans un bref délai.

Quant à la Grande Loge Symbolique, il n'y a pas

1. Néanmoins, on trouvera, à titre de document curieux, les Statuts du Rite de Misraïm dans l'Appendice qui sera le complément du présent ouvrage.

lieu de s'en occuper; elle ne constitue ni un Rite nouveau ni une puissance nouvelle. Il n'y a, dans la formation récente de cette fédération, qu'une manœuvre habile du Grand-Orient de France pour amener à lui une partie des Loges du Rite Écossais.

Le procédé est celui-ci :

Quelques Loges écossaises, mécontentes de leur Suprême Conseil, se sont syndiquées en Grande Loge dissidente ; et, pour donner à cette scission un prétexte d'utilité, les chefs du mouvement ont proclamé, à l'origine, qu'ils n'avaient d'autre but que celui d'opérer une réforme en supprimant chez eux les hauts grades, jugés inutiles, disaient-ils. Aussi, les Ateliers dissidents, ne conférant que les trois grades d'initiation (Apprenti, Compagnon et Maître, dits grades symboliques), ont donné à leur Grande Loge Centrale ce qualificatif de Symbolique pour bien marquer leur prétendu but de réforme.

Le Grand-Orient de France s'est empressé de reconnaître la fédération dissidente, tandis que le Suprême Conseil l'anathématisait et lui lançait toutes ses foudres. Plusieurs Loges écossaises ont été coupées en deux, grâce à cette manœuvre; on les retrouve sous le même titre, une moitié restée fidèle au Suprême Conseil, et l'autre moitié rangée sous la bannière insurrectionnelle de la Grande Loge Symbolique.

Cette situation, cependant, ne peut durer.

Les Frères Trois-Points de la Grande Loge Symbolique, ayant renoncé aux hauts grades, ont été aussitôt victimes de leur manifestation bruyante. En effet, comme ceux d'entre eux qui sont le plus avancés en Maçonnerie ont seulement le grade de Maître, ils sont uniquement reçus, au rite français, dans les Ateliers d'ordre inférieur, c'est-à-dire dans les Loges travaillant du 1er au 3e degré; ils ne peuvent pénétrer ni dans les

Aréopages ni même dans les Chapitres. Au contraire, le Grand-Orient a soin de faire visiter les Loges de la fédération dissidente par des maçons haut gradés du Rite Français. D'où il résulte que dans les Arrière-Loges on sait tout ce que font les dissidents Symboliques et que ceux-ci ne savent absolument rien de ce qui se triture dans les Arrière-Loges. Le lecteur verra, par la suite de cet ouvrage, que *la vraie maçonnerie est toute dans certains hauts grades*, quoi qu'en disent les intéressés et quoi qu'en pense la masse des dupes.

C'est pourquoi les chefs de la Grande Loge Symbolique, ayant l'air de reconnaître leur erreur, s'occupent en ce moment de constituer un Chapitre de Rose-Croix.

Et c'est bien là ce qui prouve que leur scission est une manœuvre et que leur renoncement aux hauts grades n'a été, chez la plupart, qu'une comédie. Ils viennent à ces titres qu'ils rejetaient; et ils y viennent, parce qu'ils savent bien que ces titres, sous l'abri très habilement imaginé de leur extérieur risible, cachent des fonctions secrètes des plus sérieuses.

La Grande Loge Symbolique, après avoir détaché du Suprême Conseil du Rite Écossais le plus de Loges et de maçons qu'elle pourra, se ralliera au Grand-Orient de France, en invoquant un besoin d'unification générale. On se sera séparé du Suprême Conseil, sous prétexte de renoncement aux hauts grades; une fois la séparation accomplie, on rétablira tous les hauts grades dans les Loges de la nouvelle obédience; et, une fois les hauts grades rétablis, on passera avec armes et bagages au Grand-Orient, sous prétexte de centralisation des forces maçonniques.

Je ne veux, pour preuve de ce que j'avance, que le toast porté, le 14 septembre 1884, par le délégué de la Grande Loge Symbolique au banquet qui clôtura le Convent annuel du Grand-Orient de France.

M. Goumain-Cornille, représentant de la Grande Loge Symbolique, se trouvant au milieu des Maçons du Rite Français, prononça les paroles suivantes (citation textuelle) :

« Pour la deuxième fois, le Grand-Orient de France réunit au banquet de clôture du Convent les garants d'amitié des diverses puissances maçonniques. C'est là un témoignage visible de l'accord et de l'esprit de fraternité qui existent entre ces quatre grandes puissances maçonniques de la France.

« Je suis heureux et fier, comme représentant de la Grande Loge Symbolique, de pouvoir témoigner devant vous que votre collaboration n'a pas été absolument étrangère à ce rapprochement des puissances maçonniques qui ont été longtemps éloignées. C'est là, mes Frères, le point de départ, le prélude d'une idée nouvelle; mais il nous faut aller plus loin. Il y a deux ans, au sein du Grand-Orient de France, l'accord avec les représentants de la Grande Loge Symbolique était près de se faire, la question de l'unification de la Franc-Maçonnerie française a été agitée. Cette question n'a pas été résolue, parce qu'elle n'était pas mûre mais elle se résoudra plus tard et portera des fruits que nous serons heureux de récolter pour le bien de la France et le progrès de l'humanité. (*Vifs applaudissements.*) En France, nous ferons bien mieux avec l'unification des forces et nous marcherons plus sûrement, avec la cohésion, vers le but que nous nous proposons.

« Jusqu'à présent, dans le monde profane, nous avons résisté et nous avons bien fait, contre cet esprit de centralisation ; je crois qu'en Maçonnerie, nous ne devons pas combattre la centralisation. Nous devons, au contraire, aller vers l'unification. (*Applaudissements.*)

« La raison, la voici :

« C'est que dans tous les Ateliers, dans toutes les Loges, nous poursuivons le même but : l'émancipation de l'esprit humain, le progrès et le développement des idées contre le cléricalisme.

« Or, le cléricalisme, il est un, il n'a pas de formes multiples, et comme nous l'attaquons, nous risquons de livrer des combats isolés et qui ne seraient pas aussi décisifs que nous pourrions l'espérer.

« Voilà pourquoi, sans creuser davantage cette idée, je vous demande de vous joindre à moi pour porter un toast à la réunion des quatre puissances maçonniques en une seule et vaste Confédération. » (*Triple salve d'applaudissements. Bravos prolongés.*)

Ainsi, il est parfaitement inutile de s'occuper particulièrement, dans cet ouvrage, de cette fédération dissidente destinée à se fondre bientôt au sein du Grand-Orient, inspirateur secret de sa dissidence.

On trouvera toutefois, à l'Appendice de cet ouvrage, la nomenclature de ses Loges et leurs jours et lieux de réunion.

Je ne saurais trop recommander aux personnes qui s'intéressent à l'étude de la Franc-Maçonnerie une lecture attentive. réfléchie, des Constitutions et Règlements qui ont fait l'objet de ce chapitre.

Lisez et relisez ces innombrables articles, sans vous laisser rebuter par l'aridité apparente du sujet. A chaque lecture nouvelle vous découvrirez tels points spéciaux, tels aperçus à peine visibles, qui vous auront échappé aux lectures précédentes; bien des mystères de cette organisation vraiment satanique apparaîtront à votre esprit, nettement dégagés de tout le fatras nuageux des mots ronflants qui les dissimulent.

Du reste, une méditation approfondie de ces Statuts est nécessaire pour l'intelligence complète des chapitres qui vont suivre.

IV

LES RITES ET LES GRADES

En maçonnerie, comme en religion, on entend par *rite* un ensemble de cérémonies adoptées et pratiquées.

La Franc-Maçonnerie, grotesque imitation du catholicisme, a ses rites particuliers. Les prêtres de Dieu ayant une liturgie, les valets de Satan, s'érigeant en pontifes, ont voulu avoir la leur. C'est ce qui a fait dire au savant mathématicien Lagrange, de l'Institut :

« — La Franc-Maçonnerie est une religion avortée. »

Les rites maçonniques sont nombreux. Les sectaires sont unanimes à vouloir la destruction de l'Église catholique romaine; mais ils ne s'entendent pas très bien au sujet des pratiques mystérieuses au milieu desquelles ils perpètrent le triomphe du mal.

Depuis que la secte existe, il a été créé, par ses principaux chefs, 75 maçonneries, 52 rites, 34 ordres dits maçonniques, 26 ordres androgynes, 6 académies maçonniques, le tout comportant plus de 1,400 grades. Beaucoup ont disparu. Les rites qui sont restés et se pratiquent actuellement, sont au nombre de dix : 1° Rite d'Hérodom; 2° Rite Écossais Ancien Accepté; 3° Rite Écossais Ancien Réformé; 4° Rite Écossais Philosophique ; 5° Rite Français ; 6° Rite d'York; 7° Rite Johannite ou de Zinnendorf; 8° Rite Éclectique; 9° Rite Suédois de Swedenborg; 10° Rite de Misraïm.

Ces rites, si on les envisage sous le rapport de la quantité des grades que chacun comporte, peuvent être classés en quatre séries principales :

1° Le Rite d'Hérodom, qui a la prétention de représenter la vieille maçonnerie et qui a 25 grades.

2° Le Rite Écossais Ancien Accepté, qui a ajouté 8 grades aux 25 du Rite d'Hérodom, et auquel se rattachent: le Rite Écossais Ancien Réformé, de 33 grades, mais dont plusieurs se donnent par communication, c'est-à-dire sans épreuves; le Rite Écossais Philosophique, qui ressemble à l'Ancien Accepté, mais s'arrête au grade de Chevalier Kadosch; et le Rite Français, qui, tout en prétendant n'avoir que 7 grades (1), en a en réalité 11 avec épreuves et 22 facultatifs, ou conférés par communication.

3° Le Rite d'York, dont la pratique est très variable. En effet, selon les constitutions primitives, ce rite ne devrait avoir que 4 grades, dont le plus élevé serait celui de Royale-Arche; mais la plupart des Grandes Loges le font pratiquer avec intercalation de 1 et même 3 degrés entre le troisième grade ordinaire et le grade de Royale-Arche; en outre, quoique les chefs Maçons du Rite d'York ne portent pas officiellement de titre ni

---

1. Les auteurs maçonniques appartenant au Grand-Orient de France n'avouent que 7 grades; cependant on a pu voir, dans les pièces officielles du *Temple des Amis de l'Honneur Français*, reproduites au 1er chapitre de cet ouvrage, que le Rite Français comporte parfaitement des 18es, des 30es et des 33es.

d'insignes de grades plus élevés que celui de Royale-Arche, ils pratiquent un grade de Rosicrucian (Rose-Croix) et 19 grades supérieurs dits de chevalerie. Au Rite d'York on peut rattacher : le Rite Johannite ou de Zinnendorf, en 7 grades; le Rite Éclectique, qui originairement n'avait que 3 grades, mais qui, dans la pratique actuelle, s'est adjoint 2 grades supérieurs; et le Rite suédois de Swedenborg, en 12 grades.

4° Le Rite de Misraïm, en 90 grades, que l'on peut considérer comme le comble du ridicule et de la bouffonnerie sacrilège.

Voici maintenant quelques renseignements sommaires sur chacun de ces rites :

Rite d'Hérodom.

Ce rite écossais maçonnique, appelé aussi Rite Ancien et de Perfection, est composé de 25 degrés, divisés en 7 classes :

1re Classe. — 1e, Apprenti. — 2e, Compagnon. — 3e, Maitre.

2e Classe. — 4e, Maitre Secret. — 5e, Maître Parfait. — 6e, Secrétaire Intime. — 7e, Prévôt et Juge. — 8e, Intendant des Bâtiments.

3e Classe. — 9e, Maitre Élu des Neuf. — 10e, Illustre Élu des Quinze. — 11e. Sublime Chevalier Élu, Chef des Douze Tribus.

4e Classe. — 12e, Grand Maître Architecte. — 13e, Royale-Arche. — 14e, Grand Élu Ancien.

5e Classe.— 15e, Chevalier de l'Épée. — 16e, Prince de Jérusalem. — 17e, Chevalier d'Orient et d'Occident. — 18e, Sublime Prince Rose-Croix. — 19e, Grand Pontife de la Jérusalem Céleste.

6e Classe. — 20e, Grand Patriarche, Vénérable Maître *ad vitam*. — 21e, Grand-Maitre de la Clef. — 22e, Prince du Liban, Royale-Hache.

7e Classe. — 23e, Chevalier du Soleil, Prince Adepte. — 24e, Commandeur de l'Aigle Blanc et Noir (grade correspondant exactement à celui de Kadosch). — 25e, Souverain Prince de Royal-Secret.

Le Rite d'Hérodom est pratiqué par la Grande Loge Saint-Jean d'Écosse (siège central à Édimbourg), par 118 Loges dépendant de la Mère-Loge aux Trois-Globes (siège central à Berlin), par 19 Loges dépendant de la Grande Loge Nationale d'Allemagne (siège central à Berlin), par l'Union des Loges germaniques indépendantes (siège central à Leipzig), et par la Grande Loge de Hongrie (siège central à Budapest).

Soit, en tout 92,760 maçons pratiquant ce rite.

Rite Écossais Ancien Accepté.

Le Rite Écossais Ancien accepté doit sa création à Frédéric II de Prusse, qui ajouta 8 grades au Rite d'Hérodom.

Il est composé de 33 degrés, divisés en 8 classes formant elles-mêmes 4 séries :

1re Série. — Grades Symboliques.

1e Classe. — 1e, Apprenti. — 2e, Compagnon. — 3e, Maître.

2me Série. — Grades Capitulaires.

2e Classe. — 4e, Maître Secret. — 5e, Maître Parfait. — 6e, Secrétaire Intime. — 7e, Prévôt et Juge. — 8e, Intendant des Bâtiments.

3e Classe. — 9e, Maître Élu des Neuf. — 10e, Illustre

Élu des Quinze. — 11e Sublime Chevalier Élu, Chef des Douze Tribus.

4e Classe. — 12e, Grand Maitre Architecte. — 13e, Royale-Arche. — 14e, Grand Écossais de la Voûte Sacrée.

5e Classe. — 15e, Chevalier de l'Orient ou de l'Épée. — 16e, Prince de Jérusalem. — 17e, Chevalier d'Orient et d'Occident. — 18e, Sublime Prince Rose-Croix.

3me Série. — Grades Philosophiques.

6e Classe. — 19e, Grand Pontife de la Jérusalem Céleste. — 20e, Grand Patriarche, Vénérable Maître *ad vitam.* — 21e, Chevalier Prussien, Grand Maître de la Clef. — 22e, Prince du Liban, Royale-Hache. — 23e, Chef du Tabernacle. — 24e, Prince du Tabernacle. — 25e, Chevalier du Serpent d'Airain. — 26e, Prince de Merci. — 27e, Souverain Commandeur du Temple.

7e Classe. — 28e, Chevalier du Soleil, Prince Adepte. — 29e, Chevalier de Saint-André, ou Grand Écossais de Saint-André d'Écosse. — 30e, Grand Élu Chevalier Kadosch, Parfait Initié.

4e Série. — Grades Supérieurs.

8e Classe. — 31e, Inquisiteur Inspecteur Commandeur. — 32e, Souverain Prince de Royal-Secret. — 33e, Souverain Grand-Inspecteur Général.

Le Rite Écossais Ancien Accepté est pratiqué par le Grand-Orient d'Italie (siège central à Rome), par le Suprême Conseil de France (siège central à Paris), par le Suprême Conseil d'Angleterre (siège central à Londres), par le Suprême Conseil d'Écosse (siège central à Édimbourg), par le Suprême Conseil d'Irlande (siège central à Dublin), par le Suprême Conseil de Belgique (siège central à Bruxelles), par 64 Loges dépendant de la Mère-Loge aux Trois-Globes (siège central à Berlin), par la Grande Loge de Hambourg (siège central à Hambourg), par la Grande Loge de Bavière au Soleil (siège central à Francfort-sur-le-Mein), par la Grande Loge Régionale de Saxe (siège central à Dresde), par la Grande Loge de Hesse à la Concorde (siège central à Darmstadt), par le Suprême Conseil de Luxembourg (siège central à Luxembourg), par le Grand-Orient de Hongrie (siège central à Budapest), par le Suprême Conseil de Grèce (siège central à Athènes), par le Grand-Orient d'Espagne (siège central à Madrid) par le Suprême Conseil d'Espagne (siège central à Madrid), par le Grand-Orient Lusitanien Uni (siège central à Lisbonne), par le Suprême Conseil de Suisse (siège central à Lausanne), par la Grande Loge de Liberia (siège central à Monrovia), par le Suprême Conseil des États-Unis d'Amérique, Juridiction Nord (siège central à Boston), par le Suprême Conseil des États-Unis d'Amérique, Juridiction Sud (siège central à Charleston), par le Suprême Conseil de Louisiane, Juridiction Régionale (siège central à la Nouvelle-Orléans), par le Suprême Conseil du Canada (siège central à Hamilton), par le Suprême Conseil du Mexique (siège central à Mexico), par le Suprême Conseil de Colon et Cuba (siège central à La Havane), par le Suprême Conseil de la République Dominicaine (siège central à Saint-Domingue), par le Grand-Orient d'Haïti (siège central à Port-au-Prince), par le Suprême Conseil du Brésil (siège central à Rio-de-Janeiro), par le Suprême Conseil du Chili (siège central à Valparaiso), par le Suprême Conseil des Etats-Unis de Colombie (siège central à Carthagène), par le Grand-Orient Colombien (siège central à Bogota), par le Suprême Conseil du Pérou (siège central à Lima), par la Grande Loge du Pérou (siège central à Lima), par le Suprême Conseil de la République Argentine (siège central à Buenos-Ayres), par le Suprême Conseil de l'Uruguay (siège central à Montévidéo) et par la Mère-Loge de Vénézuéla (siège central à Caracas).

Soit, en tout : 160,145 maçons pratiquant ce rite.

Rite Écossais Ancien Réformé.

Le Rite Écossais Ancien Réformé doit sa création au Convent maçonnique tenu en 1783 à Wilhelmsbad. Dans l'origine, ce rite supprimait des grades du Rite d'Hérodom; puis, pour se mettre à l'unisson des Grands-Orients et Suprêmes Conseils étrangers, les Loges de Belgique et de Hollande, suivant cette prétendue réforme, arrivèrent à se donner des 30es et des 33es, tout en conférant un grand nombre de grades par simple communication. Pour bien comprendre le système, il suffira de se reporter au Rite Français (voir plus loin) qui pratique à peu près de la même manière

Ce rite prétendu réformé est pratiqué par le Grand-Orient de Belgique (siège central à Bruxelles) et par la Grande Loge des Pays-Bas (siège central à La Haye).

Soit, en tout : 3,200 maçons pratiquant ce rite.

Rite Écossais Philosophique.

Le Rite Écossais Philosophique, provenant d'une réforme dans le genre de celle dont il vient d'être parlé, a été adopté par les Loges suisses lors de la fusion de 1844. En principe, il ne devait comporter que 12 grades; mais les Loges qui l'ont adopté n'ont pas tardé, sous prétexte d'administration, à avoir des grades allant jusqu'au Kadosch. Même observation que pour le rite précédent : on va comprendre le système par l'explication du Rite Français.

Le Rite Écossais Philosophique est pratiqué par les Loges confédérées sous l'obédience de la Grande Loge Alpina, dont le siège directorial, changé tous les deux ans, est actuellement à Winterthur.

Soit, en tout : 3,700 maçons pratiquant ce rite.

Rite Français.

Le Rite Français, tout comme le Rite Écossais Ancien Accepté, comporte 33 grades ; seulement, un certain nombre de ces grades sont conférés par communication, c'est-à-dire sans épreuves. En d'autres termes, on confère à un affilié plusieurs grades à la fois ; mais tous les affiliés du grade supérieur de la classe n'en sont pas moins divisés en groupes appelés Chambres, correspondant à chaque grade conféré.

Voici donc la classification des 4 séries et 33 grades du Rite Français :

1re Série. — Grades Symboliques.

1re Classe. — 1er, Apprenti. — 2e, Compagnon. — 3e, Maître.

Ces trois premiers grades ne peuvent être donnés par communication ; il en est, du reste, ainsi dans tous les rites ; ce sont les trois grades fondamentaux de la Maçonnerie, les Frères qui demeurent dans les Grades Symboliques forment le gros de l'armée de la secte et, à leur insu, sont menés par les grades plus élevés.

2e Série. — Grades Capitulaires.

1er Ordre Capitulaire, ou Grade d'Élu. — Sous le nom de Grade d'Élu, on confère à la fois à l'affilié les grades de : 4e, Maître Secret ; 5e, Maître Parfait ; 6e, Secrétaire Intime ; 7e, Prévôt et Juge ; 8e, Intendant des Bâtiments ; 9e, Maître Élu des Neuf ; 10e, Illustre

Élu des Quinze; et 11e, Sublime Chevalier Élu. — Les Frères qui ont obtenu ce 1er Ordre Capitulaire sont répartis en 2 classes : la 1re classe, nommée Chapitre des Maîtres Parfaits Intendants des Bâtiments, correspond aux 4e, 5e, 6e, 7e et 8e degrés, et est divisée en 5 Chambres, dont la dernière est appelée Sanctuaire; la 2e classe, nommée Conseil des Élus, correspond aux 9e, 10e et 11e degrés, et est divisée en 3 Chambres, dont la dernière est appelée Sanctuaire des Chevaliers Élus.

2e *Ordre Capitulaire, ou Grade d'Écossais.* — Sous le nom de Grade d'Écossais, on confère à la fois à l'affilié les grades de : 12e, Grand Maître Architecte ; 13e, Royale-Arche ; et 14e, Grand Écossais de la Voûte Sacrée. — Les Frères qui ont obtenu ce 2e Ordre Capitulaire, ne formant qu'une classe, sont répartis en 3 Chambres, chacune correspondant à un degré de la classe, et la dernière Chambre porte le nom de Sanctuaire de Perfection.

3e *Ordre Capitulaire, ou Grade de Chevalier d'Orient ou de l'Épée.* — Sous le nom de Grade de Chevalier d'Orient ou de l'Épée, on confère à la fois à l'affilié les grades de : 15e, Chevalier d'Orient ou de l'Épée; 16e, Prince de Jérusalem; et 17e, Chevalier d'Orient et d'Occident. — Les Frères qui ont obtenu ce 3e Ordre Capitulaire, ne formant qu'une classe, sont répartis en 3 Chambres, chacune correspondant à un degré de la classe, et la dernière Chambre porte le nom de Sanctuaire d'Occident.

4e *Ordre Capitulaire, ou Grade de Rose-Croix.* — Sous le nom de Grade de Rose-Croix, on confère à l'affilié le grade correspondant au 18e du Rite Écossais, Sublime Prince Rose-Croix. — Les Frères qui ont obtenu ce 4e Ordre Capitulaire, ne formant qu'une classe d'un seul grade, sont constitués en Chambre unique, appelée Souverain Chapitre, laquelle est le Sanctuaire directorial des Grades Capitulaires.

3e Série. — Grades Philosophiques.

Ordre Philosophique Unique, ou Grade de Chevalier Kadosch. — Sous le nom de Grade de Chevalier Kadosch, on confère à la fois à l'affilié les grades de : 19e, Grand Pontife de la Jérusalem Céleste; 20e, Grand Patriarche, Vénérable Maître *ad Vitam* ; 21e, Chevalier Prussien, Grand Maître de la Clef; 22e, Prince du Liban, Royale-Hache; 23e, Chef du Tabernacle; 24e, Prince du Tabernacle; 25e, Chevalier du Serpent d'airain; 26e, Prince de Merci; 57e, Souverain Commandeur du Temple; 28e, Chevalier du Soleil, Prince Adepte; 29e, Chevalier de Saint-André, ou Grand Écossais de Saint-André d'Écosse; et 30e, Grand Élu Chevalier Kadosch, Parfait Initié. — Les Frères qui ont obtenu cet Ordre Philosophique Unique, ne formant qu'une classe de douze grades, sont constitüés en une seule Chambre, qui porte le nom de Conseil ou Aréopage ; néanmoins, ils se répartissent entre eux les fonctions afférentes à chacun des douze grades de la série.

4e Série. — Grades Supérieurs.

8e Classe[1]. — 31e, Inquisiteur Inspecteur Commandeur. — 32e, Souverain Prince de Royal-Secret. — 33e, Souverain Grand Inspecteur Général.

Ces trois derniers grades du Rite Français, exacte-

1. Bien que la division ne soit pas la même qu'au Rite Écossais Ancien Accepté, le nombre de classes est le même. *1re Classe* : 1er, 2e et 3e degrés. *2e Classe* : 4e, 5e, 6e, 7e et 8e degrés. *3e Classe* : 9e, 10e et 11e dégrés. *4e Classe* : 12e, 13 et 14e degrés. *5e Classe* : 15e, 16e et 17e degrés. *6e Classe* : 18e degré, seul. *7e Classe* : 19e, 20e, 21e, 22e, 23e, 24e, 25e, 26e, 27e, 28e, 29e et 30e degrés. *8e Classe* : 31e, 32e et 33e degrés.

ment semblables aux grades correspondants du Rite Écossais Ancien Accepté, ne peuvent être donnés par communication.

Le Rite Français est pratiqué par les Loges dépendant du Grand-Orient de France.

Soit, en tout : 18,000 maçons pratiquant ce rite

Rite d'York.

Le Rite d'York, appelé aussi Maçonnerie de Royale-Arche, est celui qui compte sur le globe le plus grand nombre d'adhérents.

Les chefs des Grandes Loges de ce rite n'avouent que 4 grades, 7 au plus ; mais, dans la pratique, il est loin d'en être ainsi, quoiqu'un maçon du Rite d'York ne porte jamais officiellement de titre plus élevé que celui de Royale-Arche.

En réalité, le Rite d'York est composé de 30 degrés, divisés en 5 classes formant elles-mêmes 4 séries :

1re Série, dite d'Initiation.

1re Classe. — 1er, Apprenti. — 2e, Compagnon. — 3e, Maître.

2e Série, dite Royale-Arche.

2e Classe. — 4e, Passé Maître. — 5e, Maître de Marque. — 5e Super-Excellent Maçon.

3e Classe. — 7e, Sainte-Royale-Arche.

3e Série, dite de Royal-Maître.

4e Classe. — 8e, Homme de Marque (Mark-man). — 9e, Croix-Rouge de Babylone. — 10e, Croix-Rouge de Rome et Constantin. — 11e, Rose-Croix (Rosicrucian).

4e Série, dite de Chevalerie.

5e Classe. — 12e, Chevalier Grand-Prêtre. — 13e, Chevalier de la Croix-Rouge. — 14e, Chevalier du Temple. — 15e, Chevalier de Malte. — 16e, Chevalier du Saint-Sépulcre. — 17e, Chevalier Teutonique. — 18e, Chevalier de Calatrava. — 19e, Chevalier d'Alcantara. — 20e, Chevalier de la Rédemption. — 21e, Chevalier du Christ. — 22e, Chevalier de la Mère du Christ. — 23e, Chevalier de Saint-Lazare. — 24e, Chevalier de l'Étoile. — 25e, Chevalier du Zodiaque. — 26e, Chevalier de l'Annonciation de la Vierge. — 27e, Chevalier de Saint-Michel. — 28e, Chevalier de Saint-Étienne. — 29e, Chevalier du Saint-Esprit. — 30e, Sublime Chevalier Maître Choisi.

Dans le Rite d'York avec ses grades d'Arrière-Loges, les 3 grades de la 2e Classe correspondent aux 3 premiers Ordres Capitulaires du Rite Français (Grades d'Élu, d'Écossais et de Chevalier d'Orient ou de l'Épée) ; la 3e Classe, en un seul grade, Royale-Arche, forme la Chambre souveraine ou Sanctuaire de la 2e série, à laquelle elle donne son nom. Le 11e grade correspond au 18e du Rite Français et du Rite Écossais Ancien Accepté ; le nom, Rose-Croix, l'indique très clairement, d'ailleurs. Les grades de la 4e série, qui vont du 12e au 26e degré, ne sont que des grades intermédiaires d'une importance relative, comme ceux qui, dans le Rite Français et le Rite Écossais Ancien Accepté, séparent le Rose-Croix du Chevalier Kadosch. Le 27e grade, Chevalier de Saint-Michel, correspond exactement au grade de Chevalier Kadosch et ses initiés sont animés des mêmes sentiments. Enfin, les 28e, 29e et 30e grades de Chevalerie jouent, dans le Rite d'York, le même rôle que les 3 grades supérieurs du Rite Français et du Rite Écossais Ancien Accepté ; le Sublime Chevalier Maître Choisi est, a part les détails liturgiques, un véritable Souverain Grand Inspecteur Général.

Le Rite d'York est pratiqué par la Grande Loge d'Angleterre (siège central à Londres), par la Grande Loge d'Irlande (siège central à Dublin), par la Grande Loge Nationale de Danemark (siège central à Copenhague), par la Grande Loge Royal-York à l'Amitié (siège central à Berlin) et par toutes les Grandes Loges des États-Unis d'Amérique, du Canada et des colonies Anglaises (voir la nomenclature au chapitre II, pages 82 et suivantes).

Soit, en tout : 767,170 maçons pratiquant le Rite d'York.

Rite de Zinnendorf.

Le Rite de Zinnendorf, appelé aussi Rite Johannite, supprime les grades intermédiaires sans grande importance ; mais il conserve les principaux grades d'Arrière-Loges, quoique sous des noms qui diffèrent de ceux des autres Rites.

Il est composé de 7 degrés en 3 classes

1re Classe, ou *Grades de Saint-Jean*. — 1er, Apprenti. — 2e, Compagnon. — 3e, Maître.

2e Classe, ou *Grades Rouges*. — 4e, Apprenti et Compagnon Écossais. — 5e, Maître Écossais.

3e Classe ou *Grades Chapitraux*. — 6e, Clerc de Saint-Jean. — 7e, Frère Élu.

Dans le Rite de Zinnendorf, le 4e grade (1er grade rouge) résume les 3 premiers Ordres Capitulaires du Rite Français (Élu, Ecossais et Chevalier d'Orient ou de l'Épée). Le 5e grade correspond exactement au

Rose-Croix. Le Clerc de Saint-Jean n'est pas autre chose que le Chevalier Kadosch, et le Frère Élu pourrait tout aussi bien s'appeler Souverain Grand Inspecteur Général.

Le Rite de Zinnendorf est pratiqué par 91 Loges, dites Loges Johannites, dépendant de la Grande Loge Nationale d'Allemagne (siège central à Berlin).

Soit, en tout, 8,120 maçons pratiquant le Rite de Zinnendorf.

Rite Éclectique

Le Rite Éclectique, créé par le baron Knigge à l'issue du Congrès de Wilhelmsbad, est le moins compliqué de tous les rites maçonniques. Dès le début, il ne comportait même que les 3 grades symboliques d'initiation; mais bientôt, les Frères de ce rite, s'apercevant qu'ils étaient tenus à l'écart par les autres puissances maçonniques, instituèrent chez eux des Chapitres et des Aréopages, afin d'avoir avec les Grandes Loges étrangères les relations usitées.

Ce rite ne se compose donc que de 5 grades : Apprenti, Compagnon, Maître, et deux grades d'Arrière-Loges, correspondant à ceux de Rose-Croix et de Kadosch.

Le Rite Éclectique est pratiqué par la Grande Loge de Francfort (siège central à Francfort-sur-le-Mein). On peut toutefois assimiler aux éclectiques allemands les dissidents français qui ont constitué récemment la Grande Loge Symbolique : en effet, ces dissidents disent ne vouloir pratiquer que les trois premiers grades (en attendant qu'ils se créent des Chapitres et des Aréopages, comme toutes les autres fédérations maçonniques).

Soit, en tout : 4,200 maçons pratiquant l'éclectisme.

Rite suédois de Swedenborg.

Le rite suédois, créé en 1773, par le célèbre illuminé Swedenborg, est composé de 12 grades, divisés en 4 classes :

1re Classe. — 1er, Apprenti. — 2e, Compagnon. — 3e, Maître.

2e Classe. — 4e, Maître Élu. — 5e, Maître Écossais. — 6e, Chevalier d'Orient, Favori de Saint-Jean.

3e Classe. — 7e, Chevalier d'Occident, Vrai Templier — 8e, Chevalier du Sud, Maître Templier, Commandeur Élu. — 9e, Favori de Saint-André.

4e Classe. — 10e, Frère de la Croix-Rouge. — 11e, Grand Dignitaire du Chapitre de la Croix-Rouge. — 12e, Stathouder Maître Régnant (un seul Frère peut être revêtu de ce grade et est ainsi le Grand-Maitre de l'ordre suédois).

Le Rite de Swedenborg n'est pratiqué que par la Grande Loge de Suède et Norvège (siège central à Stockholm).

Soit, en tout : 2,700 maçons pratiquant le Rite de Swedenborg.

Rite de Misraïm.

Le Rite de Misraïm, dont la création paraît être de 1814, comporte 4 séries, lesquelles se subdivisent en 17 classes, qui comprennent 90 grades.

1re Série. — Grades Symboliques.

1re Classe. — 1er, Apprenti. — 2e, Compagnon. — 3e, Maître.

2e Classe. — 4e, Maître Secret. — 5e, Maitre Parfait. — 6e, Secrétaire Intime. — 7e, Prévôt et Juge. — 8e, Maitre Anglais.

3e Classe. — 9e, Élu des Neuf. — 10e, Élu de l'Inconnu. — 11e, Élu des Quinze. — 12e, Élu Parfait. — 13e, Illustre Élu de la Vérité.

4e Classe. — 14e, Écossais Trinitaire. — 15e, Écossais Compagnon. — 16e, Écossais Maître. — 17e, Écossais Panissière. — 18e, Maître Écossais. — 19e, Écossais des trois J. — 20e, Écossais de la Voûte Sacrée. — 21e, Écossais de Saint-André, ou Écossais de la Sacro-Sainte Arche.

5e Classe. — 22e, Petit Architecte. — 23e, Grand Architecte. — 24e, Architecture. — 25e, Apprenti Parfait Architecte. — 26e, Compagnon Parfait Architecte. — 27e, Maître Parfait Architecte. — 28e, Parfait Architecte. — 29e, Sublime Écossais. — 30e, Sublime Écossais d'Hérodom.

6e Classe. — 31e, Grand Royale-Arche. — 32e, Grand Arche. — 33e, Sublime Chevalier du Choix (chef de la première série, Symbolique).

2e Série. — Grades Philosophiques.

7e Classe. — 34e, Chevalier du Sublime Choix. — 35e, Chevalier Prussien. — 36e, Chevalier du Temple. — 37e, Chevalier de l'Aigle. — 38e, Chevalier de l'Aigle Noir. — 39e, Chevalier de l'Aigle Rouge. — 40e, Chevalier d'Orient Blanc. — 41e, Chevalier d'Orient.

8e Classe. — 42e, Commandeur d'Orient. — 43e, Grand Commandeur d'Orient. — 44e, Architecture des Sublimes Commandeurs du Temple. — 45e, Prince de Jérusalem

9e Classe. — 46e, Chevalier Rose-Croix de Kilwinning et d'Hérodom. — 47e, Chevalier d'Occident. — 48e, Sublime Philosophe. — 49e, Premier Discret du Chaos. — 50e, Deuxième Sage du Chaos. — 51e, Chevalier du Soleil.

10e Classe. — 52e, Suprême Commandeur des Astres.

— 53e, Philosophe Sublime. — 54e, Mineur Clavi-Maçonnique. — 55e, Laveur Clavi-Maçonnique. — 56e, Souffleur Clavi-Maçonnique. — 57e, Fondeur Clavi-Maçonnique. — 58e, Vrai-Maçon Adepte. — 59e, Élu Souverain. — 60e, Souverain des Souverains. — 61e, Grand-Maitre des Loges Symboliques. — 62e, Très-Haut et Très-Puissant Grand-Prêtre Sacrificateur. — 63e, Chevalier de Palestine. — 64e, Grand-Chevalier de l'Aigle Blanc et Noir. — 65e, Grand Élu Chevalier Kadosch. — 66e, Grand Inquisiteur Commandeur (chef de la deuxième série, Philosophique).

3e Série. — Grades Mystiques.

11e Classe. — 67e, Chevalier Bienfaisant. — 68e, Chevalier de l'Arc-en-Ciel. — 69e, Chevalier de la Ranouka. — 70e Très-Sage Israélite Prince.

12e Classe. — 71e, Souverain Prince Talmudium (Suprême Tribunal). — 72e, Prince Zadikim (Suprême Consistoire). — 73e, Souverain Prince Haram (Suprême Conseil Général).

13e Classe. — 74e, Souverain Prince Grand Haram Suprême Conseil Général). — 75e, Souverain Prince Hasid (Souverain Tribunal).

14e Classe. — 76e, Souverain Prince Grand Hasid (Suprême Consistoire Souverain). — 77e, Illustre Hasid Intendant Régulateur (Suprême Grand Conseil Général des Chefs de la troisième série, Mystique).

4e Série. — Grades Cabalistiques.

15e Classe. — 78e, Docteur du Feu Sacré (Suprême Conseil Souverain). — 79e, Souverain Prince du Souverain Tribunal. — 80e, Souverain Prince Clairvoyant. — 81e, Sublime Chevalier du Triangle Lumineux (Suprême Conseil Souverain).

***16e Classe.* — 82e, Sublime Chevalier du Sadah**

Redoutable (Suprême Conseil des Souverains Princes du 82e degré). — 83e, Sublime Chevalier Théosophe (Suprême Grand Tribunal des Illustres Souverains Princes du 83e degré). — 84e, Souverain Prince Grand Inspecteur (Suprême Grand Consistoire des Illustres Souverains Princes du 84e degré). — 85e, Grand Défenseur de l'Ordre (Suprême Grand Conseil Général des Illustres Souverains Princes du 85e degré). — 86e, Sublime Maître de l'Anneau Lumineux (Sénat Suprême des Illustres Souverains Princes du 86e degré).

17e Classe. — 87e, Grand Ministre Constituant, Puissant Grand Maître représentant légitime de l'Ordre pour la première série. — 88e, Sublime Pontife Souverain Prince, Puissant Grand Maître représentant légitime de l'Ordre pour la deuxième Série. — 89e, Sublime Maître du Grand Œuvre, Puissant Grand Maître représentant légitime de l'Ordre pour la troisième série. — 90e, Souverain Grand Maître Absolu.

Le Rite de Misraïm est pratiqué par les Loges dépendant du Souverain Conseil Général de Paris.

Soit, en tout : 500 maçons pratiquant ce rite.

Rite de Memphis.

A titre de curiosité, voici enfin la nomenclature des grades du Rite de Memphis, rite qui peut faire le pendant du Rite de Misraïm et qui est encore pratiqué par exception dans quelques Loges de l'Amérique du Sud. Les derniers adeptes français de ce rite ont fusionné avec les Loges du Grand-Orient de France.

Le Rite de Memphis se compose de 92 grades, divisés en 7 classes :

1re Classe. — 1er, Apprenti. — 2e, Compagnon. — 3e, Maître. — 4e, Maître Discret. — 5e, Maître Parfait.

6e, Secrétaire Intime. — 7e, Prévôt et Juge. — 8e, Chevalier des Élus, Intendant des Bâtiments. — 9e, Maître Élu des Neuf. — 10e, Illustre Élu des Quinze. — 11e, Sublime Chevalier Élu. — 12e, Grand Maître Architecte. — 13e, Royale-Arche.

2e *Classe*. — 14e, Chevalier de la Voûte Sacrée. — 15e, Chevalier d'Orient ou de l'Épée. — 16e, Prince de Jérusalem. — 17e, Chevalier d'Orient et d'Occident. — 18e, Sublime Prince Rose-Croix. — 19e, Prince d'Occident. — 20e, Chevalier Grand-Maitre du Temple de la Sagesse, Vénérable Grand-Maitre de toutes les Loges. — 21e, Sublime et Puissant Maître de la Clef. — 22e, Chevalier Prussien. — 23e, Prince du Liban Royale-Hache. — 24e, Chevalier du Tabernacle. — 25e, Chevalier de l'Aigle Rouge. — 26e, Chevalier du Serpent d'Airain. — 27e, Prince de Merci, Chevalier de la Cité Sainte.

3e *Classe*. — 28e, Prince du Tabernacle, Gardien de l'Arche. — 29e, Chevalier du Soleil. — 30e, Chevalier de Saint-André. — 31e, Illustre et Redouté Chevalier Kadosch. — 32e, Grand Inquisiteur Commandeur. — 33e, Prince de Royal-Secret. — 34e, Chevalier Grand Inspecteur. — 35e, Grand Commandeur du Temple.

4e *Classe*. — 36e, Chevalier Philalèthe. — 37e, Docteur des Planisphères. — 38e, Sage Sivaïste. — 39e, Prince du Zodiaque. — 40e, Sublime Philosophe Hermétique. — 41e, Chevalier des Sept-Étoiles. — 42e, Chevalier de l'Arc-en-Ciel. — 43e, Suprême Commandeur des Astres. — 44e, Sublime Pontife d'Isis. — 45e, Roi Pasteur des Hutz. — 46e, Prince de la Colline Sacrée. — 47e, Sage des Pyramides.

5e *Classe*. — 48e, Philosophe de la Samothrace. — 49e, Titan du Caucase. — 50e, Enfant de la Lyre d'Or. — 51e, Chevalier du Vrai-Phénix. — 52e, Sublime Scade. — 53e, Frère Chevalier du Sphinx. — 54e, Pontife Aimé du Pélican Blanc. — 55e, Sublime Sage du Labyrinthe. — 56e, Grand-Prêtre de la Cadmée. — 57e, Sublime Mage. — 58e, Prince Brahmane. — 59e, Pontife de l'Ogygie. — 60e, Chevalier Scandinave Jaune et Vert. — 61e, Chevalier du Puits de la Vérité.

6e Classe. — 62e, Sage d'Héliopolis. — 63e, Pontife de Mithra. — 64e, Gardien mystique du Sanctuaire. — 65e, Prince Amant de la Vérité. — 66e, Sublime Kavi. — 67e, Mouni Très-Sage. — 68e, Grand Architecte de la Tour mystérieuse. — 69e, Sublime Prince de la Courtine Sacrée. — 70e, Interprète des Hiéroglyphes. — 71e, Docteur Orphique. — 72e, Gardien des Trois Feux. — 73e, Gardien du Nom Incommunicable. — 74e, Suprême Maître de la Sagesse. — 75e, Sublime Œdipe des Grands Secrets.

7e Classe. — 76e, Pasteur Aimé de l'Oasis des Mystères. — 77e, Sublime Maître du Sloka. — 78e, Docteur du Feu Sacré. — 79e, Docteur des Védas Sacrés. — 80e, Chevalier de la Toison d'Or. — 81e, Chevalier du Triangle Lumineux. — 82e, Chevalier du Sadah Redoutable. — 83e, Chevalier Théosophe. — 84e, Suprême Grand Inspecteur de l'Ordre. — 85e, Grand Défenseur de l'Ordre. — 86e, Sublime Maître de l'Anneau Lumineux. — 87e, Grand Régulateur Général de l'Ordre. — 88e, Sublime Pontife de la Maçonnerie. — 89e, Sublime Maître du Grand-Œuvre. — 90e, Sublime Chevalier du Knef. — 91e, Souverain Pontife de Memphis, Chef du Gouvernement de l'Ordre. — 92e, Souverain Prince des Mages du Sanctuaire de Memphis.

RÉCAPITULATION DES RITES

Rite d'Hérodom, pratiqué par...............	92,760	maçons.
Ecossisme ancien accepté, pratiqué par.......	160,145	—
— — réformé, pratiqué par......	3,200	—
— philosophique, pratiqué par......	3,700	—
Rite Français, pratiqué par............... ..	18,000	—
Rite d'York, pratiqué par........	767,170	—
Rite de Zinnendorf, pratiqué par.............	8,120	—
Eclectisme, pratiqué par...........	4,200	—
Rite de Swedenborg, pratiqué par...	2,700	—
Rite de Misraïm, pratiqué par................	500	—
Rite de Memphis.....	(pour mémoire).	
Total :	1,060,095	maçons.

Et maintenant que le lecteur connaît la nomenclature des rites avec leur division de degrés multipliés, nous allons voir ce qui se pratique dans les principaux grades des Loges et Arrière-Loges françaises.

Déchirons le voile, et faisons pénétrer le grand jour jusqu'au fond de ces antres ténébreux.

V

GRADE D'APPRENTI

§ I.

Comment se pratique l'enrôlement.

La Franc-Maçonnerie cherche, avant tout, à avoir le plus grand nombre possible d'adhérents, pourvu cependant qu'ils appartiennent à une condition les mettant en mesure de répondre aux exigences pécuniaires de l'Ordre.

Pour recruter des adeptes, on s'adresse donc aux classes aisées de la société : on ne dédaigne pas certes le petit boutiquier ni l'artisan libre qui gagne quelque superflu, on enrôle même le contre-maitre d'atelier et au besoin l'ouvrier de la catégorie supérieure dont le travail est indépendant et le salaire élevé ; mais à l'ouvrier ordinaire qui s'appelle légion, au travailleur à prix moyens, au petit employé, à tous les prolétaires de l'usine, du champ et du bureau, les portes des Loges sont et demeurent fermées.

De l'opinion politique, on ne se soucie guère. L

Franc-Maçonnerie est le groupement de divers égoïsmes individuels se fortifiant les uns les autres et constituant ainsi la monstrueuse solidarité d'un égoïsme général qui exploite la grande masse des Profanes, c'est-à-dire des gens restés en dehors de l'association. C'est pourquoi la secte a besoin, pour se maintenir sous tous les régimes, d'avoir dans son sein des hommes affichant des opinions diverses et surtout manquant de scrupules. Toutefois il est juste de dire que, dans notre pays, les préférences de la Maçonnerie sont pour la République, vu que chez nous ce mode de gouvernement est celui qui favorise le plus la pêche en eau trouble et la lutte contre le catholicisme.

Quant aux bonnes mœurs, on en parle beaucoup dans les Constitutions, dans les Rituels et dans les discours qui se prononcent à tout propos entre les quatre murs des Temples; mais, en réalité, on en a encore moins cure que des opinions politiques. L'enquête sur la moralité d'un candidat à l'initiation a uniquement pour objet de savoir si, en cas de mauvaise conduite, l'individu proposé ne pourrait pas, par quelque scandale, jeter du discrédit sur la corporation : l'être pervers, vicieux même, est, dès l'instant qu'il possède de la fortune et a un rang dans la vie civile, initié avec les mêmes égards et aussi bien honoré que le père de famille aux mœurs irréprochables.

L'argent n'a pas d'odeur, voilà le vrai principe maçonnique. Ayez des millions gagnés aux tripotages malpropres de la Bourse ou dans l'exercice d'une profession notoirement déconsidérée, que même l'or de vos revenus soit vomi dans votre caisse par un de ces égouts innommables qui sont la honte de notre société, cela ne vous empêchera pas d'être affilié Frère Trois-Points; tout comme un autre, vous pourrez même viser aux plus hauts grades.

Oui, peuple naïf qui te paies de mots et qui, ne connaissant pas de près la secte ténébreuse dont tu es le jouet, la prends pour une association digne de ton respect, oui, bon public, il en est comme j'ai l'honneur de te le dire. S'il t'était donné de parcourir seulement la liste des membres du Grand Collège des Rites (Suprême Conseil des 33es du Grand-Orient de France), tu reviendrais de ton erreur; l'un des plus éminents de ces membres, flétri naguère par toute la presse honnête, est propriétaire, en plein Paris, d'une de ces maisons infâmes dont le commerce est réglementé par la préfecture de police.

Relativement aux idées religieuses, la secte ne s'en préoccupe pas trop non plus, quand il s'agit d'une admission. Le catholique qui, malgré les censures de Rome, se laisse entraîner à l'initiation maçonnique, est tenu par les sectaires — et en cela ils ont raison — pour un homme d'une foi bien peu affermie; l'engrenage est là, du reste, savamment organisé, pour broyer, pulvériser, détruire dans un écrasement progressif, lent, mais sûr, les quelques croyances chrétiennes que possédait cette pauvre âme imprudente avant la satanique affiliation.

La Franc-Maçonnerie, recrutant son monde parmi ceux dont la bourse peut être mise à contribution, ne regarde donc pas à la qualité, mais à la quantité.

Un membre de la secte, le Frère F.-T.-B. Clavel, dans un livre aujourd'hui introuvable [1], a laissé échap-

---

1. Le Grand-Orient a fait tout son possible pour que cet ouvrage disparaisse. Il est intitulé *Histoire pittoresque de la Franc-Maçonnerie*, et on ne le trouve plus que dans les bibliothèques d'amateurs; la Bibliothèque Nationale en possède un très bel exemplaire. — La publication de ce livre valut à son auteur une mise en accusation devant sa Loge. Le F.·. Clavel, par 33 voix contre 14, fut condamné, le 30 novembre 1844, à

per de précieux aveux sur le mode de recrutement qui est employé.

Je cite textuellement cet auteur franc-maçon :

« La Franc-Maçonnerie, dit-on à ceux que l'on veut enrôler, est une institution philanthropique progressive, dont les membres vivent en frères sous le niveau d'une douce égalité. Là sont ignorées les frivoles distinctions de la naissance et de la fortune, et ces autres distinctions, plus absurdes encore, des opinions et des croyances. L'unique supériorité que l'on y reconnaisse est celle du talent; encore faut-il que le talent soit modeste et n'aspire pas à la domination. Une fois admis, on trouve mille moyens et mille occasions d'être utile à ses semblables, et, dans l'adversité, on reçoit des consolations et des secours. Le Franc-Maçon est citoyen de l'univers : il n'existe aucun lieu où il ne rencontre des Frères empressés à le bien accueillir, sans qu'il ait besoin de leur être recommandé autrement que par son titre, de se faire connaître d'eux autrement que par les signes et mots mystérieux adoptés par la grande famille des initiés. »

« Pour déterminer les curieux, poursuit le Frère Clavel, on ajoute que la société conserve religieuse-

---

l'exclusion à perpétuité de la Franc-Maçonnerie; plus de 150 membres, ayant voix délibérative, n'avaient pas reçu leur lettre de convocation pour la séance du jugement (on voit par là que le procédé employé contre moi en 1881 n'est pas nouveau). Néanmoins, le Grand-Orient, après avoir ratifié d'abord la sentence de la Loge, amnistia ensuite le F∴ Clavel, celui-ci ayant mis les pouces ; les exemplaires qui étaient encore en magasin chez l'éditeur ne furent plus vendus au public, mais rachetés par les frères haut-gradés, qui se les partagèrent. Le décret d'amnistie reconnaissait que le F∴ Clavel, dans la rédaction de son œuvre, avait constamment fait preuve de sentiments de vrai et bon maçon, qu'il ne tarissait pas en éloges sur l'association, mais que beaucoup de ses indiscrétions étaient réellement malheureuses et donnaient des armes à la critique profane. En d'autres termes, le F∴ Clavel avait été un « enfant terrible ».

ment un secret qui n'est et ne peut être le partage que des seuls Francs-Maçons. Pour décider les hommes de plaisir, on fait valoir les fréquents banquets où la bonne chère et les vins généreux excitent à la joie et resserrent les liens d'une fraternelle intimité. Quant aux artisans et aux marchands, on leur dit que la Franc-Maçonnerie leur sera fructueuse, en étendant le cercle de leurs relations et de leurs pratiques. Ainsi l'on a des arguments pour tous les penchants, pour toutes les vocations, pour toutes les intelligences, pour toutes les classes; mais peut-être compte-t-on un peu trop sur l'influence des préceptes maçonniques pour rectifier ensuite les fausses idées et pour épurer les sentiments égoïstes qui portent quelques personnes à se faire recevoir. »

On conçoit que des aveux de ce genre aient gêné le Grand-Orient. Mais le Frère Clavel n'a pas tout dit. Il est encore une sorte de pression que la Maçonnerie exerce pour augmenter le nombre de ses adeptes.

Les Francs-Maçons, dans le domaine de la vie politique, n'appuient exclusivement que ceux qui sont des leurs. Mais, comme ils ne sont pas les dispensateurs de la renommée, il arrive souvent qu'un indépendant, non affilié à la secte, se fait tout à coup connaître du public soit par un acte hardi, soit par une plaidoirie retentissante, soit par un ouvrage à succès.

Ce dernier cas fut le mien. Une brochure, qui m'avait valu un procès en cour d'assises de la Seine, terminé par un acquittement, m'avait brusquement mis en lumière; celles qui suivirent obtinrent à leur tour une réussite, trop connue, hélas! pour y insister. La Franc-Maçonnerie, à laquelle j'étais alors étranger, n'avait nullement aidé à ces succès scandaleux. Seulement, lorsque, la vogue se maintenant, il fut acquis qu'une nombreuse partie du public républicain s'attachait à mes œuvres, je fus l'objet de sollicitations, d'abord déguisées, puis plus nettes.

Je recevais des invitations à des banquets maçonniques ; des Vénérables me cassaient leur encensoir sur le nez en m'écrivant pour me donner du *Très Cher et Très Illustre Frère* (voir au chap. 1er) ; des Loges me votaient des adresses dithyrambiques et s'abonnaient à mon journal. Je remerciai en style profane, mais je ne m'affiliai pas, tant mon indépendance m'était chère.

Alors, des Maçons se mirent en rapports directs avec moi, vinrent me voir, me louèrent la Franc-Maçonnerie comme société foncièrement anti-cléricale. C'était me prendre par mon côté faible ; car, à cette époque, une vraie rage de démon m'animait, l'esprit des ténèbres régnait en maître absolu sur moi.

On m'apportait des opuscules rendant compte de telles ou telles conférences faites à l'intérieur des Loges, afin de bien me démontrer que les idées fondamentales de la secte étaient en parfaite conformité avec les miennes. J'ai conservé une montagne de cette paperasse-là. Longtemps je résistai à ces sollicitations indirectes.

Puis, un ami, parlant clair, m'offrit à plusieurs reprises de me faire initier à sa Loge. Je refusai encore.

Enfin, on exerça sur moi le procédé de la pression.

« — Vous avez tort, me disait-on, de ne pas entrer dans la Franc-Maçonnerie. Avec votre radicalisme anti-clérical, tout Maçon vous croit son Frère, et, quand on apprend ensuite que vous n'appartenez à aucune Loge, on se demande si vous n'avez pas été exclu de la Maçonnerie pour quelque action déshonorante. »

Je me récriai.

« — Tout anti-clérical militant est franc-maçon, m'assurait-on à titre de réplique. D'autre part, la Maçonnerie rejette avec soin hors de ses Loges quiconque est noté d'infamie. Or, vous êtes anti-clérical, mais non franc-maçon. Donc, si vous persistez à ne pas vous faire affilier, vous finirez par devenir suspect. Il n'y a pas à sortir de là. »

C'était, en quelque sorte, une pression au chantage politique.

Pour vaincre définitivement mes répugnances, on m'assura qu'en entrant dans la Confrérie Trois-Points je n'abdiquerai pas une parcelle de cette indépendance dont je me montrais si jaloux et que toute l'obligation consistait à garder le secret sur les mots de passe et signes particuliers usités entre Maçons pour se reconnaître.

Quelques mois se passèrent encore sans que je prisse une décision. Enfin, un beau jour, je me fis présenter par un Rose-Croix qui était depuis longtemps abonné à mon journal et qui m'avait apporté souvent de ces comptes-rendus imprimés de conférences anti-cléricales faites à l'intérieur des Loges.

Mais laissons, pour le moment, l'histoire particulière de mon initiation, et voyons comment en général les choses se passent.

J'ai vu attirer dans les Loges de bons nigauds qui avaient encore quelques sentiments religieux et à qui on disait, pour les amener à composition, que la Franc-Maçonnerie, loin d'être hostile au catholicisme, avait des principes absolument identiques à ceux de la foi chrétienne, et que même une grande partie de l'organisation actuelle était due aux révérends pères de la Compagnie de Jésus.

Ne croyez pas que je plaisante. Je me rappelle avoir même soutenu une discussion à ce sujet. C'était un soir, au sortir de la Loge. J'avais demandé si l'on s'occuperait bientôt, dans un prochain Convent, de la suppression de toutes ces cérémonies maçonniques que je trouvais idiotes. Un Frère me répondit que j'avais tort d'en vouloir au rituel; que, quant à lui, ces pratiques s'accommodaient très bien à sa croyance en un Être Suprême; que cette liturgie, admirablement composée par les pères jésuites, avait eu l'approbation de nombreuses autorités ecclésiastiques. Je ne pus retenir un éclat de rire et déclarai franchement à cet impayable ramolli que ceux qui lui avaient mis cela dans la tête s'étaient moqués de lui de la belle façon. Mon homme s'indigna. « Quand on a été pour me recevoir, fit-il, on m'a montré ce que je vous dis là; et c'était sur un livre, imprimé par ordre du Grand-Orient et dont l'auteur était un 33e. » Et comme son affirmation ne paraissait pas me convaincre, il me jura sur son honneur qu'il disait la stricte vérité, qu'il avait vu ce livre; il ajoutait que sans cela il ne se serait pas fait initier. « Avant d'être Maçon, me dit-il, je croyais étroitement à la religion telle qu'on l'enseigne dans les églises; je ne me rendais aucun compte de la religion vaste que nous pratiquons ici. Ma foi en Dieu n'allait pas plus loin que le dogme de la Trinité; aujourd'hui, grâce à la Maçonnerie, j'ai oublié ce dogme mesquin, et j'ai agrandi ma croyance en me pénétrant de l'idée immense d'un Être Suprême indéfini. Si j'avais connu la Franc-Maçonnerie comme je la connais à présent, je n'aurais eu aucune hésitation pour y entrer; mais, je vous le répète, j'avais au début une certaine méfiance : on m'avait dit que c'était une société athée. Pour me décider, il a fallu qu'on me montrât le livre dont je vous parle. Une fois reçu, j'ai bien vu que l'association est calomniée par ses ennemis, que presque tous les Francs-Maçons croient en Dieu, et que, si l'on admet de temps en temps quelques sceptiques, c'est par fraternité, afin de les gagner peu à peu aux larges idées d'un Être Suprême qui est à la fois l'Intelligence qui dirige l'univers et le Grand-Tout qui se meut à travers les espaces. » En disant cela, mon nigaud se redressait superbement; il était fier de la supériorité qu'il sentait avoir sur le vulgaire, peu à même de comprendre d'aussi belles choses. Revenant à nos moutons, je le priai de m'expliquer comment il se faisait que, la liturgie maçonnique ayant été composée par les pères jésuites, on ne voyait jamais dans les Loges un seul de ces révérends. « Ah! me répondit-il avec une conviction profonde, c'est que les jésuites n'ont pas toujours été ce qu'ils auraient dû être. Après avoir contribué à organiser la Maçonnerie, ils ont voulu la dominer, l'accaparer, s'en servir comme d'un instrument ne fonctionnant que pour leurs intérêts particuliers. Alors, que voulez-vous? on a été obligé de prendre des mesures contre eux, malgré tout le bien qu'ils avaient fait d'abord à l'association; on les a mis en jugement dans les différentes Loges auxquelles ils appartenaient, et on les a exclus. Ce n'est pas vous, je crois, qui direz qu'on n'a pas sagement agi? — Allez, allez toujours, répliquai-je à ce sublime imbécile, vous m'instruisez; continuez, je vous en prie, vous parlez d'or. — Eh bien! poursuivit-il, gonflé d'orgueil, c'est depuis ce temps-là que la Franc-Maçonnerie est en mauvais termes avec les prêtres. Les jésuites, furieux d'avoir été rayés des tableaux de nos Ateliers, sont allés clabauder auprès du pape; ils lui ont débité mille horreurs sur le compte de notre association, et c'est alors que la papauté a publié une première encyclique contre les Francs-Maçons. Cela remonte à longtemps, ce que je vous raconte, car dans la première moitié du siècle dernier, les Francs-Maçons étaient reçus au Vatican à grandes portes ouvertes. Oui, mon cher ami, les papes ont béni la Franc-Maçonnerie, il y a cent soixante ans. Quand j'étais sur le point de me faire initier, on m'a même montré une bulle du pape Clément XI, en date de 1718, qui accordait sa bénédiction apostolique à tout Franc-Maçon à raison même de son affiliation à notre Ordre. » Mon homme me regarda un moment, satisfait de sa haute érudition maçonnique. Enfin, il conclut ainsi : « Voyez-vous, mon cher Frère, ce qui est arrivé là se trouve à chaque page de l'histoire de l'Église. On a gardé les rituels maçonniques composés par les jésuites, parce qu'en somme ils sont excellents et que nous devons honorer Dieu, en élargissant, bien entendu, l'idée divine, ainsi que je vous l'ai expliqué; et l'on a eu raison aussi d'exclure les jésuites de la Maçonnerie, parce qu'ils sont des intrigants; ils l'ont certes prouvé en tournant contre nous la papauté, avec qui, sans eux, nous eussions toujours été d'accord. La religion est bonne, mais le clergé est mauvais. Je n'aurais pas compris cette distinction autrefois, maintenant je la comprends très bien. » Et voilà comment cet orgueilleux nigaud, quoique ayant perdu sa foi chrétienne par la fréquentation des Loges, tenait néanmoins à ces rituels qui avaient eu une si grande part dans sa détermination de se faire recevoir Frère Trois-Points.

On dira ce qu'on voudra, — j'en appelle à quiconque n'est pas franc-maçon, même aux républicains indépendants, — ces moyens de recrutement ne sont pas honnêtes.

J'ai longtemps cherché quel pouvait bien être ce livre, imprimé par ordre du Grand-Orient et écrit par un 33e, qu'on avait montré à mon ex-collègue de Loge pour lui faire croire que les révérends pères de la Compagnie de Jésus avaient contribué à l'organisation de la Franc-Maçonnerie et étaient les auteurs d'une partie de la liturgie de la secte. Après bien des recherches, j'ai fini par découvrir un volume intitulé l'*Orthodoxie Maçonnique*[1], rédigé par un Frère ayant en effet le grade de 33e, Vénérable et fondateur de la Loge les *Trinosophes*, de Paris. Il y est dit que les Jésuites, ayant trouvé la Maçonnerie en trois grades toute faite, s'y sont mis avec zèle et ardeur ; que c'est à eux que l'on doit la plupart des grades écossais ; que les cérémonies des travaux nocturnes proviennent d'eux, et qu'au surplus cela ne doit pas surprendre, puisque, dès l'origine, la Franc-Maçonnerie a eu à cœur de ne pas mettre en question les croyances religieuses, qu'elle respecte la religion comme elle en respecte les doctrines, avec lesquelles elle a de commun la pureté de la morale, l'esprit de bienfaisance, le bien-être de l'humanité *(sic)*. J'ai donc tout lieu de penser que c'est cet ouvrage qui fut mis sous les yeux de mon nigaud, tandis qu'il était candidat à l'initiation.

Quant à la bulle de Clément XI, accordant aux Francs-Maçons sa bénédiction apostolique, j'avoue n'en avoir trouvé trace nulle part. Mais l'existence d'une fausse pièce de ce genre aux archives de quelque Loge ne me surprendrait pas ; car les malins de la secte ont fabriqué bien d'autres documents manifestement apocryphes, et ils disent, quand ils y ont intérêt, qu'avant Clément XII et Benoît XIV les papes voyaient de bon œil la Franc-Maçonnerie.

Dans les derniers temps de l'Empire, pour dissiper les hésitations des postulants, lorsqu'on avait affaire à des hommes ayant une teinte de royalisme, on leur affirmait que de tout temps les représentants de la légitimité, dans n'importe quels pays, avaient été à la tête du mouvement maçonnique, et l'on citait même le

1. Ce livre, édité chez Dentu, en 1853, est approuvé par le Grand-Orient de France.

célèbre et valeureux prétendant catholique Charles-Édouard Stuart comme ayant personnellement fondé des Loges et même des Chapitres de Rose-Croix. A l'appui de ce dire, on leur montrait un vieux parchemin qui est conservé aux archives du Grand-Orient de France : ce parchemin est censément une « bulle » instituant à Arras un Chapitre de Rose-Croix sous le titre l'*Écosse Jacobite*. J'ai réussi à me procurer une copie de cet étrange document, fabriqué pour les besoins de la cause ; la voici :

Nous, *Charles-Edouard Stuart,* roi d'Angleterre, d'Ecosse et d'Irlande, et, en cette qualité, substitut Grand-Maître du Suprême Conseil d'Hérodom, connu sous le titre de Chevalier de l'Aigle et du Pélican, et, depuis Nos malheurs et Nos infortunes, sous celui de Rose-Croix ;

Voulant témoigner aux Maçons artésiens combien Nous sommes reconnaissant envers eux des preuves de bienfaisance qu'ils Nous ont prodiguées, ainsi que les officiers de la garnison de la ville d'Arras, et de leur attachement à Notre personne, pendant le séjour de six mois que Nous avons fait en cette ville ;

Nous avons, en leur faveur, créé et érigé, créons et érigeons, par la présente Bulle, en ladite ville d'Arras, un Sublime-Chapitre Primordial de Rose-Croix, sous le titre distinctif : *l'Ecosse Jacobite,* qui sera régi et gouverné par les Chevaliers Lagneau et de Robespierre [1], tous deux avocats, Hazard et ses deux fils, tous trois médecins, J.-B. Lucet, tapissier, et Jérôme Cellier, horloger ;

Auxquels ci-dessus nommés, Nous permettons et donnons non seulement pouvoir de faire, tant par eux que par leurs successeurs, des Chevaliers Rose-Croix, mais même pouvoir de créer un Chapitre dans toutes les villes où ils croiront devoir le faire, lorsqu'ils en seront requis, sans cependant, par eux ni par leurs successeurs, pouvoir créer deux Chapitres dans une même ville, quelque peuplée qu'elle puisse être ;

Et pour que foi soit ajoutée à Notre présente Bulle, Nous

---

1. Le père des deux Conventionnels.

l'avons signée de Notre main et à icelle fait apposer le sceau secret de Nos commandements, et fait contresigner par le Secrétaire de Notre cabinet.

Le jeudi, quinzième jour du deuxième mois, l'an de l'Incarnation 1747, Vallée d'Arras.

(Signé) : Charles-Edouard STUART

De par le Roi :

(Signé) :

Lord de Berkley, *Secrétaire.*

J'ose espérer, après cela, que le public est suffisamment édifié sur la moralité des enrôlements maçonniques.

Une fois que le recruté par persuasion, ou par influence politique, est décidé à essayer de l'initiation (je dis *essayer*, parce qu'on lui déclare qu'il n'y aura rien de fait, si les formalités de sa réception ne lui conviennent pas), il est proposé à une Loge. Le Frère qui le présente signe un bulletin *ad hoc* et, à la prochaine réunion de son Atelier, le dépose dans le sac qui circule à la fin de la séance. Ce bulletin indique les noms, prénoms, demeure, lieu, jour, mois et année de naissance du candidat-Maçon, ainsi que ses qualités civiles. Le Vénérable donne lecture du bulletin, sans toutefois faire connaître le nom du présentateur, et charge, toujours sans les faire connaître, trois commissaires spéciaux de procéder à une petite enquête sommaire sur le candidat. Ces commissaires doivent faire leur rapport à la réunion suivante. — Pour les cas d'urgence, voir les Règlements généraux publiés au Chap. III.

Le postulant voit débarquer chez lui, un beau matin, deux individus qu'il ne connaît pas, qui se mettent à toiser du regard ses meubles, s'informent de ses ressources (c'est le point essentiel) et lui posent quelques questions sur sa famille, son commerce ou son travail, les villes qu'il a pu habiter précédemment, etc. Encore, ces deux premiers commissaires dont le candidat-Maçon reçoit la visite ne sonr pas trop indiscrets, ou, s'ils le sont, c'est avec une telle maladresse que l'on a plutôt envie de rire que de se fâcher. Les commissaires qui viennent à domicile chez le postulant sont choisis, en général, parmi les Maçons bons-enfants de la Loge, afin que la recrue ne soit pas effarouchée.

L'enquêteur habile, c'est le troisième ; celui-ci ne vient pas chez vous.

Vous recevez une lettre, conçue à peu près en ces termes :

Monsieur,

Vous seriez bien aimable si vous aviez la bonté de passer chez moi tel jour à telle heure. J'ai à vous faire une communication sur une affaire très urgente qui vous intéresse au plus haut point.

Si par hasard l'heure et le jour que je prends la liberté de vous indiquer n'étaient pas à votre convenance, soyez assez bon pour me le faire savoir de suite, et, dans ce cas, veuillez choisir entre les jours que voici (suit une nouvelle indication de deux ou trois jours, avec les heures auxquelles votre correspondant inconnu sera disponible).

La lettre se termine par une formule de politesse, non point banale, mais témoignant au contraire que le signataire professe pour vous une très haute estime, une considération extraordinairement distinguée, un vif désir de vous être utile et agréable, un dévouement capable de tous les sacrifices, une sympathie de la profondeur de plusieurs puits artésiens.

Notons que ladite épître est sur du papier portant un en-tête, soit d'un cabinet de docteur ou d'avocat, soit d'une importante maison de commerce, soit d'un bureau de rédacteur en chef d'un journal répandu, soit d'un laboratoire de pharmacien constellé de plusieurs décorations, soit d'une étude d'avoué ou de notaire.

Vous êtes à cent lieues de penser à votre candidature maçonnique.

Vous vous dites, ahuri :

« — Qu'est-ce que c'est que cette affaire-là ?... Ce monsieur a l'air de me porter un bien grand intérêt... Il s'agit sans doute de quelque fameuse aubaine qui m'arrive et dont ce gaillard si poli a eu le vent... Allons, voyons ça tout de même ; si c'est une « fumisterie », je n'en serai quitte que pour une course inutile, et je n'en suis pas à craindre d'user mes jambes. »

Vous tournez et retournez entre vos mains le mystérieux papier. Vous torturez votre cervelle à rassembler vos souvenirs pour découvrir quelque vieux nom oublié qui ait rapport avec votre correspondant inconnu. Rien, vous ne trouvez rien. Vous êtes intrigué, quoi ! Mais comme, en définitive, le grave et sévère en-tête de l'épître ne peut que vous inspirer confiance, vous vous décidez à aller au rendez-vous indiqué.

Là, dans un appartement confortable, vous vous rencontrez avec un monsieur sérieux comme un bonnet de nuit, qui se confond en excuses au sujet de la hardiesse qu'il a eue de vous déranger, qui vous supplie de rester couvert, ne veut pas s'asseoir tant que vous resterez debout, et patati, et patata.

Si c'est un notaire qui vous a convoqué, vous ne manquez pas de penser :

« — Fichtre ! je dois avoir fait un héritage ! »

Enfin, le monsieur grave et serviable daigne, après avoir toussé deux ou trois fois, ouvrir le robinet de ses intéressantes confidences. Il commence par vous féliciter d'avoir eu la bonne inspiration de vouloir entrer dans la Franc-Maçonnerie, cette noble institution qui... cette puissante société que... cet ordre chevaleresque et merveilleux dont... En prononçant cet exorde, le monsieur lève vers le plafond des yeux blancs ; il vous a un air convaincu, je ne vous en dis pas davantage.

Vous qui ne vous attendiez pas à ce que la communication si urgente fût à ce sujet, vous en êtes bleu, et vous balbutiez quelques phrases de circonstance.

Le monsieur, lui, rusé comme un vieux renard qui a perdu sa queue à la bataille, profite de votre surprise pour vous tirer du nez tous les vers que, déconcerté, vous ne savez pas l'empêcher d'extraire. Ah ! il opère adroitement et sans douleur, l'habile homme. Quand vous sortez de son cabinet, vous avez été fièrement épluché, je vous en réponds.

Et, le lendemain, le Comité de la Loge à laquelle vous avez été présenté, sait, ainsi que le Grand-Orient, à quoi s'en tenir sur votre compte.

C'est le rapport du troisième commissaire-enquêteur qui vous fait juger par les chefs secrets de l'Atelier. Le compte-rendu des deux visiteurs à domicile n'est que pour la forme.

J'ai vu, au sujet de candidats-Maçons qui s'étaient laissés « embobiner » par le troisième commissaire, des rapports confidentiels dénotant chez leur auteur un génie de pénétration poussé au plus haut degré.

Je n'ai pas besoin d'ajouter que les Frères à qui sont confiées ces délicates fonctions sont des Maçons des plus hauts grades.

Voici quels sont les principaux parmi ceux résidant à Paris :

Côté du Rite Français. — MM. Louis Amiable, docteur en droit, publiciste, 79, boulevard Saint-Michel; Dalsace, négociant en passementerie, 35, rue du Mail; Fontainas, avocat, 10, rue de la Victoire; Francolin, publiciste, 174, rue du faubourg Saint-Denis; Léon Masse, avoué près le Tribunal de première instance de la Seine, juge de paix suppléant du 2e arrondissement, 12, rue Gaillon; Ferdeuil, avocat, ancien conseiller de préfecture, 11, rue des Saints-Pères; Alfred Blanche, 6 bis, rue Fortuny; Hubert, ancien conseiller de préfecture, 6, rue du Pont-de-Lodi; Cammas, 17, rue Guénégaud; docteur Georges Woëlker[1], médecin, 4, rue de la Michodière; Manger, délégué à l'Assistance Publique, 76 bis, avenue du Roule; Edmond Lepelletier, journaliste, 8, rue Drouot; Léon Zypressebaüm, chef de comptabilité, 17, rue de Malte; Albert Hubner, négociant en métaux et minerais, 35, boulevard du Temple; Paul Viguier, publiciste, conseiller municipal, 17, quai Voltaire; Marie Décembre, dit Décembre-Alonnier, imprimeur, 326, rue de Vaugirard, etc., etc.

Côté du Rite Écossais. — Dehanot, pharmacien, 8, rue Mandar; Charlot, manufacturier en caoutchouc, 25, rue Saint-Ambroise; Nedonchelle, propriétaire, 20, boulevard Barbès; Heude, tailleur, 2, rue Méhul; Maichain, inspecteur des Enfants-Assistés, 82, rue Claude-Bernard; Goudchaux, rentier, 20, rue de Berlin; Léon Sapin, chef de bureau de l'exportation des Chemins de fer de l'Ouest, 27, rue de l'Echiquier; Fabien, directeur d'assurances (compagnie La Mutuelle, de Valence, bureaux, 2, rue Grétry), domicile, 66, rue Condorcet; Dulermez, marchand de vins en gros (maison Dulermez et Bellicard), 7, rue de Lyon; Jabloschkoff, ingénieur-électricien, 52, rue de Naples; Précieux, bijoutier en or, 42, rue de Poitou; Louis Denayrouze, ex-député de l'Aveyron, 18, rue du 4 Septembre; Renaud, entrepreneur de maçonnerie, 221, boulevard Voltaire; Amédée Carvailho, négociant pour la commission et l'exportation, 39, rue de l'Echiquier; docteur Gonnard, médecin homœopathe, 71, rue de la Boëtie; Georges Gulfrez, sénateur, 32, rue des Mathurins, etc., etc.

---

1. C'est le docteur Woëlker qui avait été chargé de me scruter. Comme tout postulant, je fus intrigué, la mystérieuse lettre de convocation ne contenant rien qui pût me faire présumer qu'il s'agissait de ma candidature maçonnique; mais ce nom allemand d'un médecin inconnu m'ayant inspiré une certaine méfiance, je m'abstins d'aller à ce bizarre rendez-vous. Aussi m'envoya-t-on à domicile un autre troisième commissaire demeurant dans mon quartier.

Quand le rapport du troisième commissaire est défavorable au candidat, on ne prend pas la peine de convoquer le Profane pour sa réception ; et c'est bien là ce qui prouve que ce rapport est le seul ayant du poids. Le Vénérable dit au présentateur que l'un des rapports sur son client n'est pas prêt et qu'il est inutile de déranger celui-ci : on fait prendre secrètement de nouveaux renseignements par des personnes sûres, et quand on a réuni des arguments suffisants pour faire « blackbouler » le candidat, le Vénérable déclare à la Loge que les rapports des trois commissaires sont enfin au complet ; il y a alors quatre-vingt-dix-neuf chances contre une pour que le postulant soit rejeté (le terme usité est *ajourné*).

Si, au contraire, l'impression que vous avez produite au troisième commissaire est en votre faveur, vous recevez une lettre de convocation pour une prochaine réunion de la Loge au sein de laquelle vous devez être admis. Votre nom, avec indication de votre profession et de votre domicile, est inscrit sur des circulaires envoyées à tous les membres de votre futur Atelier et distribuées dans les autres Loges de la région par grandes quantités d'exemplaires ; tous les Frères Trois-Points de votre département, qui pratiquent assidûment la Maçonnerie,sont informés ainsi de votre prochaine initiation et peuvent venir y assister, l'appuyer ou la combattre.

Par exemple, en vous convoquant, on vous recommande de ne pas oublier votre porte-monnaie et surtout de le bien garnir. Le Vénérable, qui veille au grain et ne néglige jamais les intérêts de l'Ordre, vous établit même un petit compte, afin que vous preniez toutes vos mesures et ne puissiez, au moment psychologique, prétexter une pénurie accidentelle.

Le poulet m'invitant aux honneurs de la réception

et en même temps à passer à la caisse (guichet des versements) me fut envoyé cinq jours avant la séance et était rédigé en ces termes :

Monsieur,

En réponse à la demande qui nous est parvenue, nous proposant votre initiation à notre Ordre, j'ai l'honneur de vous prier de vouloir bien vous trouver lundi prochain sans faute, à 8 heures précises du soir, à l'Hôtel du Grand-Orient de France, 16, rue Cadet, où, à moins de causes tout à fait imprévues, votre réception pourra avoir lieu.

Je crois de mon devoir, Monsieur, de vous informer que, pour votre réception, vous aurez à verser entre les mains de notre Trésorier :

Droit de réception................	55 fr.	—
Frais divers.......................	5 »	—
Tronc Hospitalier................	10 »	—
Caisse de réserve.....	5 »	—
Cotisations d'un trimestre.........	8 »	10
Total :	83 fr.	10

Agréez, Monsieur, je vous prie, mes civilités empressées.

Le Vénérable :
LEMAIRE.

Loin de me plaindre, je dois déclarer ici que ma réception était dans les prix doux, et je ne marchandai pas. Le *Temple des Amis de l'Honneur Français* est une vieille Loge, relativement des plus nombreuses et possédant une caisse très prospère : aussi, les adhérents et les membres pratiquants n'y sont pas trop écorchés.

Dans l'immense majorité des Ateliers, tant de la province que de Paris, la marchandise coûte bien plus cher : il y en a, où, pour une initiation, l'on ne s'en tire pas à moins de 250 à 300 francs. Votre présentateur vous annonce une dépense de 160 à 175 francs à faire; mais, quand il s'agit de régler l'addition, la carte, d'une élasticité à donner l'envie au caoutchouc le plus pur, s'est allongée dans des proportions fantastiques : ce sont mille petits riens, mille hors-d'œuvre dont on avait oublié de vous prévenir; chacun d'eux en particulier est insignifiant, mais c'est le total qui est d'une digestion difficile! Pas moyen de regimber, mon bel ami; il faut doubler la somme à laquelle vous vous attendiez : vous êtes reçu, on a loué votre courage a affronter les épreuves, on a brûlé en votre honneur l'encens et le lycopode, les Frères ont fait cliqueter leurs épées à grand fracas triomphant, le Vénérable a déposé sur votre visage trois baisers dont l'humidité prouve la conviction et le zèle; la gloire se paie, mon cher, passez à la caisse!

Que justice soit donc rendue à mes anciens collègues des *Amis de l'Honneur Français*. La gloire, dans leur Temple, n'est pas cotée à des prix exorbitants; chez eux, on est créé Maçon d'aussi bon teint que l'illustre Jules Ferry, et cela seulement pour quatre-vingt-trois francs et dix centimes. C'est donné.

§ II.

Épreuves et cérémonial de l'Initiation.

Le gousset lesté d'un porte-monnaie convenablement garni, selon les prescriptions de mon futur Vénérable, j'arrivai, à l'heure fixée, à l'Hôtel du Grand-Orient. Un Frère obligeant avait eu soin, d'ailleurs, de me venir prendre à domicile, afin que la solennité ne fût pas manquée ; car, pas de civet possible sans lièvre, et, naturellement, sans récipiendaire, pas de réception.

Je viens d'écrire le mot « solennité ». En effet, la Loge n'avait pas lésiné, ce jour-là ; tous les confrères de la presse parisienne appartenant à la Franc-Maçonnerie avaient reçu une « planche », et le F.·. Lemaire, qui, à ce moment, n'avait pas encore inventé la couleur des triangles, mais dont le cerveau sans cesse en activité était une véritable mine à idées lumineuses, avait dit qu'en cette occasion le devoir de la Loge se résumait dans cet infinitif : se distinguer !

Il fallait que le *Temple des Amis de l'Honneur Français* fût, dans cette soirée mémorable, à la hauteur de son antique réputation, palsambleu ! car nous étions une véritable fournée de récipiendaires.

Les Profanes admis à l'initiation étaient au nombre de quatre : MM. Toussaint Ordioni, sous-lieutenant à la Garde Républicaine ; Constantin Vélitchkoff, membre de la Chambre des Députés de Roumélie ; Émile Boisse, capitaine au 117e de ligne ; et votre serviteur.

En outre, deux Maçons, ayant appartenu précédemment à une autre Loge, la quittaient pour venir se ranger sous la bannière du F.·. Lemaire ; c'étaient MM. Petit, lieutenant au 74e de ligne, et Lantin, lieutenant à la Garde Républicaine.

A mon arrivée, on me conduisit à la Bibliothèque du Grand-Orient, et l'on me pria d'attendre durant quelques minutes dans le silence et le recueillement. Il y avait là déjà deux personnes, mes co-profanes, à qui l'on avait aussi recommandé de se taire et se recueillir. Je me rappelle bien la tête de l'un d'entre eux : c'était un homme d'une trentaine d'années, nerveux, un peu maigre, barbe et cheveux d'un noir de jais, physionomie douce ; il avait l'air légèrement agité ; il allait et venait dans la salle, tortillant sa moustache d'une main crispée. « C'est un pacha turc », me souffla le Frère Servant dans le tuyau de l'oreille. C'était Constantin Vélitchkoff ; pour le Frère Servant, député rouméliote et pacha turc s'équivalaient.

Vers huit heures et demie, on vint nous chercher. Nous traversâmes différents couloirs, montâmes et descendîmes des escaliers qui s'entrecroisaient; et finalement, on nous claquemura, chacun à part, dans un de ces cabinets des réflexions dont j'ai dit un mot au premier chapitre.

C'est, je l'ai expliqué, un réduit fort étroit, dont les murs sont peints en noir; sur ce noir se détachent des squelettes complets, des têtes de mort placées au-dessus de deux tibias, le tout agrémenté d'inscriptions lugubres. Pas une fenêtre. Un simple bec de gaz applique éclaire ce local d'une lumière insuffisante. Pour tous meubles, une table et un escabeau; sur la table sont posés une tête de mort et des ossements[1]. Sur le mur contre lequel est appuyée la table, le peintre a représenté un coq et un sablier; au-dessus on lit ces deux mots : *Vigilance*, *Persévérance*.

Les autres inscriptions qui égaient l'endroit sont celles-ci :

Si une vaine curiosité t'a conduit ici, va-t-en !

Si tu crains d'être éclairé sur tes défauts, tu seras mal parmi nous !

Si tu es capable de dissimulation, tremble ! car nous te pénètrerons, et nous lirons au fond de ton cœur !

Si tu tiens aux distinctions humaines, sors, on n'en connaît point ici !

Si ton âme a senti l'effroi, ne va pas plus loin !

Si tu persévères, tu seras purifié par les éléments, tu sortiras de l'abîme des ténèbres, tu verras la lumière !

On pourra exiger de toi les plus grands sacrifices, même celui de la vie; es-tu prêt à les faire ?

La table est recouverte d'un tapis blanc; le récipiendaire y trouve un encrier, un porte-plume et un papier sur lequel sont imprimées ces trois questions :

Quels sont les devoirs de l'homme envers sa patrie ?

---

1. Si le récipiendaire a des croyances religieuses, on place aussi sur la table une Bible ouverte au 1er chapitre de l'Évangile de St Jean.

Quels sont les devoirs de l'homme envers lui-même ?
Quels sont les devoirs de l'homme envers ses semblables [1] ?

Au-dessous de ces trois questions est un grand espace blanc, réservé pour y écrire les réponses.

Puis un large filet noir surmontant ce mot en très gros caractères : TESTAMENT. Et encore un grand espace blanc.

En vous introduisant dans le local, le Frère Servant vous dit d'une voix caverneuse :

« — Vous allez bientôt passer à une vie nouvelle. Asseyez-vous là. Répondez par écrit à ces questions, et faites votre testament. »

La porte se referme, et vous voilà seul, dans l'agréable compagnie des squelettes et des têtes de mort.

Tous les cabinets des réflexions ne sont pas aussi simples que celui que je viens de décrire. Il en est de machinés, avec des panneaux qui s'ouvrent tout à coup et laissent voir des apparitions d'un goût douteux. Par exemple, au moment où le récipiendaire est en train de réfléchir aux moyens que possèdent ses futurs frères pour lire au fond de son cœur, la flamme du bec de gaz baisse brusquement, un grand panneau glisse sur des rainures dissimulées dans le mur, et le profane aperçoit un caveau éclairé par des lampes sépulcrales; une tête humaine fraîchement coupée est là, reposant sur des linges ensanglantés; et, tandis que le récipiendaire recule d'horreur à ce spectacle, une voix qui semble sortir du mur contre lequel il s'appuie lui crie : « Tremble, Profane ! tu vois la tête d'un Frère parjure qui a divulgué nos secrets ! C'est ainsi que nous punissons les traîtres ! Que l'exemple de celui-ci te serve ! Tremble, Profane, tremble ! » Puis, le pan-

---

1. Autrefois, la première question était celle-ci : « Quels sont les devoirs de l'homme envers Dieu ? »

neau reprend sa place, et le bec de gaz se rallume. Les trucs employés pour cette hideuse comédie sont des plus simples. Le billot sur lequel repose la tête coupée est vaste et creux; l'intérieur cache le corps du compère qui, immobile, tient sa tête au milieu des linges maculés de sang; il garde les yeux fermés, la bouche entr'ouverte, pendant les deux ou trois minutes de l'exhibition. Les lampes sépulcrales sont garnies d'étoupes imbibées d'alcool camphré qui brûle avec du gros sel gris de cuisine; ce mélange, le même que les prestidigitateurs de foire appellent « la salade infernale », a la propriété, en étant enflammé, de produire une lumière verdâtre qui donne à la tête du faux décapité une couleur cadavérique. Quant à la voix qui sort du mur, c'est celle d'un second compère qui, placé en dehors du local, a tourné une clef fixée au tuyau de conduite du bec de gaz, et qui prononce à travers un cornet acoustique les paroles reproduites ci-dessus [1]. D'autres fois, les peintures de l'un des panneaux sont sur de la toile noire qui recouvre une large glace dépolie; au moment où la flamme du bec de gaz, s'éteignant presque, laisse le réduit dans l'obscurité, une lanterne magique installée dans la pièce annexe fait apparaître, sur la glace blanchie, des ombres chinoises représentant des scènes qui ont la prétention d'être effrayantes : ce sont des spectres qui s'agitent et menacent le récipiendaire, ou bien des monstres qui, par un effet de grossissement progressif, ont l'air de s'avancer pour

1. M. Andrieux, dans ses *Mémoires,* a raconté d'une façon très amusante l'histoire d'un récipiendaire à qui l'on donna le spectacle du traître décapité, et qui, reconnaissant sur le billot la tête d'un limonadier de la ville, ne put s'empêcher de s'écrier : « Tiens, mais c'est le père Cassard ! » A quoi le décapité, oubliant son rôle, répliqua : « Taisez-vous Profane ! » ce qui détruisit tout l'effet qu'on avait compté produire sur le récipiendaire.

tout dévorer, ou encore des hommes masqués, de grandeur naturelle, qui entourent un individu garrotté et le lardent de coups de poignards.

Ces sinistres bêtises sont exécutées pour terrifier ceux d'entre les récipiendaires que le principal commissaire enquêteur a spécialement recommandés comme ayant une nature impressionnable. Par contre, les Profanes signalés à la Loge comme possédant un caractère frondeur et sceptique ne sont pas mis en face de ces ridicules fantasmagories. La Franc-Maçonnerie veut bien se moquer de ceux qui passent par son initiation; mais elle ne tient pas à ce qu'ils s'en aperçoivent. C'est le seul motif pour lequel les réceptions varient sous le rapport des épreuves: on les pimente plus ou moins, suivant les dispositions d'esprit et le tempérament du sujet.

Mais voyons ce qui se passe en Loge pendant que le candidat-Maçon est dans le cabinet aux squelettes.

La salle où se réunissent les Frères Trois-Points est spacieuse; elle a la forme d'un parallélogramme ou carré long. Si la réunion admet, pour les travaux de la soirée, des Apprentis et des Compagnons, c'est-à-dire des Frères des deux premiers grades, la Loge est tendue en bleu (dans les réunions du rite écossais, la tenture est rouge).

Les quatre côtés de la salle portent les noms des points cardinaux. La partie où se trouve la porte d'entrée s'appelle l'*Occident*. Des deux côtés de la porte s'élèvent deux colonnes creuses de bronze (d'ordre corinthien) dont les chapiteaux sont ornés chacun de trois grenades entr'ouvertes; sur le fût de la colonne à droite, en entrant, est la lettre B.·.. et sur celui de la colonne de gauche, la lettre J.·.. La colonne J est éclairée pendant la tenue des travaux d'Apprenti. — Dans le rite écossais, c'est la colonne B qui est à gauche, et la colonne J à droite.

Devant la colonne de droite, un petit comptoir triangulaire sert de bureau au Frère Premier Surveillant; devant la colonne de gauche est celui du Second Surveillant. Chacun de ces Officiers de la Loge tient à la main un maillet.

Au milieu de la salle, près d'un espace pavé en mosaïque, on a étendu par terre une toile peinte, nommée le *Tableau de la Loge*. Ce tableau représente : les degrés d'une estrade; les deux colonnes J et B; entre les deux colonnes, à la hauteur des chapiteaux, et sur la reproduction de la porte d'entrée, un compas ouvert, les deux pointes en haut; à gauche de la colonne J, une pierre brute; à droite de la colonne B, un cube coiffé d'une pyramide (c'est la fameuse pierre cubique mystérieuse); au-dessus du chapiteau de la colonne J, l'instrument appelé « perpendiculaire », et au-dessus de la colonne B, un niveau; au-dessous de la pierre brute, un ciseau et un maillet entrelacés; au-dessous de la pierre cubique, une fenêtre à grillage; au milieu de la partie supérieure de ce tableau est une équerre (au-dessus du compas), surmonté d'une seconde fenêtre à grillage; une troisième fenêtre à grillage est au milieu du côté droit du tableau (au-dessus de la pierre cubique); au milieu du côté droit (au-dessus de la pierre brute), un parallélogramme contenant la clef de l'alphabet secret des grades symboliques [1]; tout à fait en haut à droite, un soleil rayonnant, contenant une tête et vis-à-vis à gauche des nuages au milieu desquels est la lune; par-ci par-là, des étoiles; enfin, le tout est environné d'un grand cordon ayant sept doubles nœuds et deux flots. Cette toile peinte est l'objet d'une grande

---

1. Cet alphabet sera donné au chapitre intitulé : « *Les Secrets Maçonniques* », second volume.

vénération ; on doit bien se garder de marcher dessus, sous peine d'amende.

Ce que ce tableau représente est, paraît-il, extraordinairement sacré. Le Rituel, en effet, conseille aux Loges de supprimer la toile peinte et de tracer à la craie, sur le pavé mosaïque, le tableau mystérieux. « A chaque tenue, dit le Rituel, on dessinera avec de la craie le Tableau mystérieux de la Loge, et, après les travaux, on l'effacera avec une éponge légèrement imbibée d'eau ; c'est le moyen d'éviter l'abus d'un tableau peint sur toile, qui peut tomber dans des mains profanes. » Mais la plupart des Loges ne tiennent aucun compte de cette recommandation et préfèrent étaler, à chaque séance, leur toile peinte sur le parquet.

En face la porte d'entrée, au bout de la salle, est une estrade, élevée de trois marches et bordée d'une balustrade. C'est là l'*Orient*, l'endroit privilégié où siège le Vénérable. Son bureau, exhaussé de quatre marches sur l'estrade, s'appelle l'*Autel ;* son fauteuil se nomme un *Trône ;* au-dessus de sa tête est un *dais* en velours ou soie bleue, parsemée d'étoiles d'argent ; les franges sont en or ; au fond de ce dais, dans la partie supérieure, est un transparent triangulaire, le *Delta Sacré,* au centre duquel on voit en caractères hébraïques le nom de Jéhovah. A la gauche du dais est un autre transparent, représentant le disque du soleil, et à droite un troisième transparent, représentant le croissant de la lune. Cette collection de transparents brille d'un certain éclat, grâce aux bougies qui sont à l'intérieur. Néanmoins, leur aspect est des plus grotesques, bien qu'on désigne ces machinettes-là sous le nom pompeux de *Gloires*. Ce n'est pas tout : l'autel du Vénérable est couvert d'un tapis bleu à franges d'or sur lequel sont posés une équerre, un maillet, un compas, un sabre de fer battu tordu en zigs-zags (ne riez pas, c'est l'*Épée*

Flamboyante qui symbolise la puissance conférée au Vénérable par le Grand Architecte de l'Univers), le livre des Statuts généraux, le Rituel du grade, et un chandelier à trois branches. C'est aussi à l'Orient que l'on arbore l'étendard de la Loge. — Au rite écossais, les draperies et le tapis de l'autel sont rouges. — Un peu en avant est placée une petite table triangulaire, nommée l'*Autel des Serments*.

Toujours sur l'estrade dite l'*Orient*, mais au premier plan, auprès de la balustrade, et plus bas que le Vénérable, sont les bureaux de l'Orateur, à droite (au *Sud*), et du Secrétaire, à gauche (au *Nord*). Au-dessous de l'Orateur, en dehors de la balustrade, siège le Trésorier; et au-dessous du Secrétaire, l'Hospitalier.

Les lumières qui éclairent la Loge sont, à l'entrée, auprès des Surveillants, et à l'estrade, auprès du Trésorier. On donne aux bougies le nom d'*Étoiles*.

Indépendamment des deux colonnes de la porte d'entrée, la salle, ou, pour m'exprimer en Maçon, le *Temple* est orné, dans son pourtour, de dix autres colonnes. Dans la frise ou architrave, qui repose sur les douze colonnes, règne un cordon qui forme douze nœuds de la forme connue sous le nom de lacs d'amour; les deux extrémités se terminent par une houpe, appelée *Houpe Dentelée*, et viennent aboutir aux colonnes J et B. Le plafond décrit une courbe; il représente le ciel, parsemé d'étoiles; du fond, situé au-dessus de l'estrade, partent trois rayons qui figurent le lever du soleil.

Des deux côtés de la Loge règnent plusieurs rangs de banquettes. L'ensemble de celles qui sont situées du côté du Premier Surveillant, c'est-à-dire à droite en entrant dans le temple, s'appelle la *Colonne du Sud;* l'ensemble de celles de gauche s'appelle la *Colonne du Nord*. Au rite français, les Apprentis se placent au Nord, les Compagnons au Sud, et les Maîtres indifféremment aux deux colonnes; au rite écossais, les Apprentis et les Compagnons se placent au Nord, et les Maîtres au Sud.

A l'Orient, il y a deux banquettes circulaires où vont s'asseoir les Frères haut gradés, les Garants d'Amitié des Loges affiliées et les Visiteurs de distinction.

Le Grand-Expert et le Maître des Cérémonies sont assis sur des pliants au bas des marches de l'estrade, l'un devant l'Hospitalier, l'autre devant le Trésorier. Les deux Experts se tiennent à l'Occident, auprès des deux Surveillants. Quant au Frère Couvreur, sa place est près de la porte; c'est lui qui garde l'entrée du temple.

L'antichambre de la Loge se nomme les *Pas-Perdus*. Un Frère Servant s'y promène. Sur une table est un registre où les Maçons viennent s'inscrire, les membres de la Loge sur la feuille de gauche, et les Frères Visiteurs sur celle de droite.

Les Apprentis portent un petit tablier de peau, blanc, dont ils ont soin de relever la bavette; les Compagnons portent le même tablier, mais avec la bavette baissée. Les Maîtres, au rite français, ont un tablier en satin blanc, bordé en bleu, doublé en noir; en outre, ils ont un cordon bleu, passé en écharpe de droite à gauche, au bas duquel est attaché un objet appelé *Bijou* qui représente un compas et une équerre croisés. Au rite écossais, les Maîtres ont leur tablier blanc bordé de rouge, et au milieu du tablier sont peintes ou brodées en rouge les lettres M.·. B.·.; le cordon bleu moiré, liseré de rouge, se porte aussi en écharpe de droite à gauche; le bijou est en or et attaché, au bas du cordon, à une rosette rouge.

Les Officiers de la Loge, eux, portent leur cordon, non en écharpe, mais en sautoir, c'est-à-dire en forme de camail, la pointe descendant sur la poitrine. A ce cordon, sur lequel sont ordinairement brodés des branches d'acacia et d'autres emblèmes maçonniques, est attaché le bijou, dont la nature varie suivant les fonctions de l'Officier qui en est décoré. Celui du Vénérable est une équerre; celui du 1er Surveillant, un niveau; celui du 2e Surveillant, un fil-à-plomb ou perpendiculaire; celui de l'Orateur, un livre ouvert; celui du Secrétaire, deux plumes en sautoir; celui du Trésorier, deux clés; celui du Grand-Expert, une règle et un glaive; celui des Experts, une faux et un sablier; celui du Garde des Sceaux, un rouleau et un cachet; celui du Maître des Cérémonies, une canne et une épée croisées; celui de l'Hospitalier, une main tenant une bourse; celui du Maître des Banquets, une corne d'abondance; celui de l'Architecte, deux règles en sautoir; celui du Couvreur, une massue.

Les Frères haut gradés ont des insignes spéciaux, dont la description sera donnée quand nous en serons au chapitre les concernant.

Lorsque l'heure fixée pour l'ouverture de la séance a sonné, tous les membres de la Loge qui sont présents prennent, sur l'invitation du Vénérable, leurs places d'ordre, après avoir revêtu les insignes de leur grade. Le Vénérable gravit les degrés de l'Orient, prend place sur son trône et frappe sur l'autel un vigoureux coup de maillet, que répètent les deux Surveillants. Ces trois coups font s'établir aussitôt dans le temple un silence parfait. Le Frère Couvreur ferme la porte; tout le monde se tient debout à sa place. Sur les banquettes sont déposées des épées dans le genre de celles dont sont armés les figurants au théâtre.

Le Vénérable. — Frère Premier Surveillant, quel est le premier devoir des Surveillants en loge?

Le 1er Surveillant. — Vénérable, c'est de voir si la Loge est bien couverte, et si tous les Frères qui occupent les colonnes sont Maçons.

Le Vénérable. — Assurez-vous de cela, mon Frère.

Le 1er Surveillant, au Grand-Expert. — Frère Grand-Expert, voyez si la Loge est bien couverte, et faites votre devoir.

Sur cette invitation, le Grand-Expert, armé de son glaive, sort du temple. Il visite les pas-perdus, recommande au Frère Servant de veiller à la garde extérieure du porche et au Frère Couvreur de ne laisser pénétrer quiconque ne répondrait pas convenablement aux questions d'ordre pour avoir l'entrée. Pendant ce temps, les deux Surveillants parcourent rapidement leurs colonnes respectives (si de leur place l'inspection oculaire ne suffit pas) pour s'assurer que tous les Frères présents sont bien membres de la Loge.

Quand le Grand-Expert rentre dans le temple, il va au Second Surveillant et lui dit à voix basse : — La Loge est couverte, quant à l'extérieur.

Le 2e Surveillant, s'adressant au Premier. — Frère Premier Surveillant, le Frère Grand-Expert a fait son devoir; la Loge est couverte extérieurement. Et quant à la colonne du Nord, tous les Frères qui l'occupent sont Maçons.

Le 1er Surveillant, au Vénérable. — Vénérable, le temple est couvert tant à l'extérieur qu'à l'intérieur; tous les Frères des deux colonnes sont Maçons.

Le Vénérable, après avoir frappé un coup de maillet. — Frère Premier Surveillant, quel est le second devoir des Surveillants en Loge ?

Le 1er Surveillant. — C'est de s'assurer si tous les Frères sont à l'ordre.

Le Vénérable. — Assurez-vous-en donc, Frères 1er et 2e Surveillants, chacun sur votre colonne, et rendez-m'en compte. (Un coup de maillet). A l'ordre, mes Frères, face à l'Orient !

Tous les assistants qui sont sur les deux colonnes

se tournent alors de trois quarts vers l'estrade et se placent dans une posture particulière que l'on appelle « l'ordre d'Apprenti ». Cette posture est telle que nul ne peut s'y mettre, s'il n'est initié ; car chacun, en la prenant et en se tenant de trois quarts, n'est vu que par les Surveillants qui parcourent les colonnes, et nullement par ses voisins. Les Surveillants, ayant terminé cet examen, retournent à leurs places respectives.

Le 2e Surveillant. — Frère Premier Surveillant, tous les Frères de la colonne du Nord sont à l'ordre.

Le 1er Surveillant. — Vénérable Maître, tous les Frères de l'une et l'autre colonnes sont à l'ordre.

Le Vénérable. — Frère Premier Surveillant, à quelle heure les Maçons ont-ils coutume d'ouvrir leurs travaux?

Le 1er Surveillant. — A midi, Vénérable.

Le Vénérable. — Quelle heure est-il, Frère Second Surveillant ?

Le 2e Surveillant. — Vénérable, il est midi.

Le Vénérable. — Puisqu'il est l'heure à laquelle nous devons ouvrir nos travaux, Frères Premier et Second Surveillants, invitez les Frères de vos colonnes à se joindre à moi pour ouvrir les travaux de la Respectable Loge (*ici le nom de la Loge*), Orient de (*ici le nom de la ville*), au grade d'Apprenti, rite (*ici le nom du rite*).

Le 1er Surveillant. — Frère Second Surveillant, Frères qui décorez la colonne du Sud, le Vénérable nous invite à nous joindre à lui pour ouvrir les travaux de la Respectable Loge, etc.

Le 2e Surveillant. — Frères qui décorez la colonne du Nord, le Vénérable nous invite à nous joindre à lui, etc.

Après quoi, le 2e Surveillant reprend, en s'adressant au premier : — Frère Premier Surveillant, l'annonce est portée sur ma colonne.

Le 1er Surveillant. — Vénérable, l'annonce est portée sur les colonnes du Nord et du Sud.

Le Vénérable, se découvrant, et après avoir frappé sur l'autel trois coups de maillet d'une façon particulière. — A moi, mes Frères (tous les assistants ont les yeux sur lui), par le signe (chacun exécute le signe secret du grade d'Apprenti), par la batterie (chacun frappe dans ses mains trois coups d'une façon spéciale), et par l'acclamation mystérieuse !

Tous les assistants. — Houzé! houzé! houzé [1]!

Le Vénérable. — Mes Frères, à la gloire du Grand-Architecte de l'Univers, au nom et sous les auspices du Grand-Orient de France (ou bien : du Suprême Conseil, si la Loge pratique le rite écossais), la Loge d'Apprentis Maçons, au rite *(ici le nom du rite)*, sous le titre distinctif de *(ici le nom de la Loge)*, Orient de *(ici le nom de la ville)*, est ouverte; prenez vos places.

Tout le monde s'assied.

Le Vénérable. — Frère Secrétaire, voulez-vous bien nous donner lecture de la planche tracée dans notre dernière tenue ?... Frères 1er et 2e Surveillants, invitez les Frères qui décorent vos colonnes à vouloir bien prêter attention à cette lecture.

Les Surveillants répètent l'annonce.

Le Vénérable. — Frère Secrétaire, vous avez la parole.

Ici, lecture du procès-verbal de la séance précédente.

Après la lecture, le Vénérable, ayant frappé un coup

---

1. L'acclamation varie selon les rites. Au rite français, on doit dire : « Vivat! vivat! semper vivat! » Au rite écossais, on dit : « Houzé ! houzé ! houzé ! » Au rite de Misraïm : « Alleluia! alleluia! alleluia! » Mais la plus répandue est celle du rite écossais, qui se dit même dans beaucoup de Loges dépendant du Grand-Orient de France.

de maillet. — Frère Premier Surveillant, demandez aux Frères qui composent les deux colonnes s'ils ont quelques observations à présenter sur l'esquisse de la planche tracée de nos derniers travaux. La parole sera accordée à cet effet à ceux qui la demanderont.

Le 1er Surveillant, après un coup de maillet. — Frères qui décorez les colonnes du Nord et du Sud, le Vénérable demande si vous avez quelques observations à présenter sur l'esquisse, etc.

Si un Frère veut proposer quelque rectification, il se lève, frappe un coup dans ses mains, étend le bras droit automatiquement vers le Surveillant de sa colonne (c'est ainsi que se demande la permission de parler), et aussitôt le Surveillant avertit le Vénérable qu'un Frère de sa colonne demande la parole. Le Vénérable l'ayant accordée, le Surveillant en avertit le Frère qui, alors seulement, peut parler. Il doit toujours s'adresser au Vénérable ou à la Loge en général, et jamais à un Frère en particulier. Du reste, il n'est permis de parler que sur le procès-verbal et sa rédaction.

Lorsque toutes les observations ont été entendues et que les rectifications reconnues fondées ont été faites, ou bien lorsqu'aucune observation n'est présentée, le Premier Surveillant frappe un coup de maillet et dit : — Vénérable, le silence règne sur l'une et l'autre colonnes.

Le Vénérable. — J'invite le Frère Orateur à donner ses conclusions.

L'Orateur. — Je conclus à l'adoption de la planche tracée de nos derniers travaux.

(C'est là, en effet, tout le discours de l'Orateur ; il conclut toujours sans donner de motifs.)

Le Vénérable. — Mes Frères, attendu le silence de la Loge et ouï les conclusions de notre cher Frère

Orateur, la planche tracée est adoptée ; sanctionnons-la par notre approbation.

Chacun, à l'instar du Vénérable, étend le bras droit et laisse tomber bruyamment sa main sur la cuisse.

Tout ce qui précède constitue ce qu'on appelle les *Travaux de Famille ;* les membres de la Loge seuls peuvent y assister. Quand des Frères étrangers à la Loge veulent assister à la séance, ils se tiennent jusqu'à ce moment-là dans les pas-perdus, en compagnie du Frère Servant, gardien extérieur de la porte.

Une fois le procès-verbal adopté, le Vénérable reprend la parole pour faire introduire les Frères Visiteurs (il faut avoir au moins le grade de Maître pour être admis).

Le Vénérable. — Frère Maître des Cérémonies, veuillez vous transporter dans le parvis du temple et savoir s'il y a des Frères Visiteurs.

Le Maître des Cérémonies obéit et va jeter un coup d'œil dans les pas-perdus. Si aucun Frère Visiteur ne s'y trouve, l'affaire est promptement réglée. Si au contraire il y a des Frères Visiteurs demandant l'entrée du temple, le Maître des Cérémonies rentre, se place entre les deux Surveillants et dit : — Vénérable, des Frères Visiteurs, étrangers à ce Respectable Atelier, au nombre de..., demandent la permission de partager nos travaux.

Le Vénérable charge alors le Grand-Expert d'aller *tuiler* les Visiteurs, c'est-à-dire de s'assurer s'ils sont réellement francs-maçons. Si les Visiteurs sont nombreux, il envoie plusieurs Experts. La formalité du tuilage consiste dans un interrogatoire réglementaire, questions d'ordre, signes, attouchements, mots de passe, mots sacrés, etc. [1]. D'après les statuts, le Grand-

1. Un chapitre, intitulé *les Secrets Maçonniques,* est entièrement consacré (au second volume) à tout ce qui concerne le tuilage pour chaque grade et chaque rite pratiqué en France.

Expert devrait non seulement tuiler les Visiteurs, mais encore se faire remettre leurs titres maçonniques, tels que Diplômes, Brefs, Patentes; mais dans la pratique, quand un Visiteur a répondu d'une façon parfaite au tuilage, on ne lui demande pas ses papiers. Souvent même on supprime les nombreuses questions d'ordre du rituel, et l'on ne tuile le visiteur qu'en lui demandant l'attouchement, le mot de passe, le mot sacré et le mot de semestre.

Pendant le tuilage, un Maître des Cérémonies Adjoint se tient dans les pas-perdus au milieu des Visiteurs.

Les Experts, étant rentrés, rendent compte de leur mission, et voici ce qui a lieu si les Visiteurs ont satisfait pleinement aux formalités sacramentelles :

Le Vénérable. — Frère Second Surveillant, annoncez au Frère Maître des Cérémonies Adjoint qu'il peut introduire les Frères Visiteurs reconnus, avec les honneurs dus à leur grade et à leurs dignités. (Pour ces honneurs, voir les Règlements généraux.)

Après une courte allocution pour souhaiter la bienvenue aux Visiteurs, le Vénérable fait applaudir maçonniquement leur présence (par la batterie du grade d'Apprenti) et les invite à s'asseoir aux places auxquelles ils ont droit.

En entrant, chaque Visiteur a eu soin de faire le signe mystérieux du grade d'Apprenti et de marcher d'une certaine façon. Quand un Frère Visiteur arrive en retard, il frappe à la porte de la manière convenue. Le Frère Couvreur entrebaille la porte et le tuile rapidement; puis il referme l'huis.

Alors le Premier Surveillant donne un coup de maillet et dit : — Vénérable, on vient de frapper en maçon à la porte du temple.

Le Vénérable. — Frère Second Surveillant, faites voir quel est le Frère qui frappe ainsi.

Le 2e Surveillant. — Vénérable, c'est un Frère Visiteur qui demande l'entrée de ce Respectable Atelier.

On introduit le Visiteur retardataire qui esquisse le signe mystérieux et exécute la marche convenue.

Le Vénérable. — Mon Frère, d'où venez-vous?

Le Visiteur. — De la Loge Saint-Jean, Vénérable.

Le Vénérable. — Qu'en apportez-vous?

Le Visiteur. — Soumission à vous, Vénérable; joie, santé et prospérité à tous les Frères.

Le Vénérable. — N'en apportez-vous rien de plus?

Le Visiteur. — Le Maître de ma Loge vous salue par trois fois trois.

Le Vénérable. — Que fait-on à la Loge Saint-Jean?

Le Visiteur. — On y élève des temples à la vertu et l'on y creuse des cachots pour le vice.

Le Vénérable. — Que venez-vous faire ici?

Le Visiteur. — Vaincre mes passions, soumettre mes volontés et accomplir de nouveaux progrès dans la Maçonnerie.

Le Vénérable. — Occupez-vous quelque fonction dans votre Atelier?

Le Visiteur. — Oui (ou non), Vénérable.

Le Vénérable. — Que demandez-vous, mon Frère?

Le Visiteur. — Une place parmi vous.

Le Vénérable. — Elle vous est acquise; allez donc occuper celle qui vous est destinée.

Si le Visiteur est un simple Maitre, il va s'asseoir sur l'une des banquettes latérales. S'il est pourvu d'un haut grade, il monte à l'Orient et s'assied sur l'une des banquettes circulaires : quelquefois, à titre d'épreuve, le Vénérable l'arrête du geste au passage et lui indique les colonnes; mais le Visiteur haut gradé ne doit pas tenir compte de cette observation, qui n'est qu'une feinte, et il prend place sur l'estrade.

Comme on pense, pas mal de temps se perd au

moyen de tout ce cérémonial prétentieux. Tant pis pour les récipiendaires qui se morfondent dans les cabinets à squelettes !

Lorsque tout est enfin prêt pour la réception, le Vénérable informe l'assemblée du but de la convocation (qu'elle connaît du reste par les lettres-circulaires): initiation d'un ou plusieurs Profanes, admis par scrutin dans la dernière séance. On a vu, aux Règlements généraux, la quantité de suffrages qu'un candidat doit réunir pour être admis aux épreuves.

Le Vénérable. — Mes Frères, par deux scrutins consécutifs, vous avez accordé au Profane (*ici le nom du candidat*) la faveur de se présenter pour être admis à nos mystères. S'il n'y a point d'opposition, je vous prie de témoigner votre assentiment en la manière accoutumée. Frères 1er et 2e Surveillants, veuillez porter cette annonce sur vos colones.

Les Surveillants exécutent cet ordre. S'il s'élève quelque opposition, soit de la part d'un membre de la Loge, soit de la part d'un Frère visiteur, on la discute; l'Orateur donne ses conclusions, et l'assemblée vote selon le Règlement général. Si aucune opposition ne s'élève, les Surveillants informent le Vénérable que les colonnes sont muettes; l'Orateur conclut à l'admission définitive aux épreuves.

Le Vénérable. — Mes Frères, puisqu'il n'y a pas (ou : puisqu'il n'y a plus) d'opposition, donnons notre consentement par le signe en usage.

Tous les assistants étendent la main droite, puis la laissent retomber avec bruit sur la cuisse.

Le Vénérable. — Frère Terrible, allez vers le Profane, demandez-lui les réponses aux questions qui lui ont été posées et le testament exigé; ensuite, vous l'amènerez à la porte du temple, où vous annoncerez sa présence.

Ce discours est adressé à l'un des Experts, qui, en sa qualité spéciale de préparateur des initiations, porte le titre de Frère Terrible.

Ce Terrible Frère va donc au cabinet des réflexions, s'empare du testament et des réponses aux trois questions, pique ce papier à la pointe d'une épée, et le Maître des Cérémonies le rapporte ainsi triomphalement à la Loge. Il dépose aussi sur l'autel le porte-monnaie, la montre, la bague du Profane, et en général tous les objets de valeur que le récipiendaire avait sur lui.

Le Vénérable donne lecture du testament et des réponses; ce document demeure ensuite aux archives.

Après quoi, le Frère Terrible retourne auprès du Profane et le prépare pour la réception. Voici en quoi consiste cette préparation : on ôte au récipiendaire son chapeau, son habit et son soulier gauche, lequel est remplacé par une pantoufle; on lui retrousse jusqu'au dessus du genou un des côtés de son pantalon, le côté droit; on lui retire la manche gauche de son gilet et de sa chemise, de façon à ce qu'il ait le bras et le sein découverts, côté du cœur; si la saison est rigoureuse, on pose un manteau sur ses épaules; enfin, on lui bande les yeux avec une sorte de masque qui ressemble exactement à ce qu'en style de bal on nomme un loup, avec cette différence que le masque maçonnique n'a pas de trous pour les yeux. — Dans les Loges qui se piquent de se conformer scrupuleusement aux traditions anciennes, le récipiendaire est tout à fait nu, et on le conduit au moyen d'une corde qu'on lui a passée au cou.

Quand le récipiendaire est prêt, on le fait pirouetter un bon moment sur lui-même; puis, on le conduit, à travers un vrai dédale d'escaliers, jusqu'à la salle des pas-perdus; là, on le pousse violemment contre la porte, de façon à l'y faire cogner deux ou trois fois.

La comédie de la réception débute par un dialogue entre l'intérieur et l'extérieur du temple.

A l'intérieur :

Le 2e surveillant, avec un coup de maillet. — Frère Premier Surveillant, avez-vous entendu ? on vient de frapper en profane à la porte du temple ?

Le 1er Surveillant, donnant aussi un coup de maillet. — Vénérable, un Profane vient de frapper à la porte !

Le Vénérable. — Voyez quel est le téméraire qui ose ainsi troubler nos travaux !

Le Frère Couvreur entr'ouvre la porte sans bruit, appuie la pointe ébréchée de son épée sur la poitrine nue du récipiendaire, et dit d'une voix forte : — Quel est cet audacieux qui tente de forcer l'entrée du temple ?

Le Frère Terrible. — Calmez-vous, mon Frère ! Personne n'a l'intention de pénétrer malgré vous dans cette enceinte sacrée. L'homme qui vient de frapper est un Profane désireux de voir la lumière, et qui la sollicite humblement de notre Respectable Loge.

La porte se referme sans bruit.

A l'intérieur :

Le 2e Surveillant, ému. — Frère Premier Surveillant, le Frère Terrible demande à introduire un Profane dans le temple.

Le 1er Surveillant, avec une émotion encore plus grande. — Vénérable, le Frère Terrible présente un Profane qui demande à être admis parmi nous, s'il en est jugé digne.

Le Vénérable, d'une voix retentissante. — Mes Frères, armez-vous de vos glaives ! un Profane se trouve à la porte du temple... Que prétend-il ? que demande-t-il ?

Le 1er Surveillant. — Il est désireux de voir la lumière; il ne prétend rien, il sollicite.

Le Vénérable. — N'importe, il faut vraiment qu'i

soit bien audacieux pour avoir conçu l'espoir d'obtenir une telle faveur !

Le Frère Terrible, toujours en dehors de la porte et tenant le récipiendaire par le bras : — Mes Frères, ce Profane est un homme libre et de bonnes mœurs.

Les deux Surveillants, à l'intérieur, répètent cette annonce, en s'adressant l'un au Premier Surveillant, et l'autre au Vénérable.

Le Vénérable. — Puisque le Frère Terrible affirme qu'il en est ainsi, faites demander à ce Profane ses noms et prénoms, son âge et le lieu de sa naissance. sa profession et sa demeure actuelle.

Le Frère Couvreur fait la demande au Frère Terrible à travers la porte. Celui-ci répond au lieu et place du récipiendaire; le Second Surveillant transmet au Premier les réponses, et le Premier Surveillant les redit au Vénérable.

Le Vénérable. — Demandez à ce téméraire si son intention est bien d'être reçu franc-maçon.

Nouvelle transmission de la demande et de la réponse affirmative par les mêmes intermédiaires.

Le Vénérable. — Faites-le entrer.

Le 1er Surveillant. — Faites-le entrer.

Le 2e Surveillant, au Couvreur. — Faites entrer le Profane.

Le Frère Couvreur ouvre la porte, tandis que l'un des Experts, au moyen d'un instrument à gros ressorts grinçants, simule le bruit d'énormes verrous.

Le Frère Terrible, tenant toujours le récipiendaire par le bras. — Allongez bien la jambe; il y a un petit fossé à franchir.

On entre. Tout le monde garde le silence le plus profond.

Le 2e et le 1er Surveillants, successivement. — Le Profane est entre les deux colonnes.

On referme la porte sans bruit derrière le récipiendaire. Le Grand-Expert appuie de nouveau sur sa poitrine nue la pointe de son épée.

Le Vénérable. — Profane! que sentez-vous sur votre poitrine? qu'avez-vous sur les yeux?

La réponse est soufflée au Profane par le Frère Terrible.

Le récipiendaire. — Un épais bandeau couvre mes yeux, et je sens sur mon sein la pointe d'une arme.

Le Vénérable. — Monsieur, ce fer, toujours levé pour punir le parjure, est le symbole du remords qui déchirerait votre cœur, si, par malheur pour vous, vous deveniez traître à la Société dans laquelle vous voulez entrer; et le bandeau qui couvre vos yeux est le symbole de l'aveuglement dans lequel se trouve l'homme dominé par les passions et plongé dans l'ignorance et la superstition.

Ici, une pause.

Le Vénérable. — Monsieur, les qualités que nous exigeons pour être admis sont la plus grande sincérité, une docilité absolue, une constance à toute épreuve. Vos réponses aux questions que je vais vous adresser nous feront juger ce que nous devons penser de vous.

Alors commence le premier interrogatoire. Cette fois, le Frère Terrible ne souffle plus les réponses

Questions réglementaires posées par le Vénérable au récipiendaire : — Quel est votre dessein en vous présentant ici et qui vous en a suggéré l'idée? La curiosité n'y a-t-elle pas la plus grande part? — Quelle opinion vous êtes-vous faite de la Franc-Maçonnerie? Répondez avec franchise et surtout soyez vrai. — Êtes-vous prêt à subir les épreuves par lesquelles vous devez passer? — Savez-vous quelles obligations on contracte parmi nous? — Qui vous présente à cette Loge? — Le connaissiez-vous depuis longtemps? —

Ne vous a-t-il pas prévenu de ce que font les Maçons? — Quelles réflexions ont fait naître dans votre esprit les objets offerts à vos yeux dans le lieu où vous avez été renfermé? — Que pensez-vous de l'état ou vous vous trouvez? — Quelle idée vous faites-vous d'une Société dans laquelle on exige que le candidat soit présenté dans un état qui doit vous paraître étrange? — Votre confiance et votre démarche ne sont-elles pas un peu légères? — N'avez-vous pas à craindre que nous abusions de l'état de faiblesse auquel vous vous êtes laissé réduire? Sans armes, sans défense, et presque nu, vous vous livrez à la discrétion de gens que vous ne connaissez pas. — L'examen moral que vous subissez vous inspire-t-il quelque crainte?

Le Vénérable attend, à chaque question, la réponse du récipiendaire, et il lui fait telles objections que comporte le genre de son esprit et de son caractère.

Il insiste surtout sur l'opinion que le Profane a relativement à la Franc-Maçonnerie ; et, une fois la réponse donnée, le Vénérable dit solennellement : — Monsieur, la Franc-Maçonnerie est une institution qui ne procède que d'elle-même; elle prend son principe dans la raison, et ainsi elle est universelle. Elle a une origine propre qui ne doit point être confondue avec celle des religions, et, laissant à chacun sa liberté de croyance, elle s'affranchit de toute domination religieuse. Quoique stable dans son dogme fondamental, la Maçonnerie est progressive avant tout et n'impose aucune limite à la recherche de la vérité.

Le Vénérable fait ensuite, s'il le juge convenable, quelques questions particulières au Profane, d'après les renseignements qu'on s'est procurés sur son compte. Puis, la réception continue.

Le Vénérable. — Vous ne sauriez trop réfléchir, Monsieur, à la démarche que vous faites. Vous allez, je vous le répète, subir des épreuves terribles. Vous sentez-vous le courage de braver tous les dangers auxquels vous allez être exposé ?

Réponse affirmative du récipiendaire [1].

Le Vénérable. — Alors, je ne réponds plus de vous

Une pause.

Le Vénérable. — Frère Terrible, entraînez ce Profane hors du temple, et conduisez-le partout où doit passer le mortel qui aspire à connaître nos secrets.

On s'empare du récipiendaire, et, en le bousculant quelque peu, on l'emmène dans la salle des pas-perdus. Là, on le fait pirouetter, comme au sortir du cabinet des réflexions, afin de le dérouter ; ensuite, on le ramène à l'entrée du temple, dont la porte a été ouverte à deux battants. On a placé, un peu en avant, un grand cadre dont le vide est rempli par plusieurs couches de fort papier, et que soutiennent des Frères de chaque côté ; on ne saurait mieux comparer cet appareil qu'aux cerceaux que traversent les écuyères des cirques.

Le Frère Terrible. — Que faut-il faire du Profane ?

Le Vénérable. — Qu'on l'introduise dans la caverne !

A cet ordre, deux Frères vigoureux empoignent le récipiendaire et le lancent de toutes leurs forces sur le cadre, dont les papiers se rompent et lui livrent passage. D'autres Frères le reçoivent sur un matelas disposé de l'autre côté. On referme à grand fracas les deux battants de la porte. Un anneau de fer, ramené plusieurs fois sur une barre crénelée du même métal, simule le bruit d'une énorme serrure qu'on fermerait à plusieurs tours. Tout le monde observe le plus grand silence ; le récipiendaire est toujours étalé de tout son long sur le matelas qui a été déposé par terre.

1. Il va sans dire que, si la réponse est par hasard négative, il n'est plus donné suite à l'initiation.

Au bout de quelques instants, le Vénérable frappe un grand coup de maillet sur l'autel.

Le Vénérable. — Relevez le Profane, conduisez-le près du Second Surveillant et faites-le mettre à genoux.

Cet ordre est immédiatement exécuté.

Le Vénérable. — Profane, prenez part à la prière que nous allons adresser en votre faveur au moteur de toutes choses... Mes Frères, humilions-nous devant le Grand Architecte de l'Univers; reconnaissons sa puissance et notre faiblesse. Contenons nos esprits et nos cœurs dans les limites de l'équité, et efforçons-nous, par nos œuvres, de nous élever jusqu'à lui. Il est un et infini; il existe par lui-même; il se révèle en tout et partout, et il est tout. Daigne, ô Grand Architecte de l'Univers, protéger les ouvriers de paix qui sont réunis dans ton temple; anime leur zèle, fortifie leur âme dans la lutte des passions; enflamme leur cœur de l'amour des vertus, et donne-leur l'éloquence et la persévérance nécessaires pour faire chérir ton nom, observer tes lois et en étendre l'empire. Prête à ce Profane ton assistance, et soutiens-le de ton bras tutélaire au milieu des épreuves qu'il va subir. Ainsi soit-il, *amen!*

Tous les assistants, d'une seule voix. — *Amen!*

Le Vénérable. — Profane, persistez-vous encore?

Réponse affirmative du récipiendaire que l'on fait lever.

Le Vénérable. — En ce cas, confiez-vous à la main inconnue qui va diriger vos pas.

Le Frère Terrible donne la main au récipiendaire et le conduit assez près de l'estrade, au milieu des deux colonnes qui sont retombées dans le silence.

Le Vénérable. — Profane, je suis ici le représentant de la Société dans lequel vous voulez entrer. Avant que cette Société consente à vous admettre définitivement aux épreuves, il me faut sonder votre cœur su les premiers principes de la morale... Répondez donc franchement encore aux nouvelles questions qui vont vous être adressées... Et d'abord, si un danger terrible vous menaçait, en qui mettriez-vous votre confiance ?

Réponse du récipiendaire.

Le Vénérable réplique d'après la réponse ; puis il ajoute : — Nous allons commencer l'examen moral. Asseyez-vous, Monsieur.

Derrière le récipiendaire, on a placé un escabeau hérissé de clous (les pointes de ces clous enfoncées dans le bois) et portant sur des pieds boiteux.

(L'interrogatoire qui va suivre est celui du rite français. Je ne donne pas celui du rite écossais, qui, bien que différent en quelques points, ferait double emploi.)

Le Vénérable. — Qu'est-ce que l'ignorance ? et pourquoi les ignorants sont-ils entêtés, irascibles et dangereux ?

Réponse du récipiendaire.

Si la réponse n'est pas satisfaisante, le Vénérable la rectifie en ces termes : — Monsieur, l'ignorance (en latin *ignorantia*, fait de *in*, privatif, et *gnarus*, qui sait), est le manque de connaissance, de savoir. C'est de l'ignorance de soi-même que découlent tous les vices. Il y a trois sortes d'ignorances : ne rien savoir, savoir mal ce qu'on sait, savoir autre chose que ce que l'on doit savoir. La connaissance, comme la science, a deux extrémités qui se touchent : la première est l'ignorance naturelle de tout homme qui vient au monde ; l'autre extrémité est celle où arrivent les grandes âmes qui, ayant parcouru tout ce que les hommes peuvent savoir, trouvent qu'ils ne savent rien en comparaison de ce qu'ils ont à apprendre et se rencontrent presque dans cette même ignorance d'où ils étaient partis ; mais c'est une ignorance savante, éclairée, qui se connaît. Ceux qui sont sortis de l'ignorance primitive et qui n'ont acquis, sur la route de la vie, que quelque teinture de sciences mal comprises, se prévalent d'un faux savoir et font les entendus. La religion de ces ignorants ne peut pas être la même que celle des savants, qui a pour principe la tolérance, l'amour de l'humanité et le respect de soi-même. Voilà pourquoi les ignorants sont entêtés, irascibles, dangereux ; ils troublent et démoralisent la société ; pour abaisser socialement le peuple, ils l'abaissent intellectuellement et le privent de la connaissance de ses droits, sachant fort bien que, même avec la Constitution la plus libérale, un peuple ignorant reste toujours esclave. Ces ignorants, ennemis du progrès, doivent donc, pour mieux dominer, repousser toute lumière, épaissir les ténèbres, lutter sans cesse contre la vérité, contre le bien, contre Dieu [1].

Le Vénérable. — Dites-nous votre opinion sur le fanatisme et la superstition.

Réponse du récipiendaire.

Réplique du Vénérable. — Le fanatisme est un culte insensé, une erreur sacrée; c'est une exaltation religieuse qui a perverti la raison et qui porte à des actions condamnables en vue de plaire à Dieu ; on dit : « les fureurs du fanatisme. » C'est un égarement moral, une maladie mentale qui, malheureusement, est contagieuse. Le fanatisme, une fois enraciné dans un pays, y prend le caractère et l'autorité d'un principe, au nom duquel ses partisans enragés ont fait, dans leurs exécrables *auto-da-fé*, périr des milliers d'innocents. On donne, par analogie, ce nom au désir ardent du triomphe de son opinion, de l'accomplissement de ses projets, etc. Il n'y a de dangereux, dans la plupart des fanatismes, que leurs abus; car, sans eux, l'homme ne fait rien de grand. Mais fuyons et combattons l'aveugle fanatisme religieux!... La superstition (du latin *super*, au-dessus, *stare*, se tenir : chose surnaturelle) est un

1. Ces deux derniers mots ne sont pas prononcés par le Vénérable, si le récipiendaire est un athée ou un sceptique.

culte faux, un culte mal compris, plein de vaines terreurs, contraire à la raison et aux saines idées qu'on doit avoir de Dieu [1]. La superstition est la religion des ignorants, des âmes timorées et même des savants qui, faute d'examen, n'osent pas secouer le joug de l'babitude. La plupart des religions ne sont que des superstitions enfantées par la crainte et pouvant conduire au fanatisme; ce dernier peut élever l'âme, la superstition ne fait que l'avilir. Tous les deux sont les plus grands ennemis du bonheur des peuples.

Le Vénérable. — Qu'est-ce que l'erreur?

Réponse du récipiendaire.

Réplique du Vénérable. — L'erreur est une opinion fausse adoptée par ignorance, par défaut d'examen ou de raisonnement; c'est un faux jugement, une faute, une méprise; c'est un écart de la raison, de la vérité, de la justice; c'est un égarement de l'esprit qui prend le faux pour le vrai. On peut appliquer à l'erreur le sens de cette maxime : « L'homme se lasse du bien, « cherche le mieux, trouve le mal et y reste. » Toutes les erreurs d'un juge sont funestes. L'erreur fait secte, jamais la vérité.

Le Vénérable. — Qu'est-ce que les préjugés?

Réponse du récipiendaire.

Réplique du Vénérable. — Les préjugés, ainsi que ce nom l'indique, sont des jugements portés ou admis avant examen ou sans examen; ce sont des erreurs, de fausses croyances admises sans preuves : la prévention publique est un préjugé; c'est un fléau anti-social, d'une nature opiniâtre, qui ne cède qu'à la force de l'expérience et de la raison. C'est un mal qui prend sa source dans l'ignorance et dans l'erreur. Combattons-le sans relâche en éclairant l'humanité. Chaque fois qu'un

---

1. Même observation que celle qui fait l'objet de la note de la page précédente

peuple ou qu'un individu s'affranchit d'un préjugé, il fait un pas de plus dans le progrès.

Le Vénérable. — Qu'est-ce que le mensonge?

Réponse du récipiendaire.

Réplique du Vénérable. — Ce mot dérive du latin *mentis somnium* ou *mentitum somnium,* c'est-à-dire songe de l'esprit ou songe menteur, d'où cette ancienne maxime : « Tous songes sont menteurs. » Le mensonge est donc le récit d'un fait contraire à la vérité et conçu dans l'intention de tromper. Le mensonge est une grande tromperie. Le fourbe fait des mensonges, le bavard dit des menteries (mensonges sans conséquence). Le mensonge chez les femmes est un vice de l'esprit et du cœur. Il y a des erreurs sacrées qui ne se soutiennent que par le mensonge. Dire des mensonges, c'est les raconter, ce n'est point mentir; faire des mensonges est le fait d'un menteur. Le mensonge est père du vol. Il n'est peut-être pas de mauvaise habitude dont il soit plus difficile de se corriger que celle du mensonge. Les parents ne sauraient veiller avec trop de soin sur leurs enfants pour les préserver de ce vice horrible. Un sage a dit que la punition du menteur est de n'être pas cru, lors même qu'il parle vrai.

Le Vénérable. — Qu'est-ce que les passions? Sont-elles utiles à l'homme?

Réponse du récipiendaire.

Réplique du Vénérable. — Une passion (du latin *passus,* qui a souffert) est une affection permanente, un penchant irrésistible, un désir violent causé par un besoin de l'âme avec *souffrance* jusqu'à ce qu'il soit satisfait. C'est aussi un goût décidé pour une chose, un art, une science, etc. Les passions sont toutes nécessaires aux hommes, mais il faut qu'une bonne éducation les dirige vers des objets utiles à eux-mêmes et à la société. Il n'en est aucune qui ne puisse être tounéer au bien social et contribuer à la prospérité générale. Rien n'est donc plus déplacé que de déclamer contre les passions, et rien n'est plus impraticable que le projet insensé de les détruire. La violence des passions leur sert d'excuse. L'hypocrite n'est si odieux que parce qu'il n'est ni subjugué, ni entraîné, et qu'il agit froidement et par calcul. Les passions sont les voiles du vaisseau de la vie humaine; elles le poussent ou dans le port ou sur des écueils. Les grandes passions font seules les grandes choses. Dire à l'homme colère de ne point se mettre en fureur, c'est dire au fiévreux de ne point avoir la fièvre; il faut non le prêcher, mais le guérir. On ne peut réprimer les passions des autres, si l'on ne sait commander aux siennes. On ne triomphe des passions que par les passions : la femme qui quitte l'amour pour la dévotion, le jeune homme qui abandonne sa maîtresse pour la gloire, ne font que changer de maître. Pourquoi les passions sont-elles souvent la cause principale de notre faiblesse? C'est qu'elles nous font former des vœux au-dessus de notre nature et qu'elles nous précipitent au delà de nos forces. L'enthousiasme, cette inspiration divine, donne des ailes aux passions; mais il ne se mêle à aucune passion vile. La passion de l'amour, dont les écarts sont quelquefois si condamnables, est nécessaire à la propagation de notre espèce; elle a besoin d'être réglée de manière à ce qu'elle ne devienne pas nuisible à celui qui l'éprouve ni à celle qui en est l'objet. La passion de la gloire, dans les camps, dans les sciences ou dans les arts, est un noble désir utile à la société dont elle cherche l'estime et au sein de laquelle elle fait naître le courage, l'émulation, le sentiment de l'honneur et tous les talents qui contribuent à honorer l'humanité et à glorifier une nation. La passion des richesses est le désir de mener une existence indépendante et agréable; elle est toujours louable, lorsque les moyens sont honnêtes. Cette passion, bien entendue, est la source de l'économie, de la tempérance, de l'étude, du travail, de l'industrie, des découvertes et de l'activité si nécessaire à la vie sociale. La passion du pouvoir, surnommée ambition, et qui entraîne si souvent à des actes immoraux, n'est toutefois, bien dirigée, qu'un sentiment généreux et louable, qui porte un homme de cœur, plein de la conscience de sa force, à se rendre digne de commander et de servir utilement l'État. En résumé, il est nécessaire que l'éducation fasse naître dans les cœurs des passions utiles, afin que les passions nuisibles n'y trouvent plus de place.

Le Vénérable. — Qu'est-ce que les mœurs?

Réponse du récipiendaire.

Réplique du Vénérable. — Les mœurs sont des habitudes naturelles ou acquises, bonnes ou mauvaises, dans la manière de vivre et de se conduire. Les mœurs des peuples sont leurs usages, leurs coutumes. C'est par ses mœurs que l'homme est libre. Ce n'est pas sur la fortune, mais sur les mœurs qu'il faut juger les hommes. La fortune ne change point les mœurs, elle les démasque. Les mœurs sont plus fortes que les lois. Les hommes font les lois, les femmes font les mœurs.

Le Vénérable. — Qu'est-ce que la morale?

Réponse du récipiendaire.

Réplique du Vénérable. — La morale est la science des mœurs, de la vertu, et la connaissance des devoirs de l'homme social. C'est la loi naturelle, universelle et immuable qui régit tous les êtres intelligents et libres. C'est l'art de rendre les autres heureux et soi-même. La meilleure morale est dans le cœur.

Le Vénérable. — Qu'est-ce que la moralité?

Réponse du récipiendaire.

Réplique du Vénérable. — La moralité est le rapport des actions, des principes et des mœurs d'un individu.

Elle est le type distinctif de l'homme civilisé. Les actions des insensés sont privées de moralité, parce qu'elles ont lieu sans discernement moral, sans conscience.

Le Vénérable. — Qu'est-ce que la loi? et qu'est-ce que la loi naturelle?

Réponse du récipiendaire.

Réplique du Vénérable. — La loi (en latin *lex, legis*, de *legere*, lire : lecture faite au peuple) est la règlementation, dans un but d'intérêt général, de la vie physique et morale des sociétés, prescrite par le pouvoir législatif d'un peuple. Elle est censée être l'accord de toutes les volontés réunies dans une seule; elle fixe les droits et les devoirs de chacun, et son rôle dans ses rapports avec ses semblables. Les lois sont le frein le plus puissant pour les hommes et presque le seul pour les rois. Combien de lois on rendrait inutiles, si l'on en faisait de bonnes sur l'éducation!... La loi naturelle est la loi des mondes physiques, intellectuels et moraux. Elle est absolue, immuable; elle règle tout sur la terre et dans les cieux avec une exactitude mathématique; elle est également la régulatrice des âmes et des intelligences. Elle est la base des lois humaines qui doivent en être les interprétations plus ou moins vraies, et toujours en rapport avec le développement et le progrès de l'esprit humain.

Le Vénérable. — Qu'est-ce que la vertu?

Réponse du récipiendaire.

Réplique du Vénérable. — La vertu (en latin *virtus*, de *vis*, force), est une énergie de l'âme appliquée à la pratique habituelle du bien, du juste ou du devoir. C'est une impulsion naturelle vers l'honnête, la force d'asservir ses passions, l'art de les tenir en équilibre et de se régler dans les jouissances; c'est l'habitude des bonnes actions et de vivre selon la raison perfectionnée qui, toujours, force de faire le bien; c'est le triomphe de la volonté sur les désirs, le sacrifice de soi-même et de son bien-être en faveur d'autrui ; la préférence de l'intérêt général au personnel, l'empire de l'âme sur le corps, l'amour de l'ordre, de l'harmonie, du beau ; c'est la philosophie et la Maçonnerie en action et.c'est le culte le plus excellent qu'on puisse rendre à l'Être Suprême. Il ne peut exister d'amitié sans vertu. Il ne peut y avoir de vertus publiques sans vertus privées. Le seul moyen de rendre un peuple vertueux est de le rendre libre et heureux.

Le Vénérable. — Qu'est-ce que l'honneur?

Réponse du récipiendaire.

Réplique du Vénérable. — L'honneur est une vertu qui nous porte à faire des actions nobles, courageuses, loyales, lesquelles nous attirent l'estime, la considération, la gloire. C'est l'instinct, le sentiment exquis de la vertu, le sentiment du besoin, de l'estime publique et de soi-même. Il est une règle imposée par l'orgueil, l'intérêt ou la vanité, par la susceptibilité, l'irascibilité, etc., qui, sous le nom de point d'honneur, cause les duels, interdits chez les Maçons. L'honneur est tout ce qui honore. Honneur à qui se sacrifie pour sa patrie !

Le Vénérable. — Qu'est-ce que la barbarie?

Réponse du récipiendaire.

Réplique du Vénérable. — La barbarie est l'état de nature, l'état de l'homme sauvage, l'état d'un peuple incivilisé. En remontant à l'origine des sociétés, on voit d'abord des peuplades à l'état de sauvagerie : la chasse, la pêche, une hutte couverte de branches ; aucun art, aucune science ; pour toute loi, le droit du plus fort ; l'homme luttant contre les animaux et même contre l'homme, tel est l'état sauvage ou de barbarie qui n'a point encore entièrement disparu du globe. Il y a, de nos jours, des anthropophages qui mangent leurs prisonniers et les naufragés que les tempêtes jettent sur leurs rivages inhospitaliers. A l'état de sauvagerie ou de l'animalité de l'homme succéda la barbarie, c'est-à-dire une agglomération d'individus soumis à des conventions serviles imposées par un brutal despotisme. De l'état de servitude, ces peuplades, devenues plus nombreuses, passèrent à un état de civilisation qui aura bien des degrés à parcourir avant d'arriver à l'état de perfection auquel l'homme a droit d'aspirer et qu'aucun peuple de la terre ne possède encore, parce que le plus fort continuant son alliance avec le plus rusé, ils exploitent sans cesse en commun les faibles et les ignorants, l'un en maintenant les corps, l'autre en enchaînant les âmes. Tout attentat à l'ordre social est un acte de barbarie. Tout pays où il n'est point permis de penser ni d'écrire ses pensées doit tomber dans la stupidité, la superstition et la barbarie. Dans l'antiquité, les initiés aux mystères s'emparaient de l'homme barbare pour le civiliser; aujourd'hui, la Maçonnerie prend l'homme civilisé pour le perfectionner.

Le Vénérable. — Qu'est-ce que le vice?

Réponse du récipiendaire.

Réplique du Vénérable. — Le vice est une disposition, un penchant habituel au mal, aux mauvaises actions, et qui porte à enfreindre les lois naturelles et sociales. C'est une passion qui est nuisible aux autres et à soi. Tous les défauts qui peuvent causer un préjudice sont des vices : la finesse est une qualité dans l'esprit et un vice dans le caractère. Le vice hait la vertu. Celui qui a beaucoup de vices a beaucoup de maîtres. Tout homme a plus ou moins les vices de sa profession. Un vice détestable est de confondre, dans le raisonnement, les choses avec leurs abus : la religion et la superstition. la philosophie et le philosophisme, la liberté et la licence, le doute et l'incrédulité. On a dit : « L'hypocrisie est un hommage que le vice rend à la vertu. »

L'examen moral étant terminé, on commence la série des épreuves ; car « l'introduction dans la caverne », à ce qu'il paraît, ne compte pas.

Le Vénérable. — Monsieur, vous avez convenablement répondu. D'autre part, veuillez me déclarer en toute sincérité si ce que je vous ai dit vous a pleinement satisfait.

Réponse du récipiendaire.

Le Vénérable, après une pause. — Monsieur, c'est pour mettre un frein salutaire à nos vils penchants, à l'élan de la cupidité, c'est pour nous élever au-dessus des vils intérêts qui tourmentent la foule profane, c'est pour nous apprendre à calmer l'ardeur de nos passions anti-sociales que nous nous rassemblons dans nos temples. Nous travaillons sans relâche à notre amélioration, nous accoutumons notre cœur à ne se livrer qu'à de grandes affections, notre esprit à ne concevoir que des idées de gloire et de vertu. Ce n'est qu'en réglant ainsi ses inclinations et ses mœurs que l'on parvient à donner à son âme ce juste équilibre qui constitue la sagesse, c'est-à-dire la science de la vie. Mais ce travail est pénible et demande beaucoup de sacrifices auxquels il faudra vous résoudre si vous êtes admis parmi nous. Il vous faudra prendre la ferme résolution de travailler sans trêve à votre perfectionnement moral, si vous persistez dans le désir de vous faire recevoir Franc-Maçon. Êtes-vous toujours dans cette intention, Monsieur ?

Réponse (affirmative) du récipiendaire.

Le Vénérable. — Alors, je vais vous faire connaître à quelles conditions vous serez initié à nos mystères, si toutefois vous sortez victorieux des épreuves qu'il vous reste à subir.... Monsieur, toute association a ses lois et tous ses membres ont des devoirs réciproques à remplir ; comme il serait imprudent de s'imposer des obligations dont on ne connaîtrait pas l'étendue, il est de la sagesse de cette respectable Société de vous dire quelles seront vos obligations, si elle vous admet dans son sein. Le premier de ces devoirs est un silence absolu sur tout ce que vous pourrez entendre et découvrir parmi nous. Le second, c'est de pratiquer les vertus les plus douces et les plus bienfaisantes, de secourir vos frères, de prévenir leurs besoins, de soulager leur infortune, de les assister de vos conseils, de vos lumières et de votre crédit; ces vertus qui, dans le monde profane, sont considérées comme des qualités rares, ne sont parmi les Francs-Maçons que l'habituel accomplissement d'un devoir. Le troisième de vos devoirs sera de vous conformer aux Statuts généraux de la Franc-Maçonnerie, d'obéir aux lois particulières de cette Loge et à celles du rite qui s'y pratique, et d'exécuter tout ce qui vous sera prescrit au nom de la majorité de cette respectable assemblée. Maintenant, Monsieur, que je vous ai indiqué les principaux devoirs d'un Franc-Maçon, persistez-vous ? et avez-vous la ferme résolution de continuer ces épreuves ?

Réponse (affirmative) du récipiendaire.

Le Vénérable. — Avant d'aller plus loin, je dois exiger de vous votre serment d'honneur; mais ce serment doit être fait sur une coupe sacrée. Si vous êtes sincère, vous pourrez boire avec confiance; mais si la fausseté est au fond de votre cœur, ne jurez pas, éloignez au plus tôt cette coupe, craignez l'effet prompt et terrible du breuvage qu'elle contient !... Consentez-vous à jurer ?

Réponse (affirmative) du récipiendaire.

Le Vénérable, au Frère Terrible.— Faites approcher le Profane de l'autel.

Le Frère Terrible conduit le récipiendaire au bas des degrés de l'autel.

Le Vénérable. — Frère Sacrificateur, présentez au Profane la coupe des serments, si fatale aux parjures !

Le Frère Terrible met dans les mains du récipiendaire une coupe à deux compartiments, tournant sur un pivot : d'un côté, il y a de l'eau; de l'autre, un liquide aussi amer que possible.

Le Vénérable. — Profane, vous allez répéter ce que je vais dire et prononcer ainsi le serment exigé.... « Je m'engage sur l'honneur au silence le plus absolu sur tous les genres d'épreuves que l'on pourra me faire subir... »

Le récipiendaire répète cette première phrase. Aussitôt, le Frère Terrible, lui faisant mettre la main droite sur le cœur, lui donne en même temps à boire une partie de l'eau pure contenue dans la coupe.

Le Vénérable, reprenant. — « ...Et, si jamais je viole mon serment... » Répétez, Monsieur....

Ici, pendant que le récipiendaire prononce ce membre de phrase, tenant toujours la coupe de sa main gauche, le Frère Terrible, sans qu'il puisse sentir autre chose qu'une légère pression, fait pivoter le haut de la coupe, de telle sorte que le compartiment contenant la mixture amère vient se placer au-devant des lèvres du Profane; ce tour s'exécute en un clin d'œil.

Le Vénérable, continuant. — «... Je consens à ce que la douceur de ce breuvage se change en amertume (le récipiendaire répète), et à ce que son effet salutaire devienne pour moi celui d'un poison subtil. »

A peine le récipiendaire, après avoir répété, a-t-il trempé ses lèvres dans le liquide substitué au premier par ce tour de prestidigitation, que le Vénérable frappe un violent coup de maillet.

Le Vénérable, d'une voix forte. — Que vois-je, monsieur? Que signifie la subite altération qui vient de se manifester dans vos traits? Votre conscience démentirait-elle les assurances de votre bouche, et la douceur de ce breuvage se serait-elle déjà changée en amertume?... Éloignez le Profane!

On ramène brutalement le récipiendaire entre les deux colonnes.

Le Vénérable. — Si vous avez le dessein de nous tromper, Monsieur, n'espérez pas y parvenir; la suite de vos épreuves le manifesterait clairement à nos yeux. Mieux vaudrait pour vous, croyez-moi, vous retirer à l'instant même, pendant que vous en avez encore la faculté; car un instant de plus, et il sera trop tard. La certitude que nous acquerrions de votre perfidie vous deviendrait fatale : il vous faudrait renoncer à revoir jamais la lumière du jour. Méditez donc sérieusement sur ce que vous avez à faire.

Ici un nouveau coup de maillet très violent.

Le Vénérable. — Frère Terrible, saisissez ce Profane, et jetez-le sur la sellette des réflexions!

Le Frère Terrible, avec beaucoup de rudesse, pousse le récipiendaire sur un siège dont les pieds sont comme ceux d'un fauteuil-berceuse, ce qui produit un balancement assez désagréable au néophyte jeté là si brusquement.

Tandis que le siège se balance (et les Experts ne se gênent pas pour provoquer des secousses dont le Profane, avec ses yeux bandés, ne peut comprendre la cause), le Vénérable reprend : — Retirons-nous, mes Frères. Que cet homme soit livré à sa conscience, et qu'à l'obscurité qui couvre ses yeux se joigne l'horreur d'une solitude absolue!

Quatre ou cinq Frères font, avec les pieds, le bruit de gens qui s'en vont. Le silence le plus complet est observé pendant deux minutes.

Le Vénérable, tout à coup. — Eh bien, monsieur, avez-vous bien réfléchi à la détermination qu'il vous convient de prendre? Vous retirerez-vous? ou persisterez-vous, au contraire, à braver les épreuves?

Réponse du récipiendaire, qui déclare persister.

Le Vénérable. — Frère Terrible, emparez-vous du Profane, et faites-lui faire son premier voyage; je le confie à votre prudence, ramenez-le-nous sain et sauf.

Le Frère Terrible prend le récipiendaire par les deux mains, en lui disant : « Levez-vous », et celui-ci quitte le siège à berceuse.

On lui fait faire alors le tour de la Loge, en partant de l'Occident à l'Orient par le côté Sud, puis en revenant à l'Occident par le côté Nord.

Ce premier voyage est particulièrement ennuyeux pour le récipiendaire; il n'est qu'une interminable suite de mauvaises farces. On le fait marcher d'abord lentement, à petits pas; puis, sans transition, on l'entraîne très vite. Brusquement, on s'arrête, et on lui dit : « Baissez-vous, il y a une voûte. » On lui parle d'un obstacle à franchir, et il faut qu'il saute au hasard de la culbute. « Levez le pied droit, » lui dit-on à un moment donné, comme s'il s'agissait de monter un escalier; il n'y a pas d'escalier du tout, et le profane fait un faux-pas. Il marche sur des planchers mobiles posés sur des roulettes et hérissés d'aspérités, qui se dérobent sous ses pas. Il gravit d'autres planchers inclinés, à bascule, qui, tout à coup, fléchissent sous lui et semblent l'entraîner dans un abîme.

L'épreuve la plus stupide est celle de l'*Échelle sans fin*. Figurez-vous une échelle de meunier installée entre deux coulisses verticales au milieu desquelles elle glisse; l'appareil se divise en deux parties, ce qui permet de superposer constamment la partie libre à celle qui est en train de descendre. Le Profane, conduit à l'échelle, monte, monte, ne se doutant pas que son mouvement d'ascension est annihilé d'une façon absolue par le mouvement de descente de l'appareil ; de la sorte, il a beau gravir d'interminables degrés, il est toujours à la même place, comme un écureuil tournant dans sa roue. Le Frère Terrible, tranquillement assis auprès de l'appareil et tenant le Profane par la main, en est quitte pour remuer tout le temps son bras, de façon à suivre la pseudo-ascension de sa victime, et à compléter son illusion. On tient le récipiendaire à l'échelle sans fin le plus longtemps possible ; on a, des fois, fait durer cette sotte plaisanterie jusqu'à une demi-heure. Le malheureux souffle, n'en peut mais, est littéralement exténué. Quand il semble incapable de faire un pas de plus, on arrête la mécanique et l'on adapte une petite plate-forme à l'extrémité. « Du courage ! dit le Frère Terrible; encore six marches, et ce sera fini; nous serons au sommet de la tour. » Le récipiendaire rassemble ses dernières forces et parvient à la plate-forme. Tout autour se placent aussitôt une vingtaine d'assistants qui se mettent à souffler sur lui à en faire éclater leurs poumons ou à agiter de grands éventails.

Le Frère Terrible. — Nous sommes à une hauteur de quinze cents mètres au-dessus du niveau de la mer. Jetez-vous dans l'espace.

Et, pour peu que l'infortuné mystifié hésite, on le pousse, et il tombe de la hauteur de deux mètres sur le même matelas qui avait d'abord servi à l'introduction dans la caverne.

Pendant tout ce premier voyage, les assistants ont eu de l'occupation. Le temple a été garni de plusieurs instruments à trucs machinés pour produire un tapage inexprimable : ce sont des cylindres de tôle remplis de sable et tournant sur un axe à l'aide d'une manivelle. pour imiter le bruit de la grêle; d'autres cylindres froissent, dans leur rotation, une étoffe de soie fortement tendue et simulent les sifflements d'un violent aquilon; d'immenses feuilles de tôle, suspendues à la voûte par une extrémité et secouées à tour de bras, reproduisent le roulement du tonnerre et les éclats de la foudre [1]. Au surplus, les assistants augmentent cet épouvantable fracas, en poussant des cris de douleur, des vagissements d'enfants, des hurlements de bêtes sauvages. Quelle belle institution, décidément, que la Franc-Maçonnerie!

Enfin, le Profane, moulu, rompu, est traîné jusqu'à l'Occident, et là, pour lui rendre des forces, on lui administre une bonne décharge électrique au moyen d'une bouteille de Leyde.

---

1. On n'a pas oublié que, le dimanche 11 octobre 1885, les représentants des comités et des journaux républicains se réunirent à Paris pour aviser aux moyens de remédier à leur débâcle électorale du dimanche précédent : les elections législatives, au premier tour de scrutin, avaient donné une majorité considérable aux conservateurs, dont 189 avaient été élus députés d'un seul coup; aussi, en présence de cette avalanche qui menaçait d'emporter la République, modérés, opportunistes, radicaux et révolutionnaires décidèrent de faire l'union entre eux. Ce fut à l'Hôtel du Grand-Orient de France que se tint l'assemblée. Le *Temps*, dans son numéro du mardi 13 octobre, rendit compte de cette réunion; voici un amusant incident maçonnique qui s'y trouvait relaté :

« La salle choisie d'abord s'étant trouvée trop petite, raconte le *Temps*, il a fallu déménager et monter à l'étage supérieur. Là, nouvelle surprise : à peine était-on depuis cinq minutes dans le Temple Rouge, qu'on entend des roulements de tonnerre. C'est, paraît-il, M. Tony Révillon qui s'amuse à tourner la roue des Francs-Maçons destinée à simuler les grondements de la foudre pendant les épreuves de l'initiation. On se rassure en riant aux éclats, pendant qu'un garçon du Grand-Orient, indigné de cette profanation, vient reprendre son tonnerre et l'emporte dans ses bras. »

A cette secousse formidable, le récipiendaire pousse forcément un cri. Le Second Surveillant s'élance aussitôt et lui applique vigoureusement son maillet sur la poitrine.

Le 2e Surveillant. — Qui va là?

Le Frère Terrible. — C'est un Profane qui demande à être reçu Franc-Maçon.

Le 2e Surveillant. — Comment a-t-il osé faire cette demande?

Le Frère Terrible. — C'est parce qu'il est libre et de bonnes mœurs.

Le 2e Surveillant. — Puisqu'il en est ainsi, qu'il passe!

On ramène le récipiendaire entre les deux colonnes.

Le 1er Surveillant, après un coup de maillet sur son bureau. — Vénérable, le premier voyage est terminé.

Le Vénérable, au Profane. — Eh bien, Monsieur, pouvez-vous expliquer ce voyage et me dire les impressions qu'il vous a causées?

Réponse du récipiendaire.

Réplique du Vénérable. — Monsieur, le voyage que vous venez d'accomplir est l'emblème de la vie humaine: le tumulte des passions, le choc des divers intérêts, les difficultés des entreprises, l'embarras des affaires, les obstacles que multiplient sous vos pas des concurrents empressés à vous nuire et toujours disposés à vous rebuter, les haines, les trahisons, les malheurs qui frappent l'homme vertueux, tout cela est figuré par le bruit et le fracas qui ont assourdi vos oreilles et par l'inégalité et les difficultés de la route que vous avez parcourue. Peut-être avez-vous déjà éprouvé une partie de ces maux qui troublent la vie profane? Prenez courage, Monsieur, la Maçonnerie apprend à les supporter et procure des consolations salutaires et des dédommagements.

Après cette explication, le Vénérable adresse au récipiendaire quelques questions au sujet de son testament et des réponses qu'il a données par écrit sur le papier du cabinet aux squelettes.

Si le Profane, dans ces réponses, a fait une déclaration d'athéisme ou d'impiété, on ne lui parle pas de Dieu, afin de ne pas lui fournir l'occasion de choquer ceux des Frères dont l'éducation maçonnique n'est pas encore terminée.

Il en est tout autrement, s'il a manifesté des croyances religieuses. Voici, en ce cas, le dialogue qui s'établit entre le Vénérable et le récipiendaire :

Le Vénérable. — Vous croyez donc, Monsieur, à un Être Suprême ?

Réponse du récipiendaire.

Réplique du Vénérable. — Cette croyance fait honneur à votre cœur et à votre raison : elle n'est pas seulement le partage du philosophe et du Franc-Maçon ; elle est aussi celui de l'homme sauvage. Si nous admettons parmi nous l'honnête homme de tous les cultes, c'est qu'il ne nous appartient pas de scruter les consciences, et que nous pensons que l'encens de la vertu est agréable à la divinité, de quelque manière qu'il lui soit offert. La tolérance que nous professons n'est point le résultat de l'athéisme ou de l'impiété, mais seulement celui de l'indulgence et de la philosophie.

Le Vénérable. — Pourriez-vous maintenant nous dire, Monsieur, ce que c'est que le déisme ?

Réponse du récipiendaire.

Réplique du Vénérable. — Le déisme est la croyance à l'existence de Dieu, sans révélation ni culte. C'est la religion de la raison, celle des grands esprits de tous les temps, de tous les lieux, celle que professeront tous les peuples de la terre, quand ils ne formeront plus qu'une seule nation et une même famille. De toutes les religions, Monsieur, le déisme est, même à cette heure, la plus répandue : elle est la religion dominante en Chine ; c'est la secte des sages chez les mahométans, et sur dix philosophes chrétiens il y en a huit de cette opinion. Elle a pénétré jusque dans les écoles de théologie, dans les cloîtres et dans le conclave ; c'est une espèce de secte sans association, sans culte, sans cérémonies, sans dispute et sans zèle, répandue dans l'univers sans avoir été prêchée. Le déisme se rencontre au milieu de toutes les religions, comme le judaïsme. Ce qu'il y a de singulier, c'est que l'un, étant le comble de la superstition, abhorré des peuples, méprisé des sages, est toléré partout, et l'autre, étant l'opposé de la superstition, inconnu au peuple et embrassé par les seuls philosophes, n'a d'exercice public qu'en Chine. Il n'y a point de pays dans l'Europe où il y ait plus de déistes qu'en Angleterre. On n'a jamais vu de déistes qui aient cabalé ou intrigué dans aucun État. En un mot, Monsieur, le déisme est la religion universelle de l'avenir ; elle est destinée à remplacer les cultes si nombreux qui défigurent la Divinité sur tous les points du globe.

Le Vénérable. — Et maintenant, Frère Terrible, faites procéder au second voyage.

Dans ce voyage, qui se fait de l'Occident à l'Orient, comme le premier, mais en passant par le Nord et revenant par le Sud, le récipiendaire n'est plus soumis aux désagréments de tout à l'heure. Aucun obstacle n'entrave sa marche ; le seul bruit qu'il entend est un cliquetis d'épées, produit par les assistants qui froissent les uns contre les autres leurs glaives en fer-battu.

De retour à l'Occident, le Frère Terrible conduit le Profane au 1er Surveillant, sur l'épaule duquel il lui fait frapper trois légers coups.

Le 1er Surveillant. — Qui va là ?

Le Frère Terrible. — C'est un Profane qui demande à être reçu Franc-Maçon.

Le 1er Surveillant. — Comment a-t-il osé faire cette demande ?

Le Frère Terrible. — C'est parce qu'il est libre et de bonnes mœurs.

Le 1er Surveillant. — Puisqu'il en est ainsi, qu'il passe, et qu'il soit purifié par l'eau !

A cet ordre, on plonge trois fois la main gauche du récipiendaire dans un vase rempli d'eau, et, après lui avoir essuyé la main, on le ramène entre les deux colonnes.

Le 1er Surveillant, après un coup de maillet. — Vénérable, le second voyage est terminé.

Le Vénérable, au Profane. — Quelles réflexions, Monsieur, ce second voyage a-t-il fait naître en vous ?

Réponse du récipiendaire.

Réplique du Vénérable. — Vous avez dû trouver dans ce voyage, Monsieur, moins de difficultés et d'embarras que dans le premier. Nous avons voulu rendre sensible à votre esprit l'effet de la constance à suivre le chemin de la vertu, qui devient de plus en plus agréable au fur et à mesure qu'on y avance ; cette persévérance dans le bien finit par réduire au silence ces clameurs de l'envie dont vous avez à peine entendu le faible bruit. Les cliquetis d'armes figurent les combats que l'homme vertueux est sans cesse obligé de soutenir pour diriger ses passions et triompher des attaques du vice. Vous avez reçu une triple ablution pour purifier votre corps, comme la vertu doit purifier votre âme. Cette purification par l'eau date de l'origine des temps ; cet usage était fondé sur cette opinion, enseignée jadis dans les mystères mêmes par les prêtres égyptiens, que nous naissons déjà coupables, que cette vie est destinée à expier des fautes commises dans une vie antérieure, et que l'on ne peut aspirer à un sort heureux tant qu'elle restera souillée d'une tache originelle. La raison et la philosophie ont fait justice de cette opinion, qui fut une des erreurs de la métempsychose chez les peuples de l'Asie.

Après cette explication, le Vénérable insiste de nouveau sur les réponses écrites que le récipiendaire a faites aux trois questions imprimées du cabinet des réflexions : il lui demande encore quelques développements. Puis, il aborde un autre genre d'investigations.

Le Vénérable. — Monsieur, en vous adressant des questions, nous ne sommes point guidés par un sentiment de vaine curiosité ou d'orgueil ; nous ne sommes point les inquisiteurs de vos pensées, cherchant à surprendre dans votre conscience des défaillances ou des défauts ; mais nous désirons, avant tout, vous connaître, et, vous avez dû le remarquer, nous écoutons vos réponses sans les combattre ni les discuter. Nous cherchons principalement en vous ce qu'il y a de grand et d'élevé, afin de vous encourager à vous élever davantage encore. Parlez donc sans contrainte, ne craignez pas de vous montrer à nous par vos beaux côtés ; nous vous aiderons au besoin dans vos recherches à ce sujet. Voyons, par exemple, avez-vous, dans le cours de votre existence profane, donné quelques témoignages de dignité humaine ? de grandeur d'âme ? ou de désintéressement ? Avez-vous pratiqué la justice ? la bienfaisance ? la prudence ? Mettez de côté toute fausse modestie ; nous serons heureux de vous écouter et de connaître votre vraie valeur morale.

Réponse du récipiendaire.

Le Vénérable. — Frère Terrible, faites faire le troisième voyage.

Ce troisième voyage s'effectue au milieu d'un profond silence ; le terrain est tout à fait libre ; on marche à grands pas. Le récipiendaire est conduit de l'Occident à l'Orient par le Sud. Arrivé à l'Orient, dont on lui a fait monter les degrés, le Frère Terrible lui prend la main, et cette fois c'est le Vénérable que le récipiendaire frappe légèrement à trois reprises sur l'épaule.

Le Vénérable. — Qui va là ?

Le Frère Terrible. — C'est un Profane qui demande à être reçu Franc-Maçon.

Le Vénérable. — Comment a-t-il pu concevoir l'espérance d'obtenir une telle faveur ?

Le Frère Terrible. — C'est parce qu'il est libre et de bonnes mœurs.

Le Vénérable. — S'il en est ainsi, eh bien ! qu'il passe par les flammes purificatoires, afin qu'il ne lui reste plus rien de profane !

Au moment où le récipiendaire descend les marches de l'estrade pour se rendre entre les deux colonnes, le Frère Terrible l'enveloppe de flammes à trois reprises. L'instrument dont il se sert à cet effet s'appelle la « lampe à lycopode ». C'est un long tube de métal, se terminant à l'extrémité par une lampe à esprit de vin, entouré d'un crible en forme de couronne ; les trous de ce crible donnent passage à une poudre très inflammable, appelée « lycopode », renfermée dans l'intérieur, et que le souffle de celui qui embouche l'instrument pousse sur la flamme de la lampe. Cette poudre provient des capsules du lycopode, plante cryptogame de la famille des mousses.

Le 1er Surveillant. — Vénérable, le troisième voyage est terminé.

Le Vénérable. — Monsieur, vos voyages ont touché à leur fin. Vous avez pu constater que le dernier a été encore moins pénible que le précédent ; c'est la récompense de votre persévérance à atteindre le but où vous désirez arriver. Vous avez passé par la terre, par l'air, par l'eau et par le feu. Les flammes dont vous avez été environné en dernier lieu sont le complément de votre purification. Puisse votre cœur s'embraser à jamais de l'amour de vos semblables ! Puisse la charité présider toujours à vos paroles et à vos actions ! N'oubliez en aucune circonstance de votre vie ce précepte, qui est le fondement de toute morale : « Ne faites pas à autrui ce que vous ne voudriez pas qui vous fût fait. » Pénétrez-vous aussi de cet autre précepte que la Franc-Maçonnerie a cru devoir y ajouter : « Faites à autrui ce que vous voudriez qu'on vous fît. »

Ici, une pause.

Le Vénérable. — Monsieur, je ne saurais trop louer votre courage. Qu'il ne vous abandonne pas, cependant; car il vous reste encore des épreuves à subir. La Société dans laquelle vous demandez à être admis pourra exiger de vous un jour votre coopération au châtiment d'un traître ; peut-être même vous demandera-t-elle de verser pour la défense de notre Ordre jusqu'à la dernière goutte de votre sang. Y consentiriez-vous ?

Réponse (affirmative) du récipiendaire.

Le Vénérable. — Nous avons besoin, Monsieur, de nous convaincre que ce n'est point là une vulgaire affirmation. Êtes-vous résigné à ce qu'on vous ouvre la veine à l'instant même ?

Le récipiendaire, ayant constaté que toutes les épreuves précédentes ne lui ont pas causé grand dommage, répond en général affirmativement.

Si toutefois il hésite, le Vénérable feint de croire que ses hésitations proviennent de ce qu'il a dîné depuis peu de temps et qu'il craint qu'une saignée ait pour lui des suites dangereuses. « Frère Chirurgien, dit alors le Vénérable, approchez-vous du Profane, et tâtez-lui le pouls. » Un Expert procède à cette formalité et affirme que la saignée peut être pratiquée sans inconvénient.

Donc, que le récipiendaire hésite ou non, on joue une nouvelle comédie.

Le Vénérable. — Frère Chirurgien, faites votre devoir.

Un Frère Expert saisit le bras du candidat-Maçon et le pique assez fort avec la pointe d'un cure-dent. Un autre Frère, qui tient un vase dont le goulot est très étroit et qu'on a eu soin de remplir d'eau tiède, l'incline, fait tomber un filet d'eau extrêmement mince sur le bras du récipiendaire, et de là, dans un bassin, il épanche le reste de l'eau avec bruit, de manière à faire croire au patient que c'est son sang qui coule. L'opération s'achève suivant la forme usitée, et, lorsqu'elle est terminée, on fait tenir au récipiendaire son bras en écharpe.

Que le lecteur ne s'imagine pas cependant que la série des pasquinades est close. Il reste encore l'épreuve du fer rouge.

Le Vénérable. — Monsieur, tout Profane qui se fait recevoir Franc-Maçon cesse de s'appartenir ; il n'est plus à lui, mais il appartient à un Ordre secret qui est répandu sur toute la surface du globe. Et afin que la différence des langues n'empêche pas un Maçon d'être reconnu pour tel, il existe, dans toutes les Loges de l'univers, un sceau chargé de caractères hiéroglyphiques connus des seuls vrais Francs-Maçons. Ce sceau, après avoir été rougi au feu, est appliqué sur le corps de tout Frère nouvellement reçu et y imprime une marque ineffaçable. Consentez-vous, Monsieur, à recevoir, sur la partie du corps que vous indiquerez, cette empreinte glorieuse, afin de pouvoir dire, en la montrant à vos Frères : « Et moi aussi je suis Franc-Maçon ! »

Réponse (affirmative) du récipiendaire.

L'opération du « sceau maçonnique » se pratique de plusieurs manières. Le Rituel du Grand-Orient de France dit que l'un des Experts doit frotter avec un linge sec la partie du corps indiquée et y poser très prestement un glaçon. Mais, dans les Loges, les manières les plus usitées sont celles-ci : on applique à l'endroit désigné par le Profane, soit le côté chaud d'une bougie qu'on vient d'éteindre, soit le pied d'un petit verre à liqueur qu'on a légèrement échauffé en y brûlant du papier.

Enfin, on passe à un autre exercice; mais cette fois, si le motif invoqué pour l'épreuve est un effronté mensonge, par contre, comme il s'agit de faire donner de l'argent au récipiendaire, on le lui extirpe très réellement.

Le Vénérable. — Monsieur, voici le moment de mettre en pratique le second des devoirs d'un Franc-Maçon. La veuve d'un de nos Frères, ayant appris votre réception de ce jour, réclame, depuis ce matin même, votre assistance pour elle et ses orphelins plongés dans la plus affreuse misère. Je vais députer vers vous celui des membres de cette Loge qui est chargé de la distribution des secours, et vous lui direz, à voix basse, ce que vous destinez au soulagement de cette famille infortunée. Je dis « à voix basse », Monsieur, parce que les actes de bienfaisance d'un Franc-Maçon ne doivent jamais être des actes d'ostentation ni de vanité; ces actes doivent être pour lui l'accomplissement d'un devoir et rester ensevelis dans le secret. Consultez vos moyens en même temps que votre cœur, afin de ne pas dépasser ce que vos ressources vous permettent d'offrir à cette malheureuse veuve et à ses enfants qui se recommandent à vous. Nous ne demandons ici que le juste tribut de votre charité fraternelle envers vos semblables.

Si le récipiendaire, dit le Rituel du Grand-Orient de France, hésite à prendre une détermination franche et précise, le Vénérable doit insister, mais avec les ménagements que voici :

Le Vénérable. — Cette charité, qui vous est demandée, Monsieur, cesserait d'être une vertu, si vous l'exerciez au préjudice d'autres devoirs plus sacrés et plus pressants : des engagements civils à remplir, une famille à entretenir, des enfants à élever, des parents peu favorisés de la fortune à soulager. Voilà les premiers devoirs que la nature et la conscience nous imposent ; voilà les créanciers de tout homme qui règle sa conduite sur les principes de l'équité. Que penseriez-vous de celui qui voudrait paraître charitable avant de les avoir satisfaits?... J'ai voulu vous éclairer sur les obligations communes à tous les hommes, je reviens à ma première proposition : pouvez-vous, sans blesser aucun de ces devoirs, sacrifier au profit des pauvres gens dont il s'agit, tout ou partie de l'argent et produit des bijoux qui vous appartiennent et qu'on m'a remis ?

Ces ménagements ayant été pris, le Vénérable donne les ordres.

Le Vénérable. — Frère Hospitalier, approchez-vous du récipiendaire, et sachez de lui ce qu'il destine à l'œuvre que je lui ai signalée.

Le Frère Hospitalier se transporte auprès du récipiendaire qui lui confie à voix basse ses intentions. Il en rend compte au Vénérable, également à voix basse.

Le Vénérable. — Monsieur, la Respectable Loge agrée votre offrande ; elle est reçue et acceptée avec une vive reconnaissance. Comptez sur la gratitude de la malheureuse veuve et sur les bénédictions naïves et touchantes de ses enfants (*textuel*).

Que la Franc-Maçonnerie me permette de le lui dire : cette aumône forcée qu'elle soutire au récipiendaire est tout uniment ce qu'en style essentiellement profane on appelle une « carotte ». En effet, d'une part Profane par sa lettre même de convocation, a déjà été imposé d'office pour la somme de dix francs destinée au prétendu Tronc Hospitalier (voir page 335) : ensuite, le jour de la réception, il n'existe pas plus de veuve et d'orphelins sur la paille qu'il n'y en a dans le sérail du Grand-Turc ; et la preuve, c'est que le discours, qui sert d'amorce pour prétexter cette petite filouterie, est imprimé dans les Rituels et que le Vénérable le prononce invariablement à chaque initiation.

On termine les épreuves du récipiendaire [1] en donnant la parole aux assistants qui ont des questions à lui adresser. Toutes les questions, même les plus indiscrètes, les moins en situation, celles n'ayant pas l'ombre du sens commun, peuvent être posées. En voici quelques échantillons, entendus dans diverses Loges, et auxquels le Vénérable n'opposa aucune

---

1. Lorsqu'il s'agit d'initier plusieurs candidats dans la même séance, on supprime les épreuves qui nécessitent les appareils les plus compliqués ou qui font perdre trop de temps. C'est ainsi que, faisant partie d'une fournée de quatre récipiendaires, j'ai eu la chance d'éviter l'introduction dans la caverne, le sceau maçonnique, la saignée et l'échelle sans fin. Avant l'entrée du temple, on ne m'avait pas donné non plus le spectacle du traître décapité. Par contre j'ai lieu de croire que l'on n'avait rien négligé pour impressionner l'un de mes co-récipiendaires, M. Constantin Velitchkoff ; car, dès avant le premier voyage, il paraissait fort ému, et même, au cours des épreuves, il se trouva mal à deux reprises.

Quand le candidat-Maçon est seul à se faire initier, il est sûr, excepté s'il est un personnage réellement marquant, de passer par toutes les mauvaises farces que je viens de raconter. Il y a même des Loges qui ne se contentent pas des épreuves réglementaires et qui trouvent à ajouter au Rituel. Sous prétexte que le premier voyage représente les obstacles, les luttes et les déceptions de la vie, on fait cogner au Profane la tête contre une poutre, on lui verse dans le dos un filet d'eau glacée, en même temps qu'on lui ébouillante le genou droit laissé à découvert, etc. Ou bien, soi-disant pour symboliser la discrétion imposée par la Franc-Maçonnerie à ses adeptes, on le mystifie comme voici :

Pour être sûrs que vous ne parlerez pas, lui dit-on, nous allons vous couper la langue ; acceptez-vous ? » Le Profane, certain de garder sa langue comme tous les Maçons qu'il connaît, répond

objection : « Monsieur, qu'auriez-vous fait si vous vous étiez trouvé sur le radeau de la *Méduse?* » — « Monsieur, croyez-vous que la lune soit habitée? et, si vous la croyez habitée, quelle religion pensez-vous qu'on y pratique? » — « Monsieur, les coups de canif vous paraissent-ils hygiéniques pour un homme d'un tempérament enclin à l'apoplexie? » — « Monsieur, une charcutière de cette ville a mis hier au monde deux jumeaux du sexe masculin, l'un blond, l'autre brun, et étroitement attachés l'un à l'autre par un fort boyau, comme les frères siamois dont vous avez sans doute entendu parler ; le brun a deux cœurs et pas de foie, le blond a deux foies et pas de cœur; quel est celui de ces deux jumeaux chez lequel réside l'âme de son frère? »

« oui » sans hésiter ; on lui dit de la tirer, et il la tire de toutes ses forces ; on ne lui coupe pas la langue, mais on la lui pince avec un de ces instruments composés de deux morceaux de bois pressés l'un contre l'autre par un très fort ressort, et dont les blanchisseuses, lorsqu'elles étendent leur linge, se servent, au lieu d'epingles, pour le retenir sur les cordes ; cette épreuve est très douloureuse, le Profane en a pour un quart d'heure à ne pas pouvoir parler.

Enfin, pour montrer au public à quel point les sectateurs du Grand Architecte poussent la manie de la mystification symbolique, voici une répugnante épreuve, extra-réglementaire, qui se pratique dans de nombreuses Loges en province ; elle a censément pour but de représenter au néophyte les deceptions de l'existence ; on l'appelle l'épreuve de *la Chèvre de Salomon*. Le Vénérable dit gravement au récipiendaire, à qui l'on a eu soin de ne jouer jusqu'alors aucun méchant tour : « Monsieur, nous possédons la chèvre qui a servi de nourrice au roi Salomon, cette chèvre, par un bienfait aussi miraculeux que providentiel, est encore vivante, et les Maçons s'abreuvent avec délices de son lait ; il leur rappelle, en effet, un grand monarque dont l'histoire est mêlée à celle de la fondation de la Franc-Maçonnerie. Vous allez vous agenouiller bien bas et vous aurez l'hon neur de têter à l'une des mamelles sacrées de la chèvre de Salomon. » Le Profane, sans méfiance, se met dans la position voulue; et, au moment où il ouvre la bouche, croyant qu'on va lui présenter une mamelle de chèvre convenablement appropriée, on lui applique les lèvres au derrière crotté d'un sale bouc.

Lorsque, après épuisement de questions plus ou moins saugrenues, les colonnes sont redevenues muettes, le Vénérable conclut.

Le Vénérable. — Nous sommes disposés, Monsieur, à récompenser votre confiance en nous et votre fermeté dans les épreuves que vous avez subies. Cependant, nous devons encore consulter ceux à qui nous allons vous associer et savoir s'ils n'ont aucune objection à élever contre votre admission.

On fait sortir le Profane dans la salle des pas-perdus

C'est alors, dit le Rituel, que les Frères qui ont quel ques reproches à faire au récipiendaire lèvent la main pour obtenir la permission de les formuler. On fait en sorte cependant que les débats ne durent pas trop longtemps et ne puissent blesser la délicatesse du récipiendaire; car on ne peut supposer que l'on ait des reproches sérieux à lui faire, après les informations qui ont été prises avant de le soumettre aux épreuves, le scrutin d'admission ayant dû faire justice de toute incrimination (*sic*).

On fait ensuite rentrer le Profane.

Le Vénérable. — Frère Terrible, remettez le candidat entre les mains du Frère Premier Surveillant, afin qu'il lui enseigne à faire les premiers pas dans l'angle d'un carré long; et, après cela, vous le conduirez à l'Orient pour y prêter son obligation.

Le Frère Terrible obéit à cet ordre. Le Premier Surveillant se lève et quitte son siège : il prend le récipiendaire par la main, lui explique la manière de faire les trois pas mystérieux du grade d'Apprenti, et les lui fait exécuter. Le Frère Terrible amène ensuite le récipiendaire à l'Orient, dont ils gravissent ensemble les degrés.

Le Maître des Cérémonies met dans la main du récipiendaire un compas ouvert (l'une des pointes est légèrement appuyée sur son cœur) ; il lui place la main droite sur les Statuts généraux de l'Ordre, recouverts d'une équerre et d'un glaive déposés sur l'autel. Dans cette position, le candidat-Maçon attend que le Vénérable lui dicte le serment qu'il doit prêter.

Le Vénérable. — Mes Frères, debout et à l'ordre, le glaive en main ! le récipiendaire va prêter le serment. (S'adressant au récipiendaire :) Monsieur, l'engagement que vous allez contracter ne contient rien qui puisse blesser le respect que nous devons aux religions et aux bonnes mœurs, ni l'obéissance due aux lois. Ce serment est grave, il faut que vous le prêtiez de votre pleine liberté ; y consentez-vous ?

Réponse (affirmative) du récipiendaire.

Le Vénérable. — Je vais vous lire la formule du serment ; ensuite vous direz : « Je le jure. »

Comme le serment d'initiation n'est pas le même pour tous les rites, voici celui de chaque rite pratiqué en France :

Serment d'initiation au Rite Français :

« Je jure et promets, devant le Grand Architecte de l'Univers, et sur ce glaive, symbole de l'honneur, de garder inviolablement tous les secrets qui me seront confiés par cette Respectable Loge, ainsi que tout ce que j'y aurai vu faire et entendu dire, de n'en jamais rien écrire, sans en avoir reçu la permission expresse et de la manière qui pourra m'être indiquée. Je promets et jure d'aimer mes Frères et de les secourir selon mes facultés. Je promets et jure en outre de me conformer aux Statuts généraux de la Franc-Maçonnerie et aux règlements particuliers de cette Respectable Loge. Je consens à avoir la gorge coupée, si jamais je me rendais coupable de trahison en révélant les secrets de l'Ordre ! »

Serment d'initiation au Rite Écossais :

« Moi (noms et prénoms du récipiendaire), de ma

propre et libre volonté, en présence du Grand Architecte de l'Univers, et de cette respectable assemblée de Maçons, je jure et promets solennellement et sincèrement de ne jamais révéler aucun des mystères de la Franc-Maçonnerie qui vont m'être confiés, si ce n'est à un bon et légitime Maçon ou dans une Loge régulièrement constituée. Je promets et jure d'aimer mes Frères, de les secourir et de les aider dans leurs besoins. Je consens à avoir la gorge coupée, si jamais je manquais à mon serment ! »

Serment d'initiation au Rite de Misraïm :

« Je jure, au nom du Tout-Puissant, Architecte Suprême des Mondes, de ne jamais révéler les secrets, les signes, les attouchements, les paroles, les doctrines et les usages des Francs-Maçons, et de garder là-dessus un silence éternel. Je promets et jure au Tout-Puissant de n'en jamais rien trahir ni par la plume, ni par signes, ni par paroles, ni par gestes ; de n'en jamais rien écrire ou faire écrire, ni lithographier, ni imprimer ; de ne jamais divulguer d'une façon quelconque rien de ce qui m'a été confié jusqu'à ce moment ni de ce qui le sera encore à l'avenir. Je me soumets et m'engage à subir la peine suivante, au cas où je viendrais à violer mon serment : qu'on me brûle les lèvres avec un fer rouge ! qu'on me coupe la main ! qu'on m'arrache la langue ! qu'on me tranche la gorge ! que mon cadavre soit pendu dans une Loge pendant le travail d'admission d'un nouveau Frère, pour être l'effroi de ceux qui, comme moi, seraient tentés de devenir parjures ! qu'on brûle ensuite mes restes odieux, et qu'on en jette les cendres au vent, afin qu'il ne demeure plus aucun souvenir ni aucune trace de ma trahison ! »

Une fois que le récipiendaire a prêté ce serment, le Vénérable le fait reconduire entre les deux colonnes.

Le Vénérable. — Monsieur, le serment que vous

venez de jurer ne vous donne-t-il aucune inquiétude ?

Réponse du récipiendaire.

Le Vénérable. — Vous sentez-vous la force de l'observer?

Réponse du récipiendaire.

Le Vénérable. — Consentez-vous à le réitérer, lorsque vous aurez reçu la lumière ?

Réponse du récipiendaire.

Le Vénérable. — Allons, vous tous, mes Frères, faites votre devoir!

Tous les assistants entourent le récipiendaire et dirigent contre lui leurs épées, les pointes très près de sa poitrine, sans toutefois la toucher. Le Second Surveillant se place derrière lui, prêt à dénouer le bandeau qui lui couvre les yeux, attendant pour cela le signal du Vénérable. En même temps, le Frère Terrible tient la lampe à lycopode, à un mètre en avant du candidat.

Le Vénérable. — Frère Premier Surveillant, vous qui êtes une des premières colonnes de ce temple, maintenant que la patience et la fermeté de ce néophyte l'ont fait sortir victorieux de cette lutte entre le Profane et le Maçon, le jugez-vous digne d'être admis parmi nous?

Le 1er Surveillant. — Oui, Vénérable.

Le Vénérable — Que demandez-vous pour lui?

Le 1er Surveillant. — La lumière.

Le Vénérable. — Que la lumière soit!

Il frappe trois coups lents. Au troisième, le Second Surveillant arrache le bandeau du récipiendaire, et, au même instant, le Frère Terrible qui a embouché la lampe à lycopode souffle fortement et projette ainsi une grande et très lumineuse flamme.

Le Vénérable. — Néophyte, les glaives qui sont tournés vers vous vous annoncent que tous les Maçons voleront à votre secours dans les circonstances difficiles où vous pouvez vous trouver, si vous respectez et si vous observez particulièrement nos secrètes lois. Ils vous annoncent, en même temps, que vous ne trouveriez parmi nous que des vengeurs de la Maçonnerie et de la vertu, et que nous serons toujours prêts à punir le parjure, si vous vous en rendiez coupable; aucun lieu de la terre ne vous offrirait alors un refuge contre nos armes.

Coup de maillet du Vénérable; tous les assistants déposent leurs épées sur les banquettes.

Le Vénérable. — Frère Maître des Cérémonies, amenez à l'Orient le nouvel initié, pour qu'il y renouvelle son obligation.

On fait faire à l'Initié les trois pas d'Apprenti; on le conduit ensuite, par la marche ordinaire, jusqu'à l'autel et dans la même situation, c'est-à-dire la main droite étendue, sur le livre des Règlements généraux de l'Ordre, recouvert d'une équerre et d'un glaive, et tenant de la main gauche un compas ouvert dont une des pointes pique légèrement son sein nu; en outre, cette fois, on lui fait mettre en terre le genou droit.

Tous les assistants sont debout et se tiennent à l'ordre, c'est-à-dire dans la posture consacrée.

Le Vénérable. — Néophyte, adhérez-vous entièrement et sans réserve à votre première obligation? êtes-vous prêt à confirmer sincèrement et sans aucune restriction le serment que vous avez prêté avant d'avoir reçu la lumière?

L'Initié. — Oui, monsieur.

Le Vénérable. — Eh bien, le moment est venu de le réitérer. Je vais vous le relire, et vous le répèterez après moi, phrase par phrase.

Le Vénérable fait, de la sorte, une nouvelle lecture du serment, et l'Initié répète et jure.

Le Vénérable. — Jurez de plus, à présent, d'obéir fidèlement aux Chefs de notre Ordre en tout ce qu'ils vous commanderont de conforme et de non contraire à nos secrètes lois. Dites : « je le jure. »

L'Initié. — Je le jure.

Le Vénérable, frappant trois petits coups sur la tête du compas. — Apprenez, par la justesse du compas, à diriger tous vos mouvements vers le bien,

Saisissant de la main gauche son sabre tordu, dit « épée flamboyante », le Vénérable en place la lame sur la tête du néophyte agenouillé, tandis que de la main droite il tient son maillet prêt à frapper sur le glaive.

Le Vénérable, d'un ton solennel. — A la gloire du Grand Architecte de l'Univers, au nom et sous les auspices du Grand-Orient (*ou :* du Suprême Conseil) de France, en vertu des pouvoirs qui m'ont été conférés, moi, Vénérable de cette Respectable Loge, je vous crée (*un petit coup de maillet sur la lame du glaive*), reçois (*second petit coup de maillet*) et constitue (*troisième petit coup*) Apprenti-Maçon, premier degré du rite (*ici le nom du rite*), et membre de la Respectable Loge constituée sous le titre distinctif de (*ici le nom de la Loge*) à l'Orient de (*ici le nom de la ville*).... Levez-vous.... Mon Frère, car dorénavant nous ne vous donnerons plus d'autre qualification, approchez et recevez de moi, au nom de tous mes Frères, le triple baiser fraternel.

Là-dessus, il embrasse trois fois l'Initié, d'abord sur la joue droite, ensuite sur la joue gauche, enfin sur la bouche. Quand le Vénérable a le défaut de saliver (ce qui était le cas du Frère Lemaire) ou d'avoir l'haleine infectée, on avouera que le triple baiser fraternel est fièrement dégoûtant. Et, bon gré mal gré, il faut y passer. Pouah !

Ensuite, le Vénérable ceint à l'Initié un tout petit tablier de peau blanche, qu'il a soin de placer à la partie inférieure de l'abdomen; et, une fois que ce tablier ridicule (on pourrait même, à cause de sa position, lui donner un autre qualificatif) est attaché, le Vénérable l'arrange, le manie, en relève la bavette; il est nécessaire, d'après le Rituel, qu'en Apprenti porte sa bavette relevée.

Le Vénérable, quand ses manipulations sont terminées. — Recevez, mon Frère, ce tablier que nous portons tous et que les plus grands hommes se sont fait honneur de porter; il est l'emblème du travail; il vous rappellera qu'un Franc-Maçon doit toujours avoir une vie active et laborieuse. Ce tablier, qui est notre habillement maçonnique, vous donne le droit de vous asseoir parmi nous, et vous ne devrez jamais vous présenter dans ce temple sans en être revêtu, la bavette levée. (Il donne ensuite à l'Initié une paire de gants d'hommes, en disant :) Recevez ces gants que vous offrent vos Frères, n'en souillez jamais la blancheur; les mains d'un Franc-Maçon doivent toujours rester pures. (Il lui remet une paire de gants de femmes :) *Nous n'admettons point de femmes dans nos Loges* [1]; mais, en rendant hommage à leur grâce et à leur vertu, nous aimons à en rappeler le souvenir; ces gants, vous les donnerez à la femme que vous estimez le plus.

L'Initié met ses gants.

Le Vénérable. — Mon Frère, les Francs-Maçons, pour se reconnaître entre eux, ont des signes secrets, des mots convenus et des attouchements mystérieux... Il y a deux signes, celui d'ordre et celui de reconnaissance. Être à l'ordre, en Loge, c'est être debout et porter

1. Le lecteur est prié de bien retenir cette affirmation du Vénérable au nouvel initié; nous verrons, à la fin du second volume, ce qu'elle vaut.

à plat la main droite sous la gorge, légèrement vers l'artère carotide de gauche, les quatre doigts serrés et le pouce écarté en forme d'équerre, et le bras gauche pendant; ce signe a pour but de vous rappeler sans cesse que vous auriez la gorge tranchée si vous veniez à violer vos serments maçonniques. Le signe de reconnaissance se fait ainsi : après vous être mis à l'ordre, vous retirez horizontalement votre main droite vers l'épaule droite, par un mouvement qui simule, invisiblement pour les Profanes, l'acte de trancher la gorge, et aussitôt vous laissez retomber votre main droite le long du corps, le bras allongé; de la sorte, vous vous trouvez avoir, par ce signe, décrit une équerre sur vous-même... L'attouchement se fait en prenant la main droite de celui dont vous voulez vous faire connaître : vous posez votre pouce sur la première phalange de son index, et, par un mouvement invisible, vous frappez trois petits coups dans le creux de sa main. Cet attouchement, lorsqu'il vous est donné par un Frère, est, en même temps, la demande du mot sacré... Le mot que nous appelons sacré, ou « la parole », est le plus ineffable de nos mots mystérieux; on ne doit jamais le prononcer, encore moins l'écrire; nous ne l'imprimons même pas sur nos Rituels; pour se le communiquer entre Francs-Maçons, on l'épèle par lettre, l'un à l'autre à l'oreille, le premier disant une lettre, le second une autre, le premier reprenant la troisième lettre, et ainsi de suite. Ce mot signifie : stabilité, fermeté. Vous en voyez la première lettre sur cette colonne, qui est celle du Nord. Lorsqu'on vous demandera le mot sacré de la Franc-Maçonnerie, vous répondrez : « Je ne dois ni lire ni écrire, je ne puis qu'épeler; dites-moi la première lettre, je vous dirai la seconde. » Écoutez bien, mon Frère, je vais vous communiquer le mot sacré lettre par lettre...

J. A. K. I. N. [1]... Répétons-le. (Le Vénérable et l'Initié redisent le mot sacré, lettre par lettre, alternativement)... Nous avons encore un autre mot de convention, dit mot de passe; celui-ci peut se prononcer, mais sous aucun prétexte on ne doit l'écrire. Le voici : *Tubalcaïn*. C'est le nom d'un des fils de Lamech, auquel on attribue l'art de travailler les métaux. Bientôt, vous connaîtrez sa vraie signification [2]... Enfin, nous avons le mot de semestre, que le Grand-Orient renouvelle tous les six mois [3]. Ce mot est double : le premier se dit à une oreille du Frère qui vous interroge, et le second, à son autre oreille. Le voici : (Le Vénérable communique le mot de semestre à l'Initié.) Vous devrez le donner chaque fois que vous irez visiter une Loge régulière... Mon Frère, l'usage que vous acquerrez parmi nous vous rendra toutes ces choses familières. Il vous apprendra que nous faisons tout en équerre et que le nombre 3 est chez nous un nombre mystérieux. Ainsi, quand un Frère vous demandera votre âge, vous répondrez que vous avez trois ans... Est-ce bien compris?... Répon-

---

1. JAKIN est le mot sacré de l'Apprenti-Maçon au Rite Français. Quant au Rite Écossais et au Rite de Misraïm, c'est : BOOZ. On l'épèle, par lettres, comme au Rite Français. Dans le chapitre intitulé *les Secrets Maçonniques,* on trouvera les mots sacrés, mots de passe, attouchements, marches, manières de frapper et d'applaudir, etc., de chacun des 33 grades des Rites Français et Ecossais et de chacun des 90 grades du Rite de Misraïm.

2. *Tubalcaïn* n'est le mot de passe que pour le Rite Français. Le Rite Ecossais et le Rite de Misraïm n'en ont pas au grade d'Apprenti. — L'explication de ce mot, explication absolument satanique, se donne, à la réception au grade de Maître, dans un discours des plus impies que prononce le Frère Orateur.

3. Bien que renouvelé tous les six mois, ce mot est valable pendant un an (voir le 2e paragraphe de l'art. 113 des Règlements généraux, page 159). Au moment où paraît cet ouvrage, le mot de semestre, en usage dans les Loges françaises, est : *Dussoubs-Dévouement*. Mis en circulation en juin 1885, il demeure valable jusqu'à la fin de mai 1886.

dez, en me donnant désormais le titre de Vénérable qui est celui d'un président de Loge.

L'Initié. — Oui, Vénérable.

Le Vénérable. — C'est bien. Je vous reconnais pour Apprenti-Maçon. Allez, mon Frère, vous faire reconnaître comme tel, par les Frères Premier et Second Surveillants, à l'aide des mots, signes et attouchements que je viens de vous apprendre; ils achèveront votre instruction dans ce grade... Frère Maître des Cérémonies, conduisez notre nouveau Frère aux Premier et Second Surveillants.

Le Maître des Cérémonies conduit le nouveau Maçon près du 1er Surveillant, auquel il fait le signe, aidé de son conducteur. Il donne l'attouchement, dit le mot de passe et épèle le mot sacré, comme il vient de lui être appris. Le 1er Surveillant remet alors son maillet entre les mains de l'Initié et lui en fait frapper trois coups sur son autel. Il l'envoie ensuite au 2e Surveillant, toujours accompagné du Maître des Cérémonies. Arrivé près du 2e Surveillant, l'Initié répète les signes, mots et attouchements, et frappe trois coups sur l'autel du 2e Surveillant, qui lui a remis son maillet à cet effet. C'est alors que le 2e Surveillant lui apprend que la batterie se fait de cette façon par trois coups, c'est-à-dire que l'on doit frapper ainsi pour avoir l'entrée d'un temple maçonnique, et que, pour applaudir, on frappe aussi trois coups dans la main de la même manière, en ayant soin, au troisième coup, de soulever la pointe du pied gauche pour la faire retomber bruyamment en même temps.

Après quoi, on fait exécuter à l'Initié la « marche mystérieuse ». La voici : on se met à l'ordre, le corps légèrement effacé; on porte en avant le pied droit; on approche en travers le pied gauche, talon contre talon, de manière à ce que les deux pieds assemblés forment l'équerre; on répète ce pas trois fois, et l'on fait le signe de reconnaissance en guise de salut [1].

Puis, on lui dit de frapper trois coups sur une grosse pierre brute que l'on a placée entre les deux colonnes, et l'Initié frappe encore ces trois coups.

Le 1er Surveillant, après un coup de maillet. — Vénérable, les mots, signes et attouchement sont justes et parfaits ; le néophyte a marché en Maçon, et il a travaillé sur la pierre brute.

On rend à l'Initié ses vêtements, ses bijoux et son porte-monnaie; celui-ci est allégé de la somme à laquelle a été taxée sa réception et de celle qu'il a consenti à donner à la prétendue veuve et à ses orphelins non moins problématiques.

Le 1er Surveillant. — Vénérable, le néophyte est entre les deux colonnes.

Fort coup de maillet du Vénérable.

Le Vénérable. — Debout et à l'ordre, mes Frères !... Au nom et sous les auspices du Grand-Orient (*ou :* du Suprême Conseil) de France, en vertu des pouvoirs qui m'ont été conférés, je proclame le Frère (*ici le nom de l'Initié*), que vous voyez présent entre les deux colonnes, Apprenti-Maçon, et, en cette qualité, membre actif de la Respectable Loge constituée sous le titre distinctif de (*ici le nom de la Loge*), à l'Orient de (*ici le nom de la ville*). Je vous invite à le reconnaître désormais comme Frère, à lui prêter secours et assistance dans toutes les occasions, bien persuadé que de son côté il n'oubliera jamais d'accomplir les obligations qu'il vient de contracter envers nous... Frères Premier et Second Surveillants, prévenez les Frères qui sont sur vos colonnes, comme je préviens ceux qui sont à

1. Cette marche est celle du Rite Français. La différence, au Rite Ecossais et au Rite de Misraïm, consiste à partir, à chaque pas, du pied gauche, au lieu de partir du pied droit.

l'Orient, que nous allons célébrer, par une triple batterie, l'heureuse acquisition que viennent de faire la Franc-Maçonnerie et cette Respectable Loge en particulier, et que je les prie, à cet effet, de se réunir à vous et à moi.

Le 1er Surveillant. — Frère Second Surveillant, Frères qui décorez la colonne du Sud, le Vénérable vous invite à vous réunir à lui pour célébrer l'heureuse acquisition que viennent de faire la Franc-Maçonnerie et cette Respectable Loge en particulier.

Le 2e Surveillant. — Frères qui décorez la colonne du Nord, le Vénérable vous invite à vous réunir à lui pour célébrer l'heureuse acquisition que viennent de faire la Franc-Maçonnerie et cette Respectable Loge en particulier, dans la personne du Frère (*ici le nom de l'Initié.*)

Le Vénérable. — A moi, mes Frères, par le signe (il le fait, et toute la Loge avec lui), par la batterie (chacun l'exécute), et par l'acclamation mystérieuse.

Tous, ensemble. — Houzé ! houzé ! houzé !

Le Maître des Cérémonies demande la parole pour le nouveau Frère, et, l'ayant obtenue, il invite celui-ci à remercier. L'Initié remercie, en quelques mots, la Loge de l'honneur qu'elle lui a fait en l'admettant dans son sein.

Le Maître des Cérémonies, à l'Initié. — Maintenant, mon Frère, nous allons faire ensemble le signe, la batterie et prononcer l'acclamation mystérieuse. Attention, suivez bien mes mouvements.

Ils font ensemble le signe, la batterie, et prononcent le triple Houzé.

Le Vénérable. — Couvrons la batterie, mes Frères.

On répète la batterie et le triple Houzé.

Le Vénérable. — Frère Maître des Cérémonies, con duisez notre nouveau Frère en tête de la colonne du Nord.

Le Maître des Cérémonies exécute cet ordre et quitte définitivement l'Initié.

Le Vénérable, à l'Initié. — Mon Frère, c'est sur cette colonne que vous vous placerez désormais. Méritez, par votre assiduité à nos travaux et par la pratique des vertus maçonniques, de pénétrer plus avant dans nos mystères et d'être admis aux faveurs que la Franc-Maçonnerie ne refuse jamais aux Frères qui savent s'en rendre dignes... En place, mes Frères.

Tout le monde se rassied.

Pendant que l'Initié a rajusté sa chemise et son gilet, baissé la jambe droite de son pantalon, remis son habit et son soulier gauche, un Expert a placé devant le Frère Hospitalier un écusson sur lequel sont écrits ces mots : « la Terre, — l'Air, — l'Eau, — le Feu. »

Le Vénérable, à l'Initié, dès que tout le monde est assis. — Mon Frère, avant de donner la parole au très cher Frère Orateur chargé de vous haranguer, je dois résumer les phases diverses de votre initiation et vous expliquer le sens des allégories qui ont pu vous frapper. Vous les voyez maintenant indiquées sur le cartouche placé sous vos yeux : « la Terre, l'Air, l'Eau, le Feu », c'est-à-dire les quatre éléments des anciens. Autrefois, le candidat à l'initiation subissait les épreuves terribles de ces quatre éléments, la Terre, l'Air, l'Eau et le Feu. Ce système de l'initiation antique, qui est contredit dans ses développements par la science moderne, n'est accepté par nous que comme une tradition symbolique, montrant le néophyte en lutte avec les forces de la Nature... *La Terre :* le cabinet des réflexions, impénétrable aux rayons du jour, décoré d'emblèmes funèbres, représente la Terre au sein de laquelle le récipiendaire est censé se trouver et lui rappelle qu'elle sera à jamais sa dernière demeure. La mythologie païenne faisait de la Terre une déesse, fille du Chaos, épouse d'Uranus et mère de l'Océan. Ce globe, sur lequel nous vivons, mon Frère, est la troisième des planètes dans l'ordre de leur distance au soleil; sa forme est ronde, légèrement aplatie sur les pôles ; elle tourne sur elle-même, autour d'un axe idéal, en complétant chaque jour une révolution... Le premier voyage symbolique vous a fait traverser *l'Air*, en franchissant certains obstacles. L'Air n'est plus un élément comme le croyaient les anciens ; c'est un composé d'éléments, formé de vingt et une parties d'oxygène, d'environ soixante-dix-neuf parties d'azote, plus une minime partie d'acide carbonique ; on y trouve aussi de la vapeur d'eau, mais non à l'état de combinaison. Galilée, le premier, a découvert la pesanteur de l'Air, et Torricelli a démontré cette propriété. L'Air est indispensable à l'existence de tout être créé... Dans le deuxième voyage, vous avez été purifié par *l'Eau*. Les anciens comptaient cette substance au nombre des quatre éléments. Sans elle, il n'y a pas d'être organisé possible. Elle se présente à nous sous trois états différents : comme liquide, c'est son état le plus ordinaire ; comme vapeur, lorsque par sa combinaison avec le calorique elle se vaporise et se convertit en gaz ; comme solide, par l'abaissement de la température qui la solidifie, et par sa combinaison avec certains sels. L'Eau a été prise comme unité de poids, lors de l'adoption du système métrique, le gramme équivalant au poids d'un centimètre cube d'eau pure... Le troisième voyage vous a fait passer à travers les flammes. *Le Feu* était adoré par les Mages, comme puissance universelle et intelligente, source de toute création. La philosophie du moyen-âge continua à regarder le Feu comme un élément; c'est dans la seconde moitié du dix-huitième siècle seulement, que la théorie de la combustion, établie par Lavoisier et les savants contemporains, efface la puissance élémentaire du Feu. Ce n'est donc plus un élément, un corps, une substance, mais l'effet complexe de combinaisons et de mouvements, effets lumineux provenant de la combustion de l'oxygène et d'une base. Ce mot exprime aussi et assez ordinairement le principe de la lumière et de la chaleur. J'ai dit.

On le voit, la Franc-Maçonnerie, pour éblouir les ignorants (doués de fortune ou tout au moins d'aisance) qu'elle a raccolés, se donne des airs d'institution scientifique, en débitant à l'Initié, par la bouche du Vénérable, ces quelques phrases glanées çà et là dans des cours de physique et d'astronomie. Le Vénérable, qui dit de si belles choses, ne connaît pas, les trois quarts du temps, le premier mot de ces sciences. Ce discours prétentieux, que je viens de reproduire, est imprimé en très gros caractères sur un cahier que le Vénérable, placé beaucoup plus haut que les autres Frères, tient dissimulé devant lui [1]. Étant donné qu'il répète cet exercice à chaque initiation, et vu la grosseur des caractères, il ne paraît point lire sa leçon, pour peu qu'il soit adroit; et, s'il a affaire à un Initié sans instruction, celui-ci, écarquillant les yeux et tendant l'oreille, s'imagine être tombé sur un savant de premier ordre. Il n'en faut pas davantage pour disposer un nigaud à avaler toutes les contre-vérités qu'on a préparées pour la suite de son instruction maçonnique; le tout est d'empaumer la pauvre dupe dès le début. — Quelquefois, comme au *Temple des Amis de l'Honneur Français,* il arrive que le Vénérable, incomparable astronome et physicien distingué, a négligé d'ap-

1. Il en est, d'ailleurs, exactement de même pour tout ce que disent le Vénérable et les deux Surveillants; tout cela est imprimé en gros caractères sur des cahiers spéciaux; il n'y a que le Frère Terrible qui ait besoin d'apprendre son rôle par cœur.

prendre la syntaxe; rien n'est amusant alors comme d'entendre notre érudit d'occasion étaler sa science postiche en l'émaillant de cuirs et de fautes de français.

Mais le Vénérable n'est pas le seul qui ait, en cette circonstance solennelle, à prononcer un discours. Quand il en a fini avec la terre, l'air, l'eau et le feu, il accorde la parole au Frère Orateur « pour la communication de son Morceau d'Architecture. »

Je ne donnerai pas ce speech, maçonniquement appelé « Morceau d'Architecture. » La raison est qu'il n'en existe pas de texte officiel. Le discours du Frère Orateur doit être composé par celui-ci et ne pas être toujours le même, quoique roulant à peu près chaque fois sur les mêmes sujets. Les Orateurs des Loges observent-ils ces prescriptions? Je l'ignore. Lors de mon initiation, je fus harangué par le Frère Rath, un garçon qui ne manquait certes pas d'intelligence et qui ne s'en tira pas trop mal. Mais je crois fort que la grande majorité de ces artistes en éloquence maçonnique s'inspirent beaucoup de certains recueils spéciaux; en effet, j'ai vu à la Bibliothèque du Grand-Orient quelques formulaires de discours pour initiations, banquets maçonniques, adoptions de louveteaux, etc. Ces recueils-là m'ont paru avoir une proche parenté avec les *Manuels du Parfait Secrétaire*, dans lesquels on trouve des modèles de lettres pour tous les besoins et usages de la vie.

Laissons donc le speech du Frère Orateur, lequel n'apprendrait rien au public profane, et arrivons à l'invocation, qui clôture la réception de l'Initié et finit de l'ahurir.

Quand l'Orateur a terminé l'éloquente communication de son « Morceau d'Architecture », le Vénérable frappe trois vigoureux coups de maillet sur son établi, se lève, ainsi que tous les Frères, et, ouvrant les mains,

— absolument comme le prêtre à la messe, au *Dominus vobiscum,* — déclame, avec emphase, le boniment que voici :

« — Grand Architecte de l'Univers, les ouvriers de ce temple te rendent leurs actions de grâces et rapportent à toi tout ce qu'ils ont fait de bon, d'utile et de glorieux dans cette journée solennelle où ils ont vu s'accroître le nombre de leurs Frères. Continue de protéger leurs travaux et dirige-les constamment vers la perfection. Que l'harmonie, l'union et la concorde soient à jamais le triple ciment de leurs œuvres ! Et vous, prudente discrétion, modeste aménité, soyez l'apanage des membres de cet Atelier; et que, rentrés dans le monde, on reconnaisse toujours, à la sagesse de leurs discours, à la convenance de leur maintien et à la prudence de leurs actions, qu'ils sont les vrais enfants de la lumière. Ainsi soit-il ! »

Tout le monde répète : « Ainsi soit-il », et l'on procède enfin à la fermeture des travaux. On se rassied.

Le Vénérable, après un coup de maillet. — Frères Premier et Second Surveillants, demandez aux Frères qui composent vos colonnes s'ils n'ont rien à proposer dans l'intérêt de l'Ordre en général et de cet Atelier en particulier.

Cette demande est répétée par les deux Surveillants, et l'on agit suivant son résultat. Si personne ne demande la parole (ce qui a lieu en général, vu l'heure avancée), le Vénérable continue.

Le Vénérable. — Je vais faire circuler le sac des propositions en même temps que le tronc de bienfaisance (on dit aussi : le Tronc de la Veuve). Frère Maître des Cérémonies, Frère Hospitalier, remplissez vos offices.

Le Maître des Cérémonies prend l'urne des propositions, l'Hospitalier prend le tronc de bienfaisance, et ils les présentent l'un et l'autre a chacun des assistants en commençant par le Vénérable. Lorsqu'ils ont terminé, ils vont se placer l'un à côté de l'autre entre les deux colonnes. Le 2e Surveillant en prévient le 1er Surveillant, qui l'annonce au Vénérable.

Le Vénérable, après un coup de maillet. — Quelqu'un de vous, mes Frères, réclame-t-il encore le sac des propositions ou le tronc de bienfaisance ?

Comme personne n'a été oublié et qu'on commence à en avoir par dessus la tête, nulle réclamation ne se produit.

Le 1er Surveillant. — Vénérable, le silence règne sur les deux colonnes.

Le Vénérable. — En ce cas, Frère Maître des Cérémonies et Frère Hospitalier, veuillez gravir les degrés de l'Orient.

Les Frères Orateur et Secrétaire se joignent à l'Hospitalier et au Maître des Cérémonies, et tous les quatre, avec le Vénérable, accoudés sur l'autel, ouvrent l'urne des propositions et le tronc de bienfaisance. Si, dans ce dépouillement, les cinq Officiers de la Loge trouvent des propositions la concernant, le Vénérable en informe l'assemblée d'une façon très sommaire et ajoute que le nécessaire sera fait. Quant à la recette du tronc, elle est prestement empochée, et son total est inscrit sur « l'esquisse de la planche des travaux du jour » (brouillon du procès-verbal).

Le Vénérable. — Frère Premier Surveillant, les ouvriers sont-ils contents et satisfaits ?

Le 1er Surveillant. — Ils le sont, Vénérable.

Le Vénérable. — Frère Second Surveillant, quel âge avez-vous ?

Le 2e Surveillant. — Trois ans.

Le Vénérable. — Pendant combien de temps travaillent les Maçons ?

Le 2e Surveillant. — De midi jusqu'à minuit.

Le Vénérable. — Frère Premier Surveillant, quelle heure est-il?

Le 1er Surveillant. — Il est minuit plein, Vénérable.

Le Vénérable. — Puisqu'il est minuit et que c'est l'heure à laquelle les Maçons sont dans l'usage de clore leurs travaux, Frères Premier et Second Surveillants, invitez les Frères de vos colonnes à se joindre à vous et à moi pour nous aider à fermer les travaux d'Apprenti de cette Respectable Loge par les mystères accoutumés.

Les Surveillants répètent cette annonce, et le 1er Surveillant informe le Vénérable que « l'annonce est faite. »

Le Vénérable, se levant. — Debout, et à l'ordre, mes Frères !

Il frappe trois coups de maillet, que répètent les deux Surveillants, chacun à son tour.

Le Vénérable. — A moi, mes Frères, par le signe (tout le monde l'exécute avec ensemble), par la batterie (chacun frappe dans ses mains les trois coups d'Apprenti), et par l'acclamation mystérieuse!

Tous, à la fois. — Houzé ! houzé ! houzé !

Le Vénérable. — Au nom et sous les auspices du Grand-Orient (*ou :* du Suprême Conseil) de France, la Respectable Loge (*ici le nom de la Loge*), Orient de (*ici le nom de la ville*), est fermée. Jurons de garder le silence sur nos travaux de ce jour, et sortons en paix.

Chacun étend la main en signe d'assentiment, sans souffler mot, et l'on sort.

Et voilà, tout bêtement, comment se termine l'initiation.

§ III

Catéchisme de l'Apprenti.

Au moment où l'Initié s'apprête à quitter la Loge en compagnie de ses nouveaux Frères, le Secrétaire ou le

Maître des Cérémonies lui glisse dans la main une minuscule brochurette. « C'est, lui dit-il, votre catéchisme. » On appelle ainsi, en effet, une sorte de mémorandum, prétendu instructif, par demandes et réponses, dont tout Apprenti doit bien se pénétrer, pour satisfaire à l'examen qu'il subira le jour où il voudra monter en grade.

A titre de documents, je vais reproduire les catéchismes des deux principaux rites pratiqués en France. Le catéchisme actuellement en usage dans les Loges du Rite Français a pour auteur M. Caubet, chef de la police municipale à Paris. Celui du Rite Écossais est dû à M. Crémieux, le défunt sénateur et membre de la Défense Nationale.

RITE FRANÇAIS

D. Êtes-vous Maçon? — R. Mes Frères me reconnaissent pour tel.

D. Qu'est-ce qu'un Maçon? — R. C'est un homme libre et de bonnes mœurs qui préfère à toutes choses la Justice et la Vérité et qui, dégagé des préjugés du vulgaire, est également ami du riche et du pauvre, s'ils sont vertueux.

D. Qu'est-ce que la Franc-Maçonnerie? — R. La Franc-Maçonnerie est une institution philanthropique, philosophique et progressive, dont le but est de réaliser la Justice dans l'humanité.

D. Quels sont ses principes? — R. Elle proclame, comme fondement du droit et de la morale, l'inviolabilité de la personne humaine. Elle n'accepte pour rigoureusement vrai que ce que la science et le libre examen ont reconnu incontestable. Elle laisse à la conscience individuelle la libre interprétation des hypothèses relatives aux questions d'origine et de fin.

D. Quelle est sa devise? — R. La Franc-Maçonnerie a pour devise : « Liberté, Égalité, Fraternité ». Pour elle, la *Liberté* est le droit qu'a chaque homme de faire tout ce qui ne porte pas atteinte à sa dignité et tout ce qui ne nuit pas à la liberté d'autrui. L'*Égalité*, c'est ce même droit reconnu à tous les hommes, quelle que soit leur race et quelles que soient les opinions qu'ils professent sur les questions religieuses et politiques. La *Fraternité*, c'est le développement conscient, et l'application réfléchie, aux relations de la vie, des sentiments affectueux qui nous portent à nous aimer et à nous aider réciproquement. De la pratique de la Liberté, de l'Égalité et de la Fraternité, résulte la Justice tout entière.

D. Quel est le caractère de la Franc-Maçonnerie? — R. La Franc-Maçonnerie est essentiellement progressive; elle n'a ni *Credo* ni dogmes immuables. Comme l'esprit humain, elle s'enrichit chaque jour des conquêtes de la science, et chaque jour elle découvre de nouveaux horizons et de nouveaux sujets d'étude. Elle fait la guerre à l'ignorance, aux préjugés et aux superstitions. Elle honore et recommande le Travail, respecte le Droit et réprouve toutes les violences.

D. Quels sont les devoirs du Maçon? — R. Le Maçon doit travailler sans relâche à la réalisation du but que poursuit la Franc-Maçonnerie. Il doit étudier avec soin toutes les questions qui agitent les sociétés humaines, en chercher la solution par les voies pacifiques et propager autour de lui les connaissances qu'il a acquises. Il doit être bon, juste, digne, dévoué, courageux, exempt d'orgueil et d'ambition, affranchi de tout préjugé et de toute servitude, prêt à tous les sacrifices pour le triomphe du Droit et de la Vérité.

D. A quoi reconnaîtrai-je que vous êtes Maçon? — R. A mes signes, paroles et attouchement.

D. Comment se fait le signe? — R. Par équerre, niveau et perpendiculaire (*faire le signe*).

D. Que signifie-t-il?. — R. Que j'aimerais mieux avoir la gorge coupée que de révéler les secrets qui m'ont été confiés.

D. Donnez-moi le mot de passe? — R. *Tubalcaïn*.

D. Que signifie ce mot? — R. C'est le nom de l'un des fils de Lamech, patriarche hébreu, dont les descendants se distinguèrent par le travail. Lamech eut de sa première femme Ada deux enfants : Jabel qui, selon la tradition hébraïque, fut le premier des pasteurs nomades, et Jubal, inventeur des premiers instruments de musique. De sa seconde, nommée Sella, il eut Tubalcaïn, le premier homme qui ait forgé les métaux, et Nohéma qui inventa le tissage de la toile. Le mot de passe des Apprentis-Maçons a été choisi parmi ces travailleurs de la première heure, pour nous apprendre à honorer et à glorifier le travail jusque dans ses manifestations les plus modestes et les plus élémentaires.

D. Donnez-moi le mot sacré? — R. Je ne dois ni lire ni écrire, je ne puis qu'épeler; dites-moi la première lettre, je vous dirai la seconde (*on l'épèle*).

D. Que signifie-t-il? — R. Stabilité, fermeté. C'est le nom d'une colonne du Temple de Salomon, près de laquelle les Apprentis touchaient leur salaire.

N'avez-vous pas d'autres mots de reconnaissance? — R. Il y a encore les mots de semestre. A l'époque des solstices, le Grand-Orient adresse, sous pli cacheté, aux Vénérables des Loges, deux mots destinés à constater l'activité des Maçons : ces mots ne sont communiqués par les Vénérables qu'aux membres réguliers et actifs de leur Atelier. Ils sont donnés à voix basse, selon des règles établies, et ne doivent dans aucun cas, être prononcés en dehors des locaux maçonniques.

D. Donnez-moi l'attouchement? — R. (*On le donne.*)

D. Pourquoi vous êtes-vous fait recevoir Franc-Maçon? — R. Parce que j'étais dans les ténèbres et que je désirais voir la lumière. La société au milieu de laquelle nous vivons n'est qu'à demi civilisée. Les vérités essentielles y sont encore entourées d'ombres épaisses, les préjugés et l'ignorance la tuent, la force y prime le droit. J'ai cru et je crois encore que c'est dans les temples maçonniques, consacrés au travail et à l'étude par des hommes éprouvés et choisis, que doit se trouver la plus grande somme de vérités et de lumières.

D. Qui vous a présenté à l'initiation? — R. Un ami, que j'ai ensuite reconnu pour Frère.

D. Où avez-vous été reçu? — R. Dans une Loge juste et parfaite.

D. Que faut-il pour qu'une Loge soit juste et parfaite? — R. Trois la gouvernent, cinq la composent, sept la rendent juste et parfaite.

D. Dans quel état avez-vous été présenté? — R. Ni nu ni vêtu, pour rappeler que la vertu n'a pas besoin d'ornements; dépourvu de tous métaux, parce qu'ils sont l'emblème et souvent la cause des vices et des crimes que le Maçon doit combattre.

D. Comment avez-vous été introduit en Loge? — R. Par trois grands coups.

D. Que signifient ces coups? — R. Demandez, vous recevrez; cherchez, vous trouverez; frappez et l'on vous ouvrira.

D. Que vous est-il arrivé ensuite? — R. Un Expert m'a demandé mon nom, mes prénoms, mon âge, le lieu de ma naissance, mon domicile, ma profession et si c'était bien ma volonté d'être reçu Franc-Maçon.

D. Qu'a fait de vous le Frère Expert? — R. Il m'a introduit en Loge et m'a fait voyager comme doit le faire tout Apprenti-Maçon pour apprendre à connaître les difficultés, les tourments et les nécessités de la vie. J'ai été purifié par l'eau et par le feu, et, après avoir répondu aux diverses questions qui m'ont été posées, j'ai été admis dans l'association, et j'ai prêté le serment de garder les secrets qui allaient m'être confiés et d'agir en toutes circonstances comme un bon et loyal Maçon. Le Vénérable m'a remis ensuite deux paires de gants blancs et m'a revêtu d'un tablier de même couleur. Puis, après m'avoir indiqué mes devoirs, il m'a communiqué les mots et les signes de reconnaissance du 1er degré.

D. Que signifient ces gants et ce tablier? — R. Les gants, par leur blancheur, indiquent que les mains d'un Maçon doivent être pures de tout excès, et que nous devons soigneusement éviter les plus légères souillures. Le néophyte doit garder une paire de ces gants en souvenir de son initiation et donner l'autre à la femme qu'il *estime* le plus, pour qu'elle le rappelle à ses obligations s'il s'en écartait. Et c'est ainsi que la Franc-Maçonnerie, qui n'admet pas les femmes à ses mystères, leur donne, en les invitant à veiller sur l'honneur des Maçons, le plus grand témoignage de confiance et de respect qu'il soit possible de donner. Le tablier est l'emblème du travail. Il rappelle au Maçon que sa vie tout entière est consacrée au labeur, et que rien ne doit le distraire de ses devoirs. C'est le véritable insigne des Francs-Maçons et nul ne doit se présenter dans nos réunions sans en être revêtu.

D. Qu'avez-vous vu quand vous êtes entré en Loge? — R. Rien. Un épais bandeau couvrait mes yeux.

D. Pourquoi vos yeux étaient-ils bandés? — R. Dans l'initiation, la Franc-Maçonnerie s'applique à parler aux sens par des symboles. Le bandeau sur les yeux est l'image des ténèbres qui enveloppent encore le monde intellectuel et moral, et du besoin qu'ont tous les hommes de chercher la lumière. Le bandeau sert aussi à tenir les membres de la Loge en garde contre les indiscrétions du néophyte, pour le cas où il ne serait pas jugé digne de l'initiation.

D. Qu'avez-vous vu lorsque le bandeau est tombé de vos yeux ? — R. J'étais placé à l'Occident sur le pavé mosaïque, entre deux colonnes d'airain dont les chapiteaux étaient ornés de pommes de grenade entr'ouvertes. Une voûte azurée et parsemée d'étoiles couvrait le temple dans lequel je me trouvais. A l'Orient, sur une estrade de trois marches, le Vénérable, debout, l'épée flamboyante à la main, portant autour du cou un large cordon bleu décoré d'une équerre, dominait l'assemblée. Au-dessus de sa tête était placé un dais de velours à franges d'or. Au fond du dais rayonnait un Delta. A gauche, on voyait le disque du soleil ; à droite, le croissant de la lune. Près des colonnes, à l'Occident, se tenaient les deux Surveillants : le premier, portant à son cordon un niveau ; le second, une perpendiculaire. Sur les côtés de la salle mes yeux éblouis aperçurent un grand nombre de Frères, debout, le glaive en main, la pointe contre ma poitrine. Sur les murs, je distinguai des trophées guerriers unis à des emblèmes d'agriculture, de science, d'art et d'industrie.

D. Pourriez-vous donner l'explication de quelques-uns des objets symboliques dont vous venez de parler ? — Le pavé mosaïque, formé de pierres blanches et noires, cimentées entre elles, symbolise l'union de tous les Maçons, quelles que soient la couleur de leur peau, leur nationalité et les opinions politiques ou religieuses qu'ils professent. Les pommes de grenade, divisées à l'intérieur par compartiments remplis d'un nombre considérable de grains symétriquement rangés, représentent la famille maçonnique dont tous les membres sont harmonieusement reliés par l'esprit d'ordre et de fraternité. La voûte des temples maçonniques est azurée et étoilée parce que ces temples figurent la terre tout entière. Le soleil placé à côté du dais représente la lumière qui doit éclairer les Maçons et la chaleur qui doit les animer pour tout ce qui est grand, juste et bon. La lune, par l'éclat emprunté dont elle brille, nous enseigne que nous devons accepter docilement les leçons et les lumières que nous donnent la science et la raison. L'équerre, qui décore le cordon du Vénérable, est un instrument dont on se sert, dans la construction des bâtiments, pour équarrir les pierres : son action est bornée à la propriété de rendre les corps carrés ; comme emblème, il rappelle à celui qui le porte, que son pouvoir est limité et qu'il ne doit avoir en vue que le respect des règlements, la prospérité de l'institution. L'équerre comme instrument de précision est aussi un symbole de la Justice. Le niveau est l'emblème de l'égalité sociale. La perpendiculaire symbolise la rectitude du jugement qui pousse les vrais Maçons à ne faire que ce qui est juste et légitime. Les trophées militaires rappellent les combats que le Maçon doit livrer à la tyrannie, à l'ignorance, aux mauvaises passions. Les emblèmes relatifs à l'agriculture, aux sciences, aux arts, à l'industrie, représentent aux Francs-Maçons les sujets d'étude qui s'imposent à leur esprit. Ils rappelleraient en outre aux initiés, s'ils pouvaient l'oublier, que notre association considère l'obligation au travail comme une loi impérieuse de l'humanité, qu'elle l'impose à chacun de ses membres selon ses forces, et qu'elle proscrit en conséquence l'oisiveté volontaire.

D. Pourquoi les Frères présents à votre initiation tenaient-ils leurs glaives tournés vers votre poitrine ? — R. Pour m'indiquer que les Maçons seraient toujours prêts à voler à mon secours, dans les circonstances périlleuses où je pourrais me trouver, si je demeurais fidèle à l'honneur et aux engagements que je venais de contracter. Ils m'indiquaient aussi que je trouverais, en tous temps et en tous lieux, des vengeurs de l'institution, si je trahissais la confiance qu'on me témoignait en m'admettant dans la Loge.

D. A quelles heures les Maçons ouvrent-ils et ferment-ils leurs travaux ? — Allégoriquement, les travaux s'ouvrent à midi et se ferment à minuit.

D. Pourquoi les Maçons sont-ils censés ouvrir leurs travaux à midi et les fermer à minuit ? — R. En souvenir de Zoroastre, l'un des premiers fondateurs des mystères de l'antiquité, qui, d'après la légende, recevait, le jour de ses séances, ses disciples à midi, et les congédiait à minuit, après l'agape fraternelle qui terminait les travaux. Symboliquement, ces heures indiquent encore que l'homme atteint la moitié de sa carrière, le midi de la vie, avant de pouvoir être utile à ses semblables; mais que, dès cet instant et jusqu'à sa dernière heure, il doit travailler sans relâche au bonheur commun.

D. Quel âge avez-vous? — Trois ans.

D. Que signifie cette réponse? — Le nombre trois jouait un rôle considérable dans les anciennes initiations. Toutes les religions l'ont considéré comme un nombre mystérieux et sacré. La théologie indienne avait sa trilogie composée de Brahma, Siva et Vichnou. La mythologie partageait le gouvernement du monde entre trois dieux : Jupiter qui commandait aux cieux et à la terre; Neptune, le maître des eaux; Pluton, le roi des enfers. La mythologie comptait encore trois Parques, trois Furies, trois Gorgones, trois Grâces, etc., etc. A Samothrace, il y avait trois dieux cabires. D'après la Bible, Adam eut trois fils : Caïn, Abel et Seth; l'arche de Noé avait trois étages; le Temple de Salomon avait trois parties, images de la terre, de la mer et des cieux; Noé, comme Adam, eut trois fils : Sem, Cham et Japhet, etc. Suivant les chrétiens, trois mages vinrent adorer l'Enfant Jésus; saint Pierre renia trois fois son Maître; il y eut trois croix au calvaire; Jésus fut attaché à la croix par trois clous; il fut enseveli et ressuscita le troisième jour, etc., etc. La Franc-Maçonnerie, par imitation des mystères anciens, a conservé le nombre trois dans son symbolisme et l'a consacré aux Apprentis. La marche, l'acclamation, tout, dans le premier degré, se fait par trois. Demander à un Frère son âge maçonnique, c'est lui demander quel est son grade. L'Apprenti a trois ans.

D. Comment se nomme votre Loge? — R. Loge Saint-Jean, sous le titre distinctif de.....

D. Pourquoi dites-vous Loge Saint-Jean, puisqu'il y a un titre distinctif? — R. Pour rappeler que toutes les Loges maçonniques sont placées sous le patronage de Saint Jean, ou plutôt de Janus, le dieu de la paix, dont le double visage regardait à la fois le passé et l'avenir; ce qui apprend aux Maçons qu'ils doivent étudier avec soin les leçons de l'histoire pour préparer sûrement à l'humanité les voies du progrès.

D. Que fait-on dans votre Loge? — R. On combat la tyrannie, l'ignorance, les préjugés et les erreurs; on y glorifie le Droit, la Justice, la Vérité, la Raison. C'est ainsi qu'il faut traduire la formule : « Nous tressons des couronnes à la vertu : et nous forgeons des fers pour le vice »; ou celle-ci : « Nous élevons des temples à la vertu, et nous creusons des cachots pour le vice. »

D. A quelle époque commence l'année maçonnique ? — R. Au premier mars.

D. Pourquoi? — R. Parce que les mystères anciens commençaient, dit-on, vers l'équinoxe du printemps.

D. Les Maçons n'ont-ils pas adopté l'ère chrétienne? — R. Non. Sous l'empire d'idées bibliques fort influentes autrefois, ils ont ajouté quatre mille ans à l'ère chrétienne. Ainsi, pour dire 3 avril 1884, ils disent 3e jour du 2e mois de la lumière 5884.

D. La Maçonnerie a-t-elle entendu fixer à cette date le commencement du monde? — R. Non. La Franc-Maçonnerie n'accepte pour vrai que ce qui est démontré ou démontrable.

D. Où recevez-vous votre salaire? — R. A la colonne J.

D. Êtes-vous satisfait? — R. Oui; les Maîtres sont contents de moi.

D. N'avez-vous pas d'autre ambition? — R. Une seule: j'aspire à l'honneur d'être admis parmi les Compagnons.

Conclusion : Travaillez et persévérez.

RITE ÉCOSSAIS

D. Qu'y a-t-il de commun entre vous et moi? — R. Une vérité.

D. Quelle est cette vérité? — R. L'existence d'un Grand Architecte, auteur de l'Univers, c'est-à-dire de tout ce qui a été, de tout ce qui est et sera.

D. Comment savez-vous cela? — R. Parce que, outre les organes qui constituent notre être matériel, le Grand Être nous a donné l'intelligence, au moyen de laquelle je puis discerner le bien d'avec le mal.

D. Cette faculté que vous nommez intelligence, est-elle indépendante de votre organisation physique? — R. Je l'ignore, mais je crois que, comme nos sens, elle a ses progrès et son développement, elle a son enfance, son adolescence et sa maturité; d'abord inaperçue chez les enfants, elle se manifeste dans les adultes, se perfectionne et s'élève ensuite au plus haut degré de conception.

D. L'intelligence suffit-elle pour discerner le faux d'avec le vrai, le bien d'avec le mal? — R. Oui, lorsqu'elle est dirigée par une saine morale.

D. Où enseigne-t-on cette morale? — R. C'est la Franc-Maçonnerie qui enseigne la morale la plus pure et la plus propre à former l'homme pour la Société et pour lui-même.

D. Êtes-vous Maçon? — R. Mes Frères me reconnaissent pour tel.

D. Quelle est la base de la morale enseignée dans la Maçonnerie? — R. L'amour de nos semblables.

D. Toute morale ne doit-elle pas être fondée sur cette base? — R. Oui, sans doute; mais la Maçonnerie est le mode pratique le plus parfait pour son enseignement.

D. En quoi consiste ce mode? — R. Dans des mystères et des allégories.

D. Quels sont ces mystères et ces allégories? — R. Il n'est pas permis de le dire; mais interrogez-moi, si vous le voulez, et vous parviendrez peut-être à les deviner et à les comprendre.

D. Qu'a-t-on exigé de vous pour vous faire Maçon? — R. Que je fusse libre et de bonnes mœurs.

D. Comment libre? Reconnaîtriez-vous qu'un homme puisse être dans un esclavage légitime? — R. Non, tout homme est libre; mais il peut être soumis à des empêchements sociaux qui le privent momentanément d'une partie de sa liberté, et, d'un autre côté, il ne tombe que trop souvent dans l'esclavage de ses passions ou des préjugés de son enfance et de son éducation, et c'est de ce joug surtout que tout néophyte doit être affranchi. Cependant, celui qui a lui-même aliéné sa liberté doit être exclu de nos mystères; car celui qui ne peut disposer de lui-même légalement ne peut contracter aucune obligation valable.

D. Comment avez-vous été reçu Maçon? — R. On m'a dépouillé d'une partie de mes vêtements et de tous mes métaux, et on m'a privé de l'usage de la vue.

D. Que signifie cela? — R. Plusieurs choses à la fois : la privation de métaux me représentait l'homme avant la civilisation et dans l'état de nature; enfin, l'obscurité dans laquelle j'étais plongé figurait l'homme dans l'ignorance de toutes choses.

D. Quelles conséquences morales résultent de cette allégorie? — R. La nécessité de l'instruction.

D. Qu'a-t-on fait pour vous instruire? — R. On m'a fait voyager de l'Occident à l'Orient et de l'Orient à l'Occident, d'abord par une route inégale, parsemée d'écueils, interrompue par des obstacles, au milieu d'un fracas et d'un bruit étourdissant. Ensuite j'ai voyagé par une route moins difficile que la première et où j'entendais un grand conflit d'armes. Et enfin, en troisième lieu, j'ai marché dans une voie facile et agréable.

D. Que signifie cette route inégale, ces écueils, ces obstacles et le bruit qui signalèrent votre premier voyage? — R. Physiquement, ils signifient le chaos, que l'on croit avoir précédé et accompagné l'organisation des mondes; au moral, ils signifient les premières années de l'homme ou les premiers temps de la société, pendant lesquels les passions, n'étant pas encore réglées par la raison ni par les lois, conduisaient l'un et l'autre dans une foule d'embarras inextricables.

D. Que signifie le bruit d'armes que vous avez entendu pendant votre second voyage? — R. Il figure l'âge de l'ambition; il représente les combats que la société est obligée de soutenir avant de parvenir à un état régulier, ou bien encore les obstacles que l'homme doit surmonter et vaincre pour parvenir à se ranger convenablement parmi ses semblables.

D. Que veut dire la facilité que vous avez trouvée dans votre dernier voyage? — R. Elle indique l'état de paix et de tranquillité qui résulte de l'ordre dans la société et de la modération des passions chez l'homme oui entre dans la maturité de l'âge.

D. Comment s'est terminé chacun de ces voyages? — R. Chacun de ces voyages m'a conduit à une porte où j'ai frappé.

D. Comment étaient situées ces portes? — R. La première au Sud, la seconde à l'Occident, et la troisième à l'Orient.

D. Que vous a-t-on dit lorsque vous avez frappé? — R. A la première, on m'a dit de passer; à la seconde, on m'a dit de me purifier par l'eau; à la dernière, on m'a dit de me purifier par le feu.

D. Que signifient ces purifications? — R. Que, pour être en état de jouir de la lumière et de la vérité, il faut se dégager de tous les préjugés de l'enfance et de l'éducation et se livrer avec ardeur à l'étude de la sagesse.

D. Que signifient les trois portes où vous avez frappé? — R. Les trois dispositions nécessaires à la recherche de la vérité : la sincérité, le courage et la persévérance.

D. Que vous est-il arrivé ensuite? — R. On m'a fait faire le premier pas dans un carré long.

D. Que voulait dire cela? — R. C'était pour me faire comprendre que le premier fruit de l'étude est l'expérience qui rend l'homme prudent.

D. Que devîntes-vous ensuite? — R. On me donna la lumière.

D. Que vîtes-vous alors? — R. Des rayons éclatants vinrent frapper ma vue, et je vis tous les Frères armés de glaives dont la pointe était dirigée vers moi.

D. Que voulait dire cela? — R. J'ai compris, depuis, que ces glaives figuraient les rayons de la lumière de la vérité, qui, au premier aspect, blessent la vue intellectuelle de celui qui n'y a pas été préparé par une solide instruction.

D. Comment vous a-t-on lié à la Franc-Maçonnerie? — R. Par un serment et une consécration.

D. Qu'avez-vous juré? — R. De garder fidèlement les secrets qui allaient m'être confiés, d'aimer et de secourir mes Frères au besoin.

D. Vous êtes-vous repenti d'avoir contracté cette obligation? — R. Jamais! et je suis prêt à la renouveler en face de tout Respectable Atelier!

D. A quels indices peut-on encore reconnaître un Maçon? — R. A un signe, à un mot et à un attouchement.

D. Quel est le signe? — R. Le voici. (*On fait le signe.*)

D. Quel est le mot? — R. Je ne dois ni lire ni écrire, je ne puis qu'épeler; dites-moi la première lettre, je vous dirai la seconde. (*On épèle le mot sacré.*)

D. Que signifie cette manière? — R. Elle caractérise le premier degré de l'initiation, qui est l'emblème de l'homme ou de la Société dans l'âge de l'ignorance, lorsque l'étude et les arts n'ont point encore développé ses facultés intellectuelles.

D. Donnez-moi l'attouchement. — R. (*On le donne.*)

D. Vous m'avez dit qu'on vous avait mis presque nu. Êtes-vous habillé en Loge? — R. Oui, on m'a revêtu d'un tablier.

D. Que signifie-t-il ? — R. Il m'enseigne que l'homme est né pour le travail et que le Maçon doit s'y livrer constamment pour découvrir la vérité.

D. Où travaillez-vous ? — Dans une Loge.

D. Comment est construite votre Loge ? — R. C'est un carré long, qui s'étend de l'Orient à l'Occident, dont la largeur est du Nord au Sud, la hauteur, de la terre aux cieux, et la profondeur, de la surface de la terre au centre.

D. Comment est couverte votre Loge ? — R. Par une voûte d'azur, parsemée d'étoiles sans nombre, et où circulent le soleil, la lune et d'innombrables globes qui se soutiennent par leurs attractions pondérées l'un vers l'autre.

D. Quels sont les soutiens de cette voûte ? — R. Douze belles colonnes.

D. La Loge n'a-t-elle pas d'autres appuis ? — R. Elle est encore fondée sur trois forts piliers.

D. Quels sont-ils ? — R. Sagesse, Force, Beauté.

D. Comment sont représentés dans la Loge ces trois attributs ? — R. Par trois grandes lumières.

D. Comment sont placées ces trois grandes lumières ? — Une à l'Orient, une à l'Occident, et la troisième au Sud.

D. Que remarque-t-on encore dans votre Loge ? — R. Diverses figures allégoriques dont le Maître m'a expliqué le sens.

D. Quelles sont ces figures ? — R. 1° Un portique accompagné de deux colonnes en bronze, sur le chapiteau desquelles sont trois grenades ouvertes laissant paraître leurs pépins ; 2° une pierre brute ; 3° une pierre taillée que l'on nomme la pierre cubique à pointe ; 4° une équerre, un compas, un niveau et une perpendiculaire ou fil à plomb ; 5° un maillet et un ciseau ; 6° une table polie qu'on nomme la planche à tracer ; 7° trois fenêtres percées dans la Loge ; 8° à l'Orient, le soleil et la lune ; 9° la Loge est ceinte d'un ornement que l'on nomme la houpe dentelée ; elle orne la frise intérieure de la voûte.

D. Que signifie le portique ? — R. Il est la figure de l'initiation aux mystères de la Maçonnerie.

D. Que signifient les deux colonnes en bronze ? — R. Elles marquent les deux points solsticiaux.

D. Que signifient les grenades entr'ouvertes sur les chapiteaux des colonnes ? — R. Elles nous retracent tous les biens produits par l'influence des saisons ; elles nous figurent aussi toutes les Loges et le nombre infini des Maçons répandus sur la surface du globe terrestre.

D. Que veut dire la pierre brute? — R. Elle représente l'homme sans instruction et dans l'état de nature.

D. Que signifie la pierre cubique à pointe? — R. Elle figure le Maçon ou l'homme civilisé; elle est encore l'emblème des connaissances humaines.

D. Que signifient l'équerre, le compas, le niveau et la perpendiculaire? — R. Comme ces instruments sont indispensables pour faire des constructions solides et durables, ils me rappellent les règles que je dois suivre dans ma conduite: l'équerre, pour la rectitude; le compas, pour la mesure; le niveau et la perpendiculaire, pour la justice envers nos semblables.

D. Que veulent dire le maillet et le ciseau? — R. Ils figurent l'intelligence et la raison qui ont été données à l'homme pour le rendre capable de discerner le bien d'avec le mal, le juste d'avec l'injuste, afin d'opérer l'un et d'éviter l'autre.

D. Que représente la planche à tracer? — R. C'est l'emblème de la mémoire, de cette faculté précieuse qui nous est donnée pour former notre jugement, en conservant le tracé de toutes nos perceptions.

D Que représentent les trois fenêtres? — R. Elles indiquent, par leur position à l'Orient, au Sud et à l'Occident, les heures principales du jour: le lever, le midi et le coucher du soleil.

D. Pourquoi le soleil et la lune sont-ils représentés dans votre Loge? — R. La Loge étant une image de l'Univers, il est facile de comprendre le motif de la représentation des magnifiques splendeurs de la voûte céleste qui ont dû frapper l'imagination de l'homme.

D. Enfin, que veut dire la houpe dentelée? — R. Elle nous représente sans cesse l'union et l'amour fraternels qui existent entre les Maçons, et qui devraient exister entre tous les hommes, de quelque nation ou de quelque couleur qu'ils soient.

D. Que fait-on dans votre Loge? — R. On y tresse des couronnes pour la vertu, et l'on y forge des fers pour le vice.

D. A quelles heures commencent et finissent les travaux des Maçons? — R. Ils commencent à midi et finissent à minuit.

D. Que venez-vous faire en Loge ? — R. Vaincre mes passions, soumettre ma volonté, et accomplir de nouveaux progrès dans la Maçonnerie.

D. Qu'y apportez-vous ? — R. Amour et bienveillance à tous mes Frères.

D. Quel âge avez-vous ? — R. Trois ans.

Conclusion : Et comme l'avenir dépend du travail pendant la jeunesse, travaillez pour que votre âge mûr soit heureux et que votre passage en ce monde ne soit pas stérile quand vous rentrerez au sein de la nature, d'où vous sortez.

Les révélations, qu'il me reste à faire, — et ce sont les plus importantes, — montreront au public tout ce qu'il y a de faux dans ces pompeuses déclarations de principes que la Franc-Maçonnerie affecte de mettre en tête de ses Constitutions, qu'elle affiche aux yeux du monde « profane » au moyen des journaux rédigés par ses sectaires, et dont elle a même l'effronterie de parler dans ses Loges où les Maçons d'initiation récente peuvent seuls ne rien comprendre à l'odieuse farce qui se joue.

Le public qui a lu déjà entre les lignes des premiers documents mis sous ses yeux, verra la secte rejeter un à un tous les voiles de son hypocrisie, au fur et à mesure qu'elle pousse vers les hauts grades ceux qu'elle a distingués et dont elle a fait ses élus; il entendra, dans les Arrière-Loges, dire nettement et sans détours ce qui ne se murmure qu'à demi-mot dans les Loges.

En attendant d'aborder cette autre partie de l'ouvrage, constatons que l'aimable gogo, qui s'est laissé engluer par les Frères Trois-Points, est vraiment difficile s'il n'est pas content au sortir de la séance d'initiation. Si d'une part les bousculades lui ont été prodiguées pendant plus d'une heure, il a eu d'autre part la joyeuse satisfaction d'ouïr un Vénérable, lequel souvent est notoirement connu en ville comme athée et matérialiste endurci, lui parler avec componction d'un Etre Suprême et invoquer le Grand Architecte de l'Univers. Enfin, si cette suave confrérie de gens qui mêlent d'une façon au moins bizarre l'éloge d'une bienfaisance problématique à l'art de couper la gorge aux récalcitrants, a réussi à extraire de la bourse de l'Initié cent cinquante ou deux cents francs, en revanche, elle lui a appris à applaudir en disant trois fois *Houzé* et à épeler lettre par lettre *JAKIN*.

FIN DU PREMIER VOLUME

TABLE DES MATIÈRES

ND - #0013 - 041122 - C0 - 229/152/23 [25] - CB - 9780332431666 - Gloss Lamination